Hilde Trapmann / Wilhelm Rotthaus

Auffälliges Verhalten im Kindesalter

Handbuch für Eltern und Erzieher – Band 1

Hilde Trapmann / Wilhelm Rotthaus

Auffälliges Verhalten im Kindesalter

Handbuch für Eltern und Erzieher – Band 1

Unser Buchprogramm im Internet
www.verlag-modernes-lernen.de

Externe Links
Der Verlag weist ausdrücklich darauf hin, dass eventuell im Text enthaltene externe Links vom Verlag nur bis zum Zeitpunkt der Buchveröffentlichung eingesehen werden konnten. Auf spätere Veränderungen hat der Verlag keinerlei Einfluss. Eine Haftung des Verlages ist daher ausgeschlossen.

Veröffentlicht in der Edition:
verlag modernes lernen Borgmann GmbH & Co. KG
Schleefstraße 14 • D-44287 Dortmund

14. Auflage 2020 (Überarbeitung 2003)
Titelbild: © NiDerLander – Fotolia.com
Gesamtherstellung: Löer Druck GmbH, Dortmund

Bestell-Nr. 1101 ISBN 978-3-8080-0862-1

Inhalt

Vorwort zur 10. Auflage

Nach neun unveränderten Auflagen, drei Taschenbuchauflagen und einer französischen Lizenzausgabe war es an der Zeit, das Handbuch für Eltern und Erzieher „Auffälliges Verhalten im Kindesalter" neu zu fassen. Allerdings zeigte sich bald, dass nach 30 Jahren eine Überarbeitung nicht ausreichte, vielmehr das Buch ganz neu geschrieben werden musste. In den letzten drei Jahrzehnten ist viel Forschungsarbeit geleistet worden, neue Erkenntnisse und Erfahrungen über die Verhaltensprobleme und Verhaltensstörungen von Kindern wurden gewonnen. Allerdings hat sich auch der Blick auf die Verhaltensauffälligkeiten von Kindern geändert. Die genetischen Anteile an der Entstehung der Störungen werden hervorgehoben, ebenso wie eine Vielzahl neuer neurobiologischer Erkenntnisse mit den Verhaltensproblemen – manchmal allzu sehr im Sinne einer linealen Ursächlichkeit – in Zusammenhang gebracht werden. Ob das immer zu einem besseren Verständnis des auffälligen Verhaltens von Kindern geführt hat, kann hier nicht näher erörtert werden. Zweifellos haben sich auch die Verhaltensprobleme der Kinder selbst in den letzten drei Jahrzehnten auf der Grundlage geänderter Lebens- und Erziehungsbedingungen sowie geänderter Erziehungshaltungen gewandelt. Aber auch die Maßstäbe der Erwachsenen bei der Bewertung des Verhaltens von Kindern und ihrer Beurteilung als „auffällig" und „normal" sind andere geworden.

All dies schlägt sich in der Neufassung dieses Buches nieder. Gleich geblieben ist das Bemühen, den aktuellen Forschungsstand in einer für Eltern und Erzieherinnen verständlichen Sprache darzustellen und sich dabei auf die Aspekte zu konzentrieren, die für die alltägliche Erziehungspraxis von Bedeutung sind. Die lexikalische Aufreihung der verschiedenen Verhaltensauffälligkeiten wurde beibehalten, ebenso wie die Unterteilung der einzelnen Kapitel in jeweils drei Abschnitte. Allerdings wurde auch hier mit neuen Titeln für diese Abschnitte neuen wissenschaftlichen Erkenntnissen Rechnung getragen, nach denen allzu einfache ursächliche Verknüpfungen, beispielsweise zwischen dem Erziehungsverhalten der Eltern und dem auffälligen Verhalten des Kindes, unzulässig sind und auch die einzelnen Maßnahmen zur Beseitigung der Verhaltensstörungen nur Anstöße und Anregungen zu neuem Verhalten sein können (siehe dazu Näheres in der Einführung).

Autorin und Autor hoffen, auch mit der Neufassung dieses Buches Eltern und Erzieherinnen Hilfe und Unterstützung in schwierigen Situationen mit Kindern geben zu können, wie das offensichtlich mit der alten Fassung gelungen ist. Wenn Fachleute ebenfalls – wie bislang berichtet – den einzelnen Kapiteln Anregungen entnehmen können, freut das um so mehr. Das alte Versprechen eines weiteren Buches über die Verhaltensauffälligkeiten von Jugendlichen wurde mit dem Erscheinen des Bandes „Auffälliges Verhalten im Jugendalter" (B 1151) eingelöst.

Hilde Trapmann
Wilhelm Rotthaus

Einführung

Idee und Inhalt des Buches

Leserkreis

Dieses Buch ist geschrieben worden, um zu informieren und zu beraten. Es wendet sich an Eltern, Kindergärtnerinnen, Erzieher, Sozialarbeiter und Sozialpädagoginnen, Lehrerinnen, Ärzte und Psychologinnen, Juristen, kurz: an alle, die sich um die Erziehung von Kindern bemühen. Deshalb haben die Autoren versucht, die aktuellen wissenschaftlichen Erkenntnisse zwar exakt, aber dennoch möglichst allgemein verständlich darzustellen.

Inhalt

In dem Buch wird dargelegt, wann man von Verhaltensauffälligkeiten sprechen kann und muss, welche bedingenden Faktoren eine Rolle spielen können und wie sie zu beeinflussen sind. Es sollen der Leserin und dem Leser ein Verständnis für diese oft störenden, belastenden und die Entwicklung eines Kindes beeinträchtigenden Verhaltensweisen nahegebracht und – darauf aufbauend – erzieherische Einstellungen und konkrete Empfehlungen für die pädagogische Beeinflussung solcher Kinder vermittelt werden.

Dabei ist zu beachten, dass kaum ein Fall dem anderen gleicht und dass die jeweilige Beschreibung die Charakterisierung eines Typs darstellt, von dem der Einzelfall mehr oder weniger stark abweicht. Oft sind bei einem Kind auch mehrere Auffälligkeiten nebeneinander zu beobachten, so dass erst die Zusammenschau mehrerer Kapitel ein vollständiges Bild geben kann. All das macht es notwendig, bei jedem einzelnen Kind sorgfältig hinzuschauen und zu beobachten, welches Verhaltensbild genau auftritt und – darauf wird weiter unten näher eingegangen – in welchem situativen Zusammenhang das geschieht.

Die Auswahl der Themen wurde den Autoren durch ihre Erfahrungen mit den Problemen Rat suchender Eltern und den Fragen von Lehrern, Erzieherinnen, Ärzten und Juristinnen nahegelegt. Die Zuordnung einzelner Störungen zu den Verhaltensaufälligkeiten von Kindern und anderer zu den Verhaltensauffälligkeiten von Jugendlichen, deren Erörterung in einem zweiten Band folgen soll, ist allerdings oft etwas willkürlich erfolgt. Eine klare Trennung ist nicht möglich und unnötige Wiederholungen sollten vermieden werden. Viele der beschriebenen Probleme treten sowohl im Kindesalter als auch im Jugendalter auf, manche haben ihrer Ursprung im Kindesalter, sind aber im Jugendalter häufiger und wieder andere beginnen im Kindesalter und treten im Jugendalter in geänderter Form in Erscheinung. Die Autoren bitten deshalb den Leser, das, was er in dem einen Band vermisst, im anderen nachzuschlagen. Die Inhalts- und Stichwortverzeichnisse helfen bei der Suche.

Aufbau

Das Buch ist gemäß den ausgewählten Themen in 37 Kapitel gegliedert, in denen die einzelnen Verhaltensauffälligkeiten behandelt werden. Jedes einzelne Kapitel ist wiederum in drei Hauptabschnitte unterteilt.

Im ersten Hauptabschnitt werden Hinweise gegeben, an welchen Merkmalen die behandelte Verhaltensstörung **wahrzunehmen** und wie das Beobachtete zu **bewerten** ist. Liegt eine Besonderheit oder eine Abweichung von unserer kulturellen Norm angesichts des Alters des Kindes überhaupt vor? Wird ein kindgerechter Maßstab angelegt, wenn das beobachtete Verhalten als auffällig oder störend gewertet wird? Welche Aspekte sollten bei der Bewertung eines bestimmten Verhaltens Berücksichtigung finden? Welche Auswirkungen sind aktuell und langfristig zu befürchten? Wie hoch sind die Gefahren, wenn das auffällige Verhalten weiter bestehen bleibt?

Im zweiten Abschnitt werden Anregungen gegeben, das beobachtete Verhalten den jeweiligen Situationen, in denen es auftritt, **zuzuordnen** (und es nicht isoliert, aus dem Zusammenhang herausgelöst zu betrachten), um damit einem **Verstehen** näher zu kommen. Welchen Sinn könnte das beobachtete Verhalten haben? Wozu ist das beobachtete Verhalten gut (auch wenn es dem Kind ganz offensichtlich in seiner Entwicklung schadet)? Welche Lernbedingungen haben einmal bei der Entwicklung dieses Verhaltens eine Rolle gespielt? Hat das beobachtete Verhalten im Augenblick eine Funktion, durch die es aufrechterhalten wird? Welche sonstigen, möglicherweise bedingenden Faktoren sind bekannt?

Im dritten Abschnitt geht es dann darum, **Lösungen anzuregen und möglich zu machen**. Folgende Fragen stellen sich: Welcher Aspekt des störenden Verhaltens ist besonders wichtig? Was kann ich als Erwachsener in meinem Verhalten ändern, um Änderungen beim Kind anzustoßen? Welche Anregungen braucht es? Wie soll sich das Kind „stattdessen“ verhalten, wenn es das störende Verhalten nicht mehr zeigt? Wie kann ich den Raum schaffen, in dem das erwünschte Verhalten des Kindes möglich wird? Wie verhalte ich mich, wenn das Kind das von mir gewünschte Verhalten zeigt? Wie kann ich unerwünschtes Verhalten stören und erwünschtes Statt-dessen-Verhalten anregen?

Register

Im Register sind alle wichtigen Begriffe alphabetisch erfasst, die in dem Buch zur Sprache kommen. Die aufgeführten Zahlen kennzeichnen die Seiten, auf denen diese Begriffe zu finden sind. Fett gedruckte Seitenzahlen sagen aus, dass dort das jeweilige Thema ausführlich behandelt wird.

Literaturnachweis

Im Literaturverzeichnis ist eine Auswahl wichtiger Bücher und Zeitschriftenaufsätze zu den einzelnen Verhaltensauffälligkeiten nach Autoren alphabetisch geordnet aufgeführt und fortlaufend nummeriert. Unter Bezug darauf werden am Schluss jedes Kapitels Hinweise auf weiterführende Literatur gegeben.

weibliche und männliche Schreibweise

Es wurde sowohl die weibliche als auch die männliche Schreibweise benutzt und in willkürlicher Weise gewechselt. Die Person des jeweils anderen Geschlechts ist immer auch angesprochen und gemeint.

Auffälliges Verhalten wahrnehmen und bewerten

kulturelle Bedingtheit

Um von auffälligem Verhalten sprechen zu können, ist es notwendig, dass eine Person ein bestimmtes Verhalten wahrnimmt und es als auffällig bewertet. Verhaltensauffälligkeiten gibt es nur dann, wenn es einen Beobachter gibt, der sagt: Dieses Verhalten ist auffällig. Die Auffälligkeit oder Störung ist kein Merkmal des Verhaltens, sondern stellt eine Bewertung eines oder mehrerer Beobachter dar. Es gibt keine objektiven Maßstäbe, um Verhaltensauffälligkeiten zu bestimmen. Vielmehr sind es gesellschaftlich festgelegte Normen und Werte, Ideen einer Kultur über das, was richtig und falsch ist, Forderungen und Erwartungen an Kinder hinsichtlich bestimmter Kompetenzen, die darüber bestimmen, was als verhaltensauffällig oder verhaltensgestört angesehen wird. Wird ein Kind von Erwachsenen als verhaltensauffällig oder verhaltensgestört bezeichnet, so lässt sich auch jeweils fragen, ob nicht die Erwachsenen „erwartungsauffällig“ oder „erwartungsgestört“ sind.

Um dieses Problem fehlender objektiver Maßstäbe zu lösen, pflegt man in einer Kultur eine Meinungsübereinstimmung herzustellen darüber, was normal und was auffällig oder gestört ist. Dies ist ein grundsätzlich berechtigtes Vorgehen, geht es doch darum, dass das Kind in unserer Gesellschaft zu leben lernt. Insofern ist eine Charakterisierung eines Verhaltens als in unserer Kultur auffällig oder unangemessen oder gestört durchaus nicht unsinnig, auch wenn dasselbe Verhalten in einer anderen Kultur als normal bezeichnet würde. Wichtig bleibt aber, sich bewusst zu sein, dass es in der Beschreibung menschlichen Verhaltens – anders als beispielsweise in vielen, aber keineswegs allen Bereichen der somatischen Medizin – kein eindeutiges Richtig oder Falsch, Gesund oder Krank, Normal oder Auffällig gibt, dies vielmehr immer Beschreibungen von Beobachtern sind.

Dabei darf nicht übersehen werden, dass wir immer auch Beobachter unserer selbst sind und eventuell selber sagen: Ich verhalte mich unnormal, auffällig, gestört. Nicht selten sind Kinder die strengsten Beobachter ihres eigenen Verhaltens, woraus dann oft eine gravierende Selbstwertproblematik resultiert mit der Folge weiterer Verhaltensprobleme.

- ***individuelle und kollektive Bewertungen***

Wenn wir bei einem Menschen wiederholt ein bestimmtes störendes Verhalten beobachten, dann neigen wir dazu – und das nicht nur als Mediziner –, „Diagnosen zu stellen". Wir sprechen von Konzentrationsstörung, von Essstörung, von Schlafstörung oder anderem. Solche Bezeichnungen können hilfreich und nützlich sein, um in einem Gespräch – auch im wissenschaftlichen Dialog – das Thema abzustecken und Erfahrungen austauschen, die man mit ähnlichen Problemsituationen gemacht hat. Sie verführen jedoch zu der Annahme, wir wüssten auch im Einzelfall, wovon wir sprechen. Sie täuschen Eindeutigkeit und – darum sind sie so beliebt – ein Stück Sicherheit vor (die man ja so dringend braucht, wenn auffälliges Verhalten über längere Zeit besteht und viel Unsicherheit ausgelöst hat). Man vergisst dann allzu leicht, dass solch ein Begriff, beispielsweise der Begriff Konzentrationsstörung, nicht ein Ding bezeichnet, das es gibt. Vielmehr ist das Wort eine Abstraktion. Es fasst vielfältige unterschiedliche Verhaltensweisen zusammen, die im konkreten Einzelfall in ganz bestimmten Situationen und im Kontakt mit ganz bestimmten Personen in unterschiedlicher Häufigkeit auftreten und deshalb jeweils ganz genau erfragt und betrachtet werden müssen.

Auffälliges Verhalten zuordnen und verstehen

- ***situative Bedingtheit***

Menschliches Verhalten ist am besten zu verstehen, wenn man es im Zusammenhang des Verhaltens seiner wichtigsten Interaktionspartner betrachtet. So müsste das Verhalten eines Fußballspielers völlig unsinnig erscheinen, wenn es gelänge, nur ihn allein zu betrachten: sein Auf- und Abrennen, Hochspringen und Stürzen, Jubeln und Schimpfen und vieles andere mehr. Das ändert sich aber sofort, wenn man die anderen Mitspieler sieht und ihr Verhalten mit in seine Betrachtung einbezieht. Nun erkennt man, dass das Verhalten des Fußballspielers eng mit dem seiner Mitspieler verflochten ist, und es bekommt auf einmal einen Sinn. Genauso verhält es sich im täglichen Leben: Das Verhalten des Einzelnen bezieht sich immer irgendwie auf andere und ist ohne diesen Zusammenhang nur schwer zu verstehen.

Die wichtigen Beziehungspartner, das heißt: diejenigen, die in vielen Situationen miteinander umgehen, beschreiben jeweils den Verhaltensspielraum oder den Möglichkeitsraum des anderen, innerhalb dessen der dann allerdings autonom und eigenverantwortlich über sein Verhalten bestimmt (was keineswegs ein bewusster Prozess sein muss). Insofern kann man sagen: Die Interaktionspartner bedingen das Verhalten des Einzelnen, aber sie verursachen es nicht – so wie der eine Schachspieler durch seinen Zug den nächsten Zug seines Schachpartners bedingt, aber nicht verursacht. Auch Eltern verursachen niemals die Auffälligkeiten und Störungen ihrer Kinder – ebenso wenig wie Lehrer, Kindergärtnerinnen und andere. Aber sie bedingen sie. In unterschiedlichem Ausmaß und mit unterschiedlicher Bedeutsamkeit beschreiben sie durch ihr Verhalten die Bedingungen, unter denen das Kind als autonomer, eigenständiger und keineswegs beliebig manipulierbarer Mensch aufwächst.

Spielregeln

Dort, wo Menschen miteinander umgehen, entwickeln sich nach einiger Zeit bestimmte Regeln, die das Verhalten des Einzelnen bestimmen: in der Familie, in der Schule, in der Gleichaltrigengruppe, in Freundschaften und anderen Gruppierungen. Diese Spielregeln des Miteinander sind meist unausgesprochen, sind den Beteiligten meist auch nicht bewusst, werden eher selten offen und direkt verhandelt, steuern aber das Verhalten der Beteiligten. Diese Spielregeln und Verhaltensmuster müssen ständig geändert werden, um den sich verändernden Bedingungen gerecht werden zu können (beispielsweise dem Älter- und Selbstständigerwerden des Kindes). Geschieht das nicht, kann es im Verlauf der Entwicklung beispielsweise einer Familie geschehen, dass die familiären Spielregeln nicht mehr „passen“ und damit bedingender Faktor für auffälliges und störendes Verhalten werden.

keine Eigenschaften

Die Tatsache, dass Verhalten immer in Situationen auftritt und nur in diesen situativen Zusammenhängen zu verstehen ist, wird von uns allen im Sprechen darüber häufig vergessen. Wir neigen dann dazu, von einer anderen zu sagen, sie sei schlecht, gut, freundlich, liebenswert oder ähnliches, statt richtigerweise zu formulieren, sie verhalte sich in bestimmten Situationen oder Beziehungen schlecht, gut, freundlich, liebenswert oder ähnliches. Dadurch machen wir situationsbedingte Verhaltensweisen zu Eigenschaften der Person. Die aber sind wesentlich schwerer zu verändern als ein bestimmtes situativ bedingtes Verhalten. Wir tragen also durch unsere Sprache dazu bei, dass ein anderer sein uns unerwünschtes Verhalten aufrechterhält. Schlimmer noch: Wir verleiten den anderen dazu, auch derart in Ich-bin-Beschreibungen zu denken. Wir wecken und fördern damit seine Überzeugung, dass dieses Verhalten gar nicht oder nur schwer zu ändern sei.

Dieser ungünstige Prozess ist bei Kindern oft zu beobachten. Werden ihnen häufig negative Eigenschaften zugeschrieben, dann finden sie sich damit ab, resignieren und denken schließlich: ‘Da ja alle sagen, dass ich so bin, verhalte ich mich halt auch so.’ Nicht wenige Kinder sprechen das in dieser Art auch aus. Es ist dann meist ein langer und mühevoller Prozess, sie wieder zu einem anderen Verhalten zu bewegen.

- ***„Opfer" und „Täter"***

  Um einem Kind, das auffälliges Verhalten zeigt, eindeutig, angemessen und respektvoll begegnen zu können, muss man sich immer wieder vor Augen halten, dass ein Mensch niemals nur „Opfer" beispielsweise seiner ungünstigen oder schlimmen Lebenserfahrungen ist, sondern immer auch „Täter" und verantwortlich Handelnder. Ihn nur als „Opfer" zu sehen, beraubt ihn seiner Würde als autonomer Mensch; ihn nur als „Täter" zu betrachten, missachtet die Macht von Strukturen und Situationen der Umgebung sowie die Tatsache, dass wir alle viele unserer Verhaltensgewohnheiten nur langsam ändern (auch wenn wir es wollen). Richten wir den Blick auf das Kind, so kann es weder nur ein „Es könnte, wenn es wollte", noch ein grundsätzliches „Es will, aber es kann nicht" geben. Will man dem Kind gerecht werden, sind in jeder Situation beide Aspekte zu beachten, wenn auch in jeweils unterschiedlicher Gewichtung – und das macht die Sache oft so schwierig.

- ***Wiederholungszwang***

  Oftmals ist es auch nützlich zu beobachten, wie ein Kind – ohne sich dessen bewusst zu sein – durch sein Verhalten immer wieder in ähnlicher Weise Situationen gestaltet und andere Personen – mal mehr die Gleichaltrigen, mal mehr die Erwachsenen – dazu veranlasst, immer wieder in ähnlicher Weise zu reagieren und damit möglicherweise ein unerwünschtes Verhalten des Kindes hervorzurufen. Beispielsweise läuft ein Kind mit einem so mürrischen Gesicht herum, dass Erwachsene wie Gleichaltrige wenig Neigung verspüren, mit ihm in Kontakt zu treten, was das Kind als Ablehnung wertet, so dass es vermehrt ein gereiztes, vorwurfsvoll aggressives Verhalten zeigt. Umgekehrt schaffen Erwachsene und Gleichaltrige – ebenfalls ohne sich dessen bewusst zu sein – häufig wiederkehrend solche situativen Bedingungen, die ein Kind angesichts seiner sozialen, psychischen und intellektuellen Fähigkeiten immer wieder zu ganz ähnlichen – unerwünschten – Verhaltensweisen veranlassen. So kann es sein, dass Gleichaltrige und Erwachsene – vielleicht veranlasst durch ein wenig attraktives Aussehen des Kindes – dem eben aufgeführten Kind tatsächlich häufig ablehnend begegnet sind, so dass es eine große Empfindlichkeit gegenüber Abweisungen entwickelt hat und deshalb häufig ein gereiztes, vorwurfsvoll aggressives Verhalten zeigt.

Alle Teilnehmer an einer Situation sind Mitgestalter und schaffen die Rahmenbedingungen und die Handlungsspielräume für die jeweils anderen. Wenn alle Beteiligten ihr Verhalten ändern, kann ein unerwünschtes Verhalten zuweilen sehr rasch verschwinden. Je weniger Mitglieder des mit dem Problem befassten Systems – das Kind und die es umgebenden wichtigen Personen – sich an diesem „Veränderungsspiel" beteiligen, um so hartnäckiger kann ein unerwünschtes Verhalten bestehen bleiben.

Gewohnheitsbildung ■

Manches auffällige Verhalten ist unter ganz bestimmten Bedingungen entstanden, war zum damaligen Zeitpunkt eine angemessene Reaktion auf die Situation, blieb dann aber bestehen, obwohl sich die Situation geändert hat. In solchen Fällen kann davon ausgegangen werden, dass dieses Verhalten in der Zwischenzeit eine bestimmte Funktion in einer Familie oder einem sonstigen Bezugssystem bekommen hat, wodurch es aufrechterhalten wird. Es hat sich dann ein Muster an Aktionen und Reaktionen herausgebildet, das in der gleichen Art, wenn auch mit wechselnden Inhalten immer wieder auftritt und aus dem auszusteigen für alle Beteiligten schwer ist. Wenn dies jedoch einem der Beteiligten gelingt – das muss gar nicht derjenige sein, der das auffällige Verhalten zeigt –, wenn einer oder mehrere Beteiligte beispielsweise plötzlich ein völlig anderes, überraschendes Verhalten zeigen, dann kann es geschehen, dass auch das auffällige Verhalten – manchmal sogar sehr rasch – zum Verschwinden kommt.

unterschiedliche Erklärungsmodelle ■

Aus einer Übertragung unseres Denkmodells im Umgang mit Maschinen neigen wir dazu, auch beim menschlichen Verhalten nach der Ursache zu fragen in der Hoffnung, daraus angemessene Maßnahmen zur Verhaltensänderung ableiten zu können. Aber aus den verschiedensten Gründen ist dieses Denkmodell für menschliches Verhalten gänzlich ungeeignet. Zum einen ist es uns verwehrt, die „wahre" Ursache oder die „wahren" Ursachen herauszufinden. Menschliches Verhalten folgt nicht-linearen Gesetzmäßigkeiten, was es unmöglich macht, von einem Ist-Zustand auf die Anfangsbedingungen zurück zu schließen. Zudem sind die unterschiedlichen Einflüsse im Verlaufe der Lebensgeschichte eines Menschen so vielfältig und so komplex, in ihren Auswirkungen positiver, protektiver oder aber negativer, verstärkender Art so schwer kalkulierbar, dass wir bestenfalls mehr oder weniger plausible Hypothesen entwickeln könnten (die nützlich sind, wenn sie sich im Umgang mit dem Kind als hilfreich erweisen), die aber sicherlich nicht die „ganze Wahrheit" darstellen. Und schließlich: Selbst wenn wir eine Ursache in der Lebensgeschichte des Kindes herausfinden würden (zum Beispiel eine Störung der Informationsverarbeitung aufgrund eines frühkindlichen Hirnschadens oder die Vernachlässigung in den ersten Lebensjahren): Wir können sie nicht mehr ändern und nicht mehr rückgängig machen (so wie wir einen gelösten Kontakt bei einer elektrischen Küchenmaschine wieder herstellen oder die fehlerhafte Lichtmaschine bei einem Auto austauschen können).

Das schließt nicht aus, dass es oftmals hilfreich ist, sich die schwierigen Lebensbedingungen, unter denen ein Kind aufwuchs, genau anzuschauen, um ein allgemeines Verständnis für ein auffälliges Verhalten zu erleichtern. Aufgrund der vielfältigen Erfahrungen und Forschungen in der Verhaltensauffälligen-Pädagogik, der Kinderpsychologie und der Kinder- und Jugendpsychiatrie kann es uns auch gelingen, für bestimmte Verhaltensweisen plausible Erklärungen zu finden und sie in der Arbeit zu nutzen. Allerdings bieten unterschiedliche Fachrichtungen unterschiedliche „Brillen" an, um das Problem zu betrachten, zu verstehen und Hilfsmaßnahmen zu entwickeln. Das ist auch völlig in Ordnung. Wichtig ist nur, nicht dem Größenwahn zu verfallen und zu glauben, man habe die „wahre Ursache" entdeckt. Denn dadurch würde man unnötigerweise die Vielzahl hilfreicher Maßnahmen einschränken.

Verhalten begründen

Häufig stellen Eltern und Erzieherinnen dem Kind die Frage, warum es das und das getan habe, warum es ein bestimmtes auffälliges und störendes Verhalten gezeigt habe. Wenn das Kind dann mit „Ich weiß nicht" antwortet oder wenn es gar nichts sagt, halten die Erwachsenen es vielfach für verstockt und nicht kooperationsbereit. Dabei müssen wir davon ausgehen, dass das Kind es wirklich nicht weiß, die Frage wirklich nicht beantworten kann. Der größte Teil unseres Verhaltens erfolgt nicht-bewusst. Und oft (er)finden wir die Erklärung für ein bestimmtes Verhalten erst im Nachhinein. Als Erwachsene sind wir darin sehr trainiert, weil es auf uns beruhigend wirkt, wenn wir Gründe für unser Verhalten benennen können. Kinder sind in dem (Er)Finden von Gründen aber noch nicht so geschickt wie Erwachsene und deshalb bei der Frage nach dem Warum oft überfordert.

Grundsätzlich sollten wir durchaus misstrauisch sein gegenüber den Gründen, die wir unserem Verhalten zuordnen. Als Beobachter unserer selbst sind wir ebenso wenig wie fremde Beobachter vor Irrtümern gefeit – auch wenn die eigene Person vertrauter ist als die meisten Fremden. (Es geht uns vielleicht mit uns selber so, wie es einem alten, vertrauten Ehepaar miteinander geht.) Ein Unterschied liegt allerdings darin, dass unsere eigenen Beobachtungen unserer selbst nicht ausgesprochen werden müssen – wie die Beobachtung fremder Personen –, um eventuell wiederum Reaktionen bei sich selbst auszulösen und damit Anstöße für anderes Verhalten zu geben. Dies ist ein sehr rascher zirkulärer Prozess, bei dem es außerordentlich schwer bzw. unmöglich ist, zu entscheiden, was Ursache und was Wirkung ist: Das Handeln mit der Folge des Nachdenkens über die Gründe oder das Nachdenken mit Abwägung von Gründen mit der Folge des Handelns.

Problemdialoge

Viele Eltern und Erzieherinnen denken, man müsse über ein Problem reden, damit es zum Verschwinden gebracht werde. Tatsächlich ist oft das Gegenteil der Fall: Dadurch, dass die Erwachsenen das Kind ständig wieder neu auf das Problem ansprechen (und zudem nach einiger Zeit wenig Neues dazu noch zu sagen haben), wird das Problem im Erleben aller Beteiligten immer größer und bedeutsamer. Das Kind reagiert genervt, und die Erwachsenen sehen ihr ganzes Bemühen ins Leere laufen. Es entsteht eine Problem-Trance, die verleitet zu denken, das ganze Leben werde nur noch durch dieses Problem bestimmt. Ganz anders entwickelt sich die Situation, wenn man sich darum bemüht, über die Zeiten zu sprechen, in denen das Problem nicht aufgetreten ist. Man kann dann Lösungsdialoge führen und eine Lösungs-Trance schaffen, die eine ganz andere, durch die Aussicht auf eine positive Zukunft geprägte Atmosphäre zwischen dem Erwachsenen und dem Kind entstehen lässt.

Lösungen anregen und möglich machen

Lösungen anregen

Menschen können grundsätzlich nicht zielsicher durch einen anderen zu einem bestimmten Verhalten veranlasst werden. Auch die erzieherische Maßnahme kann ihr Ziel nicht mit Sicherheit erreichen. Letztlich bestimmt die in Jahren gewachsene und ausgeformte Eigenart des Kindes wesentlich über das Ergebnis der erzieherischen Maßnahme (die allerdings für das Kind sehr passend oder aber auch ganz unpassend – oder irgendetwas dazwischen – sein kann). Letztlich kann eine erzieherische Intervention Lösungen und Änderungen immer nur anregen und anstoßen. Dann muss man schauen, was dieser Impuls bewirkt, und daraus Hinweise für die nächste geeignete erzieherische Maßnahme ableiten. Das schließt ein, dass der Erwachsene klare Forderungen an das Kind formuliert und auch deutliche Grenzen setzt. Aber Erziehen in diesem Verständnis bleibt immer eine gleichwürdige Begegnung zwischen Erwachsenem und Kind.

Raum für neues Verhalten schaffen

Jeder Mensch verhält sich zum jeweiligen Zeitpunkt aufgrund seiner im Lauf seines Lebens gewachsenen und ausgeformten Eigenart und aufgrund der aktuellen Umweltbedingungen subjektiv angemessen und situationsadäquat. Auch für das Kind ist das verhaltensauffällige oder verhaltensgestörte Verhalten angesichts seiner persönlichen und situativen Bedingungen die subjektiv beste Lösung. Das gilt auch für den Jugendlichen, der einen Selbstmordversuch unternimmt. Das bedeutet: Das Kind kann dieses Verhalten gar nicht aufgeben, ohne dass Änderungen in seinen Persönlichkeitsbedingungen oder in seinem Lebensfeld bei seinen wichtigsten Bezugspartnern (zum Beispiel in seiner Familie) auftreten. Diese Tatsache darf den Erwachsenen in einer entsprechenden Situation nicht daran hindern, dass er ein bestimmtes Verhalten (zum Beispiel gewalttätige Angriffe gegen andere) für sozial völlig unakzeptabel erklärt und dass er eine Verhaltensänderung fordert. Gleichzeitig sollte er jedoch dem Kind zu verstehen geben, dass ihm durchaus bewusst ist, dass dieses unakzeptable Verhalten (aus ihm nicht voll durchschaubaren Gründen) derzeit für das

Kind subjektiv angemessen ist. Auf diese Weise wahrt er die Würde des Kindes, ohne von seiner Forderung nach Veränderung abzugehen. Zugleich legt ihm diese Sichtweise die Frage nahe, welche Änderungen in seinem Lebensfeld für das Kind notwendig sind und welches andere, neue Verhalten es möglicherweise erlernen muss, das es anstelle des alten einsetzen kann.

- ***situative Bedingungen ändern***

  Menschliches Verhalten hängt immer – in mehr oder weniger hohem Maße – von dem Verhalten der wichtigsten Partner in der jeweiligen Situation ab. Deshalb ist auffälliges oder gestörtes Verhalten auch niemals immer gleich, sondern tritt in der einen Situation stärker (vielleicht auch anders), in der anderen Situation weniger ausgeprägt in Erscheinung. Aus der Beobachtung der Unterschiede kann man Hinweise ableiten, welche situativen Bedingungen geändert werden sollten, damit das unerwünschte Verhalten seltener auftritt. Unkonventionelle, überraschende Fragen sind dabei oft besonders hilfreich: Was müsste der Lehrer, der Vater, die Mutter, das Geschwister tun, damit das unerwünschte Verhalten noch häufiger auftritt (was man natürlich nicht will)? Wer könnte auf welche Weise dafür sorgen, dass die gesamte Situation noch mehr eskaliert? Wer könnte das am besten, wer am schlechtesten?

- ***Ausnahmen suchen***

  Demselben Ziel dient die Suche nach den Ausnahmen. Wann tritt das unerwünschte Verhalten nicht (weniger, zumindest nicht ganz so schlimm) auf? Wie sind in diesen Ausnahmesituationen die situativen Faktoren? Der Nutzen dieser Fragen liegt nicht nur darin, Ansatzpunkte zur Änderung der situativen Faktoren zu gewinnen. Vielmehr stellt man unter dem Blickwinkel der Ausnahmen oft erstaunt fest, dass es Zeiten gibt, wo das Problem gar nicht so groß ist, dass das unerwünschte Verhalten doch nicht das gesamte Leben bestimmt und dass es auch schöne oder zumindest erträgliche Momente gibt.

- ***sprachliche Disziplin***

  Das, was den Menschen auszeichnet, ist seine Sprache. Mit Sprache werden Wirklichkeiten geschaffen; ihr Einfluss ist kaum zu überschätzen. Das gilt auch für den Umgang des Erwachsenen mit dem Kind. Deshalb sollten sich Eltern und Erzieherinnen hüten, Verhaltensbeschreibungen zu Eigenschaften eines Kindes zu machen. Kein Kind ist aggressiv, es verhält sich nur so (und wahrscheinlich auch nicht in allen Situationen gleichartig)! Sie sollten sich darin üben, die Situationsbezogenheit von Verhalten auch in Ihren Formulierungen deutlich werden zu lassen, indem sie beispielsweise formulieren: „Er verhält sich (in den und den Situationen) aggressiv.“ – „Sie zeigt sich oft wütend.“ – „Er verhält sich in der Schule und bei den Hausaufgaben aufmerksamkeitsgestört und hyperkinetisch.“ Damit übermittelt man immer gleichzeitig die Botschaft, dass es für diese Person selbstverständlich – in anderen Situationen oder nach besonderen Unterstützungsmaßnahmen – auch andere Möglichkeiten des Verhaltens gibt.

Spielregeln ändern

Für diejenigen, die an einer problematischen Situation oder einer problematischen familiären Lebenszeit selbst beteiligt sind, ist es oft nicht leicht, die Spielregeln und Verhaltensmuster zu erkennen, die dem eigenen Verhalten und dem auffälligen Verhalten des Kindes zugrunde liegen. Gelingt dies jedoch, eröffnet sich die Möglichkeit, diese Spielregeln anzusprechen und miteinander zu besprechen. Man kann dann neue Regeln und Absprachen vereinbaren, die der veränderten Situation besser Rechnung tragen, und dadurch die gute Chance eröffnen, dass das auffällige Verhalten seltener wird oder sogar ganz verschwindet. Häufig aber braucht man die Hilfe eines Familientherapeuten, der darin geschult ist, solche Spielregeln und eingefahrenen Verhaltensmuster zu erkennen und nützliche Veränderungen anzustoßen.

Sinn oder Funktion des Verhaltens

Eine weitere Möglichkeit, dem Kind bei der Aufgabe seines auffälligen Verhaltens zu helfen, besteht darin, nach der Funktion oder dem Sinn zu fragen, die oder den dieses Verhalten im Lebensfeld des Kindes hat. Wenn die Erwachsenen Hypothesen darüber aufstellen, welche Bedürfnisse durch das auffällige Verhalten erfüllt werden, können sie Ideen dazu entwickeln, was das Kind und was sie selbst anders machen können, damit dieses Bedürfnis ohne das störende Verhalten befriedigt werden kann.

Lösungsdialoge

Auch wenn die eine wahre Ursache für das auffällige und gestörte Verhalten des Kindes nicht herauszufinden ist, ist es doch möglich, bedingende Faktoren zu erarbeiten. Wichtiger aber noch ist es, Ideen darüber zu entwickeln, was ein Kind stattdessen tun kann. Kinder wissen meist sehr gut, was sie falsch machen, sie wissen aber selten, was sie tun müssen, um es richtig zu machen. Ein Mensch kann aber ein negativ gewertetes Verhalten am ehesten dann aufgeben, wenn er weiß, wie er sich verhält, wenn das Problemverhalten verschwunden ist.

Der Erwachsene sollte deshalb mit dem Kind überlegen, welches konkrete Zielverhalten an die Stelle des unerwünschten Verhaltens treten könnte, und sich gleichzeitig Gedanken darüber machen, wie er sich verhalten wird, wenn das Kind dieses Zielverhalten zeigt. Je genauer solche Überlegungen erfolgen, um so wahrscheinlicher und um so rascher wird das Ziel erreicht. Vor allem ist es dann möglich, in der kommenden Zeit Dialoge über das erwünschte Verhalten zu führen, statt immer Problemdialoge über das Unerwünschte zu halten. Man kann darüber sprechen, wie viel von dem Angestrebten schon erreicht wurde und welche Trainingsschritte für das Noch-nicht-Erreichte wichtig sind. So werden Lösungsdialoge geführt und das erwünschte Verhalten sozusagen herbeigeredet.

Literatur: 25, 26, 47, 54, 149, 150, 185, 186, 192

Aggressivität

Wahrnehmen und bewerten

Vielfältigkeit aggressiver Verhaltensformen ■

Unter Aggressivität werden viele verschiedene Verhaltensweisen, Gedanken und Empfindungen zusammengefasst, und es kann geschehen, dass in einer Gruppe von Menschen jeder an etwas anderes denkt, wenn das Stichwort „Aggressivität“ fällt. Der eine mag an einen Menschen denken, der sich aggressiv – aber mit erlaubten Mitteln – durchzusetzen weiß; von Sportlern, zum Beispiel Fußballspielern, wird oft „mehr Aggressivität“ gefordert. Der andere mag an einen Menschen denken, der voller Wut und Hass auf andere ist, solche Gefühle und Empfindungen aber nicht zeigen will oder kann. Der nächste schließlich denkt an einen Menschen, der in jeder Ärgersituation schimpft, schnauzt und herumbrüllt, sich dann aber nach kurzer Zeit beruhigt. Manche Menschen werden von anderen als aggressiv erlebt allein aufgrund ihres Auftretens und ihrer Ausstrahlung, auch wenn sie keine oder nur selten aggressive Handlungen zeigen. Wenn ein Junge einen anderen im Streit zu Boden stößt, wird dies von den meisten Menschen als aggressiv bewertet. Dieselbe Handlung wird aber nicht als aggressiv angesehen, wenn das Umwerfen des anderen bei einem Spiel am Strand das Wettbewerbsziel ist, oder zumindest nicht negativ bewertet, wenn der Junge den anderen zu Boden stößt, weil der ein kleines Kind verprügelt.

sprachliche, körperliche und gestische Aggressionen ■

Beim Stichwort Aggressivität ist deshalb genau hinzuschauen und auf Unterscheidungen zu achten. Beispielsweise ist zu trennen, ob es um Verhaltensweisen oder um Gefühle geht. Zwar gehen aggressive Gefühle aggressiven Verhaltensweisen häufig voraus. Bei der Suche nach Lösungen ist die Unterscheidung aber wichtig. Bei aggressiven Verhaltensweisen ist zwischen sprachlichen Aggressionen (aggressiv im Tonfall und/oder in der Wortwahl, verleumden, lächerlich machen, drohen, beschimpfen), körperlichen Aggressionen (zum Beispiel schlagen, treten, würgen, schießen) und gestischen Aggressionen (mit dem Finger drohen, „Stinkefinger“ zeigen, Zunge rausstrecken) zu unterscheiden.

beabsichtigte Schädigung eines anderen ■

Das aggressive Verhalten, von dem hier gesprochen wird, geht mit einer Schädigung eines anderen einher, einem psychischen oder körperlichen Wehtun oder Verletzen. Diese Schädigung muss beabsichtigt, intendiert worden sein. Das versehentliche Auf-den-Fuß-treten oder das Verbinden einer Wunde mag zwar weh tun, ist aber noch keine aggressive Handlung, da das Zufügen der Schmerzen nicht beabsichtigt war. Demgegenüber wird auch dann von einer aggressiven Handlung gesprochen, wenn die Schädigungsabsicht gar nicht erreicht wurde – der Schuss daneben ging, im wörtlichen und übertragenen Sinne (beispielsweise der andere die Beleidigung einfach nicht als solche wahrnahm).

- ***schwierige Beurteilung der Schädigungsabsicht***

  Allerdings ist die Schädigungsabsicht in jedem Einzelfall unterschiedlich ausgeprägt. Sie ist vor allem deshalb schwer zu beurteilen, da sie in nur begrenztem Umfang aus der Situation abgeleitet werden kann, sondern aus der Person des Handelnden erschlossen werden muss – ein Vorgang, der viele Irrtumsmöglichkeiten einschließt. Noch am ehesten wird die Schädigungsabsicht deutlich, wenn die Handlung von langer Hand geplant wurde. Schwieriger zu beurteilen ist dies bei spontanen Handlungen, die in hoher gefühlsmäßiger Erregung auftreten – vor allem bei Kindern. Kinder haben – gerade wenn sie noch klein sind – noch wenig gelernt, ihre Gefühle zu kontrollieren, und sind noch wenig darin geübt, ihren durch eine Frustration ausgelösten Ärger nicht direkt in ein aggressives Schreien oder Schlagen umzusetzen.

- ***von voraggressivem zu aggressivem Verhalten***

  Wann überhaupt lässt sich unter diesem Aspekt des absichtsvollen Handelns beim kleinen Kind von aggressivem Verhalten sprechen? Eine genaue Grenze ist sicherlich nicht festzulegen. In der Regel jedoch betrachtet man das Schreien, Schlagen oder Treten eines Kindes in den ersten zwei Lebensjahren als „voraggressiv". Man sieht es als einen ungezielten Affektausdruck an, der sich auf ein Objekt (zum Beispiel einen Gegenstand, den das Kind haben möchte) und nicht auf eine Person richtet. Das Kind verfolgt hierbei sicher noch keine Schädigungsabsichten.

  In der weiteren Entwicklung können diese Verhaltensweisen aber in aggressives Verhalten übergehen, wenn das Kind beginnt, ein Schreien, Stoßen, Schlagen gezielt gegen Eltern oder Gleichaltrige einzusetzen, um seinen Willen durchzusetzen. Als Unterscheidungskriterium kann der Blick des Kindes dienlich sein: Schaut es kurz vor oder während des Verhaltens die angegriffene Person an? Ein deutliches Fixieren gilt als Hinweis auf Gerichtetheit und Absicht. Auch im weiteren Entwicklungsverlauf sind Aggressionshandlungen bei Kindern häufig noch unmittelbar impulsgesteuert, tragen also noch wenig den Charakter des Beabsichtigten und Gezielten. Ein Schlagen ist beispielsweise eher noch eine spontane unreflektierte Handlung als ein bewusstes Verletzen des anderen. Die individuellen Unterschiede sind aber im Alter von drei bis vier Jahren schon sehr groß.

- ***unterschiedliche Bewertung gleicher Handlungen***

  Der Aspekt der Absicht macht es notwendig, zwischen der Beschreibung der Handlung und ihrer Bewertung zu unterscheiden. Die gleiche Handlung (das Verletzen einer Person durch ein Schießen aus der Pistole) kann bei der einen Person (beispielsweise dem Bankräuber) verwerflich, bei der anderen (beispielsweise dem Polizisten, der andere zu retten sucht) positiv zu bewerten und anerkennenswert sein. Hier spielt also die situative Angemessenheit oder Unangemessenheit eine Rolle.

aggressives Verhalten in Gruppen

Schließlich ist eine aggressive Handlung anders zu bewerten je nachdem, ob sie allein oder in einer Gruppe altersgleicher oder älterer Kinder geschah. Anderen sich entgegenzustellen, wenn aggressive Handlungen gemeinsam geplant oder durchgeführt werden, erfordert Selbstsicherheit, Entschiedenheit und Mut. Viele Kinder – und auch viele Erwachsene – zeigen in der Gruppe aggressive Verhaltensweisen, die sie allein nie begehen würden. Die aggressive Handlung ist durch die Gruppensituation zwar nicht zu entschuldigen. Aber die Rückschlüsse von der Tat auf die Person werden durch diesen Gesichtspunkt beeinflusst, und die Lernschritte, die auf das Vorgefallene folgen sollten, sind ganz spezifischer Art (lernen, sich abzugrenzen, Eigenständigkeit und Mut zu zeigen).

Notwendigkeit positiver Einflussnahmen

Aggressives Verhalten kann die Integration eines Kindes in viele Gleichaltrigengruppen nachhaltig stören. Es kommt dann leicht zu selbstverstärkenden Kreisprozessen: Die ablehnenden Reaktionen der Gleichaltrigen auf das aggressive Verhalten rufen vermehrt aggressive Handlungen des Kindes hervor. Im weiteren Verlauf besteht die Gefahr der Übertragung des gelernten aggressiven Verhaltens auf andere Situationen oder in andere Gruppierungen. So kann es in die Schulsituation hineingenommen werden. Dort stört es die Integration in die Klassengemeinschaft, wodurch Lernstörungen ausgelöst werden. Die daraus resultierenden schlechteren Schulleistungen bedingen ein Kränkungserleben des Kindes, das wiederum mit dem erlernten Verhalten Aggressivität beantwortet wird. Dies kann sich fortsetzen zu ausgeprägt antisozialem und delinquentem Verhalten im Jugendalter.

Aggressives Verhalten kann aber auch in einzelnen Gleichaltrigengruppen ganz im Gegenteil geradezu die Eintrittskarte sein und das Verhalten darstellen, mit dem ein Kind am ehesten Bewunderung auslöst. Meist handelt es sich dabei um Gruppen verhaltensgestörter, randständiger Kinder und Jugendlicher, die ihre eigene Moral und eigene Regeln entwickelt haben und mit dem Gesetz häufig in Konflikt kommen.

Forschungsbefunde haben gezeigt, dass die Hälfte der Kinder, die mit acht bis zehn Jahren als sehr aggressiv auffielen, auch im Alter von 32 Jahren noch hoch auffällig waren. Die Notwendigkeit positiver Einflussnahmen auf aggressives Verhalten von Kindern ist deshalb nicht nur aktuell situativ begründet, sondern auch durch die Gefahr einer langfristigen Fehlentwicklung. Die Erfolgschancen sind nicht so schlecht, wie häufig angenommen. Denn umgekehrt lässt sich aus denselben Ergebnissen auch ableiten, dass bei der Hälfte dieser Kinder sich diese negative Entwicklung nicht fortgesetzt hat und dass offensichtlich positive Beeinflussungen eine Entwicklung zu sozial angepasstem und nicht aggressivem Verhalten möglich gemacht haben.

Zuordnen und verstehen

- ***situative Bedingtheit aggressiver Handlungen***

Wie alle menschlichen Verhaltensweisen sind auch aggressive Handlungen von Kindern am besten aus der Situation heraus zu verstehen. Sie sind auf einen anderen gerichtet und geschehen in der Beziehung. Sie stellen eine Abwehr von Beziehungsbeschreibungen eines anderen dar („Ich bin stärker als du" oder „Ich bin der Boss hier" oder „Ich halte dich für ein Würstchen" und anderes) und sollen umgekehrt die eigene Beziehung zu dem anderen deutlich machen („Du kannst mir schon lange nicht imponieren" oder „Ich akzeptiere deinen Anspruch nicht" und anderes). Oft ist das aggressive Verhalten eine Reaktion auf als bedrohlich erlebte Verhaltensweisen anderer, bei denen das Kind „mit gleicher Münze" heimzahlt. Möglicherweise sind seine Reaktionen aber auch übertrieben hart, was die Frage aufwirft, welcher der nachfolgend aufgeführten Faktoren zusätzlich noch eine Rolle spielt.

- ***verunsichertes Selbstwertgefühl***

So neigen manche Kinder dazu, ein bestimmtes Verhalten eines anderen als provozierend zu erleben, obwohl Dritte dasselbe Verhalten als wenig bedeutsam werten. Sie beziehen einen Blick oder eine bestimmte Geste auf sich persönlich und fühlen sich angegriffen. Es handelt sich dabei um Kinder, die über wenig Selbstwertgefühl verfügen und sich rasch verunsichert fühlen. Gleichzeitig sind sie in ihrer Handlungskompetenz oft sehr eingeschränkt. Den von ihnen so wahrgenommenen Angriff auf ihr Selbstwertgefühl glauben sie nur mit eigenen, oft sehr spontanen aggressiven Handlungen abwehren zu können.

- ***sprachliche Ungeübtheit und Ungeschicklichkeit***

Sehr deutlich erkennt man das bei Kindern, die sich durch verbale Äußerungen anderer rasch provoziert fühlen. Beschimpfungen wie „Du Hurensohn" oder „Deine Mutter ist eine alte Nutte" glauben sie nicht anders als mit körperlicher Aggression beantworten zu können und sehen ihr Handeln meist noch als gerechtfertigt an. Häufig verbindet sich bei diesen Kindern ein unsicheres Selbstwertgefühl mit einer sprachlichen Ungeübtheit und Ungeschicklichkeit, einer Unfähigkeit, sich mit Worten auseinander zu setzen. Möglicherweise geht die aggressive Handlung aber auch mit der Erfahrung eines selbsterhöhenden, Selbstwert steigernden Erlebens bei „erfolgreichem" Prügeln einher und damit einem zumindest kurzzeitigen Ausgleich ihres Minderwertigkeitserlebens.

Aggression als Angstabwehr

Schwieriger zu erkennen sind die situativen Zusammenhänge bei Aggressionshandlungen, die der Angstabwehr dienen: Beobachtet werden sie vor allem bei Kindern mit einem eingeschränkten Selbstwertgefühl, die jedoch ihre Selbstunsicherheit durch ein forsches, „cooles" oder großsprecherisches Verhalten zu überspielen suchen. Geraten sie in eine Situation, in der es ihnen schwer fällt, diese Fassade aufrecht zu erhalten, weckt ihre dann nicht mehr zu leugnende Unsicherheit eine solche Angst, dass sie davor durch eine heftige, mit einer hohen Erregung begleitete, außengerichtete Aktion, die aggressive Handlung, auszuweichen und zu entfliehen suchen. Das aggressive Verhalten wirkt dann oft ganz unverhältnismäßig zu seinem Anlass und ganz übertrieben hart. Kommt es häufig zu derartigen, situativ ausgelösten Verhaltensweisen, kann sich dieser Reaktionsmechanismus mit der Zeit von der Situation lösen und zu einer generellen Verhaltenstendenz werden.

Aggression als Abwehr von „Belästigungen"

Geläufiger ist dieser Vorgang in der harmloseren Form, wenn so erlebte Belästigungen, Vorwürfe und Vorhaltungen („Ich möchte mit dir über ... reden!" oder „Ich möchte wissen, wo du gestern so spät noch gewesen bist?") mit aggressiv erregtem Schimpfen, mit Beschuldigungen, Türenschlagen oder anderem abgewehrt werden. Auch fortgesetzte Überforderungen können Ärger, Empörung und Wut auslösen, die möglicherweise ähnliche verbale oder handgreifliche Aggressionen zur Folge haben.

Lernen am Erfolg

Aus verschiedensten Gründen kann es dazu kommen, dass ein Kind mit seinem aggressiven Verhalten durchkommt und somit ein Erfolgserleben hat. Geschieht dies häufiger, wird das Kind in den nachfolgenden Situationen ebenfalls Drohungen und Gewalt einsetzen, weil es wieder Erfolg erwartet. Dies geschieht, wenn sich die Erwachsenen aggressiven Handlungen gegenüber sehr nachgiebig zeigen, sei es, dass sie jeweils hoffen, dadurch die Situation nicht weiter eskalieren zu lassen, sei es, dass sie sich hilflos fühlen und keine Möglichkeit der Beendigung, Eingrenzung oder Sanktionierung sehen. Die Nachgiebigkeit wird dazu führen, dass das Kind in der nächsten Situation noch ausfälliger reagiert und in seinem Verhalten noch schlechter einzugrenzen ist.

Lernen am Erfolg ist allerdings zuweilen nur schwer zu verhindern. Dieses Problem tritt vor allem in Gruppen auf, wenn das aggressiv handelnde Kind von Mitgliedern der Gleichaltrigengruppe Bewunderung und Anerkennung erfährt und damit sozialen Status erlangt. Durch aggressives Kommandieren, Wegnehmen und Erpressen gewinnen dann in einer Gruppe nicht selten solche Kinder eine dominierende Position, die im übrigen über geringe soziale Kompetenz und kaum über Fähigkeiten und Reize verfügen, die sie im Kreis Gleichaltriger interessant machen könnten. Der Erfolg kann natürlich zusätzlich noch im Erreichen materieller Werte liegen, die durch Androhen körperlicher Gewalt oder ihre tatsächliche Anwendung erpresst werden.

Von noch größerer Bedeutung dürfte sein, dass die verbale oder körperliche Gewalthandlung selbst selbstverstärkend wirkt. Herumschreien, Schimpfen, lautes Fluchen, Drohen, den anderen zu schlagen und zu drangsalieren, vermittelt dem aggressiv Handelnden zumindest im Augenblick des Tuns ein Gefühl der Grandiosität und ein selbstwerterhöhendes Erleben von Größe, Stärke, Macht und Einfluss. Dieser unmittelbare „Erfolg" macht ein erneutes Auftreten derselben Handlung wahrscheinlich, auch wenn sie im zweiten Schritt von Bedauern und schlechtem Gewissen gefolgt war. Die unmittelbare Folge ist es, die das Lernen am Erfolg bewirkt.

- ***aggressives Gruppenklima***

  Eine besondere Rolle unter den situativen Faktoren spielt die Gesamtstimmung, die zu einem bestimmten Zeitpunkt in einer Familie oder einer Heimgruppe herrscht. Ein Fehlen wechselseitiger Akzeptanz und Anerkennung einerseits und häufige verbale Attacken untereinander, ein ängstliches gegenseitiges Belauern und heftige Reaktionen auf zunächst noch relativ harmlose Äußerungen und Handlungen führen zu einem Gruppenklima, in dem aggressive Verhaltensweisen rasch aufflammen. Der Erwachsene ist in solchen Situationen aufgerufen (und gegebenenfalls verpflichtet) einzugreifen. Aber seine Reaktionen tragen dann oft – mehr oder weniger notgedrungen, aber auch veranlasst durch Empörung und Zorn – einen aggressiven Charakter oder werden zumindest in dieser Art erlebt. Auf diese Weise entsteht leicht ein Teufelskreis immer neu eskalierender Aggression.

- ***das Feindbild als Rechtfertigung***

  Aggressives Verhalten erfolgt selten im „luftleeren Raum" ohne Begründung und Rechtfertigung. Allerdings werden Begründung und Rechtfertigung in Gruppen oftmals willkürlich konstruiert und erfunden. Eine Person, die sich meist durch normabweichendes, auffälliges Verhalten oder Aussehen oder durch Anzeichen von Schwäche und Empfindlichkeit dafür anbietet und ein leichtes Opfer zu sein scheint, wird verächtlich und lächerlich gemacht, zum Verursacher irgendwelcher unangenehmer Ereignisse gestempelt und in die Rolle des Außenseiters versetzt. Aggressive Äußerungen gegen diese Person werden dann wechselseitig zunehmend gerechtfertigt. Es wird ein Klima von Hass und Aggression aufgebaut, bis schließlich die handgreifliche aggressive Handlung als geradezu notwendig und unerlässlich dargestellt wird. Zuletzt bedarf es dann nur noch der „guten Gelegenheit" und unterschiedlicher Signalreize, wie Messer oder sonstige Waffen, um die aggressive Handlung auslösen.

individuelle Feindbilder ■

Ein ganz entsprechender Vorgang kann bei einer Einzelperson auch rein intern, rein gedanklich ablaufen: Der andere wird – egal mit welcher Begründung – für minderwertig erklärt oder als der eigentliche Aggressor „erkannt", dem aggressiv zu begegnen dann als notwendig und gerechtfertigt bezeichnet wird. In diesem Fall werden die situativen Faktoren von einem Einzelnen selbst in seiner Vorstellung geschaffen, um – vor sich selbst gerechtfertigt – aggressiv handeln zu können. Und wiederum werden Handlungen dieses so konstruierten Feindes, die von Dritten als kaum oder gar nicht provozierend wahrgenommen werden, als Anlass für aggressives Handeln angesehen.

individuelle Situationsdeutung ■

Der Fall ist ein deutliches Beispiel dafür, dass Situationen von unterschiedlichen Personen jeweils andersartig wahrgenommen werden. Die Art und Weise nun, in der das einzelne Kind Situationen erkennt und deutet, hängt in hohem Maße von seinen individuellen Lernerfahrungen ab. So hat das eine Kind in seiner Lebensgeschichte die Umwelt vornehmlich als feindlich erlebt und somit gelernt, Handlungen anderer tendenziell als bedrohend anzusehen – mit dem Impuls, sich wehren zu müssen. Das andere Kind demgegenüber hat ein hohes Vertrauen in seine Umwelt entwickelt und tendiert dazu, dem anderen jeweils gute Absichten zu unterstellen (vielleicht auch in Situationen, in denen Vorsicht durchaus angebracht wäre). Das dritte Kind neigt aufgrund seiner Vorgeschichte dazu, jede sachliche und auch zurückhaltend geäußerte Kritik als Angriff auf seine Person zu deuten, und reagiert deshalb auf jeden noch so freundlich gemeinten Vorschlag, irgendein Verhalten zu ändern, mit aggressiver Abwehr.

aggressive Vorbilder ■

In ähnlicher Weise prägend wirken aggressive Vorbilder. Untersuchungen haben immer wieder bestätigt, dass Kinder, die in ihrer Familie viel aggressives Handeln erlebt haben, später ebenfalls in hohem Maße zu aggressivem Verhalten neigen. Aber auch über übermäßig und unreflektiert konsumierte Video- und Fernsehfilme kann Aggression erlernt werden. Dies geschieht vor allem auf zwei Wegen: Zum einen werden aggressive Verhaltensmuster durch Beobachten erlernt und stehen dann in entsprechenden Auslösersituationen zur Verfügung. Zum anderen werden auch die vorausgehenden Reaktionstendenzen – zum Beispiel die Tendenz, auf Frustrationen mit heftigem Ärger zu reagieren und diesen Ärger dann aggressiv verbal oder handelnd umzusetzen – durch entsprechende Vorbilder in den Filmen vermittelt. Dieses Lernen wird begünstigt, wenn die aggressive Handlung im Film erfolgreich ist und der aggressiv Handelnde sein Ziel erreicht.

- ***sich einfühlen in andere***

  Eine der wichtigsten Voraussetzungen für nicht-aggressives Verhalten ist die Fähigkeit, sich in andere Menschen einzudenken und einzufühlen. Da der andere Mensch als Partner für uns in existenziellem Sinne unerlässlich ist – die Idee des Individuums ist eine Abstraktion; der Mensch ist als Individuum nicht lebensfähig –, gibt es in allen großen Weltreligionen die gleiche ethische Norm: „Was du nicht willst, dass man dir tu, das füg auch keinem anderen zu!" Um diese ethische Norm erfüllen zu können, muss das Kind die Fähigkeit und Bereitschaft erlernen, sich in den anderen hineinzuversetzen, um das, was es dem anderen tut, im Nachfühlen selbst erleben zu können. Durch Einfühlung werden dann Empfindungen wie Mitleid und Respekt geweckt, die aggressives Verhalten hemmen. Wenn ein Kind aber Einfühlung nicht gelernt hat, weil es dafür in seiner Lebenswelt keine Vorbilder hatte und darauf auch nicht aufmerksam gemacht wurde („Quäle nie ein Tier im Scherz, denn es fühlt wie du den Schmerz"), dann fehlen ihm elementare Voraussetzungen für ein friedliches Zusammenleben mit anderen Menschen.

- ***fehlende Grenzsetzungen***

  Kinder, denen – vielleicht aus übertriebener und missverstandener Zuneigung und Liebe – keine Grenzen durch die Erwachsenen gesetzt werden, haben es schwer, dieses Sich-einfühlen in andere zu erlernen. Denn die notwendige Grenze für das Verhalten des Kindes liegt dort, wo die berechtigten und notwendigen Interessen des anderen beginnen. Manche aggressiven Verhaltensweisen von Kindern lassen sich durchaus als eine Frage an die Eltern verstehen: Wieweit darf ich gehen? Wo ist die Grenze? Dies ist eine ganz angemessene Frage des Kindes bei dem Versuch und bei seiner Aufgabe, seinen Handlungsraum ständig zu erweitern. Das heißt: Kinder fordern den Erwachsenen auch zu Grenzsetzungen heraus, um zu lernen. Und zuweilen lässt sich aggressives Verhalten von Kindern auch als Aufforderung an die Eltern deuten, endlich mal eine Grenze zu setzen, endlich auch mal „Nein" zu sagen.

- ***geschlagene Eltern***

  Verweigern Eltern derartige „Informationen" über längere Zeit, gehen manche Kinder so weit – und das in den letzten Jahren vermehrt –, ihre Eltern zu schlagen. Zuweilen hat man dann den Eindruck, dass diese Kinder die Grenzsetzung geradezu provozieren wollen. Allerdings geht dieses Verhalten oft auch mit einer sehr engen und damit das Kind sehr einengenden Bindung einher, so dass man dieses Schlagen der Eltern auch als Befreiungsversuch deuten kann. Dafür spricht, dass es am häufigsten an der Grenze zwischen Kindheit und Jugendalter auftritt, also zu einer Zeit, in der das Kind entwicklungsgemäß die Aufgabe hat, sich zu lösen und zu verselbstständigen.

erzieherische Einstellungen und Haltungen ■

Eltern und Erzieher, die sich harter und aggressiver Erziehungsmethoden bedienen, sind Vorbilder harten und aggressiven Verhaltens. Viele wissenschaftliche Befunde haben das nachgewiesen. Allerdings verweisen die Forschungsergebnisse im Weiteren darauf, dass eine zwischen Härte und Nachgiebigkeit schwankende Erziehung noch ungünstigere Auswirkungen im Hinblick auf das Entstehen einer aggressiven Verhaltenstendenz hat. Eine solche Erziehungssituation kann leicht auftreten, wenn der eine Elternteil oder die eine Erzieherin ein von Härte und großer Strenge gekennzeichnetes Erziehungsverhalten zeigt, mit dem der andere Elternteil oder die andere Erzieherin nicht einverstanden ist, so dass sie versucht, durch viel Nachgiebigkeit und Verwöhnung einen Ausgleich zu schaffen. Zwar ist es selbstverständlich, dass jeder Erzieher ganz persönliche Einstellungen und Haltungen hat, aus denen heraus er seine erzieherischen Entscheidungen trifft. Solche unterschiedlichen Erziehungshaltungen kann jedes Kind akzeptieren, solange auch die Eltern und Erzieherinnen selbst das Erziehungsverhalten des jeweils anderen billigen und unterstützen. Sind die erzieherischen Maßnahmen des einen jedoch durch das Bestreben geprägt, das Erziehungsverhalten des anderen zu untergraben, dann entsteht eine für das Kind schwer erträgliche Situation, aus der heraus oft aggressives Verhalten erwächst.

Lösungen anregen und möglich machen

reversibles Erzieherverhalten ■

Grundlage einer Erziehung zu einem wenig aggressiven Verhaltensstil ist eine „gleichwürdige" Beziehung des Erwachsenen zu dem Kind, die von Akzeptanz, Fairness und Respekt getragen wird. Das bedeutet unter anderem, dass der Erwachsene bis auf wenige Ausnahmen, die altersbedingt für kleine Kinder gelten, keine Regeln des Zusammenlebens für ein Kind aufstellt, an die er sich selber nicht halten will. So wird am sichersten vermieden, dass das Kind sich durch eine in seinem Erleben unfaire oder unverschämte Behandlung provoziert und zu aggressiven Handlungen angeregt fühlt. In der Literatur spricht man von reversiblem Erzieherverhalten, womit gemeint ist, dass das Kind das Verhalten der Eltern und Erzieher in Form und Inhalt imitieren und umgekehrt wiederholen darf (zum Beispiel in der gleichen Weise und mit den gleichen Worten Kritik an Eltern und Erziehern äußern darf, wie diese an ihm), ohne dafür getadelt oder bestraft zu werden. Ihm muss erlaubt sein, die Regelüberschreitung des Erwachsenen ebenso zu tadeln, wie der Erwachsene das bei ihm macht. Wenn Regeln dann in dieser Art gleichermaßen für alle gelten, wird das Kind ihre Einhaltung als zumutbar erleben, und es wird ihm relativ leicht fallen, sich ohne Gefühle von Bitterkeit, Ärger, Wut oder Zorn daran zu halten.

- ***Kritik am Verhalten, nicht an der Person***

  Persönliche Beschimpfungen und Herabsetzungen der Kinder sind unbedingt zu vermeiden. Das heißt nicht, auf eindeutige Kritik und deutlichen Tadel zu verzichten. Diese müssen sich aber immer auf das Verhalten und nicht auf die Person des Kindes beziehen. Damit werden Abwertungen, Hänseleien, Demütigungen und Entwürdigungen vermieden. Alle Verallgemeinerungen wie „Du bist …", „Typisch du", „… natürlich mal wieder …", „… wie von Dir nicht anders zu erwarten" kränken und lösen zu Recht Widerstand und Aggression aus. Demgegenüber führt die Kritik eines aktuellen Verhaltens viel eher bei dem Kind – wie bei jedem anderen – zu einem Nachdenken mit der Chance einer Verhaltensänderung in der Zukunft und vermeidet die aggressive Eskalation.

- ***Wertschätzung als Erziehungsbasis***

  Wie viel an deutlicher Kritik ein Kind zu ertragen vermag, hängt davon ab, wie sicher es sich ist, von dem kritisierenden Erwachsenen als Person akzeptiert und gemocht zu werden. Es ist immer wieder erstaunlich zu beobachten, wie viel Ärger, Wut und möglicherweise Abscheu über ein bestimmtes Verhalten sich auch sehr aggressionsgeneigte Kinder von der Person anhören, von der sie sich angenommen und geschätzt fühlen. Das bedeutet: Für den Erwachsenen stellen sich immer die Fragen: Wie gut ist unsere gemeinsame Basis? Wie heftig kann ich reagieren, ohne dass das Kind an meiner prinzipiellen Wertschätzung seiner Person zweifelt? Weiß das Kind bereits, was mir wichtig ist, oder muss ich ihm meine kritische Reaktion erläutern und verständlich machen?

- ***das Recht des anderen als Grenze***

  Kinder müssen immer wieder erproben, wie weit sie gehen können und wo sie an Grenzen stoßen. Sie haben ein Recht darauf zu erfahren, wo sie die berechtigten Wünsche, Bedürfnisse und Interessen der anderen verletzen. Sie erfahren das einerseits im keineswegs reibungslosen Zusammen-leben und Zusammen-spielen mit anderen Kindern. Sie müssen auch von Erwachsenen solche Grenzen gesetzt bekommen, um zu erfahren, wo eigenes Handeln nicht mehr möglich ist, ohne den anderen in seinem Tun und Handeln zu beeinträchtigen. Kinder können nicht aufwachsen, ohne wahrnehmen zu lernen, wo die berechtigten Interessen und die wichtigen Rechte des anderen beginnen. Das ist ohne Frustrationen nicht möglich und auch nicht ohne Konflikte, die zu jedem Erziehungsprozess gehören.

- ***fairer Interessenausgleich***

  Konflikte geben in der Erziehung willkommene Gelegenheit, mit dem Kind zu üben, wie man auf die Interessen und Wünsche des anderen hört, wie man seine eigenen Bedürfnisse formuliert und gemeinsam zu einem fairen Interessenausgleich kommt. Dazu gehört, dass jeder einmal zurückstehen muss. Meist gibt es aber nicht nur das „entweder ich oder du". Vielmehr lassen sich fast immer Lösungen finden, die für beide (noch einigermaßen) befriedigend und zufriedenstellend sind.

Grenzen wie gegenüber Erwachsenen

Natürlich kann eine Regel „Kinder müssen lernen, Grenzen zu respektieren" leicht missbraucht werden. Um dem zu begegnen, empfiehlt sich die selbstkritische Frage: Würde ich gegenüber meinem Lebenspartner oder gegenüber meiner Kollegin in gleicher Weise auf dieser Grenzsetzung bestehen? Kinder brauchen spätestens vom Grundschulalter an keine engeren Grenzen als Erwachsene, aber eben auch keine weiteren und toleranteren, weil sie noch als Kind angesehen werden. Wer das Kind zu lange klein hält, es für schutzbedürftig ansieht und sich deshalb zu nachgiebig ihm gegenüber verhält, wird es mit zunehmendem Alter immer schwerer haben, Grenzsetzungen durchzusetzen, ohne dabei auf aggressive Gegenwehr zu stoßen.

Grenzen als Ich-Botschaften formulieren

Grenzen dürfen nicht primär pädagogische Maßnahmen sein, sondern müssen deutlich und in der Formulierung erkennbar dem Selbstschutz des Erwachsenen dienen. Aussagen wie „Ich bin müde und möchte eine halbe Stunde ungestört schlafen" (statt: „Du sollst eine halbe Stunde ruhig sein") sind in dieser Hinsicht klare Formulierungen. Solche Ich-Botschaften können Kinder meist gut annehmen; denn sie machen deutlich, dass es nicht (primär) um Erziehung, sondern um die Wünsche und Bedürfnisse des Erwachsenen geht (die so lange legitim und berechtigt sind, als das Kind umgekehrt auch gleich große Chancen auf Verwirklichung seiner Bedürfnisse hat).

Vermeiden aggressiver Modelle

Wer bei einem aggressiven Klima oder in aggressiven Situationen versuchen möchte gegenzusteuern, wird sich vor allem vor Augen halten, dass aggressives Verhalten in hohem Maße ansteckend ist, nicht aggressives glücklicherweise aber auch. Die eigenen aggressiven Reaktionen heben den Aggressivitätspegel an; gelingen nicht aggressive, friedliche Verhaltensantworten, besteht die gute Chance, dass der Aggressionspegel sinkt. Wie schon gesagt, darf dies – zumindest als Regelfall – nicht bedeuten, dass Kinder sich aggressiv verhalten können, ohne dass der Erwachsene reagiert. Dies würde allzu leicht als Billigung missverstanden. Es muss darum gehen, auf ein aggressives Verhalten eines Kindes – vielleicht nach anfänglich deutlichen und vielleicht auch lauten Äußerungen des eigenen Ärgers – möglichst ruhig zu reagieren und ohne willkürliches Strafen (siehe später mehr dazu) dem Kind die logischen Folgen seines Tuns aufzuzeigen.

Vermeiden aggressiver Signalreize

Nicht unwichtig ist es auch, aggressive Signalreize zu vermeiden. Das kann einmal eine im Tonfall aggressive Sprache sein oder eine aggressive Wortwahl, die vielleicht im Sinne von „hart, aber herzlich" gemeint ist, häufig aber ungewollt zu aggressiver Eskalation beiträgt. Eine solche – von manchen Erziehern fälschlicherweise als kindgerecht angesehene – Sprache wird gerade von empfindsamen Kindern leicht missverstanden, so dass sie sich herabgesetzt und abgewertet fühlen. Auch aggressive Gesten wie Drohen, „Stinkefinger", Zunge rausstrecken können ein aggressives Klima anheizen. Signalreize besonderer Art sind schließlich „Waffen" wie Stöcke, Steine, Messer, Schlagringe, Gaspistolen und andere, wenn sie geduldet werden. Die Gefahr, dass solche Gegenstände benutzt werden, steigt mit ihrer Verfügbarkeit, und niemand sollte sich durch Hinweise täuschen lassen, man trage sie nur zur Selbstverteidigung bei sich. In den USA, in denen viele Erwachsene über Schusswaffen zur Selbstverteidigung verfügen, werden diese vierzig Mal häufiger gegen Familienangehörige eingesetzt als tatsächlich zur Selbstverteidigung gegen Fremde.

- ***Minderung aggressiver Video- und Fernseheinflüsse***

  Auch ein unkontrolliert hoher Konsum an Video- und Fernsehfilmen mit vielen aggressiven und brutalen Handlungssequenzen kann zu einem Signalreiz für aggressives Verhalten werden. Auch wenn sicher nicht eine einfache und vor allem nicht eine zwangsläufige Kausalbeziehung zwischen aggressiven Fernsehszenen und aggressivem Verhalten besteht, so ist es doch unbestreitbar, dass Kinder durch das Betrachten aggressiver Handlungen in Video und Fernsehen aggressive Verhaltensmuster erlernen, die sie dann bei Bedarf abrufen können. Das heißt aber nicht, dass Kinder niemals solche Filme sehen dürfen (was auch praktisch unmöglich sein dürfte). Vielmehr kommt es darauf an, die Filme gemeinsam mit den Kindern anzusehen und mit ihnen die Szenen der Filme zu besprechen und über die beobachteten Verhaltensweisen zu diskutieren. Das bedeutet aber, den Fernsehkonsum des Kindes einzuschränken und im Hinblick auf die Art des Filmes zu kontrollieren. Das eigene Fernsehgerät im Kinderzimmer ist absolut überflüssig und mit Sicherheit das falsche Signal an das Kind.

- ***aggressive Modelle hinterfragen***

  Wenn Sie Fernseh- und Videofilme dazu nutzen, mit dem Kind über Sinn und Unsinn, Nutzen und Schaden, Berechtigung oder Verwerflichkeit aggressiver Handlungen zu diskutieren, ergeben sich vielfältige Gelegenheiten, Bezüge zum Alltag des Kindes herzustellen und problematische Situationen in der Schule oder in Sportgruppen zu besprechen. Es lässt sich mit den Kindern erörtern, wann und in welcher Form aggressive Reaktionen situativ vertretbar oder sogar angemessen sind. Andererseits können aggressive Modelle in Frage gestellt werden, was besonders wirksam und wichtig ist, wenn das aggressive Verhalten des positiv besetzten Aggressors kritisiert oder die Handlungsweise einer sonst wertgeschätzten Person, sozusagen einer Person der „eigenen Partei", missbilligt wird. Auch lassen sich Vorbilder für alternative Erlebens- und

Reaktionsweisen nicht aggressiver Art aufspüren und derartige Lösungsmodelle mit dem Kind diskutieren.

ethische Orientierung vermitteln

In solchen Gesprächen – und deshalb sollte man sie suchen – vermittelt der Erwachsene seine Vorstellungen über Werte des menschlichen Zusammenlebens, ihre Allgemeingültigkeit und Absolutheit oder ihre Relativität und situative Bedingtheit und regt beim Kind das Suchen nach einer eigenen Position an. Ein solcher ethischer Diskurs, der selbstverständlich in allen zwischenmenschlichen Interaktionen mitschwingt, hat dann nichts Künstliches und Gewolltes, sondern ergibt sich aus und in dem gemeinsamen Tun.

prosoziales Verhalten fördern

Grundsätzlich scheint ein prosoziales, an Normen und Werten orientiertes Verhalten bei Kindern besonders durch eine akzeptierende Grundhaltung als Basis, durch emotionale Erziehungsreaktionen wie Lob und Zuwendung einerseits und Äußerungen von Enttäuschung und Missbilligung andererseits gefördert zu werden. Das Erläutern von Regeln und Gespräche über Erlaubtes und Unerlaubtes, Erwünschtes und Unerwünschtes, sozial Angemessenes und sozial Unakzeptables tragen wesentlich dazu bei, ein soziales Verständnis beim Kind aufzubauen. Im Falle eines tatsächlichen aggressiven Übergriffs gilt es, die Folgen für das Opfer mit dem Kind zu besprechen und von ihm eigene Ideen über die Möglichkeit von Entschuldigung und Wiedergutmachung zu fordern.

Strafen vermeiden

Strafen in der Erziehung sind – realistisch betrachtet – nicht völlig verzichtbar. Ihre Wirkung ist jedoch zeitlich und meist auch räumlich begrenzt. Das heißt: Sie wirken nur für eine gewisse Zeitspanne und häufig auch nur dort, wo Erwachsene die Kinder beobachten können. Strafen können aggressives Verhalten für den Augenblick unterdrücken – was zuweilen sinnvoll und notwendig ist –, aber sie „löschen" es nicht. Hinzu kommt, dass die Wirkung durch unerwünschte Nebenwirkungen erkauft wird. Der Bestrafende selbst wird leicht zum aggressiven Modell. Die Strafen – wenn sie als Unrecht empfunden werden – lösen Wut und Ärger aus und drohen damit selbst Auslöser für Aggressionen zu werden. Deshalb sollte auf Strafen nach Möglichkeit verzichtet werden.

logische Konsequenzen folgen lassen

Statt zu strafen ist es sinnvoller, dem Kind deutlich zu machen, dass auf bestimmte Handlungen logische Konsequenzen folgen. Solche logischen Konsequenzen in der Erziehung können zwar manchmal Strafen ähneln, unterscheiden sich aber dadurch deutlich von Strafen, dass ihnen nichts Willkürliches anhaftet. Wenn ein Kind ohne Ankündigung und ohne angemessenen Grund zu spät zum Essen kommt und bereits abgeräumt ist, bekommt es halt seine Mahlzeit nicht mehr. Wenn ein Kind beim Erledigen der Hausaufgaben trödelt, kann es leider nicht zur geplanten Zeit zu den Spielkameraden nach draußen. Und wenn die vereinbarten Arbeiten im Haushalt nicht durchgeführt sind, kann es nicht „zum Sport" und versäumt seine Trainingsstunde – so Leid es dem Erwachsenen (tatsächlich) auch tut.

- ***Ignorieren aggressiven Verhaltens***

  Statt zu strafen genügt es zuweilen auch, aggressive Verhaltenstendenzen und Verhaltensweisen wie Wutausbrüche, Kraftausbrüche, Jammern und anderes zu ignorieren – zumindest dann, wenn sie darauf abzielen, Aufmerksamkeit und Beachtung zu erregen. Wichtig ist, dass das aggressive Verhalten keinen Erfolg hat, sondern ins Leere läuft.

- ***Stoppen aggressiven Verhaltens***

  In ähnlicher Weise den Erfolg aggressiven Verhaltens zu verhindern, ist das Ziel beim Stoppen eines Verhaltens. Das kann verbal geschehen durch ein energisches „Schluss jetzt!" und eventuell durch ein zusätzliches Hinausbegleiten des Kindes aus der Situation (auf sein Zimmer schicken oder es dorthin begleiten). Man kann aber auch ein Kind am Schlagen hindern, indem man die Hand festhält oder sich schützend vor das Opfer stellt, indem man ihm einen gefährlichen Gegenstand wegnimmt oder bei einem Streit die Beteiligten wortlos voneinander trennt. Auf diese Weise setzt man deutliche Signale, zeigt die Grenzen des Erlaubten auf und vermittelt implizit soziale Wertordnungen.

- ***vom Ärger ablenken***

  Situationen und situative Entwicklungen, in denen sich zwischen Kindern und Erwachsenen zunehmend aggressive Spannungen aufbauen, sind – ganz ungewollt – auch Gelegenheiten, in denen Kinder beobachten, wie die Erwachsenen mit ihrem Ärger, ihrer Wut, ihrem Frust umgehen. Insofern ist es durchaus sinnvoll (und nichts zu Vermeidendes), wenn Kinder wahrnehmen, dass Erwachsene sich – zuweilen ganz furchtbar – ärgern. Nur so können sie im Modell beobachten, wie man beispielsweise leichteren Ärger kurz äußern, dann aber stoppen und durch eine Orientierung auf ein anderes Thema beenden kann. Sie können beobachten, wie der Erwachsene sich nach einer (leichteren) Ärgersituation ablenkt, indem er sich einer erfreulichen Tätigkeit zuwendet, zum Beispiel Musik hört, Sport macht oder ähnliches.

  Bei heftigem Ärger wird das Kind möglicherweise beobachten, wie der Erwachsene – vielleicht nach einer kleineren Pause und Phase des Zur-Ruhe-kommens und des Glättens der heftigsten Emotionen – das Gespräch mit demoder denjenigen sucht, der oder die an der Situation beteiligt war(en). Er wird erleben, wie die Erwachsenen – mehr oder weniger gekonnt – versuchen, ihren Konflikt zu thematisieren und zu Lösungen zu kommen.

Ärger kann man nicht „abreagieren“ ■

Manche Leute haben noch die Vorstellung, es sei eine gute Idee, Ärger und Wut durch Schimpfen oder mehr oder weniger heftige körperliche Aktivität wie Sandsackboxen, Holzhacken, Gegen-die-Wand-treten „abzureagieren“. Alle Erfahrung und alle Forschungsergebnisse zeigen jedoch, dass ein derartiges „Abreagieren“ nicht möglich ist, sondern vielmehr dazu führt, dass der Ärger – möglicherweise in noch heftigerer Form – bestehen bleibt. Wenn allerdings ein Erwachsener gemeinsam mit einem Kind, das sich heftig geärgert hat und voller Wut ist, derartige Aktivitäten zum Abreagieren der Wut durchführt, können sie aufgrund des gemeinsamen Tuns und einfach aufgrund der Hinwendung des Erwachsenen zum Kind, die ja vielleicht sogar noch von einem gemeinsamen Gespräch begleitet wird, selbstverständlich positive Wirkung haben. Was dann geschieht, ist ja auch kein bloßes Abreagieren mehr. Vielmehr zeigt der Erwachsene dem Kind sein Verständnis und sein Mitgefühl, und er zeigt Wege auf, wie man sich ablenken und vom Ärger lösen kann.

Ärgerauslöser umbewerten ■

Menschen reagieren bekanntlich sehr unterschiedlich in der Art und dem Ausmaß, wie sie durch Frustrationen und sonstige Auslöser in Wut und Ärger geraten. Zwischen Auslöser und „Effekt“ gibt es keine zwangsläufige Beziehung. Sie ist einerseits kulturell und subkulturell, das heißt: durch die verschiedenen Gruppierungen, in denen man lebt, und den dort jeweils vertretenen Ehrenkodex vorgegeben, andererseits aber auch abhängig von individuellen Lebenserfahrungen. (Wer beispielsweise in einem akzeptierenden Familienklima aufwächst, zeigt meist eine geringe Ärgerneigung.) Da die Beziehung zwischen Ärgerauslösern und Ärgereffekt nicht zwangsläufig ist, kann man auch erlernen, Umbewertungen der Auslöser vorzunehmen. Eine Möglichkeit dafür ist darin zu sehen, dass man sich selbst beobachtet und seine eigenen Reaktionstendenzen erkennt und wahrnimmt. Dann ist es beispielsweise eine höchst erfolgreiche „Technik“, auf eine erneute Wahrnehmung der eigenen Tendenz mit Amüsement oder freundlichem Selbstspott zu reagieren.

gedankliche Umstrukturierung ■

Eine andere Möglichkeit besteht darin, eine bewusste Umbewertung der Auslöser vorzunehmen (sich den ewig meckernden Chef in der Unterhose vorzustellen oder die Möglichkeit zu denken, dass die Entscheidung des Kindes, sich trotz vielfältiger Erinnerungen nicht auf die Klassenarbeit vorzubereiten, zu einer „heilsamen“ Erfahrung führt). Grundsätzlich geht es allerdings nicht um ein Verharmlosen und ein Nicht-wahrnehmen der Ärgerauslöser, sondern vielmehr um eine Änderung der eigenen inneren Kommentare, des inneren Selbstgespräches. Statt: „Immer muss mir das passieren“ kann der innere Kommentar lauten: „Ich kann auch nicht immer Glück haben.“ Statt: „Schon wieder habe ich alles verkehrt gemacht“, kann man denken: „Jeder macht Fehler.“ Entsprechend kann man sich durch Änderung der vorwegnehmenden Kommentare vor

Ärger schützen So kann man zum Beispiel die Vorannahme: „Wahrscheinlich nimmt der mich mal wieder gar nicht zur Kenntnis“ durch den Gedanken ersetzen: „Vielleicht gelingt es mir, mit ihm in Kontakt zu kommen.“ Wie man derartige Umbewertungen von Ärgerauslösern systematisch üben kann, wird in verschiedenen „Anti-Ärger-Trainings“ aufgezeigt. Oft hilft es aber auch schon, wenn man sich die Situationen genauer anschaut, in denen ganz schnell Ärger hochkommt, und fragt: „Was genau ärgert dich eigentlich daran?“

- ***andere entschuldigen***

  Ärger und Aggressionsneigungen entstehen häufig in Situationen, in denen eine Person eine andere beschuldigt, für irgendetwas verantwortlich zu sein und die Schuld zu tragen. Auch hinsichtlich dieser Tendenz, den anderen zu beschuldigen und verantwortlich zu machen, gibt es große individuelle Unterschiede. Während die eine Person mit solchen Schuldzuschreibungen ganz schnell bei der Hand ist, neigen andere dazu, zunächst nach Umständen zu suchen, die die andere Person entschuldigen oder ihr Verhalten verständlich machen: Vielleicht sind ungünstige Umstände aufgetreten, oder er hat die Situation nicht durchschaut, er war vielleicht einfach nur unaufmerksam (aber nicht böswillig) oder hat sich sogar bemüht, es aber einfach nicht geschafft. Auch solche Umbewertungen lassen sich üben und lernen.

- ***sich in andere hineinversetzen***

  Zu einem solchen Lernen gehört die Bereitschaft und die Fähigkeit, sich in eine andere Person hineinzuversetzen und aus der Sicht dieser Person zu denken und zu fühlen. Dies macht es möglich, die Handlungsinteressen des anderen zu verstehen und das Interesse des anderen auf Unversehrtheit und Respektierung seiner Selbstbestimmung anzunehmen. Daraus entwickelt sich Mitempfinden, Mitleid, Anerkennung und Respekt, die als aggressionshemmende Impulse wirken. Dieses Einfühlen in andere lässt sich vielleicht am besten im täglichen Zusammenleben üben. Es lässt sich aber auch gut in Gruppen trainieren (Interaktionsgruppen) und ist wichtiges Element in allen Antiaggressionstrainings.

- ***beschuldigende Kreisprozesse unterbrechen***

  Zu eskalierenden Ärger- und Aggressionssituationen kommt es vor allem dann, wenn zwei Personen sich wechselseitig die Schuld für irgendein Ereignis vorwerfen. Häufig entwickelt sich dann ein Kreisprozess wechselseitiger Beschuldigungen etwa nach der Art, dass der Erwachsene sagt: „Jeden Arbeitsschritt muss ich dir vorschreiben, weil du so unselbstständig bist“, worauf das Kind antwortet oder auch nur denkt: „Weil du so bestimmend bist, kann ich nichts auf meine Art tun.“ Aus solchen Kreisprozessen herauszufinden, ist für beide Personen schwierig, weil beide aus ihrer Sicht Recht haben. Ein Ausstieg und ein Ende der Eskalation gelingt nur, wenn eine Person sich entschließt, aus diesem Kreisprozess auszusteigen und die eigene Argumentation aufzugeben. Eine andere Möglichkeit besteht darin, mit dem Kind über „diese Katze, die sich in den Schwanz beißt“ zu reden und auf diese Weise gemeinsam einen Ausweg aus der Situation zu suchen. Solche Kreisprozesse wechselseitiger Beschuldigungen sind sehr häufig. Es lohnt sich deshalb, auf solche Vorgänge zu achten. Allerdings fällt es beiden Beteiligten oft schwer, sie wahrzunehmen, weil beide Personen in einem solchen Streit meist emotional befangen sind. Zusätzlich schwierig ist es in den Fällen, in denen beispielsweise das Kind seine Antwort auf die Äußerung des Erwachsenen nur denkt und in seinem Verhalten zeigt, aber nicht ausspricht.

Lösungsgespräche führen

Grundsätzlich ist es wichtig, weg von den Schuldideen, hin zu Lösungsideen, weg von Schuldgesprächen, hin zu Lösungsgesprächen zu kommen. Kinder lernen dies am besten, wenn die Erwachsenen beim Schlichten von Streit mit und unter Kindern möglichst rasch Lösungsgespräche führen. Das bedeutet nicht, jede Überlegung über Verantwortlichkeit und Schuld beiseite zu schieben – beides bleiben wichtige Aspekte. Aber häufiger sind die ursächlichen Zusammenhänge sehr verwickelt und in ihrem jeweiligen Umfang nicht zu klären; der entsprechende Versuch bringt nur neuen Ärger und neue Aggression. Die Frage: „Wie lösen wir das Problem?“ führt demgegenüber davon weg und ist orientiert auf eine friedliche Zukunft.

zielorientiertes Schlichten von Streit

In ähnlicher Weise kann man durch zielorientierte Reaktionen versuchen, einen Streit zu unterbrechen, beispielsweise durch Äußerungen wie: „Lass uns nicht weiter streiten. Ich schlage vor ...“ oder „Was hast du für Ideen, wie wir weiterkommen? Was möchtest du gerne?“ oder „Können wir nicht überlegen, was wir konkret tun können?“ Auch durch Rückfragen zur Sache („Sag du doch einmal ganz konkret, was du jetzt am liebsten tun möchtest ..., wie du dir die Sache weiter vorstellst?“) oder durch aktives Zuhören („Du bist jetzt ganz sauer darüber, dass ich das von dir verlange“) oder durch Ich-Botschaften („Das macht mich sehr wütend, wenn du meine Sachen durcheinander bringst“) kann man versuchen, Streit zu unterbrechen, und die Basis für ziel- und lösungsorientierte Gespräche legen.

Konflikte konstruktiv austragen

Man sollte keineswegs versuchen, Konflikte zu vermeiden. Vielmehr geht es darum, Konflikte in konstruktiver Weise auszutragen. Dazu sind zwei Schritte notwendig: Im ersten Schritt wird versucht, den Hintergrund des Konflikts, die Gefühle der Beteiligten und ihre Wünsche und Interessen zu klären und auszusprechen. Als zweiter Schritt folgt dann die Erörterung möglicher Vorschläge und Bewertungen, möglicher Lösungsideen und Interessensausgleiche. Beides ist nicht einfach. Viele Kinder und auch viele Erwachsene sind wenig geübt darin, eigene Wünsche und Bedürfnisse überhaupt zu erkennen und sie dann auch deutlich und tatsächlich als Wünsche (und nicht als Klagen, Vorwürfe oder Befehle) zu formulieren. Aber auch der zweite Schritt ist nicht leicht. Denn bei der Lösungssuche geht es darum, möglichst viele Ideen zu Lösungsmöglichkeiten zu sammeln und sich vor allem von der Vorstellung zu trennen, es gäbe nur ein Entweder-oder (entweder setze ich als Erwachsener mich durch, oder das Kind tut es). Steckt man in dieser Entweder-oder-Falle fest, sollte stets „eine rote Lampe“ angehen und möglichst rasch die Suche nach der dritten, vierten, fünften Lösung und weiteren Lösungen beginnen, die es sicherlich auch noch gibt.

Das Üben von Problemlösefähigkeit ist Teil der meisten Antiaggressionstrainings. Als besonders wirksam haben sich solche Trainingsmaßnahmen dann erwiesen, wenn sie die wichtigsten Personen der unmittelbaren Umwelt mit einbeziehen und nicht nur die Kinder, sondern auch die Eltern und Erzieher anregen, durch ein verändertes Verhalten Aggressionshandlungen entgegenzuwirken.

Weitere Stichworte:

- Angst
- Dissoziales Verhalten (Band 2)

Literatur: 39, 50, 53, 61, 76, 77, 78, 140, 142, 144, 157, 159, 197, 204, 229

Angst

Wahrnehmen und bewerten

Erscheinungsbild

Angst wird in diesem Buch unterschieden von Furcht. Die „Furcht" richtet sich immer auf ganz bestimmte Bedrohungen oder Gefahren. Man hat also „Furcht vor etwas". (Siehe auch: Furcht – Phobie.) Demgegenüber ist die „Angst" durch starke innere Beunruhigungszustände gekennzeichnet, die sich auf unbestimmte Gefahren beziehen. Angst kann allgemein als das Erleben des Bedroht-seins durch etwas Unbekanntes, Unheimliches, Unkontrollierbares umrissen werden.

Angst ist ein normaler und notwendiger Teil unseres Lebens. Angst tritt zumeist in Situationen auf, die als bedrohlich, als ungewiss und vor allem als unkontrollierbar eingeschätzt werden. Angst wird meist als unangenehm erlebt; der Mensch spürt in seiner Angst die innere Erregung. Angst ist aber sinnvoll als Alarmsignal und als Vorbereitung des Körpers auf schnelles Handeln. Demgegenüber sollte von einer Angststörung erst dann gesprochen werden, wenn sie den Betroffenen nachhaltig beeinträchtigt und kaum noch Strategien zur Lebensbewältigung ermöglicht.

Formen der Angst

Die übermäßige Angst eines Kindes kann sich auf verschiedene, teilweise ganz gegensätzliche Art und Weise äußern. Manche Kinder äußern heftige Sorgen um die Zukunft, um ihre Sicherheit, um ihre wichtigsten Bezugspersonen, über die Angemessenheit früheren Verhaltens, über die eigene Kompetenz in Sport, Schule, Freizeit oder im Kontakt zu Freunden – dies alles, ohne dass dazu ein nachvollziehbarer Anlass besteht.

Andere Kinder reagieren gehemmt und zurückgezogen, werden allgemein interesselos und passiv. Sie lassen sich treiben, zeigen keine Aktivität und kein Bestreben, die an sie gestellten Anforderungen zu meistern. Sie verlieren ihre Anstrengungsbereitschaft, sind lustlos und häufig verstimmt, oft auch sehr gereizt. Ein Stillstand im Entwicklungsprozess dieser Kinder kann die Folge sein. (Siehe auch: Anstrengungsunwilligkeit; Depression; Fremdeln – Trennungsangst; Schüchternheit.)

Wieder andere Kinder, die unter starken inneren Beunruhigungs- und Angstgefühlen leiden, zeigen auch nach außen eher eine große Unruhe (die wie ein hyperkinetisches Verhalten wirken kann), sie verhalten sich sehr reizbar, widersetzlich und manche auch in mannigfacher Weise aggressiv. Sie sind in keiner Weise einordnungsbereit und stören beispielsweise in der Schulklasse in kaum erträglichem Maße. (Siehe auch: Aggressivität; Aufmerksamkeits- und Aktivitätsstörung; Trotz; oppositionelles Verhalten.)

Oft vermischen sich diese Auffälligkeiten allerdings. Bei allen Kindern sind aber auffallende körperliche Reaktionen wie große Angespanntheit und eine Unfähigkeit, sich zu entspannen, ein Zittern, eine leichte Ermüdbarkeit und Schlafstörungen, Bauchweh, Appetitstörungen, häufiger Durchfall, Blässe, Schweißausbruch und Herzrasen zu beobachten. (Siehe auch: Schlafstörungen.)

Folgen des Angstzirkels

Übermäßige Ängste, so wie sie hier beschrieben werden, treten bei Kindern in der Regel nicht plötzlich auf, sondern entwickeln sich allmählich. Sie haben die Tendenz, sich sozusagen selbst zu verstärken, wenn nicht eine Gegenregulierung erfolgt. Denn jede Angst veranlasst das Kind, mögliche angstauslösende Situationen zu vermeiden. Ein längerfristiges Vermeiden eines Verhaltens hat aber zur Folge, dass in diesem Bereich Lernfortschritte nicht gemacht werden und dementsprechend Verhaltenslücken durch den Mangel an Übung auftreten. Damit kommt es dazu, dass der Ängstliche schließlich nicht nur unter dem zeitweise auftretenden unangenehmen Gefühl der Angst und der damit verbundenen Erregung leidet, sondern auch – und dies ist für ein Kind, das sich in einer wichtigen Entwicklungszeit befindet, von großer Bedeutung – unter einer erheblichen Einengung seiner Möglichkeiten, Erfahrungen zu machen und neues Verhalten zu lernen und zu üben.

Einordnen und verstehen

die Normalität von Angst

Man erweist seinem Kind keinen Gefallen, wenn man ihm Angst um jeden Preis ersparen will (was im übrigen auch kaum möglich ist). Angstfrei aufgewachsene Kinder sind nicht lebenstüchtiger. Oft ist das Gegenteil der Fall. Kinder profitieren davon, wenn sie erleben und erlebt haben, dass Ängste zu verkraften und durchzustehen sind, und wenn sie lernen und gelernt haben, wie man mit ihnen umgeht. Auf diese Erfahrungen können sie in späteren Angstsituationen zurückgreifen und daraus Zuversicht und Verhaltenssicherheit ableiten.

sich einfühlen in die Angst des Kindes

Die meisten Menschen werden schon einmal von einer heftigen inneren Angst gepackt worden sein. Sie haben erfahren, wie der Mensch in solchen Situationen häufig reagiert: Entweder verharrt er wie gelähmt und ist unfähig, überhaupt noch etwas zu tun (etwa entsprechend dem Totstellreflex bei Tieren), oder aber er reagiert kopflos, mit einer sinnlosen, ungerichteten Aktivität. In beiden Fällen ist er kaum in der Lage, vernünftig und überlegt zu handeln und das in dieser Situation Richtige zu tun. Es ist ihm deshalb zumeist unmöglich, den Anforderungen der Situation gerecht zu werden.

Ebenso ergeht es den Kindern, die unter einer heftigen inneren Angst leben. Nur kann man bei Kindern oft die Angst nicht direkt erkennen, und darum bleibt ihr Verhalten vielfach unverständlich. Aber in ganz ähnlicher Weise wie Erwachsene sind auch sie nicht in der Lage, situationsangepasst zu reagieren und den Anforderungen, die an sie gestellt werden, gerecht zu werden.

körperliche und seelische Belastung ■

Und noch ein Weiteres dürfte nahezu jedem Menschen bekannt sein: Ist man körperlich fit, gut erholt, seelisch ausgeglichen und entspannt, dann wird eine ängstigende Belastungssituation relativ wenig Stress, Erregung und Angst auslösen. Ist man demgegenüber angestrengt und aufgrund anderer Anforderungen bereits gestresst, so wird man in der gleichen Belastungssituation sehr viel mehr Angst empfinden und sich rascher überfordert fühlen. Auch der Körper wird sehr viel mehr mit Herzrasen, Schwitzen, Übelkeit oder sonstigen Symptomen reagieren.

In ähnlicher Weise hängt auch das Ausmaß der Angstbereitschaft bei Kindern davon ab, ob sie allgemein entspannt, innerlich ausgeglichen und ruhig sind. Ausgeglichen und ruhig sind aber solche Kinder, die in sicheren, Schutz und Geborgenheit vermittelnden Verhältnissen aufwachsen und die auch in der aktuell ängstigenden Situation wissen, dass ihre Eltern oder sonstigen engsten Beziehungspersonen mit uneingeschränkter und unbedingter Aufmerksamkeit und Zuwendung hinter ihnen stehen. Solche Kinder entwickeln das, was man ein „Urvertrauen" genannt hat. Demgegenüber begegnen Kinder, die solche Erfahrungen nicht machen konnten, der Welt und ihren Anforderungen mit Misstrauen. Sie sind ständig in Anspannung, kontinuierlich gestresst und entwickeln dementsprechend in zusätzlichen Belastungssituationen ein angstmachendes Gefühl der Überforderung.

familiale Belastungen ■

Ein Übermaß an Belastung und Stress als Grundlage für die Ängste von Kindern kann durch viele Faktoren ausgelöst werden. Das kann einmal die hohe Belastung der Eltern durch Schwierigkeiten im Beruf, Probleme in der weiteren Verwandtschaft und sonstiges sein, so dass diese Eltern kaum einmal eine ruhige Minute mit ihrem Kind verbringen können; das kann der Streit und die Auseinandersetzung der Eltern untereinander sein, die keine Lösung für ihre Beziehungsprobleme finden; das kann die gespannte Beziehung des Kindes zu seinen Eltern sein, die das, was es tut, ständig kritisieren und nicht damit zufrieden sind; das können der Verlust eines Freundes sein oder schlechte Noten in der Schule; das können aber auch die generell wenig geregelten Lebensabläufe sein, die dem Kind wenig Struktur und Halt geben, und schließlich auch ein übermäßiger und ungeregelter Fernsehkonsum, der dazu führt, dass dem Kind keine Zeit bleibt, die Dinge, die es sieht, zu verarbeiten.

- ***Trennung und Scheidung***

  Eine große angstmachende Belastung ist nachvollziehbarer Weise die Trennung und Scheidung der Eltern. Oft löst eine solche Situation Ängste bei Kindern aus, beide Elternteile zu verlieren, allein auf der Welt zu stehen und niemanden mehr zu haben. Auch können sich viele Kinder nicht vorstellen, dass Eltern sich einvernehmlich trennen, und entwickeln zum Beispiel die Angst, ebenfalls von der Mutter fortgeschickt zu werden (so wie der Vater). Oft auch schon im Vorfeld, aber insbesondere nach der Trennung oder nach der Scheidung geraten Kinder allzu leicht in die Auseinandersetzungen der Eltern und damit in unlösbare Loyalitätskonflikte. Sie möchten keinen von beiden verlieren. Aber was sie auch tun: In den Augen eines der beiden Elternteile ist ihr Verhalten immer gerade falsch, nämlich Parteinahme für den anderen.

- ***Krankheit und Tod***

  Auch der Umgang mit Krankheit und Tod ist oft Auslöser für anhaltende Ängste von Kindern. Dabei sind es nicht die Schicksalsschläge als solche, die die Kinder belasten, sondern häufig gerade der Versuch der Eltern, ihren Kindern die Belastung zu ersparen. Sie wollen ihre Kinder schonen, bagatellisieren beispielsweise die schwere Krankheit der Mutter oder halten die Kinder vom Grab der geliebten Oma fern. Die Kinder spüren jedoch an dem Verhalten ihrer Bezugspersonen, dass etwas sehr Bedrohliches in der Luft liegt, und erleben dies umso ängstigender, als sie nicht wissen, was wirklich geschieht. Diese unzureichende Information führt zu einem diffusen Bedrohtheitserleben, das für die Kinder viel schwerer zu ertragen und auszuhalten ist, als wenn sie an dem traurigen Geschehen voll beteiligt würden.

- ***Mangel an Kontrollüberzeugung***

  Das Ausmaß von Angst und Beunruhigung – und das gilt für Kinder wie für Erwachsene – hängt nicht zuletzt davon ab, ob man glaubt, einer Situation gewachsen zu sein. Die eigene Überzeugung über die persönlichen Kontroll- und Bewältigungsmöglichkeiten in einer Situation entscheiden wesentlich darüber, wie sehr eine Situation oder ein Ereignis als bedrohlich erlebt wird. Nimmt man an, über Möglichkeiten und Fähigkeiten zu verfügen, „Herr der Lage" zu sein, so empfindet man die Situation schon lange nicht mehr so schlimm und bedrohlich, und die Angst sinkt. Das Umgekehrte tritt ein, wenn man keine Bewältigungsmöglichkeiten sieht. Und das wiederum hängt bei Kindern zum einen davon ab, ob sie Strategien zur Konfliktlösung gelernt haben oder ob sie beispielsweise durch überfürsorgliche Eltern daran gehindert wurden, je einmal schwierige Situationen selbst lösen zu müssen.

erlernte Hilflosigkeit ■

Zum anderen denken manche Kinder aber auch von vorneherein, sie hätten keine Kontroll- und Bewältigungsmöglichkeiten. Dieser Eindruck kann beispielsweise bei einem Kind entstehen, wenn es – egal was es tut und was es nicht tut – immer nur beschimpft oder immer nur gelobt wird. In beiden Fällen gewinnt es den Eindruck, seine Umwelt wenig oder gar nicht gestalten oder beeinflussen zu können. Aber auch ein Kind, das beispielsweise eine Schulform besucht, der es aufgrund seiner intellektuellen Begabung nicht gewachsen ist, und das sich heftig anstrengt und bemüht, die Anforderungen zu erfüllen, aber nie Erfolg hat, wird die Überzeugung gewinnen, dass es keine Einflussmöglichkeiten hat und keine Kontrolle. Unkontrollierbare Situationen aber machen hoffnungslos und hilflos. Die Kinder verlieren den Glauben daran, etwas bewirken zu können. Das macht Angst.

Eltern als Modell ■

Eltern sind immer ein Modell für ihre Kinder, an dem diese nicht nur Verhaltensweisen, sondern auch den Umgang mit Gefühlen erlernen. Wie sie mit Gefühlen umgehen können und wie diese einzuordnen sind, finden Kinder heraus, indem sie ihre Bezugsperson beobachten und überprüfen, wie diese in bestimmten Situationen reagieren. Man könnte geradezu davon sprechen, dass die Gefühle der Kinder auf diese Weise „geeicht“ werden. Wenn sich Kinder unsicher fühlen, werden sie sich bei ihren wichtigsten Bezugspersonen rückversichern und deren vorherrschende Gefühle und die damit zusammenhängenden Verhaltensweisen übernehmen. Ängstlich vermeidende Eltern haben daher häufig auch sehr ängstliche Kinder. Tatsächlich hat man festgestellt, dass diese Reaktionsweisen in vielen Familien über Generationen stabil sind. Beobachten Eltern also anhaltende Ängste, sollten sie das eigene Verhalten überprüfen und auch einmal Freunde und Bekannte fragen, wie sie denn selbst in dieser Hinsicht von anderen gesehen und wahrgenommen werden.

Angst machen ■

Zwar ist das heute viel seltener als früher. Aber immer noch gibt es Eltern, die starke innere Beunruhigungs- und Angstgefühle bei ihren Kindern dadurch auslösen, dass sie dem Kind Angst machen, um es zu einem gewünschten Verhalten zu veranlassen. Sie drohen beispielsweise dem Mädchen oder dem Jungen mit irgendwelchen unübersehbaren und deshalb unheimlichen Folgen seines Tuns, ob es nun der Schneider mit der Schere beim Daumenlutschen oder der Nikolaus mit dem Sack ist. Selbst wenn das spaßig gemeint ist: Das Kleinkind kann noch nicht sicher beurteilen, ob solche Drohungen wirklich umgesetzt werden sollen. Auch religiöse Inhalte werden manchmal noch dazu missbraucht, dem Kind Angst zu machen, indem zum Beispiel mit Hölle, Fegefeuer oder schrecklichen Strafen Gottes gedroht wird. Alle zu hohen Anforderungen, die mit ethischen und moralischen Vorstellungen verbunden werden und die das Kind aufgrund seines Entwicklungsstandes nicht erfüllen kann, erwecken in ihm Schuldgefühle und daraus folgend Angst. Die Eltern und Erzieherinnen stellen damit eine unheimliche, bedrohende Instanz zwischen sich und das Kind: Das direkte, enge und vertrauensvolle Verhältnis wird gestört, und das Kind sieht sich allein gelassen gegenüber unerfüllbaren Aufgaben. Angst ist die Folge.

- ***Angst in der Interaktion***

Aber auch ein überfürsorgliches Eingehen auf vom Kind geäußerte Ängste kann Angst verstärken. Die Reaktion der Erwachsenen auf seine Angstäußerungen ist immer ein Signal für das Kind, das es dazu nutzt, die Wichtigkeit und Bedeutsamkeit seiner Ängste zu beurteilen. Reagieren die Erwachsenen also auf Angstäußerungen eines Kindes sehr aufgeregt und hoch besorgt, fragen sie beispielsweise immer wieder nach, wie groß die Angst denn heute sei, dann wird das Kind die Ängste selbst als sehr schwerwiegend bewerten. Möglicherweise genießt es auch die außergewöhnliche Aufmerksamkeit, die es durch seine Ängste gewinnt, so dass sie auf diese Weise verstärkt werden. Allerdings werden die Ängste nicht nur intensiviert. Vielmehr lernt das Kind möglicherweise seinerseits, die Angst in der Interaktion als Mittel einzusetzen, um die jeweilige Situation zu beeinflussen und in seinem Sinne zu kontrollieren. Gezeigte Angst kann auf diese Weise zu einem Machtfaktor in der Beziehung werden.

- ***Angst und Aggression***

Angst weckt – das wurde schon gesagt – innere Spannung und innere Energie (hohen Puls, Herzrasen und anderes). Diese Energie wird gerade von Jungen (und auch Männern) oft in Aggressionshandlungen umgesetzt. Gerade wenn Angst unerträglich wird, hilft aggressives Verhalten, die Angst zumindest vorübergehend zu vergessen. Man überspielt Verlassenheitsängste und Minderwertigkeitsgefühle. Deshalb ist es wichtig, bei den Kindern, die häufig andere Menschen mit Schimpfwörtern und körperlichen Aggressionen angreifen, immer daran zu denken, dass diesem Verhalten möglicherweise große Ängste oder Einsamkeitsgefühle zugrunde liegen.

Lösungen anregen und möglich machen

- ***mit Angst leben***

Kinder haben aus verschiedenen Gründen Angst. Ängste sind normal und gehören zur kindlichen Entwicklung, wie sie auch zu einem erwachsenen Menschen gehören. Wichtig ist nicht, keine Angst zu haben, sondern zu lernen, damit umzugehen. Das Wissen, wie man mit Ängsten umgeht, und die Überzeugung, dies zu können, ist ein großer Schatz, den man einem Kind mit auf den Weg geben kann. Deshalb sollte man das Kind nicht überbehüten, sondern ihm beibringen, dass Angst zum Leben gehört, dass Angst vorbeigeht und dass man für das Vorbeigehen der Angst selbst etwas tun kann.

Sicherheit geben

Eine wichtige Maßnahme, dem Kind dabei zu helfen, seine Angst zu bewältigen, besteht darin, ihm Struktur zu geben. So kann man mit dem Kind einen Stundenplan für jeden Tag machen, damit es genau weiß, wann welches Vergnügen und wann welche Aufgabe ansteht. Zugleich sollte man auf Regelmäßigkeiten achten, die dem Kind Sicherheit geben. Dazu bieten sich beispielsweise die Mahlzeiten an, feste Zeiten, in denen das Kind Hausaufgaben macht, Zeiten, in denen es spielt, und Zeiten, in denen es zu Bett geht. Man sollte auch die Reizangebote regulieren, Fernsehzeiten festlegen und darauf achten, dass nur ganz bestimmte Sendungen gesehen und nicht Nachmittage vor dem Fernseher verbracht werden. Eltern sollten auch solche Termine einplanen, in denen sie selbst Zeit für das Kind haben und zu denen das Kind beispielsweise wünschen kann, was sie gemeinsam tun.

Konfliktbewältigung vorleben

Wenn Eltern sich zu einer Trennung oder Scheidung entscheiden, ist es wichtig, dass beide Elternteile dem Kind die Gründe erläutern. Das Kind muss das sichere Gefühl entwickeln, dass die Eltern sich nicht seinetwegen trennen (was Kinder häufig denken) und dass es die Trennung nicht verschuldet hat. Wichtig ist, deutlich zu machen, dass die Trennung eine Entscheidung der Erwachsenen ist, die nichts mit dem Kind zu tun hat. Nach Möglichkeit sollten beide Eltern dem Kind vermitteln, dass sie weiterhin für das Kind da sind. Entscheidend ist, dass keiner von beiden den ehemaligen Partner abwertet, denn beide Eltern erlebt das Kind als Teil seiner selbst. Wird der Vater von der Mutter schlecht gemacht oder umgekehrt, dann erlebt das Kind sich selbst schlecht gemacht. Das Kind hat zwar das Elternpaar verloren; Mutter und Vater bleiben ihm trotz allem erhalten.

Häufig bleibt nach einer Trennung sehr viel Verletztheit, Kränkung und Trauer bei den Erwachsenen zurück. Auch wenn das häufig unvermeidbar ist, sind zwei Dinge im Interesse des Kindes wichtig: Es muss dem Kind erlaubt sein, eine gute Beziehung auch zu dem anderen Elternteil zu haben, damit es vor unlösbaren Loyalitätskonflikten bewahrt wird. Zum anderen sollte es an dem Erwachsenen erkennen, dass man über eine Situation traurig sein kann, dass man über das Verhalten eines anderen wütend sein kann und dass man gekränkt sein kann, dass man aber trotzdem über all das reden kann. Das Kind sollte erkennen, dass diese Gefühle ihren Platz haben, dass sie aber nicht das ganze Leben bestimmen und dass man trotzdem in der Lage ist, viele Lebenssituationen – und mit der Zeit immer mehr – zu genießen.

- ***Offenheit bei Belastungen***

  Bei Krankheiten oder anderen bedrohlichen Situationen in der Familie ist es wichtig, dem Kind altersgerechte, aber wahrheitsgetreue Informationen zu geben. Das nicht Gekannte, aber Gespürte ist viel unheimlicher als das, worüber das Kind aufgeklärt wurde. Eltern sollten immer davon ausgehen, dass Kinder höchst sensibel ihre Stimmungen, Sorgen und Ängste wahrnehmen, auch wenn sie noch so sehr versuchen, solche Dinge vor dem Kind geheim zu halten.

  Falls das Kind selbst ernsthaft erkrankt, sollte man versuchen, Ruhe auszustrahlen und trotz allem ein Stück Normalität zu wahren. Wichtig ist, dem Kind zu zeigen, dass die Eltern in allen wichtigen, schwierigen Situationen an seiner Seite stehen. Gleichzeitig sollten die Eltern darauf achten, sich beispielsweise bei längeren Krankheitsverläufen nicht zu überfordern. Sie sollten sich Erholungspausen gönnen und eine auf mehrere Schultern verteilte Betreuung organisieren. Das Vertrauen darin, dass das Kind das gut verträgt und auch viel Verständnis dafür hat, stärkt das Kind mehr, als wenn Eltern sich aufopfern.

- ***Konfliktlösung üben***

  Am Modell der Eltern lernen Kinder am besten, dass man Angst nicht bewältigt, indem man sie vermeidet, sondern indem man sich ihr stellt. Sie sehen dann, dass angstmachende Situationen zu bewältigen und ängstigende Konflikte zu lösen sind. Problem- und Konfliktlösung kann man mit dem Kind auch üben, beispielsweise wie man seine Ängste durchsteht und überwindet (siehe auch: Fremdeln – Trennungsangst). Während man bei jüngeren Kindern das Lösungsverhalten zumeist noch vorgibt, wird man mit älteren Kindern eher die verschiedenen Möglichkeiten erörtern und dem Kind die Wahl zwischen verschiedenen Lösungsmöglichkeiten lassen. Manchmal wird man es auf einzelnen Schritten noch begleiten müssen, sei es, dass man als Stützung im wahrsten Sinne des Wortes neben dem Kind steht, während es selbst die Problemlösung angeht, sei es, dass man einzelne Schritte für das Kind noch stellvertretend macht mit dem Hinweis, dass es dies beim nächsten Mal dann selber tun wird.

- ***Kontrollüberzeugung stärken***

  Grundsätzlich sollte man die Entwicklung von Kontrollüberzeugungen bei dem Kind fördern und das Erleben unterstützen, dass mit dem eigenen Verhalten Einfluss auf den Ablauf von Situationen genommen werden kann, dass durch eigene Anstrengung Erfolge erreicht werden können und dass das eigene Handeln die Handlungen der anderen beeinflusst. Dieses Erleben von Kontrollmöglichkeit zu stärken, ist die beste Prophylaxe gegen lang anhaltende, bedrückende Ängste. (Und eben das erreichen auf inadäquate Weise die Kinder, die ihre Angst mit aggressiven Verhaltensweisen bekämpfen.) Allerdings gilt es zugleich, keine Illusionen zu wecken. Das Kind muss auch lernen, dass man nicht immer alles unter Kontrolle haben kann, sondern das man auch einmal zurückstecken muss, dass man einen Schicksalsschlag verkraften und eine Enttäuschung erleiden kann, ohne daran zu zerbrechen.

Dialog über angstfreie Zeiten ■

Einem Kind, das unter anhaltenden Ängsten leidet, müssen die Erwachsenen zeigen, dass sie ganz für es da sind. Gleichzeitig darf man der Angst aber nicht zuviel Aufmerksamkeit widmen. Man sollte dem Kind, das über seine Angst redet, aufmerksam zuhören, aber nicht in den Fehler verfallen, nun vornehmlich mit dem Kind über Angst zu sprechen. Man löst nicht Probleme, indem man über Probleme redet. Reden sollte man vielmehr über die Zeiten, in denen das Kind keine Angst hat. Damit vermittelt man dem Kind das Erleben, dass die Angst ja gar nicht sein ganzes Leben bestimmt, sondern dass es auch viele Zeiten gibt, wo die Angst nicht da ist. Gleichzeitig kann man im Reden über die Zeiten, wo die Angst nicht da ist, Hinweise finden, welche Faktoren situativer oder personeller Art solche angstfreien Zeiten ermöglichen.

fachliche Hilfen ■

Hält die Angst des Kindes über längere Zeit an, sollten die Eltern beraterische oder therapeutische Hilfe in Anspruch nehmen. Beratungsstellen für Eltern und Kinder, Kinder- und Jugendpsychiater und Kinder- und Jugendlichenpsychotherapeutinnen sind geeignete Ansprechpartner für das Kind und seine Eltern oder für die ganze Familie.

Weitere Stichworte:

- Aggressivität
- Anstrengungsunwilligkeit
- Aufmerksamkeits- und Aktivitätsstörung
- Depression (Band 2)
- Fremdeln – Trennungsangst
- Furcht – Phobien
- Oppositionelles Verhalten
- Schlafstörungen
- Schüchternheit
- Schulangst
- Schulphobie
- Zwangsverhalten (Band 2)

Literatur: 51, 58, 69, 75, 125, 138, 158, 160, 165, 168, 193, 210, 215, 216

Anstrengungsunwilligkeit

Wahrnehmen und bewerten

Beschreibung

Von einer Anstrengungsunwilligkeit sprechen wir, wenn ein Kind seine spezifischen Fähigkeiten und Fertigkeiten nicht nutzt, um sich neugierig und interessiert, aktiv explorierend und unter Einsatz seiner Kräfte der Umwelt, dem Spiel, dem Sport oder sonstigen Aufgaben zuzuwenden. Wie der Begriff es ausdrückt: Das Kind ist „unwillig", Anstrengungen auf sich zu nehmen.

generelle Anstrengungsunwilligkeit

Kinder mit einer generellen Anstrengungsunwilligkeit wirken träge, müde und schlapp. Sie sind häufig zu dick und selten für irgendwelche Aktivitäten zu begeistern, sondern „hängen zumeist herum" und sehen fern. Sie haben kein Interessengebiet, in das sie sich voll einbringen und in dem sie keine Anstrengung scheuen, um ein Ziel zu erreichen. Häufig sind ihre motorischen Abläufe langsam, ihre Sprache ist bedächtig. Insgesamt tragen sie eine Lustlosigkeit zur Schau und setzen allen Anstrengungen von anderen, sie für irgend etwas zu interessieren oder zu motivieren, Widerstand entgegen.

spezifische Anstrengungsunwilligkeit

Eine spezifische Anstrengungsunwilligkeit bezieht sich lediglich auf bestimmte Bereiche, in denen das Kind interesselos und nur schwer zu einer Aktivität zu motivieren ist, während es auf anderen Gebieten, beispielsweise im Sport oder bei der Arbeit mit dem Computer, eine große und ausdauernde Anstrengungsbereitschaft zeigt. In diesen Bereichen erbringt es beachtliche Leistungen und verhält sich engagiert und zielstrebig.

Bewertungen

Kinder, die keine Anstrengungsbereitschaft zeigen, werden von ihren Erzieherinnen und Lehrerinnen sehr häufig als „faul" bezeichnet. Besonders eindeutig erscheint diese Bewertung, wenn es sich um Kinder handelt, die in einem bestimmten Bereich Leistungswilligkeit demonstrieren und in anderen jeden Einsatz scheuen. Eine derartige Bewertung „Das Kind ist faul" bedeutet, dass man dem Kind allein die Schuld an seiner mangelnden Anstrengungsbereitschaft gibt. Aber auch wenn die Schuldzuweisung primär auf das Kind ausgerichtet ist, so wohnt ihr doch eine Tendenz zur Ausweitung inne, beispielsweise in der Art, dass Lehrer den Eltern den Vorwurf machen, sie seien nicht in der Lage, das Kind zur Arbeit anzuhalten und zu motivieren, und umgekehrt Eltern den gleichen Vorwurf an die Lehrer richten. Darüber hinaus führt die „Faulheit" des Kindes öfter zu Konflikten zwischen den Ehepartnern, die sich gegenseitig an dem Verhalten des Kindes die Schuld geben.

Insgesamt wird die Anstrengungsunwilligkeit als eine Auffälligkeit angesehen, die das Kind – mit Hilfe seiner Bezugspersonen – kontrollieren und ändern könnte, wenn es wollte. Das Verhalten des Kindes löst zudem Beunruhigung aus, da die Eltern zumeist befürchten, dass das Kind seine Entwicklungsmöglichkeiten oder seine Schullaufbahn gefährdet und damit seine Zukunftschancen beeinträchtigt.

Gefahren

Liegt eine Anstrengungsunwilligkeit vor, so ist in der Folge zum Beispiel in der Schule mit Leistungseinbrüchen zu rechnen. Gerade unter Kindern, die eine oder mehrere Klassen wiederholen müssen, finden sich vermehrt Schüler, die sich durch eine Anstrengungsunwilligkeit auszeichnen. Aber auch umgekehrt kann die Anstrengungsunwilligkeit durch anders begründete Misserfolge – beispielsweise durch eine Lese- und Rechtschreibschwäche, eine Rechenschwäche oder eine Aufmerksamkeits- und Aktivitätsstörung – ausgelöst oder begünstigt werden.

Zuordnen und verstehen

selbstverständliche Betätigungsfreude

Fast alle Menschen haben unter günstigen Bedingungen den Wunsch, ihre eigenen Fähigkeiten zu entwickeln und entfalten die dafür notwendige Aktivität. Sie setzen sich dafür ein, die eigenen Bedürfnisse zu befriedigen. Auch jedes gesunde Kind entwickelt einen natürlichen Tätigkeitsdrang. So spricht man beim Säugling von einer sogenannten „Funktionslust", bei dem etwas älteren Kind von einer Gestaltungsbereitschaft im Spiel aus reiner Betätigungsfreude und beim Schulkind von einer ganz natürlichen Anstrengungswilligkeit und Leistungsbereitschaft. Kinder gehen zumeist aufgeschlossen und aufmerksam an die Dinge ihrer Umwelt heran. Sie wollen alles erfahren, womit die Erwachsenen umgehen, und lernen was diese schon können. Bei all diesen Aktivitäten wird das Kind immer wieder Misserfolgserlebnisse haben; doch es lernt mit der Zeit, Misserfolge als Ansporn zu neuen Versuchen anzusehen. Überwiegen jedoch die Versagenserlebnisse die Erfolgserlebnisse über einen längeren Zeitraum, so kann sich allmählich eine Mutlosigkeit und eine Anstrengungsunwilligkeit herausbilden.

Fremdbestimmung

Während eines Spieles, in das nicht von Erwachsenen eingegriffen wird, kann das Kind die Höhe oder Differenziertheit der zu vollbringenden Leistung selbst festlegen, beispielsweise beim Bauen mit Legosteinen. Damit bestimmt das Kind sein eigenes Anspruchsniveau, das durch das Erleben von Erfolg oder Misserfolg eingestellt, sozusagen justiert wird. Hier findet ein Rückkopplungsprozess statt, der dem Kind Informationen darüber gibt, wie weit es befähigt ist, bestimmte Leistungen zu erbringen, und der es veranlasst, sein Anspruchsniveau dem eigenen Leistungsvermögen anzupassen. Denn ein Kind wird üblicherweise nicht dazu neigen, sich ständig zu überfordern.

Bei einem leistungsunwilligen Kind ist deshalb zu fragen, ob dieser Selbstregulierungsprozess durch Eingriffe von außen gestört wurde und wird. Fühlt sich das Kind allzu sehr fremdbestimmt? Werden die Anforderungen durch die Erwachsenen zu sehr erhöht, so dass das Kind aufgrund zu häufiger Misserfolgserlebnisse eine Anstrengungsunwilligkeit entwickelt hat? Was könnte ihm sonst noch den Spaß an der Anstrengung verdorben haben und verderben?

- ***Anstrengen für die Bezugsperson***

Ein kleines Kind strengt sich vor allem für seine Bezugspersonen an, seien es die Eltern, Kindergärtnerinnen oder auch die Lehrerinnen. Es kann immer wieder beobachtet werden, wie ein Kleinkind sich bemüht, sich an den Aufgaben im Haus zu beteiligen, beispielsweise den Brotkorb zum Tisch zu tragen oder ein Werkzeug zu holen, und wie es sich anstrengt, selbstständig zu essen oder aus der Tasse zu trinken. Allerdings missglücken diese Versuche noch oft, und der Erwachsene hat dann meist sehr viel Arbeit, die Dinge wieder in Ordnung zu bringen. Entsprechend groß ist die Versuchung, das Kind am Selber-tun zu hindern und die Arbeit schneller selbst zu erledigen oder das Kind zu füttern. Dem Kind wird dadurch aber nicht nur ein Lernfeld entzogen, sondern es verliert leicht auch den Spaß an seinen Anstrengungen, die Dinge so zu tun, wie die Erwachsenen es machen. Es droht die Gefahr, dass es seine Bemühungen einstellt und passiv-träge wird.

- ***ungünstige Kreisprozesse***

Die Enttäuschung eines Kindes über ein zu häufiges Versagen oder über zu häufige Misserfolgserlebnisse beeinflussen seine Motivation zum Lernen und seine Anstrengungswilligkeit. Die dann wahrscheinlich auftretenden schlechten Leistungen beispielsweise in der Schule können zu dem Missverständnis der Lehrerin führen, dieses Kind sei unbegabt. Derartige Einschätzungen sind jedoch nicht folgenlos. Untersuchungen zeigen, dass Lehrer und Lehrerinnen in Arbeiten von angeblich „unbegabten" Kindern mehr Fehler finden als in denen von angeblich „begabten" Kindern (bei denen sie vermehrt übersehen werden). Somit kann ein negativer Wechselwirkungsprozess entstehen, der die Entwicklung des Kindes ungünstig beeinflusst.

- ***begrenztes Zutrauen in die Leistungsfähigkeit***

Die Anstrengungsbereitschaft eines Kindes wird nicht zuletzt wesentlich durch das Zutrauen seiner Eltern, Erzieherinnen und Lehrerinnen in seine Leistungsfähigkeit getragen. Nehmen die Erwachsenen die Bemühungen eines Kindes bei der Bewältigung einer Aufgabe in realistischer Weise wahr, erkennen sie seine Anstrengungen an und vermitteln sie dies dem Kind, so unterstützen sie seine Bereitschaft zur Anstrengung. Bei leistungsunwilligen Kindern stellen sich deshalb die Fragen: Gelingt es den Eltern, Erzieherinnen und Lehrerinnen, dem Kind ihr Zutrauen in seine Leistungsfähigkeit zu vermitteln? Werden die Leistungen, die das Kind beispielsweise im Spielen erbringt, angemessen gewürdigt? Vermögen die Erwachsenen, die Anstrengungen, die ein Kind macht, richtig einzuschätzen? Dies fällt oft nicht leicht, zumal die Erwachsenen häufig mehr auf ein bestimmtes Ergebnis oder eine bestimmte Gestaltungsform ausgerichtet sind als auf den Arbeitsprozess. Werden die Versuche des Kindes anerkannt, obwohl es nicht das gewünschte Niveau erbringt? Oder werden seine Bemühungen ständig kritisiert, wird Unzufriedenheit geäußert, klagen die Erzieher, dass das Kind die gewünschte Aufgabe immer noch nicht schafft? Könnte es sein, dass das Kind inzwischen selbst an seiner Leistungsfähigkeit zweifelt und gar nicht mehr glaubt, die Aufgaben bewältigen und die Ziele erreichen zu können?

Fehlen einer Zielvorstellung ■

Ältere Kinder arbeiten bereits in stärkerem Maße auf ein Ziel hin. Für ihre Anstrengungswilligkeit ist es von entscheidender Bedeutung, ob das Ziel ihr eigenes ist, auf das sie sich mit Interesse ausrichten, ob sie es als auferlegt erleben, als Ziel, das andere – Eltern, Lehrerinnen und sonstige Erwachsene – ihnen aufdrücken. Das ist nicht selten das Problem in der Schule, wenn Kinder den praktischen Nutzen des Lernstoffs nicht erkennen können und an seiner Sinnhaftigkeit zweifeln.

Verwöhnung ■

Ein nicht geringes Problem im Hinblick auf die Entwicklung einer Anstrengungsbereitschaft liegt in der Tatsache, dass viele Kinder heute materiell von ihren Eltern überreichlich versorgt werden. Ob es die Designerkleidung, das Handy oder das reichliche Taschengeld betrifft – die meisten Eltern glauben, ihren Kindern dies alles ermöglichen zu müssen. Mit Hinweis auf „die anderen", die das alles haben, wird von den Kindern oft auch viel Druck ausgeübt. Nur selten trauen sich die Eltern, von den Kindern eine Eigenbeteiligung, die sie sich selbst verdienen müssen, zu verlangen. Ebenso verzichten viele Eltern darauf, die Übernahme bestimmter altersgemäßer Aufgaben im Haushalt von ihren Kindern zu erwarten. Warum sollen sich diese Kinder anstrengen, wenn sie von Erwachsenen umgeben sind, die die Dinge doch selbst erledigen? Die Anstrengungsbereitschaft eines Kindes muss auch unter diesem Aspekt betrachtet und dementsprechend gefragt werden, ob das Kind vielleicht allzu viele materielle Dinge und Vergünstigungen ohne eigene Anstrengungen erhält und erreicht.

Vorbilder ■

Letztlich spielt auch immer wieder das Modell der Bezugspersonen eine bedeutende Rolle. Zeigen diese Vorbilder Anstrengungsbereitschaft und Einsatzwillen, oder reagieren sie eher unwillig und abweisend, wenn erhöhte Forderungen an sie herangetragen werden? Beobachten Kinder, dass Eltern schlecht vorbereitet in den Dienst gehen? Stellen sie fest, dass der Lehrer ungenügend vorbereitet ist und auch während des Unterrichts keine hohe Motivation erkennen lässt? Oder beobachtet das Kind bei seinen Eltern eine so hohe Anstrengungs- und Leistungsbereitschaft, dass es zu dem Schluss kommt, dies nie erreichen zu können, so dass es den gegenteiligen Weg wählt? Entscheidend ist nicht zuletzt, wie das Kind das von ihm beobachtete Modell der Erwachsenen bewertet, ob es ihm nachahmenswert erscheint oder etwas ist, das es als abschreckend erlebt und das es deshalb eher nicht übernehmen möchte.

- ***spezifische Anstrengungsunwilligkeit***

  Die Beobachtung, dass ein Kind nur in bestimmten Bereichen anstrengungsunwillig, in anderen jedoch sehr leistungsbereit ist, stellt eine besondere Herausforderung an Eltern und Erzieherinnen dar. Was macht die Aufgaben, bei denen es sich anstrengt, so interessant und die, denen es mit Anstrengungsunwilligkeit ausweicht, so unattraktiv? Werden die letzteren auch von den Erwachsenen gering geschätzt, so dass das Verhalten des Kindes nur deren Einschätzung widerspiegelt? Hat das Kind auf einem Gebiet rasche und gute Erfolge, die ihm auf dem anderen schwer fallen? Gibt es Personen, für die es sich auf dem einen Gebiet anstrengt, und ist sein Verhältnis beispielsweise zu dem Lehrer des ungeliebten Faches belastet und spannungsreich? Arbeitet es lieber allein und schätzt deshalb die Arbeit am Computer, und vermeidet es die Bereiche, in denen soziale Kontakte wichtig sind?

Lösungen anregen und möglich machen

- ***körperliche oder seelische Belastungen***

  Änderungen in der Leistungsbereitschaft eines Kindes – sowohl positive als auch negative – verdienen immer große Aufmerksamkeit. Ist die Änderung negativ, scheut ein Kind plötzlich Anstrengungen, klagt es über Müdigkeit und reagiert es schnell erschöpft, dann ist zunächst nach einer körperlichen Ursache zu forschen. Kann die ausgeschlossen werden, stellt sich die Frage, ob das Kind sich über längere Zeit überanstrengt hat und zu viele verschiedene Ziele verfolgt, so dass eine Konzentration auf weniger Aufgaben und ein Mehr an Zeit für Entspannung die Freude am Einsatz für diese Aufgaben wieder aufkommen lässt. Fragen Sie sich auch, ob das Kind einer besonderen psychischen Belastung ausgesetzt war. Gab es Trauerfälle innerhalb der Familie, hat es sich von einem Freund oder einer Freundin trennen müssen, verlor es ein Haustier, beobachtete es einen schweren Unfall? Könnte das Kind in irgendeiner Weise ausgenutzt worden sein? Hat es sonst ein Trauma erlebt? Nehmen Sie sich viel Zeit und versuchen Sie, im Gespräch mit dem Kind Hintergründe und Belastungen herauszufinden und die Situation vielleicht allein schon durch ihre intensive Kontaktaufnahme aufzuhellen oder aber gemeinsam notwendige Schritte einzuleiten.

positive Entwicklungen

Ist die Änderung positiv, zeigt das Kind seit einiger Zeit eine besondere Anstrengungsbereitschaft, ist es ebenfalls angebracht, die Hintergründe und Zusammenhänge zu betrachten. Denn damit erhält man Hinweise, wie die Anstrengungsbereitschaft des Kindes weiter zu unterstützen ist – immer dem Motto folgend: Wenn die Dinge gut laufen, tu mehr davon!

Unterstützung der Anstrengungswilligkeit

Ein Kind kann von Ihnen auf unterschiedliche Weise verstärkt werden. Teilen Sie mit ihm die Freude an seinem Tun! Setzen Sie sich zu ihm und beobachten Sie sein Handeln. Schauen Sie, ob das Kind kleine Tipps dankbar aufnimmt oder ob es lieber alles ganz alleine schaffen will. Bestätigen und anerkennen Sie ein erfolgreiches Ergebnis, aber achten Sie auch darauf, den Erfolg realistisch einzuschätzen. Beobachten Sie also genau, ob das Kind sich für den Erfolg auch wirklich angestrengt hat. Denn Sie wollen ja die Anstrengungsbereitschaft verstärken, und würden mit unkritischen Anerkennungen eher das Gegenteil erreichen.

Eine Verstärkung kann auch durch eine Belohnung erreicht werden. Allerdings sind Belohnungen „sekundäre Motivationshilfen“, weil sie die Gefahr einschließen, dass letztlich lediglich für die Belohnung gearbeitet wird, das Kind also sozusagen fordert, jedes Mal eine Belohnung ausgesetzt zu bekommen. Zudem werden diese Belohnungen oft falsch eingesetzt; denn sie sind vor allem bei jüngeren Kindern wenig wirksam, wenn sie nicht in einem direkten zeitlichen Zusammenhang mit dem Verhalten stehen, das verstärkt werden soll.

Die am häufigsten angewandte Form einer Verstärkung ist natürlich das Lob. Hierbei ist darauf zu achten, dass das Kind nur ein Lob erfährt, wenn es sich wirklich bei einer Sache Mühe gegeben hat. Es ist nicht immer einfach, die Balance zwischen einem zu häufigen Loben und einem zu seltenen zu finden. Ein zu häufiges Loben kann ein Kind von den lobenden Äußerungen des Erwachsenen abhängig machen, das zu seltene Loben verringert seine Anstrengungsbereitschaft. Besonders bei kleinen Kindern ist wiederum darauf zu achten, das Lob sofort der entsprechenden Handlung folgen zu lassen.

Grundsätzlich ist festzuhalten, dass alle Formen einer angemessenen Verstärkung von Verhaltensweisen die Anstrengungsbereitschaft eines Kindes unterstützen. Das Hauptziel ist dabei, die Freude am Tun selbst zu unterstützen und nicht das Leistungsergebnis. Ein Kind, das Freude an seinen Tätigkeiten hat, entwickelt eine Anstrengungsbereitschaft und einen „Hunger“ nach neuen Erfahrungen und Kenntnissen.

Gerade die ersten Lebensjahre sind wichtig für die Entwicklung einer Anstrengungsbereitschaft. Achten Sie deshalb auf die oft noch ungeschickten Bemühungen des Kindes, Ihre Tätigkeiten nachzuahmen und Sie dabei zu unterstützen – auch wenn es Ihnen damit nur noch zusätzliche Arbeit macht. Danken Sie zum Beispiel Ihrem Zweijährigen, wenn dieser sich bemüht, Ihnen beim Tischdecken zu helfen oder Ihnen im Garten die Harke zu holen. Übersehen Sie auch nicht, wenn es dem kleinen Kind zunehmend gelingt, mit der Gabel zu essen.

- ***die Bedeutung der Bitte***

  Anstrengungsbereitschaft fußt auf dem eigenen inneren Antrieb und dem eigenen Entschluss. Man kann sie deshalb nicht anordnen. Wollen Sie das Kind direkt zur Anstrengung auffordern, müssen Sie das deshalb in Form einer Bitte tun. Häufig wird das Kind bereitwillig darauf reagieren. Allerdings müssen Sie dabei in Kauf nehmen, dass das Kind grundsätzlich berechtigt ist, eine Bitte auszuschlagen. Sie sollten also die Form einer Bitte nicht wählen, wenn Sie eine Forderung äußern, auf der Sie bestehen und die Sie durchsetzen wollen.

- ***Entscheidungskompetenz fördern***

  Grundsätzlich ist es wichtig, dem Kind – so oft es geht – Entscheidungsmöglichkeiten einzuräumen. Das kann die Frage betreffen, wie und wann bestimmte notwendige Aufgaben vom Kind erledigt werden, aber ebenso die Entscheidung im Familienrat darüber sein, wohin die Familie in diesem Jahr in Urlaub fahren will. Sie fördern damit die Bereitschaft des Kindes, Verantwortung zu übernehmen, und beide Dinge hängen eng miteinander zusammen: die Bereitschaft, Verantwortung zu übernehmen, und die Bereitschaft, sich für eine Sache einzusetzen und sich anzustrengen.

- ***schwer erreichbare Ziele***

  Wenn Sie ein Kind zu einer Anstrengung ermutigen wollen, sollten Sie niemals die damit verbundene Mühe bagatellisieren und klein reden, beispielsweise – was viele in bester Absicht tun – äußern: „Das ist doch (für dich) ganz leicht und gar nicht schwer!" Für das Kind bedeutet eine solche Aussage: Wenn es sein Ziel erreicht, hat es nichts Besonderes geschafft. Löst es die Aufgabe nicht, hat es bei einer leichten Arbeit versagt. Bei der Alternative könnte ein Kind zu dem Schluss kommen, es am besten erst gar nicht zu versuchen. Heben Sie deshalb immer die Schwierigkeiten und Mühen hervor, die für die Erledigung der Arbeit notwendig sind, und sagen sie zum Beispiel: „Die Aufgabe ist nicht leicht und wird einige Mühe kosten. Aber du kannst es – glaube ich – schaffen." Eine solche Aussage wird dem Kind viel eher Mut machen.

- ***Können erleben lassen***

  Ein anstrengungsunwilliges Kind hat zumeist wenig Erfolgserlebnisse. Deshalb lohnt es sich zu überlegen, auf welchem Gebiet das Kind am ehesten erfolgreich sein könnte. Was sind seine Stärken, und wo kann es am ehesten „Punkte machen“? Ist es in der Lage, einem jüngeren Kind bestimmte Fähigkeiten zu vermitteln? Hat es „ein Händchen“ für technische Dinge oder für die Pflege der Blumen im Haus? Ist es besonders geduldig zum Beispiel beim Legen eines Puzzles? Versuchen Sie unbedingt, an dem anzusetzen, was das Kind schon relativ gut kann. Es ist oft gar nicht leicht, solche Bereiche herauszufinden; aber jedes Kind hat irgendwo auch seine Stärken. Vielleicht finden Sie dann sogar Dinge, die es besser kann als Sie selbst, was Ihnen besonders gute Möglichkeiten gäbe, das Kind ein Können erleben zu lassen.

das eigene Modell

Das Modell der Eltern oder anderen Erzieherinnen beeinflusst das Kind in hohem Maße. So lautet immer die erste Frage, die in diesem Zusammenhang zu stellen ist: Was vermittle ich durch mein Modellverhalten dem Kind? Zeige ich, dass jede Arbeit mühevoll und beschwerlich ist, oder kann das Kind an meinem Verhalten erkennen, dass es Spaß macht, sich für eine Sache anzustrengen?

Abgesehen von diesen grundsätzlichen Überlegungen können Sie auf vielfältige Weise ein positives Modell für Kinder sein. So wirkt es sich sehr anregend aus, wenn Sie bei einer bestimmten Tätigkeit oder bei einer Problemlösung Ihre Gedanken laut äußern und Ihr Vorgehen beschreiben, wenn Sie Ihre Überlegungen, wie Sie vielleicht etwas machen könnten, aussprechen und sich laut fragen: „Ist das vielleicht ein Weg oder ...?“ Ebenso sinnvoll kann es sein, wenn Sie laut darüber nachdenken – und vielleicht das Kind mit einbeziehen –, warum Ihnen irgend etwas nicht geglückt ist und was Sie denn wohl falsch gemacht haben. Einbezogen in einen solchen Prozess fühlt sich das Kind ernst genommen und respektiert. Es erlebt, dass auch Ihnen keineswegs alles leicht fällt. Zudem geben Sie ihm die Möglichkeit, eigene Gedanken und Vorschläge zu entwickeln, die Sie dann gemeinsam ausprobieren oder hinterfragen können. Dies kann eine sehr gute Methode sein, ein anstrengungsunwilliges Kind in einen Arbeits- und Denkprozess mit einzubeziehen, um es auf diesem Wege zu motivieren.

Eltern als Vermittler

Eine Anstrengungsunwilligkeit steht häufiger einmal im Zusammenhang damit, dass das Kind die Sinnhaftigkeit eines Lernstoffes nicht einzusehen vermag. Es ordnet den Stoff als lebensfremde Aufgabe ein und reagiert dementsprechend. Nun können jedoch institutionelle Zwänge vorliegen, die Sie als Eltern nicht, zumindest nicht sofort zu ändern vermögen. Sie sollten in einem solchen Fall versuchen, die Rolle eines Vermittlers zwischen den Ansprüchen beispielsweise der Schule und den Einstellungen Ihres Kindes einzunehmen. Versuchen Sie in einem Gespräch mit Ihrem Kind den Hintergrund für den Lehrstoff zu vermitteln, und sprechen Sie mit ihm über mögliche Konsequenzen seiner Haltung. Vielleicht gelingt es Ihnen, die Lerninhalte in der Diskussion mit Ihrem Kind interessanter werden zu lassen. Erörtern Sie das Problem auch mit dem Lehrer oder in Elternversammlungen. Aber achten Sie immer darauf, keine Kluft zwischen Elternhaus und Schule aufkommen zu lassen.

Ziele reflektieren

Gerade wenn Sie feststellen, dass ein Kind sich sehr einseitig auf eine bestimmte Tätigkeit hin orientiert, ist es von Bedeutung, dass Sie das Gespräch suchen und in der Fantasie zukünftige Situationen vorwegnehmen. Sie können in realistischer Weise – ohne belehrend und demotivierend zu sein – die Bedingungen zukünftig angestrebter Positionen und Tätigkeiten beleuchten. Äußert ein Kind zum Beispiel, dass es ein Fußballstar werden will, so ist es – wie auch bei anderen Zielen – sehr leicht möglich, über die Anforderungen zu sprechen, die damit auch verbunden sind, zum Beispiel Sprachkenntnisse und die Notwendigkeit, Vertragstexte lesen und verstehen zu können. So kann das Kind über den Weg und die notwendigen Kenntnisse und Fähigkeiten aufgeklärt werden, die erforderlich sind, um sein Ziel, sei es Lokführer, Pilot, Diskjockey oder Turnierreiterin, zu erreichen.

Weitere Stichworte:

- Aufmerksamkeits- und Aktivitätsstörung
- Lese- und Rechtschreibschwäche
- Oppositionelles Verhalten
- Rechenschwäche
- Schulschwänzen
- Tagträumen

Artikulationsstörung

Stammeln – Dyslalie

Wahrnehmen und bewerten

Definition

Die Artikulationsstörung gehört zu den Sprechstörungen; sie wurde früher als Stammeln bezeichnet. Es handelt sich um eine umschriebene Entwicklungsstörung, bei der die Artikulationsfähigkeit nicht altersgemäß entwickelt ist. Einzelne Laute oder Lautverbindungen werden nicht richtig ausgesprochen oder durch andere Phoneme ersetzt. Die übrigen sprachlichen Fähigkeiten liegen im Normbereich.

Formen

Bei der Artikulationsstörung wird zwischen einer multiplen Form (multiple Artikulationsstörung) und spezifischen Formen (partielle Artikulationsstörungen) unterschieden. Bei der multiplen Form sind viele Laute und Lautverbindungen betroffen. Das Sprechen des Kindes ist nur schwer verstehbar, denn mehrere Einzellaute oder eben auch Lautverbindungen werden falsch artikuliert, weggelassen oder durch andere ersetzt. Das Kind verfügt über einen geringen Lautbestand. Bei einer hochgradigen multiplen Artikulationsstörung kann die Sprache derart entstellt sein (zum Beispiel: „Unne Tatte tit Tutta“ = „Unsere Katze frisst Futter“ oder „Toto“ = „Auto“), dass nur sehr enge Bezugspersonen, die in einem ständigen Kontakt mit ihm leben, das Kind verstehen können.

Bei den spezifischen Formen der Artikulationsstörung sind nur einzelne Laute betroffen. Am häufigsten findet man den Sigmatismus, das sogenannte Lispeln, eine isolierte Störung der Aussprache von S-Lauten und deren Lautverbindungen (Sp, St, Spr und andere). Beim Rhotazismus hat das Kind Ausspracheschwierigkeiten mit dem „R“. Kappazismus bedeutet die Fehlbildung des Lautes „K“, der entweder ausgelassen oder durch „T“ oder „D“ ersetzt wird. Lambdazismus besagt, dass das Kind Schwierigkeiten hat, den „L“-Laut zu artikulieren, ihn auszulässt oder beispielsweise durch den Laut „N“ („Fanne“ anstatt „Falle“) ersetzt. Sprachheilpädagogen unterscheiden auch noch weitere Formen und Unterformen. Diese Differenzierung kann für eine Sprachheilbehandlung von Bedeutung sein.

Normalität von Artikulationsschwierigkeiten

Üblicherweise beginnt ein Kind mit dem zweiten oder dritten Lebensjahr mit der Ausbildung seiner Fähigkeit, sich sprachlich auszudrücken. Der Spracherwerb ist ein komplexer Vorgang. Ein Kind lernt Schritt für Schritt, die Laute und Lautverbindungen richtig auszusprechen. Artikulationsschwierigkeiten eines Kleinkindes sind somit während der Phase des Spracherwerbs ganz normal und vorübergehend bei allen Kindern zu beobachten. Deshalb spricht man auch von einer physiologischen Artikulationsschwäche.

- ***Artikulationsschwierigkeiten als Verhaltensauffälligkeit***

Die physiologische Artikulationsschwäche ist gewöhnlich schon zu Anfang des fünften Lebensjahres spontan abgeklungen. Werden zahlreiche Artikulationsfehler demgegenüber noch bis zum sechsten Lebensjahr beibehalten und mehren sich die Anzeichen nicht, dass das Kind beginnt, seine fehlerhafte Aussprache selbst zu überwinden, so muss von einer Auffälligkeit ausgegangen werden. Sie findet sich offensichtlich häufiger bei Jungen als bei Mädchen.

Zuordnen und verstehen

- ***Anomalien der Sprechwerkzeuge***

Vielfältige Faktoren beeinflussen den Erwerb des Sprechens. Sie erleichtern entweder das Sprechenlernen oder erschweren oder verunmöglichen es. So können einzelne Kinder die Phase der physiologischen Artikulationsschwäche infolge von Anomalien der Lippen, der Zunge, des Gaumens, des Kiefers oder der Zähne nicht überwinden. Manche Kinder stammeln vorübergehend während des Zahnwechsels und haben vor allem Schwierigkeiten mit den S-Lauten. In der Regel verschwinden die Auffälligkeiten, wenn die bleibenden Zähne im Frontalzahnbereich durchgebrochen sind.

- ***Hörfähigkeit***

Eine weitere Voraussetzung für das Erlernen des gut artikulierten Sprechens ist ein gutes Hören. Schon eine geringfügige Herabsetzung der Hörfähigkeit kann bewirken, dass Laute falsch geformt werden, weil das Kind nicht genau wahrnimmt, wie sie korrekt zu bilden sind. Das Kind kann zudem infolge seiner Hörschwierigkeiten die eigenen Sprachproduktionen nicht richtig wahrnehmen und somit auch nicht korrigieren. Es spricht dann die Laute so, wie es sie hören kann. So kann beispielsweise ein lang anhaltender Sigmatismus dadurch begründet oder mitbegründet sein, dass eine beidseitige Hochtonschwerhörigkeit vorliegt und die für „S"-Laute relevanten Frequenzen nicht oder nur eingeschränkt wahrgenommen werden. Frühkindliche Hörstörungen, Schwächen in der Unterscheidung der Laute beim Hören oder auch Schallleitungs- und Schallfindungsschwerhörigkeiten sind den Beziehungspersonen oft nicht bekannt, und sie reagieren infolgedessen ungeduldig, wenn ihr Kind nicht fähig ist, das Vorgesprochene zu imitieren.

- ***die Sprachumwelt***

Häufiger bewirken mangelhafte sprachliche Vorbilder, dass Kinder fehlerhaft artikulieren. Besonders die Beziehungspersonen haben durch ihr Sprachvorbild nachhaltigen Einfluss auf die sprachliche Entwicklung ihrer Kinder. Sie können durch ihr eigenes Sprechen sowohl förderliche Impulse geben, als auch die eigenen Schwächen weiterreichen.

Auch eine mangelnde Sprech- und Sprachanregung während der ersten Lebensjahre hinterlässt Defizite in der Sprachentwicklung. Eine quantitativ und qualitativ geringe Sprech- und Sprachanregung bedeutet für das Kind, unzureichende Lern- und Übungsmöglichkeiten zu haben. Denn wie soll ein Kind das Sprechen erlernen, wenn es niemanden hat, der ihm zuhört, der es anregt und der ein gutes Sprechmodell darstellt?

weitere Verhaltensauffälligkeiten ■

Andere, bereits ausgeprägte Auffälligkeiten vermögen die Artikulationsstörung eines Kindes zu begünstigen. Liegt zum Beispiel eine Konzentrationsschwäche vor, so wird diese dazu führen können, dass das Kind nicht präzise wahrnimmt und somit in seiner Nachahmungsfähigkeit begrenzt wird. Häufiger findet sich bei Kindern, die eine schlechte Aussprache zeigen, eine eingeschränkte akustische Aufmerksamkeit, wobei einzelne Laute oder Lautkombinationen nicht behalten oder gespeichert werden können. Dieser Mangel wird in vielen Familien heutzutage dadurch geradezu unterstützt, dass die Kinder durch sehr häufiges Fernsehen zwar visuell stimuliert werden, die akustische Aufnahmefähigkeit jedoch durch einen geringen sprachlichen Austausch in den Hintergrund gerät. Auch andere Auffälligkeiten wie Angst oder ein geringes Selbstvertrauen oder ein oppositionelles Verhalten können dazu führen, dass die Aufnahmebereitschaft beeinträchtigt wird.

Familientradition ■

In etwa zehn Prozent aller Fälle von Artikulationsstörung konnte festgestellt werden, dass auch beim Vater, bei der Mutter oder in deren Familien sprachliche Entwicklungsstörungen aufgetreten sind. Es wird hier von ererbten Dispositionen gesprochen, die die Eigentümlichkeiten der sprachlichen Begabung oder Schwächen der auditiven Klang- und Gestaltauffassung sowie der Speicherung betreffen. Allerdings dürfte das Sprachvorbild in diesen Familien auch eine große Rolle spielen.

verzögerte Sprachentwicklung ■

Vielfach ist eine Artikulationsstörung auch im Zusammenhang mit einer allgemein verzögerten Sprach- und Sprechentwicklung zu sehen. Derartige Kinder sprechen dann noch im Schulalter wie ein Kleinkind. In diesen Fällen ist die Artikulationsstörung nur ein Symptom unter vielen; im Vordergrund steht die allgemeine Sprachentwicklungsverzögerung bzw. eine generelle Entwicklungsverzögerung oder Entwicklungsbehinderung.

Lösungen anregen und möglich machen

multidisziplinäre Untersuchung

Aufgrund der vielfältigen Einflussfaktoren, die eine Artikulationsstörung (mit) bedingen können, ist es notwendig, eine gründliche Untersuchung vornehmen zu lassen. Erst eine eingehende logopädische, psychologische und medizinische Untersuchung kann die unterschiedlichen Einflussgrößen erfassen. So werden die Hörfähigkeit, die Grob- und Feinmotorik, insbesondere die Mundmotorik, die auditive und visuelle Wahrnehmung und Artikulationsfähigkeit sowie die Lautfähigkeit zu untersuchen sein. Fachleute sollten deshalb frühzeitig herangezogen werden, sobald der Verdacht auf eine Artikulationsstörung sich erhärtet. Je früher Hilfen gegeben werden können, um so weniger kann sich die auffällige Artikulation verfestigen und einschleifen und um so weniger wird das Kind unter seiner Auffälligkeit leiden müssen.

Abgesehen von den spezifischen medizinischen oder psychologischen Hilfen können die logopädischen Unterstützungsmaßnahmen in Abhängigkeit von den Bedingungen des Einzelfalls sehr vielfältig sein. So können im Einzelfall audiopädische Maßnahmen notwendig sein, die sich auf das Erkennen und Unterscheiden der Laute und Lautverbindungen ausrichten oder die das Eigenhören reaktivieren. Klassische logopädische Sprechübungsbehandlungen können in wiederholten kurzen Übungen unter Verwendung der eigenen Hörkontrolle bestehen, es können Hilfslaute benutzt werden wie zum Beispiel das Pfeifen oder Blasen. In diesem Bereich sind eine Fülle von bewährten Therapiemaßnahmen ausgearbeitet worden, die in der Fachliteratur eingehend dargestellt werden.

das sprachliche Vorbild

Das Miteinander-sprechen ist die wichtigste Grundlage menschlichen Zusammenlebens, aber das Miteinander-sprechen-können muss gelernt werden. Um diesen Lernprozess vollziehen zu können, benötigt das Kind ein gutes Sprechvorbild in Form von Eltern und Erziehern, die klar artikulieren, so dass dem Kind die Möglichkeit gegeben wird, das Gehörte korrekt zu imitieren oder sein eigenes Sprechen durch ein vielfaches Wiederholen von korrekt ausgesprochenen Lauten, Lautverbindungen, Wörtern und Sätzen allmählich zu korrigieren. Die engsten Bezugspersonen eines Kindes sollten schon vor der Phase des Spracherwerbs viel mit ihrem Kind sprechen. Klar und deutlich können die mit dem Kind und am Kind durchgeführten Handlungen kommentiert werden, so dass das Baby schon frühzeitig seine Aufmerksamkeit auf die Sprache und das Sprechen richtet. Das Sprechen mit dem Kind unterstützt seine Nachahmungsbereitschaft und bietet frühzeitig ein Modell für die vielen unterschiedlichen Phoneme unserer Sprache.

Vermeiden von Kindersprache ■

Häufig werden die ersten, die korrekte Sprache verzerrenden Sprechversuche eines Kindes von den Erwachsenen als drollig und amüsant erlebt. Sie neigen dann dazu, diese sprachlichen Äußerungen aufzugreifen und mit dem Kind in einer künstlichen Kindersprache zu reden. Ein Nachahmen dieses unkorrekten Sprechens sollten Eltern jedoch vermeiden, da dem Kind damit die Möglichkeit zur Korrektur genommen oder zumindest erschwert wird.

Sprechfreude wecken ■

Wie es einerseits bedeutsam ist, häufig mit dem Kind zu sprechen, so dass es Sprache und Aussprache kennenlernen kann, so wird andererseits ein Kind zu vermehrtem Sprechen dadurch motiviert, dass der Erwachsene sich für das vom Kind Gesprochene interessiert und ihm mit Aufmerksamkeit begegnet. Gerade den ersten Ansätzen zum Sprechen gegenüber sollte der Erwachsene sehr aufmerksam sein und seine Freude über das neu Erlernte deutlich vermitteln.

Modell für Fremde ■

Vermeiden Sie, auf die Artikulationsfehler und die Unverständlichkeit der Sprache des Kindes ungeduldig zu reagieren oder Druck auszuüben. Dies sind für jeden Lernprozess ineffektive Verhaltensweisen von Erwachsenen, die Lernen erschweren oder sogar verunmöglichen. Ihr Verhalten als Beziehungsperson hat zudem auch immer Signalwert für andere in dem Sinne, dass Verwandte, Freunde und Bekannte von Ihrem Verhalten ableiten, wie sie selbst dem Kind mit einem oder mehreren Artikulationsfehlern begegnen. Ihr ungeduldiges oder kritisches Korrekturverhalten begünstigt zum Beispiel, dass andere Kinder den „Stammler" verspotten oder hänseln. Ihr akzeptierendes, respektvolles Verhalten begünstigt dagegen eine positive Zuwendung dem sprechgestörten Kind gegenüber.

akzeptierende Begegnungssituationen ■

Kommunikation hat immer zwei Aspekte, einen Inhalts- und einen Beziehungsaspekt. Jeder hat bereits einmal erfahren, dass er in bestimmten Situationen gehemmt und unsicher reagierte und nun auf einmal auch nicht so eindeutig und klar formulierte. Kommunikationswissenschaftler haben ebenfalls gezeigt, dass eine konfliktreiche und ambivalente Beziehungssituation zu Veränderungen der Sprache und des Sprechens führen kann, so dass die Artikulation unklar, verwaschen und unverständlich wird. Besonders in der sensiblen Phase des Spracherwerbs sollten Bezugspersonen darauf achten, dass das Kind sich als Person angenommen und respektiert fühlt. Sorgen Sie als Bezugsperson dafür, dass sich gerade das verhaltensauffällige Kind als geliebt erlebt und dass Sie sein auffälliges Verhalten mittragen, das heißt: zu Ihrer gemeinsamen Sache machen, die Sie zusammen mit dem Kind überwinden möchten. Suchen Sie gemeinsam nach Hilfestellungen für die Handicaps, die stets vom Kind und von Ihnen als Herausforderungen begriffen werden sollten und nicht als diskriminierende Defizite. Sich angenommen, geliebt, respektiert und sicher zu fühlen, sind die ersten Voraussetzungen für positive Bewältigungsprozesse.

Weitere Stichworte:
- Angst
- Aufmerksamkeits- und Aktivitätsstörung
- Oppositionelles Verhalten
- Poltern
- Sprachentwicklungsverzögerung
- Sprachstörung
- Stottern

Literatur: 21, 22, 53, 66, 67, 136, 145, 222

Aufmerksamkeits- und Aktivitätsstörung (HKS; ADS; ADHS)

Wahrnehmen und bewerten

Erscheinungsbild

Unter dem Begriff der Aufmerksamkeits- und Aktivitätsstörung werden in diesem Buch die Verhaltensauffälligkeiten besprochen, die sonst auch als Hyperkinetisches Syndrom (HKS), als Aufmerksamkeitsdefizit-Syndrom (ADS) oder als Aufmerksamkeitsdefizit-Hyperaktivitätssyndrom (ADHS) bezeichnet werden. Mit diesen Begriffen ist – bei unterschiedlicher Akzentsetzung – gemeint, dass sich ein Kind von anderen seiner Alters- oder Entwicklungsgruppe vornehmlich in den Bereichen Aufmerksamkeit und Konzentration, Impulskontrolle und Aktivität unterscheidet. Das heißt: Bei solchen Kindern sind die Aufmerksamkeits- und Konzentrationsleistungen geringer, die impulsive Reaktionsweise und die Hyperaktivität stärker ausgeprägt, als es bei Kindern auf vergleichbarer Entwicklungsstufe typischerweise beobachtet wird. Zudem treten derartige Auffälligkeiten auch häufiger zutage, als es üblicherweise zu erwarten wäre.

Aufmerksamkeitsschwäche

Aufmerksamkeits- und Konzentrationsschwächen äußern sich zumeist in einer hohen Ablenkbarkeit. Solche Kinder haben Schwierigkeiten, bei einer Sache zu bleiben. Sie wechseln häufig ihre Aktivitäten und brechen Aufgaben vorzeitig ab, so dass die Tätigkeiten nicht beendet werden. Diese Verhaltensweisen sind vor allem dann zu beobachten, wenn über längere Zeit geistige Anstrengungen verlangt werden. Meist sind die Störungen zudem bei den Tätigkeiten stärker ausgeprägt, bei denen sich das Kind fremdbestimmt erlebt und bei denen es die Aufgabe nicht aus eigener Motivation angeht.

impulsives Verhalten

Kinder mit einer Aufmerksamkeits- und Aktivitätsstörung können in vielen Situationen nicht abwarten, bis sie selbst an der Reihe sind. Sie neigen dazu, plötzlich und unüberlegt zu handeln. Sie fallen anderen ins Wort und haben erhebliche Schwierigkeiten, ihre Bedürfnisse aufzuschieben oder sich zurückzunehmen.

Hyperaktivität

Besonders im Kindergarten und in der Schule fallen Kinder mit einer Aufmerksamkeits- und Aktivitätsstörung durch ihre motorische Unruhe auf. Sie stören zum Beispiel dadurch, dass sie aufstehen, wenn sie sitzen bleiben sollten, auf ihren Stühlen hin und her rutschen und generell extrem ruhelos und ständig in Bewegung sind. Ruhiges Spielen liegt ihnen nicht. Vielmehr laufen oder klettern sie häufig umher. Diese extreme Unruhe scheint durch Aufforderungen von Erzieherinnen und Lehrerinnen kaum dauerhaft beeinflussbar zu sein.

- ***Aufmerksamkeitsstörung ohne Hyperaktivität***

  In letzter Zeit wird vermehrt darauf hingewiesen, dass es eine Aufmerksamkeits- und Aktivitätsstörung auch ohne Hyperaktivität gibt. Die von dieser Unterform betroffenen Kinder – meist Mädchen, man nennt sie auch die „Träumerchen“ – sind eher still und wirken oft gedankenverloren. Sie sind sensibel und empfindlich. Im Kindergarten bekommen sie Instruktionen nicht richtig mit, hören offensichtlich nicht gut zu und vergessen, was eben gesagt wurde. In der Schule haben sie ähnliche Schwierigkeiten wie die Kinder mit hyperaktivem Verhalten, nur dass sie die motorische Unruhe nicht zeigen, sondern eher vor sich hin träumen.

- ***Altersabhängigkeit***

  Die Verhaltensmerkmale eines Kindes müssen in Beziehung gesetzt werden zu seinem Lebens- und Entwicklungsalter. Jeder hat erfahren, dass es einem Kleinkind schwer fällt, sich länger zu konzentrieren; es lässt sich auch eher ablenken als ein älteres Kind. Jeder weiß auch, dass es einem jüngeren Kind schwerer fällt als einem älteren, sich ruhig zu verhalten oder für längere Zeit seine Bedürfnisse zurückzustellen. Das bedeutet: Die Konzentrationsfähigkeit, die Aufmerksamkeitsleistungen, die Frustrationstoleranz und die allgemeine Verhaltenskontrolle eines Kindes verbessern sich mit dem Alter. Nur wenn über das Alter deutlich hinausgehende, die Möglichkeiten des Kindes beeinträchtigende Verhaltensweisen beobachtbar sind, kann von Auffälligkeiten oder einer Störung gesprochen werden.

- ***Situationsbezogenheit***

  Üblicherweise treten diese Auffälligkeiten in verschiedenen Lebensbereichen auf: im häuslichen Umfeld – in der Nachbarschaft – in der Gleichaltrigengruppe – im Kindergarten – in der Schule – im Hort und anderen. Sie können jedoch in diesen einzelnen Bereichen unterschiedlich stark ausgebildet sein. So ist es durchaus möglich, dass eine Auffälligkeit kaum zutage tritt, wenn man ein Kind mit hyperkinetischem Verhalten auf einem Spielplatz beobachtet. Oft scheint es auch so zu sein, dass neue, das Kind faszinierende Situationen dazu führen, dass die Störung zurücktritt. Auffällig werden die Kinder jedoch, wenn von ihnen konzentriertes Arbeiten gefordert wird, sie monotonen Situationen ausgesetzt sind, längere Aufmerksamkeitsspannen und geistige Anstrengung gefordert werden. Auch kann ein Kind eine Auffälligkeit zum Beispiel während der Schulstunden zeigen, sich zu Hause aber kaum oder sogar nicht auffällig verhalten; umgekehrt ist es eher selten.

Auch innerhalb einer Familie gibt es ganz typische problematische Situationen für Kinder mit einer Aufmerksamkeits- und Aktivitätsstörung. Hausaufgabensituationen werden von den Eltern dieser Kinder in mehr als der Hälfte der Fälle als ausgeprägt schwierig erlebt. Ebenfalls als problematisch werden beispielsweise Situationen eingeschätzt, in denen die Mutter telefoniert oder wenn Besuch kommt. Entsprechend gibt es typische Situationen in Kindergarten und Schule, in denen die Störungen vermehrt in Erscheinung treten.

bedingende Faktoren ■

Auch wenn es bis heute keine eindeutige und umfassende Erklärung für die Entstehung dieser Auffälligkeit gibt, sind sich die meisten Wissenschaftler darin einig, dass sowohl biologische als auch Umweltfaktoren die Auffälligkeit bedingen, beeinflussen und aufrechterhalten. Für Eltern und Erzieher ist die Erkenntnis wichtig, dass die Verhaltensweisen der erwachsenen und der gleichaltrigen Partner im Lebensumfeld des Kindes die Entwicklung oder den Verlauf der Störung wesentlich beeinflussen können. Der Aufbau von Konzentrationsfähigkeit kann durch solche Einflüsse ebenso begünstigt oder behindert werden wie die motorische Entwicklung und das Erlernen einer Impulskontrolle. Gerade wenn ungünstige biologische Bedingungen vorliegen, muss in besonderer Weise das Verhalten der Bezugspersonen und die erzieherische Intervention kontrolliert und an die Möglichkeiten des einzelnen Kindes angepasst werden.

Häufigkeit ■

Von einer Aufmerksamkeits- und Aktivitätsstörung sind relativ viele Kinder und auch Jugendliche – man schätzt zwischen 1 bis 5 Prozent aller Kinder – betroffen. Die Auffälligkeit findet sich vermehrt bei Jungen. Das Verhältnis von Jungen zu Mädchen wird zumeist mit drei zu eins angegeben. Die Störung findet sich häufiger bei Kindern, die in Innenstädten oder in sehr armen ländlichen Regionen leben, bei Kindern aus Familien mit niedrigem sozioökonomischen Status und unter Kindern, die in Heimen groß geworden sind.

Verlauf ■

Die hyperkinetische Problematik kann sich schon früh zeigen, ohne dass jedoch den aufgefundenen altersspezifischen Ausprägungen Eindeutigkeit zuzusprechen wäre. Zum Beispiel wird von Kindern, die später eine Aufmerksamkeits- und Aktivitätsstörung zeigen, berichtet, dass sie schon als Säugling eine hohe Aktivität aufwiesen, Schlafprobleme und Essschwierigkeiten hatten und sich häufig in einer gereizten Stimmungslage befanden. Im Kindergarten fällt die Hyperaktivität und Umtriebigkeit meist deutlich auf. Zudem zeigen die Kinder eine geringe Aufmerksamkeitsspanne; sie haben Schwierigkeiten, zu einem ruhigen und ausdauernden Spiel zu kommen. Allerdings ist es in einem Alter von drei oder vier Jahren noch schwer, zwischen besonders aktiven Kindern und den späteren hyperkinetisch auffälligen Kindern zu unterscheiden.

Mit Schuleintritt treten Leistungsschwächen und Probleme in Gruppensituationen deutlicher hervor, weil die Kinder plötzlich mit Anforderungen an Ruhe, Ausdauer und Konzentrationsfähigkeit konfrontiert werden, denen sie nicht gewachsen sind. Jetzt berichten die Eltern auch vermehrt von aggressiv oppositionellen Verhaltensweisen innerhalb der Familie. Die Erledigung von Routineaufgaben und Pflichten bereiten Schwierigkeiten.

Im Jugendalter sind zwischen dreißig und siebzig Prozent der Kinder weiterhin auffällig. Es kommt zwar zu einem Rückgang der motorischen Unruhe, jedoch bestehen die Impulsivität und die Aufmerksamkeitsdefizite weiter. Im Vordergrund der Probleme stehen in dieser Entwicklungsphase neben Schulleistungsproblemen in zunehmendem Maße Störungen des Sozialverhaltens und delinquente Handlungen, die immerhin bei fünfundzwanzig bis fünfzig Prozent der im Kindesalter bereits Auffälligen auftreten. Jugendliche, die als Kinder sich bereits hyperkinetisch verhielten, tragen zudem ein erhöhtes Risiko zum Alkohol- und Drogenmissbrauch. Darüber hinaus sollen sie häufiger in Autounfälle verwickelt sein. Auch unter den Schulabbrechern finden sich vermehrt Kinder und Jugendliche, die ein hyperkinetisches Störungsbild aufweisen.

Zuordnen und verstehen

das Zusammenspiel kritischer Variablen

Die Entwicklung eines Menschen ist das Resultat der Auseinandersetzung der Person und ihrer spezifischen psychischen und somatischen Gegebenheiten mit den jeweiligen Bedingungen der Umwelt. Jedes Kind ist einzigartig und unterscheidet sich von anderen in vielen Bereichen wie zum Beispiel der Ansprechbarkeit, dem Temperament, der Intelligenz, der Erregbarkeit und anderen Faktoren. Ebenso unterschiedlich sind die Umweltbedingungen eines jeden Kindes – selbst wenn es in derselben Familie aufwächst wie ein Geschwister. Beide, Kind und Umwelt, beeinflussen sich wechselseitig von Geburt an (wahrscheinlich auch bereits vor der Geburt), und es bildet sich ein Kreisprozess gegenseitigen Bedingens, bei dem nicht unterschieden werden kann, wo der Anfang und wo das Ende ist, wer zuerst wen beeinflusst (oder volkstümlich ausgedrückt: was die Henne und was das Ei ist). Natürlich sind die Verhaltens- oder Reaktionsweisen der direkten Bezugspersonen eines kleinen Kindes besonders wichtig, weil es noch sehr von ihnen abhängig ist. Aber andererseits wird das Verhalten der Eltern auch schon sehr durch die besonderen Verhaltens- und Reaktionsweisen des Säuglings beeinflusst.

Viele Kinder, die später hyperkinetische Auffälligkeiten oder Aufmerksamkeitsschwierigkeiten zeigen, fallen schon im ersten Lebensjahr mit Essproblemen oder Schlafschwierigkeiten auf. Es wird berichtet, dass sie zu den sogenannten „Schreibabys“ gehören und bereits ein sehr hohes Maß an Aktivität zeigen. Andererseits haben viele Kleinkinder solche Schwierigkeiten, ohne dass sie später in hyperkinetischer Hinsicht auffällig werden. Man wird davon ausgehen müssen, dass bei ihnen schützende Faktoren wirksam wurden, die eine solche Entwicklung verhindert haben.

Übermäßiges Schreien von Babys oder Essprobleme von Kleinkindern stellen für Eltern und Erzieherinnen eine erhebliche Belastung dar. Eltern müssen adäquate und damit erfolgreiche Antworten für das jeweilige Verhalten ihres Kindes finden. Dies ist allerdings häufig eine sehr schwierige Aufgabe, da unterschiedliche Beziehungsfaktoren – seien es gegensätzliche Vorstellungen der Elternteile über das richtige Vorgehen oder seien es schon bestehende Beziehungsprobleme – und vielfältige Umweltfaktoren – sei es die Verwandtschaft oder seien es ungeeignete Ratschläge von selbst ernannten Fachleuten – auf die Situation Einfluss nehmen. Je nach Überwiegen einzelner Bedingungen können sich dann Kreisprozesse entwickeln, die das Risiko der Ausbildung einer Aufmerksamkeits- und Aktivitätsstörung entweder erhöhen oder aber senken.

weitere Verhaltensauffälligkeiten

Die Aufmerksamkeits- und Aktivitätsstörung ist keine klar abgrenzbare Auffälligkeit, und sie tritt selten allein auf. Neben den Kernsymptomen der Aufmerksamkeitsstörung, der Impulsivität und der Hyperaktivität treten bei vielen Kindern gehäuft noch andere Auffälligkeiten auf. In der Regel muss man davon ausgehen, dass sie durch die Schwierigkeiten in den drei Kernbereichen hervorgerufen oder mitbedingt werden. So beeinträchtigt eine Aufmerksamkeits- und Konzentrationsschwäche die Lernprozesse und damit die schulischen Leistungen. Die Ruhelosigkeit des Kindes, sein ständiges Aufstehen und Herumlaufen in der Klasse erschweren den Unterricht sehr und rufen Disziplinierungsmaßnahmen, Ärger und Empörung sowohl der Lehrer als auch der Mitschüler hervor, wodurch das Kind zusätzlich belastet wird. Die Unruhe sowie die Impulsivität führen im sozialen Bereich zu Schwierigkeiten. Eltern fühlen sich durch das Verhalten des Kindes in der Öffentlichkeit blamiert und zeigen dann oft heftige Wut- und Ablehnungsreaktionen, die wiederum für das Kind nicht förderlich sind. Besonders häufig entwickeln sich im Zusammenhang mit einer Aufmerksamkeits- und Aktivitätsstörung oppositionelle Verhaltensweisen, emotionale Auffälligkeiten, Probleme im sozialen Bereich und Schulleistungsdefizite.

oppositionelles Verhalten

Kinder mit oppositionellen Verhaltensauffälligkeiten (siehe dort) halten sich im Vergleich zu anderen Kindern des gleichen Alters oder Entwicklungsstandes kaum an die familialen oder schulischen Regelungen. Sie widersetzen sich aktiv den Anweisungen der Erwachsenen und geraten in Streit mit Eltern, Lehrern, Geschwistern und Gleichaltrigen in und außerhalb der Familie oder in der

Schule. Sie reagieren rasch verärgert und wütend. Sie lehnen die Verantwortung für ihr eigenes Fehlverhalten ab, sind reizbar und aggressiv. Gleichaltrigen gegenüber zeigen sie häufig ein dominierendes und aggressives Verhalten. Besonders oft sind diese Verhaltensprobleme im Umgang mit vertrauten Erwachsenen oder Gleichaltrigen zu sehen.

Beobachtungen ergaben, dass Kinder mit oppositionellem Verhalten sich häufig ungerecht behandelt fühlen und die Forderungen, die an sie gestellt werden, als unsinnig und unangemessen betrachten. Sie widersprechen nicht nur häufig, streiten nicht nur häufig, bekommen nicht nur häufig Wutausbrüche, sondern reagieren auch sehr rasch eifersüchtig und fühlen sich vernachlässigt. Im weiteren Verlauf ihres Lebens entwickeln viele von ihnen Störungen des Sozialverhaltens mit dissozialen Verhaltensauffälligkeiten.

- ***emotionale Auffälligkeiten***

  Kinder, die eine Aufmerksamkeits- und Aktivitätsstörung zeigen, bekommen meist seit dem Kindergartenalter negative Rückmeldungen. Sie werden abgelehnt, haben Misserfolge, erfahren insgesamt wenig Akzeptanz im familialen und außerfamilialen Bereich. Es kann deshalb nicht verwundern, dass sie emotionale Auffälligkeiten entwickeln. Sie haben nicht selten ein geringes Selbstwertgefühl oder Ängste, sind sozial unsicher, deprimiert, verletzlich.

- ***Probleme in sozialen Beziehungen***

  Kinder mit Störungen der Aufmerksamkeit und hyperkinetischen Verhaltensproblemen sind häufig distanzschwach und erscheinen frech. Von Altersgenossen erfahren sie oft Ablehnung, bedingt durch ihre Unruhe und ihre Tendenz, andere zu stören, sowie durch ihre mangelnde Impulskontrolle, die zu einer Missachtung von Regeln beispielsweise bei gemeinsamen Spielen führt. Sie neigen dazu, die Aktivitäten anderer zu unterbrechen und werden leicht als lästig erlebt. Sie haben Schwierigkeiten, sich an soziale Situationen anzupassen. Ihre Reaktionen folgen den aktuellen Bedürfnissen, sie missachten oft die Wünsche und die Bedürfnisse anderer. All dies führt dazu, dass sie leicht in die Rolle des Sündenbocks geraten.

- ***Schulleistungsdefizite***

  Es ist einsichtig, dass die hier beschriebenen Kinder in der Schule weniger erfolgreich sind als ihre Altersgenossen. Entsprechend haben sie schlechtere Schulnoten, wiederholen häufiger eine Klasse und erreichen im Durchschnitt geringere Leistungen in Sprach-, Lese-, Rechtschreib- oder Rechentests. Auch ihre allgemeinen Intelligenzleistungen – gemessen mit Testverfahren – sind im Durchschnitt vermindert. Es kann angenommen werden, dass die Aufmerksamkeits- und Konzentrationsstörung und die geringe Impulskontrolle dieses Ergebnis mitbedingen. Zudem kann die Hypothese aufgestellt werden, dass die geringen Erfolgserlebnisse dieser Kinder eine Misserfolgsorientiertheit zur

Folge haben, die zu einem verminderten Problemlöseverhalten führt und die Lernmotivation beeinträchtigt.

Reizüberflutung

Forschungsergebnisse verweisen auf die Besonderheiten der zentralen Informationsverarbeitung vor allem akustischer Stimulationen bei einer Aufmerksamkeits- und Aktivitätsstörung. Die Betroffenen sind offensichtlich besonders reizoffen und sensibel. Die Kinder nehmen mehr Informationen auf, als sie in der jeweiligen Situation oder bei der jeweiligen Aufgabenstellung verarbeiten können. Sie werden abgelenkt durch für die Situation unwichtige Dinge wie zum Beispiel das Geräusch eines Autos auf der Straße, das Singen eines Vogels, das Schwätzen eines Nachbarn und ähnliches. Ihnen fehlt die Möglichkeit, aus der Vielzahl der umgebenden Reize eine situations- oder aufgabenadäquate Auswahl zu treffen. Sie werden vielmehr von Reizen überflutet, und es gelingt ihnen vergleichsweise schwer, dieselben zu interpretieren, zu verarbeiten und einzuordnen.

Wenn durch eine mangelnde Auswahl der wahrgenommenen Reize ständig eine Menge von Informationen anflutet, ohne dass dieselben gewichtet und kanalisiert werden können, so kommt es zu einem Durcheinander an Informationen derart, dass eine mangelnde Übersicht, ein Verwirrt-sein, eine innere Hektik und eine motorische Unruhe hervorgerufen werden. Auf welchen Reiz ein betroffenes Kind dann letztlich reagiert, ist eher zufällig. So kann verständlich und nachvollziehbar werden, dass ein Kind beispielsweise auf die Aufforderung seiner Lehrerin, einen Text vorzulesen, nicht reagiert, sondern weiterhin mit seinem Nachbarn redet, auf der Bank malt oder mit dem Stuhl schaukelt. Beim Diktat ist die Auffassung unpräzise, so dass Endungen überhört und entsprechende Rechtschreibfehler gemacht werden. Lehrerinnen und Erzieherinnen müssen Aufforderungen häufig wiederholen, bis sie ankommen. Die Kinder folgen in ihrem Handeln oft keinem Plan, sondern wirken so, als ob sie nur auf die aktuelle Situation reagieren würden.

Situationsabhängigkeit

Das auffällige Verhalten von Kindern mit einer Aufmerksamkeits- und Aktivitätsstörung ist in hohem Maße von der jeweiligen Situation abhängig, in der sie sich befinden. Das bedeutet auch, dass bei jedem dieser Kinder Ausnahmen von seinem üblichen auffälligen Verhalten zu finden sind. Diese Ausnahmen zu erfassen, ist von großer Bedeutung für den Umgang mit einem solchen Kind. So ist es möglich, dass ein Kind, das ansonsten hyperkinetische Auffälligkeiten in mannigfaltigen und unterschiedlichen Lebensbereichen zeigt, sich hoch konzentriert einer bestimmten Aufgabe widmet. Voraussetzung dabei ist, dass das Kind hoch motiviert ist, das heißt, dass sein Bemühen von dem inneren Gefühl getragen ist, dass es „wirklich um etwas ihm Wichtiges geht“. Dies zeigt, dass motivationale Faktoren im Hinblick auf das Verhalten des Kindes eine nicht zu unterschätzende Rolle spielen und sie im Umgang mit ihm besondere Berücksichtigung finden müssen.

Ebenso kann beobachtet werden, dass ein Kind im Zusammensein mit einer einzelnen Person keine oder kaum Auffälligkeiten zeigt. Voraussetzung ist allerdings, dass es sich von dieser Person akzeptiert und respektiert fühlt und dass diese Einzelsituation, in der die Reizfülle sowieso schon reduziert ist, in einer entspannten Atmosphäre stattfindet – eine Situation, die es aufgrund des ungünstigen Zusammenspiels seiner Verhaltensweisen und der Umweltreaktionen allzu häufig vermisst.

Solche Ausnahmesituationen gibt es bei jedem Kind unter unterschiedlichen Bedingungen. Sie geben Hinweise darauf, auf welche Verhaltensweisen im Umgang mit dem Kind besonderer Wert zu legen ist. Gleichzeitig verstärken solche Ausnahmesituationen die Zuversicht, dass es Möglichkeiten einer Beeinflussung des auffälligen Verhaltens gibt.

- ***die kritische Situation „Hausaufgaben"***

In einer Untersuchung, in der Eltern von Kindern mit Aufmerksamkeits- und Aktivitätsstörungen nach besonders belastenden Situationen befragt wurden, stand die Hausaufgabensituation bei mehr als fünfzig Prozent der Eltern an erster Stelle. Das ist leicht verstehbar. Denn ein erstes Problem liegt schon darin, dass diese Kinder häufig nicht genau wissen, was ihre Hausaufgabe eigentlich ist. Wie bereits dargestellt, bedingt ihre Reizoffenheit, dass sie in der Klasse beispielsweise beim Stellen der Hausaufgaben nicht immer alles genau wahrnehmen und es sich auch nicht gut merken können. So steht die Anweisung der Lehrerin nicht im Mittelpunkt ihrer Aufmerksamkeit, sondern gleichrangig neben anderen akustischen Wahrnehmungen wie den Schritten auf dem Flur, dem Rascheln eines Butterbrotpapiers, dem Flüstern eines Nachbarn. So hört man von solchen Kindern auch häufig die Frage: „Was hat sie eben gesagt?" Oder: „Wie war das; was sollten wir tun?" Oft nehmen sie zudem die Feinheiten einer Information nicht wahr, so dass sie ihre Hausaufgabe unvollständig niederschreiben und zu Hause dann etwas hilflos vor ihrem Heft sitzen.

Ein weiteres Problem ist, dass diese Kinder, um einigermaßen konzentriert arbeiten zu können, einen hohen Grad an Motivation benötigen. Nun fällt es aber den meisten Kindern schwer, sich mit ihren Hausaufgaben auseinanderzusetzen, Hausaufgabeninhalte interessant zu finden und die Sinnhaftigkeit der Hausaufgaben einzusehen. Eine solch mangelnde Motivation zum Hausaufgaben-machen wirkt sich bei einem Kind mit einer Aufmerksamkeits- und Aktivitätsstörung viel gravierender aus als bei anderen, zumal es wahrscheinlich aufgrund vieler Misserfolge eine generelle negative Erwartungsangst schulischen Anforderungen gegenüber entwickelt hat.

Auch in der Hausaufgabensituation sind die Kinder durch ihre Reizoffenheit beeinträchtigt. Ihr Reizaufnahme-Kanal ist sehr weit gestellt. So werden sie gerade im häuslichen Bereich durch vielfältige Reize von ihrer Aufgabe abgelenkt. Sensibel nehmen sie die emotionale Stimmung in ihrer Familie wahr. Gleichzeitig sind sie durch die Aktivitäten ihrer Geschwister, ihrer Eltern und anderer Personen hochgradig ablenkbar. Gegenstände, beispielsweise Spielsachen im Raum, lösen Emotionen und Wünsche aus und lenken die Kinder von ihren Aufgaben ab. Unruhe in der Wohnung, Außenlärm und vieles andere mehr beeinflussen sie stärker als andere Kinder, so dass sie unruhig und unstrukturiert reagieren.

Schließlich kommt in vielen Hausaufgabensituationen auch eine Beziehungsstörung zwischen Familie und Schule, zwischen Eltern und Lehrern zum Tragen. Werden die Hausaufgaben nicht erwartungsgemäß erledigt, wird oft nach einem Schuldigen Ausschau gehalten. Eltern sind versucht, den Lehrern die Schuld zu geben, und die Schule neigt dazu, die Eltern zu beschuldigen. Das Kind bekommt die Rolle des Sündenbocks. Mannigfache Frustrationen und Enttäuschungen treten auf. Die Beziehung zwischen Kind und Eltern wird weiter belastet, eventuell wird die Beziehung zwischen den Ehepartnern und weiteren Angehörigen in Mitleidenschaft gezogen.

Teufelskreise

Ungünstige Entwicklungen in der Erziehung von Kindern mit einer Aufmerksamkeits- und Aktivitätsstörung können zu Teufelskreisen führen, die die Probleme immer weiter vergrößern und stabilisieren. Im Erziehungsprozess ergehen von Eltern oder Lehrerinnen häufig Aufforderungen an ein Kind. Kinder mit Aufmerksamkeits- und Aktivitätsstörungen reagieren dann anders, als Kinder ohne diese Auffälligkeiten. Ihre Reizoffenheit, ihre spezifische Wahrnehmung, die damit verbundenen Aufmerksamkeitsprobleme und ihre Impulsivität führen dazu, dass sie auf die Anweisungen nicht oder kaum hören. Das führt üblicherweise bei Erzieherinnen dazu, dass sie die Aufforderungen wiederholen – mit größerer Intensität und bereits mit Ärger. Reagiert das Kind schließlich, so erfährt es zumeist keine Anerkennung. Die Erzieherin wendet sich – aufgrund ihre Ärgers – anderen Tätigkeiten zu. Tut das Kind immer noch nicht, was die Erzieherin will, so geht der Prozess weiter. Jetzt greift die Erzieherin zu Drohungen, oft impulsiv und nicht gut überlegt. Vielleicht reagiert das Kind jetzt. Aber es erhält nun erst recht keine Verstärkung für sein Verhalten, da die Beziehung zwischen Erzieherin und Kind inzwischen emotional gespannt ist. Reagiert das Kind jetzt aber immer noch nicht, gibt die Erzieherin auf und zeigt sich hilflos. Zum Beispiel räumt die Mutter das Zimmer selbst auf, oder der Lehrer wendet sich einem anderen Schüler zu. Andere Erzieher greifen zu Strafen und sonstigen drastischen Erziehungsmethoden.

- ***Lernprozesse der Kinder***

  Geben die Erzieherinnen in diesem Erziehungsprozess nach, so machen die Kinder die Erfahrung, dass sie sich durch Verweigerung durchsetzen können. Sie lernen, dass die Aufforderungen und Drohungen ihrer Bezugspersonen nicht ernst genommen werden müssen. Bei der nächsten Aufforderung tendieren sie dann dazu, nicht auf das zu reagieren, was verlangt wird. Verhalten sich die Bezugspersonen demgegenüber in Reaktion auf die Verweigerung aggressiv strafend, so lernen die Kinder, dass der Mächtigere in der Beziehung immer gewinnt, und sie lernen, die Situation als Machtkampf zu begreifen. Letztlich führt dies dazu, dass die Kinder ihre Bezugsperson als aggressives Modell begreifen und dass sie dieses Modell zukünftig in den Situationen nachzuahmen suchen, in denen sie selbst sich als die Stärkeren sehen.

- ***Lernprozesse der Erzieher***

  Die Erzieher lernen in diesem Erziehungsprozess entweder, dass sie sich nicht durchsetzen können, oder, dass nur „harte“ Erziehungsmethoden greifen. Die positive Beziehung zwischen Kind und Bezugspersonen wird gefährdet. Der Umgang miteinander wird durch negative Verhaltensweisen geprägt: Es wird ermahnt, gedroht, geschimpft, geschrieen, geweint, sich verweigert und genörgelt. Ist ein solcher Kreisprozess negativer Erfahrungen entstanden, so wird die Situation von beiden Seiten ganz unterschiedlich interpunktiert: Die Kinder sagen, ihr Verweigerungsverhalten beruhe auf den ständigen Schimpfereien und Drohungen ihrer Erzieher; die Erzieher sehen das natürlich anders und sagen, ihr Schimpfen und Drohen sei die Folge des kindlichen Verweigerungsverhaltens.

- ***inkonsequentes Erzieherverhalten***

  Gerade bei hyperkinetischen Auffälligkeiten sind sich Erzieher oft unsicher darüber, ob das unruhige und störende Verhalten des Kindes nun eine Krankheit sei oder ob das Kind sich bei gutem Willen zusammenreißen könne. Diese Unsicherheit führt jedoch leicht zu einem schwankenden Erzieherverhalten. Die Erwachsenen reagieren auf das gleiche Verhalten einmal akzeptierend und einmal abweisend – häufig noch in Abhängigkeit von situativen Variablen, beispielsweise je nach dem, ob es sich zu Hause oder in der Öffentlichkeit abspielt. Derartige inkonsequente Verhaltensweisen erhöhen die Schwierigkeiten der Kinder, ihre Umwelt zu strukturieren, und verschärfen die Symptomatik.

- ***Überforderungen***

  Kinder mit Aufmerksamkeits- und Aktivitätsstörungen werden oft zu Leistungen aufgefordert, die sie auf Anhieb nicht erbringen können. Werden sie jedoch kompromisslos verlangt, so führt das zu einer Verschlechterung ihrer psychischen Gesamtsituation. Gerade in der Schule werden vielfältige Anforderungen gestellt, denen diese Kinder nur mit Mühe gerecht werden können. Das genaue Zuhören, das Stillsitzen, das Abwarten – dies alles sind Verhaltensweisen, die ihnen schwer fallen. Sie reagieren auf diese Überforderungssituationen sehr unterschiedlich. Bei manchen führt es zu einer Verstärkung des unkonzentrierten und hyperaktiven Verhaltens; andere reagieren oppositionell, verweigern sich ganz oder entwickeln eine Stimmungslabilität.

rein verbale Darbietung von Lernhinhalten ■

Aus der Sicht eines Kindes mit Aufmerksamkeitsproblemen werden Lern- und Erziehungsinhalte oft zu unauffällig dargeboten. Sie sind für das Kind nicht prägnant und eindeutig genug und werden zudem häufig nur über einen Sinneskanal, den akustischen, dargeboten. Somit erreichen die Informationen das Kind nicht oder unzureichend; es hat nicht die Chance, ihnen die richtige Bedeutung beizumessen und sie entsprechend zu beantworten. Solche Kinder bedürfen der sogenannten „vollständigen sensorischen Erfahrung", um sozial angemessene Antworten gestalten zu können. Unser Schulsystem favorisiert jedoch – ungeachtet der klinisch eindrucksvollen und neurophysiologisch nachweisbaren akustischen Perzeptionsvarietät – von frühester Zeit an einen verbalen Erziehungs- und Informationsstil. Damit erschweren sie dem Kind die sichere Wahrnehmung von Informationen, Grenzen und Regeln.

Lösungen anregen und möglich machen

Hilfen am Ort des Problems ■

Eine Grundregel lautet: Hilfen für Kinder und Jugendliche mit einer Aufmerksamkeits- und Aktivitätsstörung müssen dort ansetzen, wo die Probleme auftreten, nämlich: in der Familie, in der Schule, im Kindergarten, im Heim oder in der Gleichaltrigengruppe. Denn die Verhaltensprobleme sind wesentlich von den Wechselwirkungsprozessen zwischen dem Kind und seinen jeweiligen Bezugspartnern abhängig. Deshalb kann auch nicht zwingend erwartet werden, dass sich das Verhalten eines Kindes zum Beispiel in der Schule ändert, wenn Maßnahmen in der Familie zu einem Erfolg geführt haben.

Hilfen am Problem selbst ■

Eine zweite Grundregel lautet: Die Hilfen müssen immer an dem konkreten Problem selbst ansetzen. Die Aufmerksamkeits- und Aktivitätsstörung hat vielfältige Gesichter und tritt bei den verschiedenen Kindern mit unterschiedlichen Problemverhaltensweisen in Erscheinung. Bei dem einen Kind dominiert die Ablenkbarkeit durch äußere Reize, beim dem anderen die allgemeine Unruhe; das dritte Kind hat vor allem Schwierigkeiten mit seiner Impulskontrolle, wenn die Dinge nicht nach seinen Wünschen laufen, und das vierte hört nicht zu und kommt Aufforderungen nicht nach. Alle diese Verhaltensweisen bedürfen – auf der Grundlage einer tragfähigen erzieherischen Beziehung – spezifischer Interventionen und Maßnahmen.

Dies gilt in besonderem Maße für das Jugendalter, in dem die motorische Unruhe in sechzig Prozent der Fälle zurücktritt, demgegenüber emotionale Auffälligkeiten und Störungen des Sozialverhaltens in den Vordergrund treten. In jedem Alter sind die unterstützenden Maßnahmen auf die aktuell ausgeprägten Kernprobleme zu orientieren und darauf ausgerichtete Maßnahmen zu erarbeiten. Was bei dem einzelnen Kind oder Jugendlichen als „Kernproblem" anzusehen ist, können die Kinder und Jugendlichen und ihre Eltern und Erzieherinnen meist sehr genau angeben. Es sind die Verhaltensauffälligkeiten, durch die sie in ihrem Zusammenleben und in ihrem Leistungsverhalten am meisten beeinträchtigt werden.

Selbstunterstützung der Erzieher

Eine positive Erziehungshaltung von Eltern oder anderen Erziehern ist gekennzeichnet durch Aufmerksamkeit, Interesse, Fürsorge und Unterstützung, Achtung, Respekt und Wertschätzung. Kinder sollten diese Haltung in den alltäglichen Situationen des Miteinanderlebens erfahren, vornehmlich von ihren Eltern. Das Problem liegt nun aber darin, dass es ungemein schwer ist, nach allen Enttäuschungen, bei allen Überforderungen und bei aller Eingebundenheit in die – oben dargestellten – Teufelskreise eine solche Haltung und derartige Verhaltensweisen noch leben zu können.

In solchen Fällen bewährt sich auch für Eltern und Erzieherinnen das, was für die Kinder gut ist: den Blick auf das zu lenken, was sie gut machen, auf die Reaktionen zu schauen, die ein klein wenig den erwünschten Erfolg gebracht haben, sich für die Verhaltensweisen zu loben, mit denen sie zufrieden waren. Das ist nicht so einfach, wie es klingt, kann aber erstaunliche Wirkung zeigen. Manche Eltern nehmen sich abends fünfzehn Minuten Zeit und schreiben auf, was sie im Laufe des Tages im Umgang mit ihrem Kind gut gemacht haben, welche Handlung zumindest einigermaßen erfolgreich war und wann es ihnen gelungen ist, sich so zu verhalten, wie sie es sich vorgenommen hatten. Sie stellen dann meist fest, dass doch nicht alles so trost- und hoffnungslos ist, wie sie gedacht hatten, und verfassen im Nebenbei sozusagen ein Kompendium erfolgreicher Strategien im Umgang mit ihrem Kind.

Blickrichtung ändern

Die negativen Kreisprozesse (Teufelskreise) zwischen Kind und Eltern oder anderen Erziehungspersonen führen meist dazu, dass nur noch das ärgerliche Verhalten des Kindes gesehen und vor allem darauf reagiert wird. Die gesamte Beziehung wird gespannt und unerfreulich. Erzieher sollten sich bemühen, ihren Blick auf das „halb volle Glas" und nicht auf das „halb leere Glas" zu richten. Zudem ist es hilfreich, sich immer wieder die positiven, kreativen und freundlichen Seiten des Kindes bewusst zu machen. Die Kinder zeichnen sich ja oft dadurch aus, dass sie aktiv, sehr lebendig, einfallsreich und vielseitig interessiert sind. Oft wird es erst durch eine Änderung der Blickrichtung möglich, besondere positive Eigenschaften und Verhaltensweisen des Kindes überhaupt wieder zu sehen, sie anzuerkennen und damit zu verstärken. Dann beginnt das Kind auch wieder, an sich selbst und an seine Möglichkeiten zu glauben und an die Akzeptanz und die Zuneigung der Erwachsenen. Diesen „anderen" Blick einzunehmen, muss man geradezu trainieren.

Es ist auch nicht einfach einzuschätzen, welches Verhalten dem Kind wirklich Mühe bereitet. Eine derartige Wahrnehmung ist jedoch Voraussetzung, um eine angemessene Verstärkung der positiven Seiten und Verhaltensweisen des Kindes vorzunehmen. Solche Verstärkungen können in einem freundlichen Blick, einem Lächeln, einer Berührung, in der Aufmerksamkeit des Erwachsenen und anderem bestehen.

Ausnahmen

Fast alle Menschen haben die Neigung, auf die Situationen zu schauen, in denen die Probleme am größten sind. Dabei ist es eigentlich viel nützlicher, auf die Situationen die Aufmerksamkeit zu lenken, in denen das Problem nicht oder kaum da ist. Ist zum Beispiel eine Erzieherin in der Selbstbewertung zu dem Schluss gekommen, dass sie zu rasch wütend wird, wenn das Kind trödelt und trotz Ermahnung die Hausaufgaben nicht beginnt, so kann sie nach Ausnahmen von dieser Situation suchen. Zwar wird ihr erster Gedanke sein: 'Die gibt es gar nicht!' Aber bei genauem Hinsehen sind doch Situationen zu entdecken, in denen das Kind weniger getrödelt hat. Was war da anders – die Aufgabe, der Ort, der Tonfall der Erzieherin, die Aussicht auf etwas Schönes im Anschluss? Ausnahmen können Hinweise geben auf die Dinge, von denen mehr geschehen sollte. Zudem verweisen sie auf Kompetenzen beim Kind und beim Erwachsenen.

gemeinsame Zeiten

Da die Belastungen, die im Zusammenleben mit einem hyperkinetisch auffälligen Kind auftreten, oft zu Spannungen führen, ist es wichtig, dass bewusst positive Begegnungssituationen zwischen Erziehern und Kind gestaltet werden. Diese „gemeinsamen Zeiten", die Bezugspersonen mit einem Kind verbringen, sollten keine „Verwöhnzeiten" sein – es geht nicht um Geschenke. Es sollten aber Situationen sein, die für beide interessant und angenehm sind, in denen störendes Verhalten erfahrungsgemäß kaum auftritt und in denen das Kind das Interesse des Erwachsenen an seiner Person spürt, an seinen Vorstellungen und Aktivitäten oder auch an seinen Problemen.

Bei Spielsituationen kann der Erwachsene den Intentionen des Kindes folgen und mit seinem Interesse an dem Spiel und seiner Konzentration Modell sein. Die Führung sollte jedoch beim Kind belassen bleiben. Manchmal kann es auch sinnvoll sein, kleine Hilfestellungen bei der Lösung von Problemen zu geben, um das Interesse und die Konzentration des Kindes zu unterstützen oder zu stabilisieren. Dies kann beispielsweise beim Legen eines Puzzles darin bestehen, dass eine Beschreibung des Teiles gegeben wird, welches das Kind gerade sucht.

Eine „Begegnung" kann auch durch ein Gespräch zustande kommen. Die Haltung des Erwachsenen ist dann geprägt durch ein „aktives Zuhören". Aktives Zuhören bedeutet, sich in die Welt des Kindes hineinzuversetzen, es zu verstehen, seine Gedanken und Vorstellungen nachzuvollziehen und anzunehmen. Ein solches Akzeptieren bedeutet, die Ansichten und Meinungen des Kindes ernst zu nehmen und als seine persönlichen zu würdigen, heißt aber nicht, die eigenen, davon abweichenden Vorstellungen zu verleugnen.

- ***durchsetzbare Forderungen***

  Wie dargestellt, reagieren Kinder und Jugendliche mit einer Aufmerksamkeits- und Aktivitätsstörung häufig nicht auf Aufforderungen ihrer Bezugspersonen. Sie haben aufgrund ihrer Aufmerksamkeits- und Konzentrationsschwäche sowie der eingeschränkten Wahrnehmungsfähigkeit erhebliche Schwierigkeiten, die Signale korrekt aufzunehmen. Erschwerend tritt häufig ihre Erfahrung hinzu, dass sie Aufforderungen ihrer Erzieher nicht ernst nehmen müssen oder dass sie das Nicht-wahrnehmen einsetzen können, um sich gegen unangenehme Anweisungen oder Aufgaben zur Wehr zu setzen. Aus dieser Beobachtung heraus sollten Eltern und Erzieher sich zur Regel setzen, nur solche Forderungen an das Kind oder den Jugendlichen zu stellen, die sie auch bereit und in der Lage sind durchzusetzen. Dadurch senkt man in der Regel zugleich die Zahl der Aufforderungen und damit die Gefahr, das Kind mit allzu viel Aufträgen und Ermahnungen zu überschwemmen.

- ***Prägnanz der Aufforderungen***

  Aufmerksamkeitsgestörte und hyperkinetisch auffällige Kinder benötigen eindeutige, prägnante und kurze Aufforderungen. Die haben bessere Chancen, von ihnen korrekt wahrgenommen zu werden als lange Reden. Wird eine Aufforderung an ein Kind gegeben, so sollte der Erzieher Blickkontakt aufnehmen und sich eine Rückmeldung geben lassen, ob die Botschaft angekommen ist und verstanden wurde. Erfahrungen haben gezeigt, dass dieses Vorgehen durch ein vorsichtiges Anfassen des Kindes beispielsweise am Arm oder an den Armen unterstützt werden kann. Hierdurch wird die Aufmerksamkeit zusätzlich fokussiert, eine Unterbrechung der motorischen Aktivität erreicht und zudem eine Sprechbereitschaft des Kindes hervorgerufen.

- ***Konsequenzen***

  Unverzichtbar ist zu überprüfen, ob das Kind oder der Jugendliche der Aufforderung nachgekommen ist. Eine Überprüfung kann durch eine unmittelbare Kontrolle, durch eine Ergebniskontrolle oder einen Bericht erfolgen, der vom Kind oder Jugendlichen verlangt wird. Hat ein Kind die Aufforderung aufgenommen und befolgt, so ist darauf zu achten, dass eine Verstärkung seines Verhalten erfolgt, die den Respekt vor seiner Leistung widerspiegelt. Solche Verstärkungen müssen – besonders bei jüngeren Kindern – immer direkt erfolgen, ansonsten sind sie wirkungslos.

Wurde die Aufforderung nicht befolgt, so muss eine negative Konsequenz folgen. Auch diese muss – ebenso wie die Verstärkung – direkt erfolgen und regelmäßig. Logische Konsequenzen auf bestimmte Verhaltensweisen sind nicht immer leicht zu finden; ihr Vorteil ist jedoch, dass sie nicht als (willkürliche) Strafe empfunden werden. Die jeweilige logische Konsequenz muss dann ruhig und sicher durchgeführt werden. Zum Beispiel wird ein Kind, das ein anderes Kind getreten hat, ruhig und gelassen vom Erzieher an einen anderen Ort (zum Beispiel in sein Zimmer) gebracht, wo es für kurze Zeit bleiben muss. Die Regel, die es verletzt hat und auf die diese Konsequenz folgte, sollte – je nach Schwierigkeit – noch einmal kurz erwähnt oder auch eingehender mit ihm besprochen werden.

klare Regeln ■

Für Kinder, die aufmerksamkeitsgestört sind und sich nicht so gut orientieren und steuern können wie andere, ist es notwendig, klare Regeln aufzustellen. Diese Vereinbarungen, ob für das Elternhaus, für die Schule oder für den Kindergarten, sollten auf die wichtigsten Situationen und die notwendigsten Regeln begrenzt werden. Man sollte das Kind unbedingt mit einbeziehen, wenn solche Regeln erarbeitet werden. Dabei lernt das Kind ihre Bedeutung zu verstehen, und es fällt ihm leichter, sie zu akzeptieren.

Zeitmanagement ■

Kinder benötigen vom Erwachsenen viel Zeit. Kinder mit Aufmerksamkeitsstörungen brauchen üblicherweise mehr Zeit, mehr Aufmerksamkeit und Unterstützung sowie mehr Hilfestellungen, um beispielsweise Schulaufgabensituationen zu strukturieren. Zeitprobleme von Erwachsenen, zum Beispiel eine Hektik am Morgen in Familie oder Heim, irritieren sie vergleichsweise mehr als andere Kinder. Sie verlieren dann leicht die Übersicht und vergessen, was sie tun oder zum Beispiel zur Schule oder zum Kindergarten mitnehmen müssen. Derartige Situationen sollten vom Erwachsenen vorausgesehen und vermieden werden.

Zudem benötigen die Kinder Zeit, in denen Eltern und Erzieher ganz für sie da sind. Hilfreich ist es, feststehende Zeiten einzurichten, in denen Eltern oder Erzieher sich voll und ganz dem Kind widmen. Für Kinder ist es sehr bedeutsam und hilfreich, wenn sie wissen, wann der Erwachsene Zeit für sie hat, und auch, wie viel Zeit zur Verfügung steht. Dieser Anspruch eines Kindes auf Zeit kann natürlich mit anderen Aufgaben, die der Erwachsene wahrnehmen muss, kollidieren. Deshalb ist ein gutes Zeitmanagement notwendig, in dem festgelegt wird, wie viel realistisch möglich ist. Darüber hinaus sollten Situationen, in denen üblicherweise Stress auftritt, vorausgesehen und Gegenmaßnahmen ergriffen werden. So können beispielsweise die Schultasche am Abend gepackt, die Schulaufgaben rechtzeitig kontrolliert und im Gespräch mit dem Kind im Voraus geklärt sein, was es zusätzlich für diesen Tag benötigt.

- ***meine Zeit – deine Zeit – unsere Zeit***

  Verbunden mit dem Zeitmanagement ist auch die Aufgabe, persönliche Grenzen zu setzen und deutlich zu machen. Eltern – häufig sind es Mütter –, die sich ganz der Familie widmen, werden von ihren Kindern – und auch von ihren Partnern – oftmals ständig gefordert, ohne dass Zeit und Raum für sie selbst bleibt. Gerade wenn Kinder krank sind oder Probleme haben, leisten solche Mütter rund um die Uhr ihren Einsatz und sie sind stets verfügbar. Dies kann jedoch zu einer Verwischung der Grenzen und der Bedürfnisse der einzelnen Beteiligten führen. Kinder benötigen in dieser Hinsicht klare Informationen, und gerade auffällige Kinder brauchen klare Strukturen und Grenzsetzungen. In einem kontinuierlich fortschreitenden Prozess der kleinen Schritte muss ihnen klar gemacht werden, dass es Zeiten gibt, in denen sie alleine spielen oder arbeiten. Sie müssen lernen zu akzeptieren, dass ihre wichtigste Bezugsperson dann Raum und Zeit für sich hat.

- ***Vorbereitung auf unvorhergesehene Situationen***

  Empfindsame und leicht zu irritierende Kinder müssen auf eine Veränderung der Situation in der Familie – beispielsweise einen Besuch – vorbereitet werden. Auch die Möglichkeit von überraschenden Ereignissen sollte mit ihnen prospektiv besprochen werden. Die Verhaltenserwartungen, die der Erwachsene für solche Situationen hat, sollten konkret und eindeutig vermittelt werden. Tritt eine solche Situation auf, muss das Kind wissen, dass es seine eigenen Wünsche und Bedürfnisse zurückzustellen hat und was von ihm erwartet wird. Verhält sich ein Kind wunschgemäß, so ist es direkt zu verstärken. Erwachsene sollten sich aber nicht scheuen, das Kind bei nicht erwünschtem Verhalten auf die Absprachen aufmerksam zu machen und bei weiterem Nicht-befolgen entsprechende logische Konsequenzen folgen zu lassen.

- ***schulische Förderung***

  Ebenso wie die schulische Situation für Kinder mit einer Aufmerksamkeits- und Aktivitätsstörung eine große Belastung ist, stellen diese Kinder für die Lehrerinnen und Lehrer eine große Herausforderung dar. Die nachfolgenden Hinweise sollen dabei helfen, die schulische Situation zu erleichtern. Sie berücksichtigen, dass Schule keine Therapieeinrichtung ist, andererseits aber doch bedeutende Unterstützungsmaßnahmen für die betroffenen Kinder anbieten kann.

- Schwerpunkte herausfinden: Beobachten Sie zunächst das Kind einige Zeit, um herauszufinden, welche Anforderungen ihm in der Schulsituation besonders schwer fallen und welches Verhalten den Unterrichtsablauf am meisten stört. Konzentrieren Sie dann Ihre Maßnahmen auf das schwerwiegendste Problem.
- Gemeinsames Handeln: Stimmen Sie Ihre Maßnahmen mit Ihren Kolleginnen ab und vereinbaren Sie gemeinsame Handlungsprinzipien.
- Kooperation mit den Eltern: Besprechen Sie Ihr Vorgehen mit den Eltern des Kindes. Machen Sie das Problem zu Ihrer gemeinsamen Sache, und beziehen Sie die Eltern in Ihre Maßnahmen mit ein. Reden Sie mit den Eltern vor allem über die Fortschritte des Kindes – auch wenn sie noch so klein sind. Treffen Sie konkrete Abmachungen, welche Aufgaben die Eltern übernehmen (zum Beispiel die Kontrolle der Schultasche auf Vollständigkeit der Materialien und anderes).
- Das Kind in die Beziehung einbinden: Der Sitzplatz des Schülers sollte relativ nah zu Ihnen sein. Sie haben dadurch bessere Einflussmöglichkeiten, und das Kind fühlt sich in das Unterrichtsgeschehen stärker eingebunden. Der Sitzplatz sollte zudem möglichst wenig Ablenkungspotential bieten.
- Vermitteln der Sinnhaftigkeit des Lernstoffs: Kinder mit Aufmerksamkeitsstörungen können nur dann ihre Schwäche überwinden, wenn sie hoch motiviert sind. Nehmen Sie sich deshalb ausreichend Zeit, dem Kind die Bedeutung des Unterrichtsthemas zu verdeutlichen.
- Multimediale Vermittlung: Nutzen Sie möglichst unterschiedliche Medien, um ein bestimmtes Thema zu vermitteln. Das Zusammenführen von Informationen über unterschiedliche Sinneskanäle führt zu einer erhöhten Prägnanz des Vermittelten.
- Sprachliche Hilfen: Benutzen Sie eine möglichst anschauliche, konkrete Bildersprache. Fassen Sie komplexe Sachverhalte abschließend noch einmal kurz und prägnant zusammen.
- Zeit für Aufgabenstellungen: Formulieren Sie Aufgaben möglichst kurz und prägnant. Fordern Sie Ihre Schüler auf, sich gegenseitig die Aufgaben und dafür erforderlichen Vorgehensweisen zu erklären oder aber jeweils für den anderen die Aufgaben zu notieren.
- Gemeinsame Problemlösung: Besprechen Sie mit dem Kind im Einzelgespräch, mit welchen Konsequenzen Sie auf sein störendes Verhalten reagieren werden. Fragen Sie es auch nach eigenen Ideen dazu. Machen Sie das Problem zu einer gemeinsamen Sache zwischen Ihnen und dem Kind.
- Kreativität und Bewegungsdrang nutzen: Kinder mit Aufmerksamkeits- und Aktivitätsstörungen sind häufig sehr kreativ und einfallsreich. Bieten Sie ihnen die Chance, diese Fähigkeiten in Stegreifspielen und Rollenspielen unter Beweis zu stellen, in denen sie zugleich ihre Aktivität ausleben können.

In ähnlicher Weise verbinden Gruppenwettkämpfe bei Vokabeltests und anderem Möglichkeiten motorischer Aktivität mit motivierenden Impulsen.
- Verantwortung geben: Beziehen Sie die Schüler in die Planungen des Unterrichtsablaufs ein. Verteilen Sie Teilaufgaben. Übertragen Sie die Verantwortung für begrenzte Unterrichtseinheiten an kleine Schülergruppen. Wichtig ist, dass die Kinder lernen, Verantwortung für den Unterrichtsablauf mit zu übernehmen.
- Direkte Rückmeldungen: Besonders für das Kind mit einer Aufmerksamkeits- und Aktivitätsstörung ist die direkte Rückmeldung wichtig. Beachten und anerkennen Sie auch kleine inhaltliche oder verhaltensmäßige Fortschritte. Suchen Sie bei fehlerhaften Antworten den – vielleicht durchaus richtigen – gedanklichen Hintergrund nachzuvollziehen.

medikamentöse Behandlung

In vielen Fällen ist eine medikamentöse Behandlung von Kindern mit Aufmerksamkeits- und Aktivitätsstörungen angezeigt. Es werden Medikamente eingesetzt, die auf das Gehirn aktivierend wirken – nicht dämpfend, wie häufig geargwöhnt wird. Diese Medikamente werden deshalb auch Psychostimulanzien genannt. Am häufigsten werden Methylphenidat (Handelsname zum Beispiel Ritalin oder Medikinet) und Amphetamine eingesetzt. Methylphenidat wirkt – nach Ansicht vieler Autoren – vor allem auf die gestörte Aufmerksamkeit, während Amphetamine besonders im Hinblick auf die Impulsivität wirksam sind.

Diese Medikamente sollen nach Untersuchungen bei etwa 70 % der Kinder mit ausgeprägter Aufmerksamkeits- und Aktivitätsstörung zu einer deutlichen Verminderung der Auffälligkeit führen. Die guten Ergebnisse gelten aber nur für Kinder, die ein hohes Maß an motorischer Unruhe, an Aufmerksamkeitsschwächen und an Impulsivität zeigen. Bei der großen Gruppe von Kindern mit leichteren Störungen sind sie weniger wirksam. Zu beachten ist, dass diese Medikamente keine Erfolge zeigen, wenn sie bei Kindern mit ausschließlich oppositionellen Verhaltensweisen eingesetzt werden.

Die Wirkungsweise der Psychostimulanzien ist nicht geklärt. Eine Annahme ist, dass die Reizverarbeitung der Kinder aktiviert wird. Sie werden aufnahmebereiter und stellen sich besser auf ihre Umgebung ein, was auch zu einem ruhigeren motorischen Verhalten führt. Kinder mit Aufmerksamkeitsdefizit ohne Hyperaktivität, die sogenannten „Träumerchen“, verhalten sich wegen der verbesserten Aufnahme- und Orientierungsfähigkeit wacher. Die Wirkung des Medikamentes ist auch altersabhängig. Bei Kindern unter fünf Jahren soll das Medikament nicht eingesetzt werden. Die Behandlung ist nur wirksam, solange das Medikament gegeben wird. Positive Veränderungen nach Absetzen des Medikamentes konnten nicht nachgewiesen werden. Wenn man sich zu einer medikamentösen Behandlung entschließt, sollte diese deshalb längerfristig, über ein Jahr und mehr durchgeführt werden.

Bei Einnahme der Medikamente sind folgende Nebenwirkungen beobachtet worden: Es können Einschlafschwierigkeiten und ein Appetitmangel auftreten, zu Anfang der Behandlung auch Bauch- und Kopfschmerzen, die jedoch nach einiger Zeit verschwinden. Gelegentlich kommt es zu einer Blutdruckssteigerung. In etwa 1 bis 2% treten Tics auf. Wenn vor der medikamentösen Behandlung bereits Tics vorhanden waren, können diese sich steigern, meist aber nur vorübergehend. In seltenen Fällen wurde auch berichtet, dass sich der Tic nach Absetzen des Medikamentes nicht zurückbildete. Bei einigen Kindern wird auch eine Weinerlichkeit und depressive Stimmungslage beobachtet. Nach Reduktion der Medikamentengabe tritt diese meist zurück.

den Rennwagen beherrschen

Von hoher Bedeutung ist es, dem Kind in anschaulicher Weise die Wirkung des Medikaments zu erklären und ihm deutlich zu machen, dass die Tablette eine (vorübergehende) Unterstützung ist und seine Mitarbeit an der Problembewältigung in keiner Weise ersetzen kann. Das kann man tun, indem man die Störung als die Schwierigkeit des Fahrers beschreibt, die 500 PS seines Rennwagens zu beherrschen. So kann man dem Kind vermitteln, dass sein Verhalten darauf verweist, dass es viel „power" hat und dass sein Körper offensichtlich einem Rennwagen mit hoher PS-Leistung gleicht, der einen hoch erfahrenen und gut trainierten Fahrer benötigt. Das Medikament könne für eine gewisse Zeit dazu dienen, die Spitzengeschwindigkeit des Rennwagens herabzusetzen. In dieser Zeit müsse es selbst dafür sorgen, dass es sein fahrerisches Können ständig verbessert – so wie Ralf Schuhmacher ja auch durch ständiges Training bemüht ist, ein noch besserer Fahrer zu werden. Ihm bei diesem Training zu helfen, sei das Ziel der gemeinsamen Arbeit mit ihm und seinen Eltern.

weitere fachliche Hilfen

Grundsätzlich sollte niemals eine medikamentöse Behandlung allein durchgeführt werden. In jedem Fall ist eine intensive Beratung der Eltern erforderlich. Es geht vor allem darum, die Familie davor zu schützen, in eine „Belastungsmühle" zu geraten, in der alle Beteiligten leiden und sich weitere Auffälligkeiten beim Kind entwickeln können. Eine solche Ausbreitung der Problembereiche ist eine der größten Gefahren einer solchen Störung. In den meisten Fällen empfiehlt sich eine familientherapeutisch systemische Arbeit mit der ganzen Familie mit dem Ziel, die Ressourcen aller Familienmitglieder (wieder) zu wecken und die Familie dazu anzuregen, die für sie passenden und für das Kind nützlichen Lösungen zu finden. Im Einzelfall wird zudem zu entscheiden sein, ob neben der medikamentösen Behandlung und der Familienarbeit auch eine spezielle verhaltenstherapeutische Behandlung des Kindes oder besondere heilpädagogische Fördermaßnahmen sinnvoll und erforderlich sind.

Weitere Stichworte:

- Aggressivität
- Anstrengungsunwilligheit
- Oppositionelles Verhalten
- Schlafstörungen
- Schreien von Babys
- Schulangst
- Schulschwänzen
- Tagträumen

Literatur: 7, 15, 23, 24, 31, 37, 46, 47, 48, 49, 55, 56, 59, 63, 64, 84, 85, 88, 91, 107, 108, 109, 113, 116, 117, 120, 122, 134, 187, 188, 200, 210, 233, 234

Autistische Störungen

Wahrnehmen und bewerten

Bei den autistischen Störungen handelt es sich um tiefgreifende Entwicklungsstörungen, die mit ausgeprägten Beeinträchtigungen der sozialen Kontakt- und Beziehungsaufnahme, mit Einschränkungen der Kommunikation und Sprache sowie mit dem Auftreten von stereotyp wiederholten Aktivitäten und bizarren Interessen einhergehen. Man unterscheidet den frühkindlichen Autismus (oder auch Kanner-Syndrom) und die autistische Persönlichkeitsstörung (Asperger-Syndrom). Diese Formen unterscheiden sich hinsichtlich der Art und Ausprägung der Symptome sowie der damit verbundenen Einschränkungen der Entwicklungsmöglichkeiten (siehe später Näheres).

Zeitpunkt des Auftretens ■

Die autistischen Störungen werden selten bereits im ersten Lebensjahr erkannt. Die Kinder fallen im zweiten und dritten Lebensjahr durch ihre Auffälligkeiten im Bereich der Kommunikation und Sprache sowie durch ihre Unfähigkeit zur sozialen Zuwendung und ihr geringes Interesse an sozialem Austausch auf. Rückblickend wird dann oft aber deutlich, dass die Entwicklung von Anfang an nicht normal verlief und sich bereits früh Zeichen eines mangelnden sozialen Interesses, zum Beispiel ein Desinteresse beim Aufnehmen aus der Wiege oder eine Abwehr gegen Zärtlichkeiten, gezeigt hatten. Bei einer Reihe von Kindern fällt ein Entwicklungsrückschritt innerhalb kurzer Zeit im zweiten oder dritten Lebensjahr auf. Nach einer Periode einer eher normalen Entwicklung verhalten sich die Kinder häufig wieder babyhafter und verlieren die vorher erworbenen Fähigkeiten der sozialen Interaktion, der Kommunikation und des Spielverhaltens.

soziale Beeinträchtigungen ■

Schon das junge autistische Kind wirkt abweisend, nimmt kaum Blickkontakt auf, lächelt nicht auf Ansprache und ist in seiner Mimik sehr eingeschränkt. Es interessiert sich nicht für andere Menschen, weder für die Eltern, noch für andere Kinder. Das Kind sucht keinen Trost, wenn es sich verletzt hat oder von anderen Kindern geschlagen wurde. Auch kann es sich nur schwer in andere Menschen einfühlen und ist deshalb auch nicht in der Lage, Trost zu spenden.

Autistische Kinder sind nicht fähig, Freundschaften zu knüpfen und diese auch zu halten. Dies liegt oft an dem fehlenden Interesse an anderen, aber auch an den Schwierigkeiten dieser Kinder, ihr Verhalten dem sozialen Kontext anzupassen. Sie können die Gefühle anderer Menschen nicht erkennen und deshalb auch nicht darauf eingehen. Charakteristisch ist der sehr deutliche Mangel, Freude oder Leid mit anderen zu teilen. Autistische Kinder nehmen kaum Angebote wahr, mit jemandem gemeinsam vergnügt zu sein.

Eine Bindung an die Eltern besteht durchaus. Oft kann das Kind im Kontakt mit den Eltern durchaus Gefühle zeigen (manchmal in bizarr übersteigerter Form). Selten aber geschieht dies bei Ansprache seitens der Eltern; vielmehr muss dann die Initiative vom Kind ausgehen. Das Kind versucht in der Regel selbst, die soziale Interaktion zu bestimmen.

- ***Störungen der Kommunikation***

  Etwa die Hälfte der autistischen Kinder entwickeln keine verstehbare Sprache. Bei anderen ist die Sprech- und Sprachentwicklung deutlich verzögert, nicht jedoch beim Asperger-Syndrom. Vorhandene sprachliche Fähigkeiten werden nicht oder nur bedingt kommunikativ genutzt. Viele Kinder zeigen ein sehr auffälliges Sprechverhalten, beispielsweise ein sofortiges oder zeitlich verzögertes Wiederholen von Wörtern oder Sätzen, die andere Personen gesprochen haben (Echolalie). Oft kehren sie die Pronomina um, sagen „du" statt „ich", und entwickeln eine „Eigensprache", die selbst erfundene Wörter enthält. Häufig kleben sie an wenigen Sätzen oder Fragen.

  Der andere Mensch hat nicht das Gefühl, dass die Kinder mit ihm sprechen, sondern eher das Erleben, dass sie zu ihm hin sprechen. Umgekehrt hat der andere immer das Erleben, dass die Kinder gar nicht zuhören, sondern eher wie taub wirken. In auffälliger Weise klingt die Sprache autistischer Kinder oft sehr monoton, wirkt wie ein Sing-Sang und ist oft auch im Hinblick auf die Tonhöhe sehr auffällig.

  Die Einschränkungen der gesprochenen Sprache werden nicht durch Gestik oder Mimik ausgeglichen. Auch diese sind meist monoton. Autistische Kinder zeigen kaum zielgerichtete Gesten wie Nicken oder Kopfschütteln. Sie imitieren selten die Handlungen anderer und entwickeln keine fantasievollen Spiele. Rollenspiele oder „So-tun-als-ob-Spiele" führen sie eigentlich nie durch.

- ***stereotypes, zwanghaftes Verhalten***

  Autistische Kinder entwickeln meist starre und einförmige Spiel- und Beschäftigungsmuster. Sie bestehen auf Routinen und Ritualen und zeigen oft ausgeprägten Widerstand gegen Veränderungen ihrer Umwelt. Eine andere Anordnung der Möbel im Kinderzimmer oder auch das Hinzukommen einer anderen Person in einer bestimmten Situation kann abnorme Angst- oder Wutanfälle auslösen.

  Häufig treten stereotype Bewegungsmuster, beispielsweise bizarre Hand- oder Fingerbewegungen, auf. Das Kind zeigt Bindungen an ungewöhnliche Objekte, zum Beispiel einen Papierkorb oder eine Lampe, oder ist von ungewöhnlichen Aspekten der Umgebung fasziniert und befühlt mit unendlichen Wiederholungen einen Reißverschluss oder streicht einem anderen Menschen ständig wieder durch die Haare. Einige entwickeln ungewöhnliche Interessen wie das Beriechen, Betasten oder Belecken von Objekten (auch von Menschen).

Intelligenzminderung

Früher war man der Meinung, dass die Mehrheit der Betroffenen eine deutliche Intelligenzminderung aufweist. Eine repräsentative Studie zeigte jedoch, dass das Asperger-Syndrom, bei dem definitionsgemäß keine geistige Behinderung vorliegt, viel häufiger vorkommt als der frühkindliche Autismus. Allerdings wird ein Asperger-Syndrom häufig übersehen. Fünfzig Prozent der Kinder mit frühkindlichem Autismus haben einen Intelligenzquotienten von unter fünfzig, sind also deutlich geistig behindert. Bei etwa einem Drittel der von frühkindlichem Autismus betroffenen treten – oft erst im Jugendalter beginnend – cerebrale Krampfanfälle (epileptische Anfälle) auf, beim Asperger-Syndrom dagegen sehr selten.

weitere Verhaltensauffälligkeiten

Zusätzlich zu den bisher beschriebenen Merkmalen zeigen autistische Kinder häufig noch andere Verhaltensprobleme. So ist eine motorische Unruhe und Hyperaktivität recht häufig. Oft auch kommt es zu heftigen Wutausbrüchen oder aber zu aggressiven Ausbrüchen gegen andere oder gegen sich selbst. Viele Kinder mit frühkindlichem Autismus zeigen ein teils sehr ausgeprägtes selbstverletzendes Verhalten wie Kopf anschlagen, auf die Augäpfel drücken, in die Hände beißen oder sich selbst mit der flachen Hand in das Gesicht schlagen. Solche Verhaltensweisen können dadurch ausgelöst werden, dass ein Außenstehender die Rituale und Routinen eines solchen Kindes stört. Schließlich kommt es bei vielen Kindern mit frühkindlichem Autismus zu Entwicklungsverzögerungen im Bereich der Beherrschung der Ausscheidungsfunktionen.

frühkindlicher Autismus

Beim **frühkindlichen Autismus** (Kanner-Syndrom) sind die hier beschriebenen Beeinträchtigungen und Auffälligkeiten meist ausgeprägt zu beobachten. Schon in den ersten Lebensmonaten sind die Äußerungen von Zuwendung und der Blickkontakt deutlich vermindert. Der Sprachbeginn ist verspätet oder bleibt etwa bei der Hälfte der Kinder ganz aus. Die Ausdrucksfähigkeit bleibt bei allen Kindern sowohl im sprachlichen Bereich als auch im nichtsprachlichen Bereich, in Mimik, Gestik oder Tonfall, stark behindert, die soziale Wahrnehmung deutlich eingeschränkt. Die Intelligenz ist meist erheblich eingeschränkt.

autistische Persönlichkeitsstörung

Die **autistische Persönlichkeitsstörung** (Asperger-Syndrom) wird häufig als eine leichte Form des Autismus angesehen. Die betroffenen Kinder unterscheiden sich von denen, die das Bild des frühkindlichen Autismus zeigen, in vier Aspekten:

- Es ist kaum oder sogar gar keine Sprachentwicklungsverzögerung im Hinblick auf den Wortschatz und die Grammatik festzustellen. Die Sprache hat eine kommunikative Funktion. Die Sprechweise ist aber oft gestelzt und wirkt pedantisch. Der Sprachklang ist auffällig. Manche Kinder reden unentwegt über bestimmte Themen, ohne zu bemerken, dass sie kaum noch auf Interesse bei anderen stoßen.
- Die Abgewandtheit von anderen Menschen ist oft weniger deutlich ausgeprägt. Die Kinder sind an anderen Personen durchaus interessiert, zeigen sich aber in ihren Kontakten ungeschickt. Die Fähigkeit, sich in andere Menschen einzufühlen, ist begrenzt. Die soziale und emotionale Schwingungsfähigkeit der Kinder ist eingeschränkt.
- Der Intelligenzquotient der Kinder liegt definitionsgemäß über 70, manchmal sogar im überdurchschnittlichen Bereich. Viele entwickeln ungewöhnliche Interessen, denen sie sich mit großer Hingabe und mit großem Zeitaufwand widmen (zum Beispiel Landkarten mit großer Intensität und hohem Zeitaufwand anzuschauen und auswendig zu lernen). In diesen Bereichen können sie außerordentliche Fähigkeiten entwickeln. Viele zeigen auch eine ungewöhnliche und auffällig lebhafte Fantasietätigkeit.
- Schließlich sind viele von ihnen motorisch auffällig ungeschickt. Diese Ungeschicklichkeit zeigt sich oft schon in den ersten Lebensjahren, in denen die übrigen Symptome noch nicht so deutlich in Erscheinung treten.

Häufigkeit

Etwa fünf bis zehn Menschen pro zehntausend Einwohner, das sind insgesamt etwa 40.000 Menschen in Deutschland, zeigen die Symptomatik eines frühkindlichen Autismus. Jungen sind etwa dreimal bis viermal häufiger unter ihnen als Mädchen. Die Symptome der autistischen Persönlichkeitsstörung sollen bei sieben pro tausend Kindern im Alter zwischen sieben und sechszehn Jahren zu beobachten sein, bei Jungen etwa neun- bis zehnmal häufiger als bei Mädchen.

Dauer der Störung

Die autistische Persönlichkeitsstörung hat einen etwas späteren Beginn als der frühkindliche Autismus; sie wird zumindest oft erst später erkannt (häufig nach der Einschulung). Für beide Formen gilt, dass sich die Kernsymptomatik im Laufe der Entwicklung zum Jugendlichen und zum Erwachsenen nicht grundsätzlich verändert. Auch intellektuell recht gut begabte Personen mit Autismus – meist Kinder, die ein Aspergersyndrom zeigen – haben zeitlebens Schwierigkeiten, das emotionale Ausdrucksverhalten, die Qualität von Berührungen oder den Tonfall anderer Menschen wahrzunehmen. Sie lernen es kaum, den freundlichen Gesichtsausdruck von einem abweisenden, den interessierten Gesichtsausdruck von einem gelangweilten, die liebevolle Berührung von einer abweisenden und den freundlichen Tonfall von einem ärgerlichen zu unterscheiden. Wenige haben später als Erwachsene gute und enge Freunde, sind verheiratet oder werden gar Eltern. Kinder mit einem Intelligenzquotienten von über sechzig haben eine größere Chance, als Erwachsene unabhängig zu werden, wenn sie bis zum Alter von fünf Jahren eine zur Kommunikation eingesetzte Sprache erlernt haben.

Einordnen und verstehen

Mangel an Begegnung

Die Freude, die Eltern und Erzieherinnen im Umgang mit ihrem Kind normalerweise erleben, liegt in der Begegnung, im Austausch von Aufmerksamkeit, Zuwendung, Kummer und Trost. Es ist für Eltern beglückend zu erleben, wie schon das Neugeborene auf Zuwendung reagiert, wie es – das hat die moderne Säuglingsforschung sehr schön gezeigt – ihren Eltern verdeutlicht, wann es ihre Aufmerksamkeit und Anregung wünscht und wann es genug hat und wieder Ruhe braucht.

Für Eltern autistischer Kinder ist es deshalb eine bittere Erfahrung, dass ihr Kind diese Begegnung nicht oder kaum sucht und auf die Angebote der Eltern nicht oder kaum reagiert. Das Kind lacht nicht am Ende des dritten Monats, wenn es von der Mutter angesprochen wird und sie ihr Gesicht nahe vor ihm bewegt; es scheint sie nicht zu erkennen. Es streckt am Ende des sechsten Monats nicht die Arme nach dem Vater oder der Mutter aus, scheint nicht hochgehoben oder beschäftigt werden zu wollen, scheint mit sich selbst zufrieden zu sein. Es spielt nicht wie andere Kinder, sondern beschäftigt sich mit immer denselben gleichartigen Tätigkeiten.

Dieser Mangel an Begegnung ist für die Eltern sehr enttäuschend, und dies jeden Tag und immer wieder aufs Neue. Wie gerne würden sie sehen, dass ihr Kind sie anlächelt und wie gerne würden sie die Worte „Mama" und „Papa" hören. Die Angst, irgendetwas falsch zu machen, und die Frage, ob sie selbst das Verhalten des Kindes verschuldet hätten, beschäftigen die Eltern. Und natürlich tritt auch Ärger über die Vergeblichkeit der Kontaktversuche hinzu.

genetische Faktoren

Auch Fachleute haben früher die autistische Problematik als Ausdruck von Erziehungsfehlern missverstanden. Heute besteht kein Zweifel mehr daran, dass bei neunzig Prozent autistischer Kinder genetische Faktoren den Hauptrisikofaktor darstellen. In zehn Prozent der Fälle liegen Hirnschädigungen (zusätzlich) vor; in solchen Fällen bestehen meist zugleich schwere und tiefgreifende intellektuelle Beeinträchtigungen.

- ***Unfähigkeit, andere zu verstehen***

  Das Verhalten eines autistischen Kindes zu verstehen, ist nicht leicht. Trotz umfangreicher Forschungen ist dies auch der Wissenschaft noch nicht sehr gut gelungen. Ein wesentlicher Faktor scheint zu sein, dass autistische Menschen nicht oder kaum in der Lage sind, die Sichtweise einer anderen Person wahrzunehmen. Sie verstehen die Vorstellungen, Gedanken, Gefühle, Pläne, Strategien und Absichten eines anderen nicht. Dementsprechend können sie auch Lügen nicht durchschauen. Auch fällt es ihnen schwer, Informationen zu einer Gesamtwahrnehmung zusammenzufügen, die ihnen für ihr Handeln hilfreich sind. Stattdessen entsteht ein verzerrtes Bild der Realität, welches diesen Menschen dann eine Reaktion entlockt, die oft bizarr oder gar befremdend wirkt.

- ***gestörte Wahrnehmungsverarbeitung***

  Hilfreich für den Umgang mit autistischen Menschen ist die Annahme, dass diese Menschen in ihrer Wahrnehmungs- und Informationsverarbeitung gestört sind. Die Informationen oder Reize, die aus der Umwelt auf das Kind, den Jugendlichen und später auch den Erwachsenen einwirken, überschreiten seine Kapazitäten und lösen damit Angst aus. Der Versuch, die Speicherkapazität nicht zu überfordern und damit die Angst zu reduzieren, führt zu reizverringernden Verhaltensweisen wie Stereotypien, dem Vermeiden des Blickkontaktes sowie eben dem Vermeiden von sozialen Kontakten überhaupt.

- ***Überforderung***

  Auch die zuweilen auftretenden aggressiven, gegen die Umwelt oder gegen sich selbst gerichteten Verhaltensweisen sind durch die Annahme der Überforderung zu erklären, die beim Kind Hilflosigkeit und Angst auslöst. Dies kann beispielsweise geschehen, wenn andere Personen unbekümmert auf ein solches Kind zugehen, es ansprechen oder möglicherweise sogar berühren. Mögliche Reaktionen sind dann, dass das Kind sich ins Gesicht schlägt oder aber den anderen heftig kneift oder boxt.

Lösungen anregen und möglich machen

- ***lebenslange Hilfen***

  Irgendwelche Maßnahmen, die es möglich machen würden, die autistischen Kernprobleme zu beseitigen, gibt es nicht. Mit Verhaltenstherapie und heilpädagogischen Maßnahmen kann eine Verbesserung der Symptomatik erreicht werden, aber nicht eine Heilung. Die Behandlung kann die Anpassung an die Anforderungen des Alltages, die Selbstständigkeit und die Interaktionsfähigkeit erheblich verbessern. Sie muss über längere Zeit durchgeführt werden. Die meisten autistischen Kinder brauchen auch als Erwachsene noch Hilfe und Unterstützung und sind nicht in der Lage, ein eigenständiges Leben zu führen.

heilpädagogische Maßnahmen

Hilfreich sind stark strukturierte Maßnahmen, die auf die bei allen Kindern unterschiedliche individuelle Problematik ausgerichtet werden müssen. Nicht das Anbieten einer Standardtherapie oder das Festhalten an einem einzigen Therapiekonzept, sondern erst das Integrieren verschiedenster Ansätze macht es möglich, dem autistischen Menschen gerecht zu werden. Informationen müssen so strukturiert werden, dass sie für das Kind aufzunehmen und zu verarbeiten sind. Für die Kontaktaufnahme bedeutet dies, dass die Umgebung, in der diese stattfinden, dem Kind Sicherheit, Überschaubarkeit und Stabilität vermitteln muss. Umweltreize sollten reduziert werden, um Ablenkung zu vermeiden und dem Kind erfolgreicheres Handeln zu ermöglichen.

günstige Lernbedingungen

Die folgenden Bedingungen erleichtern autistischen Kindern das Lernen:
- Die Lernschritte sollen klein sein, damit sie die Aufnahmefähigkeit des Kindes nicht überfordern und Angst auslösen. Begonnen wird immer mit dem, was das Kind schon kann und weiß.
- Die Lernsituation sollte nach Möglichkeit immer wieder gleichartig gestaltet werden, damit das Kind weiß, was auf es zukommt (denn die Fähigkeit, Erwartungen über zukünftige Ereignisse aufzubauen, ist beim autistischen Kind gering). Es sollten nur wenige Veränderungen in der Lernsituation auftreten. Auf bestimmte Ereignisse sollten stets dieselben Konsequenzen folgen.
- Lernerfolge werden hervorgehoben, Misserfolge übergangen. Das Lob wird anfangs in Form von Süßigkeiten oder sonstigen beliebten Nahrungsmitteln erfolgen müssen, weil das Kind häufig noch nicht erkennen kann, was Streicheln, Loben und andere soziale Verstärker bedeuten. Erst mit der Zeit lernt das Kind, auf solche sozialen Bestätigungen allein zu reagieren.
- Stereotype Verhaltensweisen werden als sinnvolle Reaktion dieses besonderen Kindes angesehen. Wenn sie verringert werden sollen, müssen dem Kind andere Verhaltensweisen angeboten werden, die den gleichen Zweck erfüllen.
- Auch absonderliche Kommunikationsarten des Kindes werden von dem Erwachsenen aufgegriffen. Im Laufe der Zeit werden – ausgehend von diesen Kommunikationsformen – Erweiterungen angeboten, um bei dem Kind ein größeres Ausdrucksspektrum anzuregen.
- Hilfen werden so wenig wie möglich und so viel wie notwendig gegeben. Sie werden in dem Maße ausgeblendet, wie das Kind bestimmte Handlungen mehr und mehr selbstständig ausführen kann.

Sprachanbahnung

Ein Aufbau der Sprache kann nur in dem Ausmaß erfolgen, in dem dem Kind eine Einsicht in die soziale Bedeutung des Sprechens möglich ist. Es ist deshalb ein genaues Zerlegen in Einzelelemente und sprachliches Kommentieren einsehbarer Handlungen in einem sozialen Kontext notwendig. Der Versuch, einen isolierten Sprachaufbau ohne solche Zusammenhänge zu erzielen, führt nur kurzfristig zu einigen Erfolgen.

Da die Sprache nach dem siebten Lebensjahr in der Regel nicht mehr aufzubauen ist, sollte mit der Sprachanbahnung bei jüngeren Kindern begonnen werden. Diese sollte sowohl das Sprachverständnis als auch das aktive Sprechen umfassen. Beispielsweise sollte mit der Bezeichnung von Alltagstätigkeiten und Aufforderungen begonnen werden (wie zum Beispiel „Komm!" oder „Setz dich!", „Essen!"), die sowohl verbal benannt als auch gleichzeitig ausgeführt werden. Sobald das Kind das Verständnis für die eingeübten Tätigkeiten erworben hat, kann zu komplexeren Aufforderungen übergegangen werden. In ähnlicher Weise sollte das Sprechen anhand von Alltagsbegriffen aufgebaut werden. Für die Eltern ist es wichtig, dabei immer sehr langsam, klar und deutlich mit dem Kind zu sprechen. Auf diese Weise erleichtern sie es ihm, das gesprochene Wort mit einem Gegenstand oder einer Aktivität zu verbinden.

- ***andere Therapieformen***

Musiktherapie oder Reittherapie sind ebenfalls Möglichkeiten, die Kontaktaufnahme anzubahnen. Da viele autistische Kinder positiv auf Musik reagieren, kann diese auch als Verstärker eingesetzt werden. Die Beschäftigung mit Musikinstrumenten kann zum Beispiel stereotypes Verhalten zumindest zeitweise unterbrechen.

Bei exzessiven Verhaltensweisen selbstverletzender oder fremdaggressiver Art, die das Zusammenleben mit autistischen Kindern erheblich erschweren, kann die Festhaltetherapie in einer moderaten Form (kein stundenlanges Festhalten) zum Einsatz kommen. Oft ist es damit möglich, aggressives Verhalten für einige Zeit zu unterbrechen und somit zu einer Entspannung im Umgang mit dem Kind wie auch zu einer Verbesserung der Kontaktaufnahme beizutragen.

Wie bei vielen Störungen, die nur gelindert, aber nicht entscheidend gebessert oder geheilt werden können, werden bei autistischen Störungen häufig Maßnahmen empfohlen, deren Wirksamkeit nicht nachgewiesen wurde, mit denen manche Eltern aber den Berichten zufolge gute Erfahrungen gemacht haben. Dies gilt auch für die „gestützte Kommunikation" (facilitated communication). Bei dieser Methode sollen verschüttete Fähigkeiten dadurch ausgenutzt werden, dass ein Helfer den Arm oder die Hand des Kindes stützt, so dass dieses über eine PC-Tastatur lernt, Texte zu schreiben und mit anderen zu kommunizieren.

- ***Medikation***

Eine gegen die spezifischen autistischen Verhaltensweisen wirksame Medikation gibt es nicht. Eine begleitende Medikation in Form von Antiepileptika ist dann notwendig, wenn es – wie es bei jedem vierten Menschen mit frühkindlichem Autismus der Fall ist – zu Anfällen kommt, die zum Teil in der frühen Kindheit, zum Teil aber erst relativ spät, während der Pubertät, beginnen. Da viele autistische Kinder eine große motorische Unruhe mit Konzentrationsproblemen zeigen, kann eine milde Stimulanzientherapie (siehe Stichwort: Aufmerksamkeits- und Aktivitätsstörung) versucht werden, sofern dies nicht zur Verstärkung der Stereotypien und der Erregungszustände beiträgt. Auch atypische Neuroleptika werden zum Teil mit Erfolg eingesetzt.

Unterstützung für Eltern

Eltern brauchen viel Hilfe beim Umgang mit den Problemen ihres Kindes. Hier geht es in erster Linie um Aufklärung zum einen über die grundsätzliche Problematik autistischer Störungen, zum anderen über die spezifischen Probleme des einzelnen Kindes. Darüber hinaus brauchen Eltern Unterstützung bei der Verarbeitung ihrer Enttäuschungen und Hilfe dabei, ihr Kind so zu akzeptieren, wie es ist. Hier hat es sich bewährt, wenn Eltern sich in Selbsthilfegruppen mit anderen Eltern autistischer Kinder zusammenschließen.

Hilfe für die Familie

Nicht selten kommt es aber aufgrund der hohen Belastung auch zu Partnerschaftsproblemen und aufgrund der häufig nicht zu vermeidenden Vernachlässigung der gesunden Geschwister zu Schwierigkeiten mit den anderen Kindern. In diesen Fällen sollten Eltern und Familien nicht scheuen, einen Familientherapeuten aufzusuchen, der sie dabei unterstützen kann, die für sie richtigen Lösungen zu finden.

Beschulung

Auch autistische Kinder sind schulpflichtig. Das bedeutet umgekehrt: Eltern haben ein Recht darauf, angemessene Bildungs- und Beschulungsformen für ihr autistisches Kind einzufordern. Bei Schülerinnen und Schülern mit autistischem Verhalten ist in der Regel ein besonderer pädagogischer Förderbedarf vorhanden. Vor allem bedürfen sie zum Lernen besonderer, auf ihre spezifisch autistische Problematik ausgerichteter Lehr- und Lernbedingungen. Gerade wegen ihres oftmals schwierigen Verhaltens scheinen diese Kinder und Jugendlichen in keine der bestehenden Schulformen so richtig hinein zu passen. Häufig ist dann die Beschulung im Sonderschulbereich für geistig behinderte Menschen die einzige Lösung, die gefunden wird. Das kann für viele Kinder durchaus auch angemessen sein. Andere autistische Kinder mit durchschnittlicher und mit leichterer Lernbehinderung, durchschnittlicher oder sogar überdurchschnittlicher Intelligenz sind dort jedoch fehl am Platz.

Grundsätzlich müssen Lernziele und Lerninhalte, Methoden und Lernstrukturen dem besonderen Förderbedarf autistischer Kinder angepasst und für das einzelne Kind eigens bestimmt werden. Es ist zu beachten, dass diese Schülerinnen und Schüler in besonderer Weise auf Zuwendung und Vertrauen bei der Förderung angewiesen sind und behutsam mit neuen Lernsituationen konfrontiert werden sollten. Die Mitschülerinnen und Mitschüler müssen darin unterstützt werden, einem Kind oder Jugendlichen mit so eigenwilligem Verhalten Toleranz und Akzeptanz entgegen zu bringen. Eine spezielle Bezugsperson, die das Kind oder den Jugendlichen mit autistischen Störungen in seinen individuellen Ausdrucksformen annehmen und verstehen kann, ist wünschenswert. Ebenso wünschenswert ist ein Raum für Rückzug und Reizreduzierung.

- ***Hilfs- und Unterstützungsangebote***

Eltern autistischer Kinder können unterschiedliche Hilfen in Anspruch nehmen. Voraussetzung dafür ist, dass von einer auf dem Gebiet Autismus fachlich kompetenten und anerkannten Institution die Diagnose gestellt worden ist. In Frage kommen dafür niedergelassene Kinder- und Jugendpsychiater sowie kinder- und jugendpsychiatrische Ambulanzen oder Kliniken. In den Autismusambulanzen des Verbands „Hilfe für das autistische Kind“ (Adressen beim Bundesverband „Hilfe für das autistische Kind“, Bebelallee 141, 22297 Hamburg) werden individuell ausgerichtete Fördermaßnahmen durchgeführt, die bei Vorliegen einer geistigen, Körper- oder Mehrfachbehinderung nach den §§ 39 und 40 des Bundessozialhilfegesetzes oder bei vorwiegend seelischer Behinderung nach dem § 35 a des Kinder- und Jugendhilfegesetzes finanziert werden. Weitere Hilfen sind nach § 48 des Schwerbehindertengesetzes der Erhalt eines Schwerbehindertenausweises oder eines Nachteilsausgleiches sowie nach dem Pflegeversicherungsgesetz der Erhalt von Pflegegeld.

Weitere Stichworte:

- Aufmerksamkeits- und Aktivitätsstörung
- Ticstörung
- Zwangsverhalten (Band 2)

Literatur: 6, 75, 103, 104, 119, 121, 137, 141, 166, 175, 176, 177, 182, 201, 207, 210

Clownerie

Wahrnehmen und bewerten

Definition

Unter Clownerie versteht man, wenn ein Kind demonstrative, aus der Rolle fallende Verhaltensweisen zeigt, die dazu dienen, Aufmerksamkeit zu erregen. Ein solches Verhalten kann eine generelle Verhaltensgewohnheit sein. Es kann aber auch nur in ganz bestimmten Gruppen und Umgebungen auftreten. So gibt es beispielsweise den sogenannten Klassenclown – auch Klassenkasper genannt; es gibt aber auch den Familienclown, der dieses Verhalten eigentlich nur innerhalb der Familie zeigt.

Erscheinungsbild

Ein „Clown“ fällt dadurch auf, dass er Lern- oder Spielsituationen durch sein albernes Verhalten, durch sein ständiges Dazwischenreden, durch zum Lachen reizende Bemerkungen und durch großsprecherische Reden stört. Diese Kinder lachen, schreien, weinen oder grimassieren zu Zeitpunkten, in denen andere Kinder sich ernsthaft mit einem Spiel, mit Lernen oder Zuhören befassen. Häufig ist ihr Verhalten aber auch angeberisch: Sie sind angeblich die besten Sportler, sie können angeblich alles und wissen alles besser. Manche Kinder zeigen groteske Bewegungsabläufe, möglicherweise ahmen sie einen Erwachsenen oder ein anderes Kind in übertriebener Weise nach.

Intention der Clownerien

Clownerien haben zwei unterschiedliche Intentionen, die allerdings zuweilen auch gemeinsam angestrebt werden: Zum einen sind sie mit dem Ziel verbunden, Aufmerksamkeit, gruppeninterne Anerkennung oder zumindest ein gruppeninternes Interesse zu finden. Das Wichtigste für solche Kinder ist, dass sie wenigstens zeitweise einmal im Mittelpunkt stehen und sich alle Aufmerksamkeit auf sie konzentriert. Sie möchten erleben, dass sie fähig sind, bei ihren Mitmenschen etwas zu bewirken.

Andere Kinder vollführen ihre Clownerien vor allem, um vor einer bestimmten Situation auszuweichen. Durch ihr Verhalten lenken sie von einer Forderung ab. Sie weichen aus, weil ihnen die Anforderung in einer bestimmten Situation zu hoch erscheint oder zu niedrig ist, manchmal auch, weil sie ihnen peinlich ist. Auch von Erwachsenen kennt man ein solches Verhalten, das man als Ausweichen vor Kommunikation bezeichnet. Ausgangspunkt einer solchen Situation ist, dass eine Person beispielsweise versucht, ein ernsthaftes Gespräch mit einem anderen zu beginnen. Diese andere Person sucht jedoch aus unterschiedlichen Gründen, das Gespräch zu vermeiden. Sie geht auf das Gesagte nicht ein und reagiert, indem sie „Witzchen“ macht, Bemerkungen äußert, die geistreich sein sollen, oder mit ironischen Kommentaren auf ein anderes Thema lenkt.

- ***übertriebene Formen***

Jeder Mensch hat ein gewisses Geltungsbedürfnis. Er hat den Wunsch, von seinen Mitmenschen anerkannt zu werden und „etwas zu gelten". Er möchte erleben, dass er bei anderen etwas bewirken kann. Dies trifft auch für Kinder zu. Besonders kleinere Kinder erbringen Leistungen vornehmlich deshalb, weil sie die Aufmerksamkeit, das Lob und die Anerkennung ihrer Bezugspersonen erringen wollen. Dies motiviert sie und spornt sie zu weiteren Anstrengungen an.

Andererseits ist es normal, wenn ein Kind zuweilen einer Anforderung auszuweichen sucht und sie zu vermeiden trachtet oder wenn es zuweilen Faxen macht, um Aufmerksamkeit zu erregen.

Bedenken sollte das Geltungsbedürfnis oder das Vermeidungsverhalten nur dann wecken, wenn die Clownerien zu einer Verhaltensgewohnheit werden und in so übertriebenen Formen auftreten, dass das Kind von Gleichaltrigen nicht mehr als gleichwertig angesehen und nicht ernst genommen wird, dass man seine Freundschaft nicht mehr sucht und es aus der Gruppe ausstößt. Oft wird es dann auch von den Erwachsenen vermehrt als zu albern, zu unruhig und „zu nervend" erlebt und erfährt immer mehr Tadel und Kritik.

- ***erste Anzeichen***

Erste Anzeichen für ein unausgewogenes Anerkennungsbedürfnis können darin bestehen, dass ein Kind beim Spiel „nicht verlieren kann" oder dass es dazu neigt, seinen Sieg beim Spiel so unangemessen auszukosten, dass andere Kinder dies als verletzend erleben müssen.

Zuordnen und verstehen

- ***zwei Seiten der Clownerie***

Ein clownhaftes Verhalten hat zwei Seiten: Einerseits erfährt ein Kind durch sein Verhalten tatsächlich oft Aufmerksamkeit. Es erntet Heiterkeit und Lachen, es spürt, dass es etwas bewirkt. Unangenehme Situationen erfahren eine Unterbrechung, vielleicht sogar eine Wendung. Es wird für sein Verhalten verstärkt und motiviert, es zu wiederholen. Andererseits jedoch ist es gerade dieses „erheiternde", alberne Verhalten, das den anderen langfristig lästig wird und dann zu einer negativen Wertung der Person des Kindes führt.

der Teufelkreis

Die Clownerien gründen fast immer auf einem Minderwertigkeitserleben des Kindes. Diese Verhaltensweisen sind als Versuche zu werten, die Selbstunsicherheit nach außen hin nicht deutlich werden zu lassen. Das Kind versucht, seine Unsicherheit zu überspielen, und trachtet zugleich danach, sich vor tatsächlichen oder auch nur vermuteten Abwertungen zu schützen. Zugleich sind sie ein Versuch, Anerkennung und Bestätigung von anderen zu erlangen. Die langfristigen Auswirkungen sind jedoch meist negativ. Das Kind erfährt Ablehnung, und hierdurch wird die Selbstunsicherheit noch gesteigert. Dies wiederum vermehrt die Neigung zum Angeben und zum Aufschneiden. Das heißt: Es entwickelt sich ein negativer Kreisprozess, der für das Kind sehr anstrengend ist, aber doch nie zum Erfolg führt.

Nichterreichen von Anerkennung durch Leistungen

Bei Kindern, die zu Clownerien neigen, ist häufig festzustellen, dass sie durch ihre Leistungen die angestrebte Aufmerksamkeit nicht erhalten. Sie erleben, dass sie durch ein angemessenes Verhalten nicht die für sie wichtigen und notwendigen Ziele erreichen. Dies kann einmal dadurch begründet sein, dass das Kind mit den Leistungsanforderungen überfordert ist, beispielsweise einen Schulzweig besucht, dem es intellektuell nicht gewachsen ist. Es ist andererseits aber auch möglich, dass ein Gefühl, gegenüber den Geschwistern oder sonstigen Kindern vernachlässigt und benachteiligt zu werden, zum einen ein clowneskes Verhalten begründet und zum anderen eine so starke Beunruhigung hervorruft, dass das Leistungsverhalten dadurch beeinträchtigt wird. Vielleicht auch finden die vom Kind erbrachten Leistungen bei seinen Eltern und sonstigen Bezugspersonen keine Anerkennung mit der zusätzlichen Folge, dass die Leistungsmotivation des Kindes mehr und mehr sinkt.

Mangel an gleichaltrigen Spielkameraden

Recht häufig beobachtet man Albernheiten und Clownerien bei einem Kind, das fast ausschließlich mit Erwachsenen zusammen lebt und keine Möglichkeit hat, mit Gleichaltrigen zu spielen. Aufgrund des großen Altersunterschieds ist das Kind nur für kurze Zeit in der Lage, sich den Erwachsenen anzugleichen, mit ihnen „mitzuhalten" und damit ihre Aufmerksamkeit auf sich zu lenken. Demgegenüber hat es wahrscheinlich die Erfahrung gemacht, dass es durch seine Albernheiten und Faxen die Erwachsenen zum Lachen bringen kann. So wird es dann, um nicht unbeachtet zu bleiben, in zunehmendem Maße versuchen, sich durch Clownerien die Aufmerksamkeit zu sichern.

Mangel an Anregungen

In der Vorschulzeit, etwa im Alter von drei bis sechs Jahren, sind Albernheit und Clownerie bei Kindern besonders häufig zu beobachten. Das liegt daran, dass viele Eltern glauben, in diesem Alter brauche man sich nicht mehr so viel um das Kind zu kümmern; es könne jetzt allein spielen und solle „nur recht lange ein kleines Kind sein", das „vom Ernst des Lebens" noch nichts zu wissen brauche. Viele Eltern zeigen deshalb gerade in dieser Lebensphase, die als eine sehr dynamische und wichtige Lernperiode anzusehen ist, weniger Interesse an den Leistungen des Kindes. Sie regen das Kind in dieser Zeit zu wenig an und geben ihm zu wenig Möglichkeiten zu altersgemäßen Leistungsbeweisen, mit denen es Anerkennung erringen kann. In diesen Fällen sieht sich das Kind sozusagen gezwungen, Albernheiten zu veranstalten, um wenigstens so das Interesse auf sich zu lenken.

- ***Entwicklungsverzögerung***

  Zuweilen tritt Clownerie aber auch erst in Erscheinung, wenn das Kind in der Schule mit Gleichaltrigen zusammenkommt. Dabei handelt es sich dann zumeist um ein Kind, das sowohl in seiner sozialen als auch in seiner intellektuellen Kompetenz noch nicht so weit entwickelt ist wie die anderen. Es hat Schwierigkeiten, sich den Gleichaltrigen anzuschließen, und wird auch umgekehrt von diesen nicht voll angenommen. Auch den schulischen Anforderungen ist ein solches Kind noch nicht gewachsen und deshalb noch nicht in der Lage, sich durch die geforderten Leistungen Beachtung zu verschaffen. So greift es dann als Ersatzhandlung zum Faxen-machen und zu sonstigen Verhaltensweisen, die die anderen zum Lachen bringen. Hierdurch erreicht es für eine Weile die Aufmerksamkeit der Mitschüler und auch der Lehrer. Letztlich vergrößert sich aber die Distanz zu den Gleichaltrigen nur noch mehr; der Klassenkasper wird nicht mehr für voll genommen.

- ***Selbstunsicherheit und Gehemmtheit***

  Bei älteren Kindern zeigt sich üblicherweise das Geltungs- und Aufmerksamkeitsbedürfnis mehr in Großsprecherei und Angeberei als in Albernheiten und Clownerien. Häufig reagiert die Umwelt auf den Angeber schon durchaus richtig, indem sie sagt: „Der hat es halt nötig." Denn tatsächlich liegt der Angeberei ein großes Bedürfnis zugrunde, Leistungen vorzutäuschen, die man zu erbringen nicht in der Lage ist, von denen man aber glaubt, sie erbringen zu müssen, um voll anerkannt zu werden. Meist sind solche Großsprecher in Wirklichkeit sehr selbstunsicher. Sie versuchen, durch ihre Großsprecherei eine Gehemmtheit und Leistungsunsicherheit zu überspielen oder über Kontaktschwierigkeiten hinweg zu täuschen.

- ***Mangel an Selbstkritik***

  Zuweilen kann jedoch auch beobachtet werden, dass Eltern die Leistungsfähigkeit ihres Kindes bei weitem überschätzen und dem Kind eine Vorstellung von seinen Möglichkeiten vermitteln, die viel zu hoch ist. Ein solches Kind wird dann leicht durch Misserfolgserlebnisse verunsichert, von denen es – wegen der von den Eltern übernommenen Kritiklosigkeit – überrascht wird. Oft rettet es sich dann in Großsprecherei und Angeberei, erntet aber letztlich doch auf Dauer vorwiegend Kritik und Ablehnung.

Lösungen anregen und möglich machen

Chronifizierung vermeiden

Eltern und Erzieher sollten möglichst frühzeitig eingreifen, um eine Chronifizierung von Clownerien zu verhindern und die Herausbildung eines Teufelkreises zu vermeiden. Die wiederholten überzogenen Verhaltensweisen eines Kindes sollten dazu veranlassen zu hinterfragen, warum das Kind ein solches Verhalten nötig hat, ob es beispielsweise genügend Respekt, Anerkennung und Aufmerksamkeit erhält. Sind die Erwachsenen an dem, was es tut, ernsthaft interessiert? Verbringt es ausreichend Zeit mit gleichaltrigen Kindern? Ist es im sozialen Kontakt oder leistungsmäßig überfordert? Würde es genug Kontakt und genug Aufmerksamkeit bei Gleichaltrigen und bei Erwachsenen finden, wenn es nicht den Clown spielen würde?

Nichtbeachten

Jedes Lachen und jedes Lächeln, ebenso aber auch jede Ärgerreaktion verstärken die clownesken Verhaltensweisen des Kindes und damit seine Motivation, mehr davon zu tun. Ein erster Schritt zur Überwindung der Clownerien muss deshalb darin bestehen, dieses Verhalten konsequent nicht mehr zu beachten. Das ist schwierig, da man nicht auf alle Personen der Umwelt entsprechenden Einfluss nehmen kann; das Nichtbeachten muss aber so gut wie möglich durchgeführt werden.

Beachten

Allerdings darf das Nichtbeachten des clownhaften Verhaltens niemals alleine stehen. Noch wichtiger ist das interessierte Beachten des Erwachsenen und dessen Bemühen, allen ernsthaften, sachlichen Verhaltensweisen des Kindes sehr viel Aufmerksamkeit zu schenken: seinem Spiel, seinen Interessen, der Erledigung kleiner Aufgaben, seinen schulischen Leistungen, aber auch seinem Verhalten Gleichaltrigen gegenüber. Nur wenn man den Verlust einer kurzfristigen, durch Clownerien erreichten Aufmerksamkeit durch ein Beachten und Würdigen der realen Leistungen – beim Lernen, beim Spielen oder im sozialen Kontakt zu Gleichaltrigen und Erwachsenen – ausgleicht, werden die Bemühungen langfristig erfolgreich sein.

Theaterspiele

Die Tendenz, sich zu produzieren, wie sie in den Clownerien enthalten ist, kann positiv umgemünzt werden, wenn man dem Kind Gelegenheit zum Rollenspiel oder zum Theaterspielen schafft. Das Kind wird dort wahrscheinlich gute Fähigkeiten zeigen und viel Kreativität einbringen. So kann es seinen Aktivitätsdrang ausleben, erfährt Zuwendung und Anerkennung und lernt zugleich, sein Verhalten rollenspezifisch zu steuern und zu kontrollieren.

- ***Sozialverhalten stärken***

  Wichtig ist, darauf zu achten, dass das Kind Kontakt zu Gleichaltrigen hat. So sollte man frühzeitig versuchen, das Kind zum Beispiel in kleine Nachbarschaftsgruppen von Gleichaltrigen zu integrieren. Kindergärtnerinnen, Hortnerinnen und Lehrerinnen sollten die Kinder beim Spielen und Lernen vermehrt in kleine Gruppen einbinden und zu vermeiden suchen, dass sie sich zum Außenseiter entwickeln. Eine gemeinsame Gruppenaufgabe und Gruppenspiele verstärken zumeist das partnerschaftliche Verhalten und fördern die gegenseitige Akzeptanz.

- ***Selbstkritik***

  Schließlich ist von größter Bedeutung, dass die Eltern und Erzieher dem Kind zu einer angemessenen, weder zu geringen noch zu hohen Einschätzung seiner Fähigkeiten verhelfen. Ein Kind muss zwar oft gelobt werden, weil es durch Lob und Anerkennung zu einem spontanen Leistungswillen geführt wird. Es muss aber auch merken, dass es nur für wirkliche Leistungen, die ihm eine gewisse Anstrengung abverlangen, gelobt wird. Gemeinsam mit den Eltern und Erziehern muss es auch die Grenzen seiner Leistungsfähigkeit erkennen und akzeptieren lernen.

Weitere Stichworte:

- Anstrengungsunwilligkeit
- Schulangst
- Sprachentwicklungsverzögerung
- Ungeschicklichkeit

Daumenlutschen

Wahrnehmen und bewerten

„normales" Daumenlutschen

Die meisten Kinder beginnen während des ersten Lebensjahres damit, am Daumen zu lutschen. Das Daumenlutschen entwickelt sich als Folge des natürlichen Saugbedürfnisses des Kindes, und noch 86 % der Kinder tun dies gelegentlich im Alter von drei bis fünf Jahren.

Wenn also ein Kind im Vorschulalter abends vor dem Einschlafen am Daumen lutscht, braucht Sie das keineswegs zu beunruhigen. Das Daumenlutschen vor dem Einschlafen, manchmal auch für kurze Zeit am Tage, ist in diesem Alter als ein ganz normales Verhalten anzusehen. Auch etwas ältere Kinder ziehen sich noch manchmal, wenn sie müde sind, in eine Ecke zurück und lutschen für einen kurzen Augenblick am Daumen. Und selbst wenn ein Kind von sechs bis sieben Jahren abends beim Einschlafen gelegentlich noch am Daumen lutscht, sollte man das keineswegs überbewerten.

Krankheit und seelische Belastungen

Zuweilen fangen Kinder, die sich das Daumenlutschen schon abgewöhnt hatten, während einer Krankheit oder bei einer starken seelischen Belastung wieder damit an. So lange das nur kurzfristige und vorübergehende Erscheinungen sind, braucht Sie das nicht zu beunruhigen. Es handelt sich um eine ganz gesunde Art der Verarbeitung dieser belastenden Ereignisse.

Warnzeichen

Wenn ein Kind jedoch häufig im Kindergarten und auch noch in der Schule am Daumen lutscht, wird das mit Recht beunruhigen. Das gilt schon deswegen, weil dieses Kind wahrscheinlich von den anderen Kindern oder von seinen Mitschülern ausgelacht wird und keinen guten Kontakt zu ihnen findet. Es steht leicht als Außenseiter da, und diese sozialen Probleme werden wahrscheinlich auch seine Leistungen in der Schule beeinträchtigen.

Schon wenn ein Kind von vier Jahren häufig während des Tages am Daumen lutscht, sollte man nachdenklich werden und sich überlegen, warum es das wohl tut. Anstatt zu spielen, sitzt solch ein Kind zuweilen unbeweglich in der Ecke und schaut ins Leere; manche bewegen dabei den Kopf oder den ganzen Oberkörper rhythmisch vor und zurück (siehe auch: Jaktationen). Solch starkes und auffallend lang anhaltendes Bedürfnis, am Daumen zu lutschen, ist als ein Hinweis auf eine gestörte geistig-seelische Entwicklung anzusehen. Oft finden sich bei solchen Kindern deshalb auch noch andere Verhaltensauffälligkeiten: Manche kauen gleichzeitig die Nägel oder nässen ein, andere verhalten sich furchtsam, gehemmt und schüchtern. Die meisten von ihnen werden wahrscheinlich nicht eine altersgemäße Selbstständigkeit entwickelt haben. (Siehe die entsprechenden Stichworte.)

- ***Folgen für die bleibenden Zähne***

  Früher wurde häufig gesagt, das Daumenlutschen im Kleinkindalter beeinträchtige die Stellung der bleibenden Zähne. Man glaubte, es werde dadurch der vordere Teil des Oberkiefers und damit die obere Zahnreihe nach vorne gedrängt, die unteren Zähne aber würden nach hinten gedrückt. Heute sind sich jedoch die Zahnärzte weitgehend darüber einig, dass nur ein sehr intensives Daumenlutschen (über Stunden am Tag, und das über viele Monate) zu einer Verformung des Kiefers führt. Das gelegentliche Daumenlutschen hat keinen Einfluss auf die Stellung der bleibenden Zähne, die etwa im Alter von sechs Jahren kommen. Wenn also das Daumenlutschen aufhört, bevor das Kind die neuen Zähne bekommt – kurzzeitige Ausnahmen sind ohne Bedeutung –, dann braucht eine schlechte Stellung der bleibenden Zähne als Folge des gelegentlichen Daumenlutschens nicht befürchtet zu werden.

Zuordnen und verstehen

- ***die Lust am Nuckeln***

  Das Daumenlutschen ist für das Kind angenehm und beruhigend. Es entspricht dem Saugen des Säuglings bei der Nahrungsaufnahme. Dieser Saugreflex und die Lust am Nuckeln sind angeboren. Schon das ungeborene Kind im Mutterleib nimmt hin und wieder den Daumen in den Mund, wie Ultraschallaufnahmen gezeigt haben. Der Mund ist außerdem für ein Baby und ein Kleinkind ein wichtiges Sinnesorgan, mit dem es Entdeckungen macht. Es steckt alles in den Mund, was es mit den Händen greifen kann. Auf diese Weise macht es erste wichtige Erfahrungen.

- ***Rückzug auf sich selbst***

  Wenn ein älteres Kind noch häufig am Daumen lutscht, dann bedeutet das, dass dieses Kind irgendetwas entbehrt, dass ihm irgendetwas fehlt, für das es sich mit dem Daumenlutschen einen Ersatz schafft. (Tierpsychologen sind der Ansicht, dass Daumenlutschen oder allgemein das Saugen an erreichbaren Körperteilen eine im gesamten Tierreich zu beobachtende Verhaltensauffälligkeit ist, die auftrete, wenn von Jungtieren ein besonderer Mangelzustand erlebt werde.) Das Kind, das am Daumen lutscht, sucht offensichtlich Trost bei sich selbst. Es geht deshalb beim Daumenlutschen aus dem Kontakt zu anderen heraus und zieht sich auf sich selbst zurück. Aus diesem Grund sind solche Kinder dann auch kaum oder nur schwer ansprechbar.

Zärtlichkeitsbedürfnis ■

Es gibt Hinweise darauf, dass Kinder, die häufig am Daumen lutschen, ihr Bedürfnis nach Zärtlichkeit nur unzureichend erfüllt erleben, dass sie zuweilen auch ein außergewöhnlich hohes Zärtlichkeitsbedürfnis haben, das nur schwer zu befriedigen ist. Die manchmal geäußerte Annahme, wonach gehäuftes Daumenlutschen bei nicht gestillten oder früh entwöhnten Kindern gehäuft vorkomme, konnte allerdings nicht bestätigt werden.

Mangel an Anregung ■

Manche Kinder, die ein übermäßiges Bedürfnis haben, am Daumen zu lutschen, sind zu viel allein. Sie haben keine Gesellschaft und sind vor allem zu wenig mit Gleichaltrigen zusammen. Vielfach haben sie auch nicht genügend Anregungen erfahren. Sie haben nicht genügend Gelegenheit erhalten, ihrem natürlichen Bewegungsdrang und Forschungseifer zu folgen und ausreichend Erfahrungen zu sammeln. Deshalb sind viele von ihnen auch zu unselbstständig. Sie fühlen sich altersgemäßen Forderungen noch nicht gewachsen und ziehen sich auf eine kindlichere Entwicklungsstufe zurück.

Was macht Angst? ■

Ein solcher Rückzug auf eine frühere Verhaltensstufe kann auch dadurch bedingt sein, dass ein Kind sich innerlich verunsichert oder verängstigt fühlt. Dies führt zu der Frage: Welche Ereignisse in seiner Umwelt beunruhigen das Kind und machen ihm Angst? Welche Spannungen in seinem Umfeld, welche starken Gefühle wie Trauer, Verzweiflung und Resignation oder Ärger, Wut und Aggression bei den ihn versorgenden Erwachsenen spürt das Kind und verhindern ein Erleben der Geborgenheit?

Gewohnheitsbildung ■

In manchen Fällen ist das Daumenlutschen auch als eine Gewohnheitsstörung anzusehen. Der ursprüngliche Anlass ist nicht mehr wichtig, weil das Kind älter geworden ist und die Dinge sich verändert haben oder von dem Kind anders erlebt werden. Die Verhaltensgewohnheit aber ist geblieben und wird vielleicht durch viele Ermahnungen, Verbote, Bestrafungen oder Ähnliches aufrecht erhalten.

Lösungen anregen und möglich machen

als Augenblicksbedürfnis akzeptieren ■

Wenn beispielsweise ein vierjähriges Kind am Abend und vielleicht für kurze Zeit noch am Tage an seinem Daumen lutscht, braucht man – wie schon gesagt – nicht beunruhigt zu sein. Man kann allerdings dem Kind gelegentlich sagen, jetzt schmecke der Daumen zwar noch gut, bald aber werde es groß sein, und dann brauche es – wie die Erwachsenen – nicht mehr zu lutschen. Damit gewöhnt sich das Kind an die Vorstellung, das Daumenlutschen allmählich ganz aufzugeben.

- ***keine Verbote***

Mit häufigen Ermahnungen oder Verboten jedoch wird man nichts ausrichten. Ein Festbinden der Hände oder ein Bestreichen des Daumens mit Senf oder bitteren Essenzen – wie das immer mal wieder praktiziert wird – ist ebenso wie das Verspotten und Hänseln des Kindes ein sinnloses und verständnisloses Verhalten. Es vereinsamt das Kind nur noch mehr, macht es unglücklich und hilft doch nicht. Das Kind würde im Gegenteil nur noch mehr dazu veranlasst, im Daumenlutschen Trost vor der unfreundlichen Umwelt zu suchen.

den Daumen beaufsichtigen

Wenn überhaupt sollte man den Daumen kritisieren (und nicht das Kind). Dann kann man das Kind anregen, den dummen, kleinen Daumen zu beaufsichtigen und ihm zu sagen, dass das Alter des Daumenlutschens nun wirklich vorbei sei. Sobald das Kind einmal nicht am Daumen lutscht, kann man es dann dafür loben, dass es so guten Einfluss auf seinen Daumen hat.

- ***die eigene Verantwortung stärken***

Insbesondere wenn es sich bei dem Daumenlutschen eines Kindes inzwischen offensichtlich um eine Gewohnheitsstörung handelt, sollte man bemüht sein, das Selbstbewusstsein des Kindes zu stärken und sein Gefühl von persönlicher Verantwortung und eigenständiger Bewältigung zu fördern. So sollte man das Kind ernsthaft und vorwurfsfrei fragen, ob es selbst den Wunsch hat, damit aufzuhören. Wenn es das verneint, lassen sich Fragen anschließen wie: „Wie lange glaubst du, den Daumen noch zu brauchen?" „Was lässt sich tun – von dir, von mir, von anderen –, um diese Zeit zu verlängern oder zu verkürzen?" (Das bedeutet, die Idee der Beeinflussbarkeit zu wecken.) „Was müsste dazu geschehen?" Wenn es die Frage nach dem Aufhören bejaht, lassen sich Überlegungen anschließen wie: „Welche Idee hast du, was du stattdessen tun könntest?" „Welche andere Handlung würde gut sein in dem Augenblick, in dem du spürst, dass die Hand zum Mund geht?" „Könnte sich der Daumen in der Faust genau so wohl fühlen wie im Mund?"

- ***zu altersgemäßem Tun anregen***

Überlegen Sie: Was würde das Kind, das jetzt gerade am Daumen lutscht, tun, wenn wie durch ein Wunder das Daumenlutschen verschwunden wäre? Würde es mit Ihnen in der Küche das Abendessen vorbereiten? Würde es mit anderen Kindern spielen? Würde es sich mit seinen Spielsachen beschäftigen? Regen Sie das Kind dann genau zu diesen Tätigkeiten an: Lassen Sie es Ihnen in der Küche helfen, gehen Sie mit ihm raus zu anderen Kindern, setzen Sie sich mit ihm zu seinem Spielzeug und beginnen Sie als Vorbild damit zu spielen.

den Zahnarzt fragen ■

Falls ein Kind sehr hartnäckig am Daumen lutscht, sollten Sie mit ihm einen Zahnarzt aufsuchen, der nachschaut, ob bereits erste Veränderungen des Kiefers aufgetreten sind.

andere Auffälligkeiten ■

Da die meisten Kinder auch noch andere Auffälligkeiten zeigen, lassen sich wahrscheinlich unter anderen zutreffenden Stichworten dieses Buches weitere Anregungen für geeignete Unterstützungsmaßnahmen finden.

Weitere Stichworte:

- Angst
- Eifersucht
- Einkoten
- Einnässen
- Fremdeln – Trennungsangst
- Jaktationen
- Nägelkauen
- Schüchternheit

Literatur: 8, 145, 174

Eifersucht

Wahrnehmen und bewerten

Erleben der Benachteiligung

Eifersucht entsteht aus dem Gefühl, gegenüber einem oder mehreren anderen benachteiligt und zurückgesetzt zu werden. In den Augen eines Kindes bedeutet dies, dass sich eine oder mehrere ihm bedeutsame Personen ungerecht verhalten, es vernachlässigen und hintansetzen, während sie andere bevorzugen und mehr zu lieben scheinen als es selbst. Dieses Erleben bedingt die Eifersucht.

Das Kind begreift somit seine eigenen Gefühle und seine darauf aufbauenden Verhaltensweisen als eine Reaktion auf das Verhalten seiner Bezugsperson oder seiner Bezugspersonen. Es erlebt nicht die Liebe und Akzeptanz, die Aufmerksamkeit und Zuwendung, die es braucht oder zu brauchen glaubt und die ihm Sicherheit geben.

Eifersüchtige Gefühle und Verhaltensweisen treten zumeist in der Gemeinschaft auf, die für das Kind die wichtigste ist: in der Familie (Stieffamilie, Pflegefamilie, Adoptivfamilie) oder in der Heimgruppe. Die Eifersucht eines Kindes kann in einer solchen Gemeinschaft die gesamte Atmosphäre beeinträchtigen und das Zusammenleben erschweren. Sie behindert aber auch die gesunde Weiterentwicklung des Kindes und beeinflusst möglicherweise – wenn die Eifersucht lange anhält – sein gesamtes Leben.

offene und verdeckte Eifersucht

Eifersucht kann sich in unterschiedlichen Reaktionen äußern. Manche Kinder äußern ihre Affekte direkt entweder der geliebten Person oder einem vermeintlichen Rivalen gegenüber. Häufig können jedoch Kinder ihre Eifersuchtsgefühle nicht offen zeigen – vermutlich auch deshalb, weil sie das in ihnen wirkende Durcheinander der Gefühle von Liebe und Hass, von Sehnsucht und Vorwürfen, von Bewunderung und Neid und – je nach spezifischer Situation – vielem anderen mehr nicht recht entwirren können. Kinder verhalten sich in einer solchen Situation oft bockig, aufsässig und frech; manchmal verhalten sie sich auch hinterhältig. Sie weigern sich hartnäckig, etwas mit anderen Kindern zu teilen, oder sie ziehen sich zurück, reagieren passiv, mutlos und sind verstimmbar. Oft wissen sie selbst nicht, warum sie so reagieren, und sind unglücklich über ihr eigenes Verhalten. Und auch ihre Eltern und Erzieherinnen können das Verhalten häufig nicht recht einordnen und verstehen.

Normalität der Eifersucht

Eifersucht ist ein ganz normales menschliches Verhalten und Empfinden, das jeder schon einmal bei sich wahrgenommen hat. So ist es auch nicht beunruhigend, wenn ein älteres Kind nach der Geburt eines Geschwisters ein eifersüchtiges Verhalten zeigt, das sich in dem Verlangen nach einer Nuckelfalsche oder in wieder auftretendem Einnässen ausdrücken kann. Dies ist lediglich als Aufforderung an die Eltern zu verstehen, dem älteren Kind – in altersentsprechender Weise – die Sicherheit zu vermitteln, dass es ihre Liebe nicht verliert und nicht benachteiligt wird.

Besitzanspruch

Eifersucht zeigt, dass dieser Mensch lieben kann – er tut dies jedoch in einer unangemessenen Art und Weise. Seine Liebe ist verbunden mit einem Besitzanspruch. Der eifersüchtige Mensch ist nicht in der Lage, die geliebte Person auch loszulassen. So möchte ein eifersüchtiges Kind die Aufmerksamkeit und Zuwendung der geliebten Person mit niemandem teilen; es reagiert schon eifersüchtig, wenn diese sich freundlich und interessiert einem anderen Menschen zuwendet. Solche Kinder sind – aus unterschiedlichen Gründen – noch nicht in der Lage, Sicherheit und Kraft aus den bis dahin genossenen Liebesbeweisen zu ziehen und darauf zu vertrauen, dass die Zuwendung der geliebten Person durch die Aufmerksamkeit, die sie anderen widmet, nicht geschmälert wird.

lang anhaltende Eifersucht

Lang anhaltende Eifersucht mit dem Erleben, immer wieder gegenüber anderen zurückgesetzt zu werden, kann das Leben und die Zukunft eines Kindes sehr verdüstern. Das Erleben von Ablehnung wird verallgemeinert und auf nahezu alle Lebenssituationen übertragen. Es kann zu einer Brille werden, die fast alle Erlebnisse und Erfahrungen in dieser einzigen, spezifischen Art einfärbt. Nur noch die Dinge werden wahrgenommen, die so gedeutet werden können, dass das Erleben von Ablehnung sich bestätigt findet. Alle Erfahrungen, die dem widersprechen, werden ausgefiltert. Solche Kinder und Jugendliche werden in ihrer eigenen Überzeugung zu Personen, die stets wie ein Magnet alle Ablehnung und Abneigung auf sich ziehen.

weitere Verhaltensauffälligkeiten

Kinder, die sich vernachlässigt fühlen und eifersüchtig sind, zeigen oft auch noch andere Verhaltensauffälligkeiten. Manche beginnen wieder einzunässen, andere lutschen am Daumen oder kauen die Nägel, wieder andere neigen zu Clownerien, um Aufmerksamkeit zu erringen, oder greifen zu Lügen. (Siehe die entsprechenden Stichworte.)

Zuordnen und verstehen

- ***die Entthronung des ältesten Kindes***

Häufig kommt es zu Eifersuchtsreaktionen, wenn die Mutter ein zweites Kind geboren hat. Man spricht hier von einer „Entthronungssituation". Das bis dahin einzige, nicht nur von den Eltern, sondern auch von der ganzen Verwandtschaft geliebte und bewunderte Kind muss auf einmal erfahren, wie sich ein Großteil der Zuwendung, die bisher allein ihm galt, nun dem kleinen Geschwister zuwendet. Die Mutter ist durch die Sorge um das Jüngste stark in Anspruch genommen, und das Ältere muss jetzt häufig zurückstehen.

So ist es nicht verwunderlich, dass zumindest in der ersten Übergangsphase das bis dahin einzige Kind Stimmungsschwankungen, Weinerlichkeit, Schlafstörungen, Aggressivität oder aber ein Rückzugsverhalten zeigen kann. Dies ist wesentlich vom Altersabstand abhängig. Ist der Altersabstand gering, dann hatte das älteste Kind nur wenig Zeit, in der es genießen und auskosten konnte, von allen umsorgt und umhätschelt zu werden.

Aber auch Mädchen und Jungen reagieren ganz unterschiedlich. Forschungsergebnisse haben gezeigt, dass erstgeborene Mädchen in der Regel von der Geburt eines Geschwisters im Hinblick auf ihre kognitiven Leistungen profitieren und dass sich die Beziehung zur Mutter verbessert. Gegenteilig ist die Situation für erstgeborene Jungen: Bei ihnen zeigte sich in beiden Bereichen eine negative Veränderung. Erklärt wird dieser Befund dadurch, dass Mädchen durch ihre Mutter mehr in die Versorgung der Neugeborenen eingebunden werden.

- ***Sonnenkinder und Schattenkinder***

Es gibt viele Situationen, die Kinder ganz verständlicherweise eifersüchtig machen können. Manche Kinder stehen überall im Mittelpunkt, einfach weil sie so charmant und gewinnend sind. Daneben haben solche Kinder es schwer, die von Natur aus wenig haben, was sie dem entgegensetzen können. Zuweilen geschieht es auch, dass ein Kind besondere Leistungen beispielsweise auf musischem oder sportlichem Gebiet erbringt und damit ganz die Aufmerksamkeit, Anerkennung und Bewunderung nicht nur der Eltern, sondern auch der weiteren Umwelt, der Freunde und der Bekannten erringt. Und schließlich werden manche in der Familie, in der Schule und bei sonstigen Gelegenheiten immer wieder bevorzugt, während andere ungerechtfertigt benachteiligt werden.

- ***Jungen und Mädchen***

Diese Situation findet sich oft im Verhältnis zwischen Mädchen und Jungen. Viele Eltern und Erzieherinnen sind – häufig ohne sich dessen bewusst zu sein – noch sehr von einem traditionellen Geschlechtsrollenstereotyp beeinflusst, das Männern und Jungen viele Vorteile und Privilegien zubilligt. Forschungsergebnisse weisen nach, dass selbst Fachleute im psychosozialen Bereich, die der Überzeugung sind, Mädchen und Jungen gleich zu behandeln, tatsächlich in ihrem Verhalten gravierende Unterschiede zeigen, je nach dem, ob sie mit einem Mädchen oder mit einem Jungen umgehen. Nachgewiesen wurde dies anhand von Videoaufnahmen. Ebenso zeigte sich, dass Mütter die Jungen länger stillen als die Mädchen und sich ihnen auch häufiger und länger zuwenden. Mädchen wird aber gleichzeitig vermittelt, dass zum einen diese Privilegierung von Jungen in Ordnung sei und sie sie zu akzeptieren hätten und dass ihnen zum anderen ein aggressives Verhalten und damit ein offenes Ausleben von Eifersuchtsreaktionen nicht zustehe.

behinderte Geschwister

Kinder, die mit behinderten Geschwistern aufwachsen, dürften Eifersuchtsgefühle und ein Erleben, benachteiligt zu sein, häufig haben, aber selten aussprechen. Die Notwendigkeit der Fürsorge und der zeitliche Aufwand für das behinderte Kind sind so offensichtlich, dass sie sich solche Äußerungen oft nicht erlauben. Untersuchungen haben aber deutlich werden lassen, wie sehr sie oft die Aufmerksamkeit und Zuwendung ihrer Eltern vermissen und wie häufig sie Eifersuchtsgefühle empfinden, von denen sie jedoch glauben, sie nicht haben zu dürfen. Allerdings wurde in den Untersuchungen auch deutlich, dass die Geschwister behinderter Kinder in ihrer sozialen Entwicklung sehr profitieren. Sie benötigen jedoch viel Verständnis und Hilfe bei der Überwindung ihrer Eifersuchts- und Vernachlässigungsgefühle.

Neugründung von Stieffamilien

Eifersucht ist im übrigen nicht selten zu beobachten bei der Gründung und Selbstfindung von Stieffamilien. Wenn beispielsweise eine alleinstehende Mutter von zwei Kindern und ein alleinstehender Vater – sagen wir – mit ebenfalls zwei Kindern beschließen, eine gemeinsame Familie zu gründen, müssen alle sechs Beteiligten ihre Beziehungen neu gestalten und gemeinsam herausfinden, welche Art neuer Familie sie sein wollen und können. Wenn die Kinder des Vaters noch jung sind, wird sich die (Stief-)Mutter relativ viel um sie kümmern müssen und weniger Zeit für ihre leiblichen Kinder noch haben. Diese verlieren ein Stück der bis dahin meist sehr intensiven und innigen Beziehung zu ihrer Mutter, und Eifersuchtsgefühle auf die „fremden" Kinder, die sie doch gar nicht gewollt haben, stellen sich schnell ein.

Aber auch wenn keine Kinder vom neuen Partner der Mutter in die Stieffamilie eingebracht werden, ist die Situation für die Kinder der Mutter schwierig. Auf einmal bespricht sie mit diesem „fremden" Mann die Dinge, die sie vorher mit ihnen erörtert hatte. Oft folgt sie seinen Vorschlägen, und die Ansichten und Meinungen der Kinder werden seltener gehört. Sie übernimmt nun mit diesem Mann zusammen Dinge, die sie sonst gemeinsam machten, und vieles andere ist neu und ungewohnt. Eifersuchtsgefühle der Kinder sind allzu verständlich. Dies gilt ebenso für den umgekehrten Fall: Vater und leibliche Kinder haben eng zusammengelebt, und nun kommt eine Stiefmutter hinzu, mit der der Vater alles organisiert und bespricht und die sogar Erziehungsaufgaben übernimmt.

- ***Mangel an guten Erfahrungen***

  Generell wird ein Kind Eifersuchtsgefühle dann am wenigsten heftig erleben und am leichtesten verarbeiten, wenn es auf gute Erfahrungen von Zuwendung und Fürsorge, Aufmerksamkeit und Anregungen zurückgreifen kann. Seine positiven Erinnerungen ermöglichen ihm dann eher den (vorübergehenden) Verzicht und damit das Größer- und Erwachsen-werden. Umgekehrt reagieren die Kinder besonders rasch und heftig mit Eifersuchtsgefühlen, die schon immer zu kurz gekommen sind, die in einem Milieu aufwuchsen, in dem den Kindern wenig Zeit und Aufmerksamkeit geschenkt wurde, und die eine unbedingte Liebe und Zuwendung nie erfahren haben.

Lösungen anregen und möglich machen

- ***Überprüfen der eigenen Einstellung***

  Eifersucht ist die Reaktion auf Gefühle der Benachteiligung. Die Ärger- und Wutgefühle des Kindes beziehen sich – zumindest zunächst – auf die engsten und wichtigsten Bezugspersonen. Die für das Kind bedeutsamen Erzieherinnen lösen solche Reaktionen aus. Die ersten Fragen, die zur Lösung beitragen können, lauten deshalb: Von wem fühlt sich das Kind benachteiligt und vernachlässigt? Wer wird seiner Meinung nach bevorzugt, und im Vergleich zu wem erlebt es sich zurückgestellt? Oder umgekehrt: Wer wäre mit welchem Verhalten in der Lage, die Eifersucht des Kindes noch zu steigern? Und weiter: Welche Berechtigung haben diese Wahrnehmungen und Gefühle des Kindes? Gibt es tatsächlich heimliche oder sogar offene Bevorzugungen eines Geschwisters oder eines sonstigen Kindes?

- ***das Gespräch suchen***

  Eifersucht hat immer beide Anteile: Liebe und Wut auf den Rivalen und auf die geliebte Person. Das ruft beim Kind innere Spannungen hervor, die es oft nicht versteht und unter denen es leidet. Es ist deshalb gut, wenn das Kind seine Eifersuchtsgefühle deutlich werden lässt. Eltern und Erzieherinnen haben dann Gelegenheit, mit ihm über sein inneres Erleben zu sprechen und mit dem Kind darüber zu reden, dass Eifersuchtsgefühle nichts Böses sind, dass sie die auch schon erlebt haben, dass das etwas mit Liebe zu tun hat, aber eben auch mit Wut, und darüber, dass man mal zurückstehen und auf etwas verzichten muss. Dies zu lernen und zu bewältigen gehört zum Erwachsen-werden.

Erinnerung an gute Erfahrungen ■

Erinnern Sie beispielsweise das erstgeborene Kind an die guten Erfahrungen, die es selbst gemacht hat. Sie helfen ihm damit, den Schatz seiner Erfahrungen für den Aufbau von Stärke und Eigenständigkeit zu nutzen. Erzählen Sie ihm von früher, wie es beim Baden vor Vergnügen gekreischt hat, wie es strahlte, wenn es die Flasche erkannte, und wie es auch schon mal ganz ungeduldig wurde, wenn das Aufwärmen der Flasche zu lange dauerte.

die Rolle des Ältesten fördern ■

Nutzen Sie alltägliche Gelegenheiten oder schaffen Sie besondere Situationen, um mit dem ältesten Kind gemeinsam etwas zu unternehmen, „wofür der Säugling noch zu klein ist" oder „weil es als Ältestes schon groß ist und das Kleine noch so viel schlafen muss". Fragen Sie ihre(n) Älteste(n), ob sie oder er Ihnen beim Baden, beim Wickeln, beim Füttern helfen mag. Insgesamt: Helfen Sie ihm, die Rolle des ältesten Kindes zu genießen und stolz darauf zu sein.

auf Veränderungen einstellen ■

Vorbeugend haben Sie die Möglichkeit, das erstgeborene Kind auf die anstehende Veränderung vorzubereiten, indem Sie es am Fortschreiten der Schwangerschaft teilnehmen lassen, das Dicker-werden des Bauches beobachten, die Herztöne des Kindes hören, seine Fußtritte spüren lassen. Gleichzeitig sollten Sie mit ihm durchsprechen, welche Veränderungen im Familienleben eintreten werden, vielleicht in der Aufteilung der Räume und bestimmt hinsichtlich der Zeit, die Sie als Eltern ihm noch ganz allein zur Verfügung stehen. Mit jüngeren Kindern können Sie auch ganz grundsätzlich trainieren, sich auf Veränderungen einzustellen (zum Beispiel bei der Raumgestaltung oder bei Besuch). So kann das Kind lernen, dass Veränderungen im Laufe des Lebens ständig geschehen, und gleichzeitig erleben, dass dies seine Sicherheit und Geborgenheit nicht beeinträchtigt.

in andere hineinversetzen ■

Eifersucht hat immer auch etwas mit Selbstbezogenheit zu tun. Deshalb können Sie ihr Kind unterstützen, Eifersuchtsgefühle zu überwinden, indem Sie mit ihm trainieren, sich in andere hineinzuversetzen. Der Säugling ist beispielsweise noch viel stärker auf Fürsorge angewiesen als das ältere Kind. Man kann beobachten, was er alles noch nicht kann und wobei er überall Hilfe braucht. Aber auch die Mutter hat Wünsche und Bedürfnisse, muss mal ausruhen können und Zeit für sich haben. An solchen und vielen anderen Beispielen lernt das Kind, dass Zurückstehen und Warten notwendig ist, damit alle zu ihrem Recht kommen, und dass das nichts mit Ablehnung und Zurücksetzen zu tun hat.

- ***in Auszeiten schicken***

  Auch später kommt es immer mal wieder zu Eifersucht und Streit unter Geschwistern. In der Regel sollten Sie nicht versuchen, in solchen Situationen zu klären, wer Schuld hat oder wer angefangen hat. Fragen Sie lieber, wie die Kinder sich die Lösung der Situation vorstellen. Wenn Sie eingreifen müssen, schicken Sie die Kinder getrennt in eine Auszeit – jeder auf sein Zimmer oder an einen anderen Ort –, bis sich die Gemüter beruhigt haben.

- ***alle Kinder sind anders***

  Kinder haben ein starkes Gespür für Gerechtigkeit. Das heißt aber nicht, dass Sie alle Kinder gleich behandeln müssten. Im Gegenteil: Haben Sie keine Angst davor, Ihre Kinder unterschiedlich zu behandeln. Die Idee, alle müssten gleich behandelt werden, ist ein unrealistischer Mythos. Alle Kinder sind unterschiedlich und deshalb auch unterschiedlich zu behandeln. Das eine ist sportlich, das andere musisch begabt, die eine tut sich in der Schule schwer, der anderen fällt alles leicht und alle Herzen fliegen ihr zu. Man wird mal dem einen, mal dem anderen mehr Aufmerksamkeit schenken oder mehr an materiellen Dingen zukommen lassen. Wichtig ist nur der Ausgleich über die Zeit in der Art, dass jedes Kind Ihre unbedingte Liebe und Zuwendung spürt.

  Dazu ist es zuweilen auch notwendig zu schauen, wer von Ihren Kindern Ihre Zeit und Aufmerksamkeit im Augenblick besonders nötig hat. Ist eines in einer schwierigen Lebenssituation, so ist es durchaus angemessen, dass dieses Kind nun mehr an Zuwendung, Hilfen und Unterstützungen bekommt. Wenn die anderen dann eifersüchtig reagieren, können Sie mit ihnen über Ihre Gründe reden und Verständnis für Ihre Entscheidungen wecken. Das ist für Kinder gut zu begreifen und fördert ihr soziales Verständnis.

- ***Stärken wahrnehmen und fördern***

  Schwierig kann es sein, einen gerechten Ausgleich zu schaffen, wenn zum Beispiel das ältere Geschwister sehr tüchtig, erfolgreich, angesehen und nahezu fehlerlos ist und von allen Freunden und Bekannten angehimmelt wird. Die oder der Jüngere hat dann oft – besonders wenn ihr oder ihm die Dinge schwerer fallen – wenig Chancen, mit dem ältesten Geschwister erfolgreich zu konkurrieren. Für die Erwachsenen ist die Versuchung groß, das älteste Geschwister als Vorbild darzustellen. In solchen Fällen ist viel Aufmerksamkeit gefragt, die zuweilen verborgenen, aber immer doch vorhandenen Stärken des zweitgeborenen Kindes zu sehen, anzusprechen und zu fördern, und sich umgekehrt an der übertriebenen Verherrlichung des ältesten Geschwisters nicht zu beteiligen. Möglicherweise wird das Eifersuchtsgefühle beim ältesten Geschwister wecken; aber auch mit ihm können Sie über Ihre Motive sprechen und sein Verständnis für Ihre Entscheidung wecken.

Ausgleich schaffen ■

Wenn Eifersuchtsgefühle Ihres Kindes allzu berechtigte Gründe haben, Sie die Situation aber nicht ändern können, bleibt Ihnen kaum anderes, als mit dem Kind zu reden, ihm Ihr Verständnis zu übermitteln und zu überlegen, ob sie ihm auf andere Weise einen Ausgleich schaffen können. Es wird lernen müssen, dass es in der Welt viel Ungerechtigkeit gibt, und vielleicht ist es gut, wenn es das lernt, solange Sie ihm dabei helfen können.

die „besondere" Familie ■

Auch Eifersuchtsgefühle beim Gründen und Sich-finden einer Stieffamilie sind nur allzu gut nachzuvollziehen. Eine gute, offene Vorbereitung der Kinder vermag sie in Grenzen zu halten. Vor allem aber ist es wichtig, nicht den Versuch zu machen, eine „normale" Familie zu sein. Jede neu zusammengesetzte Familie ist eine „besondere" Familie. Sie muss ihre Gebräuche, Muster und Regeln selbst finden und wird oft zu ganz speziellen Lösungen kommen, die zu ihrer ganz spezifischen Situation passen. Die auftretenden Eifersuchtsreaktionen zu verstehen und zu akzeptieren, darüber zu sprechen und gemeinsam originelle Lösungen zu suchen, hilft den Kindern, darüber hinwegzukommen und offen zu werden für die Anregungen und neuen Erfahrungen, die die Gründung der Stieffamilie auch mit sich bringt.

Weitere Stichworte:

- Aggressivität
- Clownerien
- Daumenlutschen
- Einnässen
- Lügen
- Nägelkauen
- Schlafstörungen
- Trotz

Literatur: 40, 98, 214

Einkoten

Enkopresis

Wahrnehmen und bewerten

Zeitpunkte der Darmkontrolle

Kinder erlernen zu sehr unterschiedlichen Zeitpunkten, ihre Stuhlausscheidung zu beherrschen, und zwar in Abhängigkeit von Reifungsprozessen wie von dem Zeitpunkt und der Art des mit ihnen durchgeführten Toilettentrainings. Etwas mehr als die Hälfte der Kinder lernen die Darmkontrolle bereits mit eineinhalb bis zwei Jahren, die meisten anderen im Laufe der ersten Hälfte des dritten Lebensjahres. Aber auch im vierten Lebensjahr kann es bei einigen Kindern immer noch wieder dazu kommen, dass sie in die Hose koten.

Einkoten als Auffälligkeit

Erst wenn Kinder, die vier Jahre und älter sind, ihren Stuhl wiederholt in die Kleidung oder an sonstigen, dafür nicht vorgesehenen Orten absetzen, wird dieses als Auffälligkeit gewertet und als Einkoten (Enkopresis) bezeichnet. Die häufigste Form der Enkopresis ist die Verursachung von Kotspuren in der Unterwäsche tagsüber. Von einer ausgeprägten Form spricht man, wenn sich geformter Stuhl findet. Etwa ein bis drei Prozent der Kinder, deutlich mehr Jungen als Mädchen, zeigen sich in dieser Weise auffällig. Die Rate einkotender Kinder sinkt von knapp 3% im Alter von vier Jahren kontinuierlich auf 1,5% im Alter von sieben bis acht Jahren ab. Jungen sind drei- bis viermal häufiger betroffen als Mädchen. Bei 10- bis 12-jährigen Jungen lag die Häufigkeit bei 1,3%, während sie bei den gleichaltrigen Mädchen nur noch bei 0,3% lag. Einkoten ist sehr häufig verbunden mit Einnässen, und beides tritt vorwiegend am Tage auf. Nicht einbezogen wird selbstverständlich, wenn es zum Verschmutzen der Hose kommt, weil das Kind Durchfall hat und deswegen vom Stuhlgang überrascht wird, bevor es die Toilette erreicht hat.

primäres und sekundäres Einkoten

War ein Kind vor dem Einkoten über mindestens sechs Monate in der Lage, seine Kotausscheidung zu beherrschen, spricht man von sekundärem Einkoten. Haben die Kinder die Darmkontrolle nie über einen entsprechenden Zeitraum erreicht, bezeichnet man das als primäres Einkoten.

Belastung für Kind und Eltern

Das Einkoten ist eine für Kind und Eltern sehr schwerwiegende Auffälligkeit. Wegen der Geruchsbelästigung ist sie kaum zu verbergen. Einkoten ist in unserer Kultur extrem schambesetzt, und entsprechend neigen Kind und Eltern dazu, ihre Kontakte zu Verwandten und Freunden einzuschränken. Kinder, die einkoten, reagieren in ihrem Selbstbewusstsein sehr verunsichert, zeigen sich vorwiegend passiv, ängstlich und wenig kontaktbereit, häufig traurig und verstimmt. Die Eltern sehen sich Vorwürfen aus dem Verwandten- und Freundeskreis ausgesetzt, werden als erzieherisch unfähig dargestellt oder erleben sich selbst so, auch wenn sie sich eigentlich nichts vorzuwerfen haben. Zu den Beschuldigungen und der eigenen Enttäuschung tritt die zusätzliche Arbeit mit der verdreckten Wäsche hinzu. Spannungen in der Beziehung zum Kind werden dann besonders hoch, wenn zu dem eigentlichen Einkoten noch ein Schmieren mit dem Kot hinzutritt. Im höheren Alter neigen viele Kinder zudem aus Scham, Verzweiflung und Nicht-wahrhaben-wollen des Problems dazu, ihr Einkoten zu verleugnen und ihre verschmutzten Hosen unter dem Bett, in Schränken und an sonstigen „geheimen" Plätzen zu verstecken, was dann jedoch wegen der unvermeidlichen Geruchsbelästigung bald auffällt.

Zuordnen und verstehen

Erlernen der Darmkontrolle

Das Erlernen der Darmkontrolle ist ein sehr komplexer Prozess, der ein Zusammenspiel willentlich und nicht willentlich zu beeinflussender Muskeln erfordert. Der innere Schließmuskel ist in der Lage, über längere Zeit den Stuhl zurückzuhalten, ist aber willentlich schwer zu beeinflussen. Demgegenüber vermag der willentlich gut zu beeinflussende äußere Schließmuskel nur für 30 Sekunden den Stuhl zurückzuhalten, was meist lang genug ist, um einer Kontraktionswelle des Darms standzuhalten. Auch andere Muskelpartien, zum Beispiel die Bauchmuskeln, spielen beim Stuhlgang eine Rolle. Wichtige Voraussetzung für die Darmkontrolle ist zudem, dass das Kind die Füllung des Enddarms und die dadurch ausgelöste Darmaktivität überhaupt wahrnimmt, das heißt, dass das Kind Stuhldrang bemerkt.

Sauberkeitserziehung

Wann das Kind tagsüber sauber wird, hängt sehr vom Interesse der Eltern ab und ihrem Geschick, den Zeitpunkt des Stuhlgangs beim Kind wahrzunehmen. Sie können dann die bewusste Aufmerksamkeit des Kindes selbst auf diesen Vorgang lenken und solche wiederkehrenden Zeitpunkte nutzen, um das Kind auf den Topf oder die Toilette zu setzen. Zeigt es wenig Bereitschaft zum aktiven Mitmachen, sollte man dazu übergehen, deutlich seine Freude zu zeigen, wenn das Kind erfolgreich ist. Lassen Sie schließlich die Windeln weg und ermutigen Sie das Kind, rechtzeitig Bescheid zu geben, wenn es glaubt, auf den Topf oder zur Toilette gehen zu müssen.

Verstopfung

Das Einkoten eines Kindes geht häufig einher mit einer schon länger anhaltenden Verstopfung, die unbemerkt blieb. Der Stuhl ist in solchen Fällen oft, aber nicht durchweg dünnflüssig und kann deshalb von dem Kind nur schwer kontrolliert werden. Dieser Tatbestand ist folgendermaßen zu erklären: Aus oft nicht mehr nachvollziehbaren Gründen, nach einem Magen-Darm-Infekt, einer Darmentzündung, aufgrund schmerzhaften Stuhlgangs bei kleinen Analrissen oder anderen Dickdarmerkrankungen kommt es zu einem langen Verweilen des Kots im Enddarm. Der tut das, was seine Aufgabe ist: Er entzieht dem Kot Wasser. Wegen der langen Verweildauer des Kots entzieht er ihm aber so viel Wasser, dass der eindickt und sich Kotsteine bilden. Dieser eingedickte Kot stellt dann ein Hindernis für die nachkommenden Kotmassen dar, die deshalb von dem oberen Darm verdünnt werden, um passieren zu können. Auf diese Weise entsteht ein sogenannter Überlaufdurchfall, der nur schwer von dem Kind kontrolliert werden kann.

- ***psychosozialer Stress***

  Manche Kinder, die die Darmkontrolle bereits erlernt hatten, beginnen in Situationen besonderer psychischer Belastung erneut einzukoten. Die Geburt eines Geschwisters (siehe Stichwort: Eifersucht), ein Krankenhausaufenthalt des Kindes oder seiner Mutter, der Beginn der Schule, eine Trennung von den Eltern, heftiger innerfamiliärer Streit und anderes können solche Belastungssituationen darstellen. Meist wird die Stuhlbeherrschung wiedergewonnen, wenn die Belastungssituation gut überstanden ist. In manchen Fällen jedoch geschieht es aufgrund unterschiedlicher Bedingungskonstellationen – beispielsweise bei Vorwürfen und Bestrafungen, einem überfürsorglichem Beschützen des Kindes, unangemessen hoher Aufmerksamkeit oder lang andauerndem Streit unter den Eltern –, dass das Problemverhalten aufrechterhalten wird, obwohl die Belastungssituation vorbei ist.

- ***Nicht-wahrnehmen des Stuhldrangs***

  Bei anderen Kindern, meist solchen, die die Stuhlkontrolle noch nie gelernt haben, geht das Einkoten einher mit anderen Auffälligkeiten, vor allem mit Aufmerksamkeits- und Aktivitätsstörungen. Solchen Kindern fällt es schwer, den Stuhldrang rechtzeitig wahrzunehmen, ihr Spiel sofort zu unterbrechen und umgehend den Topf zu verlangen oder zur Toilette zu gehen. Auch auf dem Topf oder auf der Toilette kommen sie nicht zur Ruhe und konzentrieren sich nicht auf den Stuhlgang, sondern sind mit ihrer Aufmerksamkeit schon wieder bei anderen Themen.

- ***Fehlbildungen des Darmes***

  Eine begleitende körperliche Diagnostik ist notwendig, wenn das Einkoten mit einer Verstopfung einhergeht. Durch nicht belastende diagnostische Maßnahmen können eine Schwäche der Schließmuskeln, Verengungen im Enddarm oder angeborene Fehlbildungen wie zum Beispiel ein Megacolon congenitum (angeborenes Fehlen von Nervenverbindungen am Zwischendarm) erkannt werden.

Lösungen anregen und möglich machen

Kalender führen (Kind)

In einem ersten Schritt empfiehlt es sich, dass sowohl das Kind als auch die Eltern einen Kalender anlegen. Das Kind kennzeichnet – gemeinsam mit den Eltern, zumindest aber kontrolliert durch die Eltern – mit Symbolen die Tage, an denen es sauber war, und die Tage, an denen es eingekotet hat. Gemäß Absprache wird das Kind nach einer bestimmten Zahl „sauberer" Tage belohnt, wobei die Anforderung mit zunehmendem Erfolg ansteigt. Ein Einkoten in die Hose bleibt unkommentiert, das ältere Kind muss lediglich an einem bestimmten Platz eine „Erstreinigung" seiner Hose vornehmen.

Kalender führen (Erwachsene)

Die Tatsache, dass die Eltern ebenfalls täglich ganz sorgfältig einen Kalender führen, ist Ansporn für das Kind, dies gleichermaßen sehr sorgfältig zu tun. Die Eltern notieren in ihrem Kalender jeden Tag alle besonderen Ereignisse, die das Kind betreffen oder betreffen könnten. Ein Vergleich beider Kalender ermöglicht den Eltern sodann, Hinweise darauf zu erhalten, ob es besondere, wiederkehrende Belastungssituationen gibt, in denen das Kind einkotet. In den meisten Fällen ist es dann möglich, mit dem Kind geeignete Lösungen zu finden. In Einzelfällen gelingt es allein schon mit diesen Maßnahmen, das Problemverhalten des Einkotens zu beseitigen.

Toilettentraining

In einem weiteren Schritt sollten Sie mit Ihrem Kind ein regelmäßiges Toilettentraining verabreden. Sagen Sie ihm, dass es darum geht, dreimal am Tag sich ganz konzentriert der Aufgabe des Stuhlgangs zu widmen. Erläutern Sie ihm, warum das Beherrschen des Stuhlgangs eine so schwierige Aufgabe ist, dass Sie aber einen Weg wissen, wie es höchstwahrscheinlich zum Erfolg kommen kann. Verabreden Sie dann, dass das Kind dreimal am Tag nach jeder Mahlzeit zehn Minuten zur Toilette geht und versucht, Stuhl abzusetzen. Der Zeitpunkt nach den Mahlzeiten ist deshalb zu empfehlen, weil das Essen die Darmtätigkeit anregt. Sorgen Sie für eine angenehme Situation bei diesen Toilettengängen, aber vermeiden Sie Ablenkungen, damit sich Ihr Kind wirklich auf die Aufgabe konzentriert.

Medikamente

Dieses Toilettentraining lässt sich durch zwei Maßnahmen unterstützen: durch Medikamentengabe und eine geeignete Diät. Medikamentengabe ist vor allem wichtig im Hinblick auf die Verstopfung und die Kotsteine. Deshalb ist zunächst durch die Gabe von Abführzäpfchen oder -klistieren für eine Reinigung zu sorgen (beispielsweise mit Natriumhydrogenphospat, zum Beispiel Lecicarbon, Microklist oder Practo-Clyss). Anschließend wird ein Gleitmittel gegeben (zum Beispiel einmal täglich Bisacodyl, beispielsweise Dulcolax nach dem Abendessen), um den Stuhl weich zu machen und die Darmtätigkeit anzuregen. Schließlich kann man mit Lactulose ein- bis zweimal täglich in steigender Dosierung für einen weichen volumenreichen Stuhl sorgen. Wenn unter Lactulose Blähungen und damit Bauchschmerzen auftreten sollten, kann man auf Paraffin (zum Beispiel Obstinol) ausweichen.

- ***Diät***

  Zusätzlich ist für eine ballaststoffreiche Kost mit viel Obst, Gemüse, Vollkornbrot und eine ausreichende Flüssigkeitszufuhr (zum Beispiel mindestens zwei Liter bei 30 kg Körpergewicht) zu sorgen. Eine solche Kost bewirkt einen weichen, volumenreichen Stuhl, der zu einer Füllung des Enddarms führt, die gut wahrgenommen werden kann.

- ***Biofeedback-Training***

  In besonders hartnäckigen Fällen ist die Durchführung eines Biofeedback-Trainings zu erwägen. Dabei wird ein aufblasbarer Ballon mit einem Drucksensor in den Enddarm eingeführt (Gerät beispielsweise der Firma SWAN-ATTIKA). Der Ballon wird sodann mit Luft gefüllt, bis das Kind den Druck wahrnimmt. Anfangs sind dafür oft 60 bis 100 ml erforderlich. In der Folgezeit wird diese Menge verringert, bis das Kind schon den mit 10 bis 15 ml gefüllten Ballon spürt. Sobald das Kind am jeweiligen Tag das Gefühl „voller Enddarm" feststellt, wird es aufgefordert, „den Popo zusammenzukneifen". An einem Messgerät kann das Kind selbst kontrollieren, wie gut ihm das gelingt. Ziel des Trainings ist, dass das Kind das Gefühl „volles Rektum" frühzeitig erfasst und lernt, sinnvoll und koordiniert darauf zu reagieren.

- ***aktive Mitarbeit des Kindes***

  Einschränkend ist zu all diesen Maßnahmen zu sagen, dass sie nur mit Aussicht auf Erfolg durchgeführt werden können, wenn es gelingt, die aktive Mitarbeit des Kindes zu gewinnen. Unterstützend wirkt dabei, die geplanten Maßnahmen und ihre Begründungen dem Kind in altersangemessener Weise möglichst detailliert zu erklären. Das kann man tun, indem man eine Abbildung zu Hilfe nimmt oder ein Zeichnung anfertigt, um dem Kind die Funktion und das Zusammenspiel der verschiedenen Muskeln zu erläutern.

- ***fachliche Unterstützung***

  Kinder, die schon über lange Zeit einkoten, sind jedoch in den meisten Fällen sehr mutlos. Sie haben schon sehr viele gute Ratschläge gehört, die auch nichts geholfen haben, sie haben sich ohne Erfolg angestrengt, sind tief beschämt und haben häufig als beste Strategie in der hoffnungslosen Situation gelernt, abzuschalten, überhaupt nicht mehr zuzuhören und gar nichts gegen das Einkoten zu unternehmen. In einer solchen Situation ist es hilfreich, die Unterstützung einer Fachfrau oder eines Fachmanns zu suchen. Dies hat nicht zuletzt den Vorteil, dass diese Person ganz unbelastet ist und deshalb offen und vorwurfsfrei auf das Kind zugehen kann. Wenn es beispielsweise ein systemischer Familientherapeut ist, wird er möglicherweise versuchen, eine Trennung zwischen Problem und Kind vorzunehmen, und beispielsweise das Kind anregen, unter Unterstützung durch die Eltern und den Therapeuten gegen den „heimtückischen Schmutzmacher" – sein Einkoten – zu Felde zu ziehen. Auf diese Weise lässt sich im therapeutischen Prozess ein kindgerecht spielerisches Vorgehen vereinbaren, das die Mühen und Schwierigkeiten nicht verkennt, aber trotzdem auch Spaß machen kann.

Weitere Stichworte:

- Aufmerksamkeits- und Aktivitätsstörung
- Eifersucht
- Einnässen

Literatur: 2, 118, 156, 202, 209, 210, 211, 220, 228, 232, 237

Einnässen

Enuresis

Wahrnehmen und bewerten

Sauberkeitsentwicklung

Kinder erlernen im Laufe ihrer ersten Lebensjahre, die Harnentleerung willentlich zu beeinflussen. Das Alter, in denen ihnen dies gelingt, ist sehr unterschiedlich. Mädchen, die allgemein die Reifungsprozesse in diesem Alter früher vollziehen, gelingt das in der Regel eher als Jungen. Die meisten Kinder erlernen mit drei Jahren allmählich, tagsüber zur Toilette zu gehen und ihr „großes und kleines Geschäft“ dort zu erledigen. Im Alter von dreieinhalb bis vier Jahren sind sie tagsüber trocken und übertragen diese Kontrollfähigkeit zunehmend auch auf die Nacht. Sie lernen, ihren Urin die ganze Nacht über zu halten oder aufzuwachen, wenn die Blase voll ist, und auf die Toilette zu gehen. Im Verlauf des vierten Lebensjahres lernen 70 bis 80 % der Kinder, nachts trocken zu bleiben.

Bettnässen oder Nachtnässen

Bettnässen oder **Nachtnässen** sollte Aufmerksamkeit erregen, wenn es bei Kindern im Alter von vier Jahren noch jede Woche einmal auftritt. Als Auffälligkeit wird es bezeichnet, wenn Kinder im Alter von fünf Jahren und mehr noch häufiger als zweimal im Monat ihr Bett nassmachen. Unter den Fünfjährigen tun dies etwa noch 13 % (10 bis 15 %), unter den Siebeneinhalbjährigen 6 %, mit 10 Jahren 3 % und als Erwachsene ca. 1 bis 2 %. Jungen zeigen diese Auffälligkeit deutlich häufiger als Mädchen. Man spricht von einem primären Einnässen, wenn die Kinder noch nie über eine längere Zeit trocken waren, und von einem sekundären Bettnässen, wenn das Nachtnässen nach einer trockenen Zeit von einem halben bis einem Jahr wieder auftritt. Es wird ab dem sechsten Lebensjahr ein häufigeres Auftreten der primären im Vergleich zur sekundären Enuresis (bis zu einem Verhältnis von 5:1) beobachtet.

Tagnässen

Das **Einnässen am Tage**, das **Tagnässen**, ist bei 4-Jährigen auffällig, wenn es noch jede Woche auftritt. Diese Auffälligkeit ist sehr viel seltener zu beobachten als das Bettnässen. Unter den 5-Jährigen tritt es bei 3 % der Kinder auf, wobei drei Viertel von ihnen sowohl tags als auch nachts einnässen. Diese Form tritt vornehmlich bei Jungen auf, während Mädchen häufiger unter den Kindern sind, die ausschließlich tags einnässen. Auch beim Einnässen am Tage unterscheidet man ein primäres Tagnässen, das heißt ein Einnässen am Tage ohne eine Phase von einem halben bis einem Jahr, in der das Kind tagsüber trocken war, von einem sekundären Tagnässen, einem Einnässen am Tage nach einer entsprechend langen Zeit trockener Tage.

seelische Belastungen ■

Das Bettnässen und – wesentlich seltener – das Tagnässen sind, wie die Zahlen zeigen, sehr häufige Auffälligkeiten. Sie verschwinden in den meisten Fällen mit dem Älterwerden, sind bei Jugendlichen kaum noch zu beobachten. In unserer Kultur werden sie jedoch sowohl von den Kindern als auch von den Eltern als sehr belastend erlebt. Der häufig notwendige Wechsel und das Waschen der nassen Kleidung und Bettwäsche machen sehr viel Arbeit. Kinder wie auch Eltern schämen sich wegen dieser Auffälligkeiten meist sehr. Besuche bei Verwandten und Freunden werden eingeschränkt, weil man sich nicht blamieren will. Die sonst bei Kindern so beliebten Übernachtungen bei Freunden und Verwandten unterbleiben; Klassenfahrten werden zu gefürchteten Unternehmungen. Angesichts dieser Probleme ist eine möglichst frühe Behandlung angezeigt, auch wenn diese Verhaltensauffälligkeit in einem hohen Prozentsatz im Laufe der Jahre auch ohne Behandlung verschwindet (ab dem 6. Lebensjahr pro Jahr 15 %, so dass im Jugendalter dieses Störungsbild nur selten auftritt).

Zuordnen und verstehen

Erlernen der Blasenkontrolle ■

Das Erlernen der Blasenkontrolle ist ein schwieriger und komplexer Vorgang, der in seinen Einzelheiten wissenschaftlich auch noch nicht voll geklärt ist. Er verläuft in vier Entwicklungsstufen: Im ersten Lebensjahr entleert sich die Blase bei einer bestimmten Blasenfüllung etwa zwanzigmal in 24 Stunden, ohne dass der Säugling Einfluss auf Anfang, Unterbrechung und Ende der Entleerung nehmen könnte. Gefühle über den Drang zum Wasserlassen und das Wasserlassen selbst werden vermutlich nicht wahrgenommen, sicher nicht als solche erkannt.

Im zweiten Lebensjahr können diese Empfindungen offensichtlich wahrgenommen werden. Das Wasserlassen kann für kürzere Zeit aufgehalten, aber erst dann willentlich eingeleitet werden, wenn die Blase relativ stark gefüllt ist. Die Häufigkeit des Wasserlassens nimmt auf durchschnittlich zehnmal innerhalb von 24 Stunden ab. Die Voraussetzungen für die erfolgreiche Tageskontrolle scheinen damit gegeben zu sein.

Während des dritten und vierten Lebensjahres reifen die Bedingungen für eine vollständige Blasenkontrolle. Das Kind wird in die Lage versetzt, das Wasserlassen willkürlich für längere Zeit aufzuschieben und zu unterbrechen. Gewisse Schwierigkeiten hat es allerdings immer noch, das Wasserlassen bei nicht voller Blase zu beginnen. Die Blasenkapazität ist mit vier Jahren auf das Doppelte der eines Zweijährigen angewachsen, die Häufigkeit des Wasserlassens geht auf täglich sechs- bis achtmal zurück.

Mit fünf bis sechs Jahren lernt das Kind dann schließlich, das Harnlassen bei fast jeder beliebigen Blasenfüllung willkürlich einzuleiten.

Voraussetzung für ein Beherrschen der Blasenfunktion ist die Reifung des Gehirns und der Nervenbahnen in den ersten Lebensjahren des Kindes. Erforderlich ist zudem eine Abstimmung zwischen der willentlich nicht zu beeinflussenden Muskulatur der Blase und des inneren Schließmuskels sowie dem willentlich zu beeinflussenden äußeren Schließmuskel.

- ***Anspannung des Blasenmuskels***

  Die Tatsache, dass die Blase und der innere Schließer von Muskulatur gebildet werden, die – ähnlich wie das Herz oder der Darm – willentlich nicht zu beeinflussen sind, hat weitere Konsequenzen. Ebenso wie bei seelischer Erregung das Herz schneller schlägt oder die Darmtätigkeit angeregt wird, spannt sich auch der Blasenmuskel bei seelischer Erregung stärker an, wodurch die Blase kleiner wird. (Wohl jeder hat schon erlebt, dass er häufiger Drang verspürte und zur Toilette gehen musste, wenn er aufgeregt, verspannt und nervös war.) Normalerweise ist der Mensch im Schlaf entspannt; der Blasenmuskel ist dann schlaff, die Blase groß und aufnahmefähig für eine große Flüssigkeitsmenge. Viele Kinder, die bettnässen, scheinen nun aber unter einer inneren nervösen Spannung zu leiden. Diese hat zur Folge, dass sich der unwillkürliche Blasenmuskel anspannt und die Blase somit kleiner wird. Dementsprechend hat man bei der Mehrzahl der Kinder, die bettnässen, festgestellt, dass ihre Blasen geringere Harnmengen fassten, als das aufgrund ihrer Größe in entspanntem Zustand möglich gewesen wäre. Denselben Befund hat man bei Kindern mit Verhaltensauffälligkeiten wie Aggressivität, Überängstlichkeit und Aufmerksamkeits- und Aktivitätsstörungen erhoben. Bei derart auffälligen Kindern wird dann auch gehäuft Bettnässen beobachtet.

- ***unzureichender Weckreiz***

  Eine weitere Auffälligkeit bei vielen Kindern, die in der Nacht einnässen, besteht darin, dass die Anspannung und Füllung der Blase nicht einen ausreichenden Weckreiz bewirken. Ob dies mit einer besonderen Schlaftiefe zu tun hat, ist wissenschaftlich unklar. Viele Mütter berichten allerdings von ihren nachtnässenden Kindern, wie schwer sie nachts aufzuwecken sind.

- ***Vorwürfe und Druck***

  Die Entwicklung der Blasenkontrolle und ihrer Abstimmung von willentlich zu beeinflussenden und willentlich nicht zu steuernden Faktoren wurde hier so eingehend dargestellt, um zu zeigen, dass das Kind genügend Zeit braucht, um diesen komplexen Vorgang zu erlernen. Eine zu frühe Sauberkeitserziehung mit sehr viel Druck, die heutzutage glücklicherweise selten geworden ist, führt leicht zu gegenteiligen Effekten. Auch wird erkennbar, dass das Kind diese Vorgänge in nur sehr begrenztem Maße beeinflussen kann und dass man ihm nicht Unaufmerksamkeit, Gleichgültigkeit oder Bequemlichkeit vorwerfen darf. Im Gegenteil besteht die Gefahr, dass das Bettnässen vermehrt auftritt, wenn eine Atmosphäre von Anspannung, Vorwürfen und Druck aufgebaut wird. Die innere Anspannung des Kindes führt mit hoher Wahrscheinlichkeit zu einer Verringerung der Fassungsmenge der Blase und erhöht die Gefahr des Bettnässens. So ist es auch ganz normal, dass ein Kind, das eigentlich schon trocken ist, in besonderen Belastungssituationen, die mit einer inneren Anspannung verbunden sind – beispielsweise einem Krankenhausaufenthalt oder Ähnlichem – noch einmal des Nachts einnässt.

psychosozialer Stress ■

Generell hat man beobachtet, dass solche Kinder gehäuft bettnässen, die psychosozialen Stress erfahren, beispielsweise durch die Krankheit eines Elternteils, durch häufigen Wohnungswechsel, durch Streitigkeiten zwischen den Eltern oder durch deren Trennung oder Scheidung. Manche Kinder haben trockene Nächte nur in der Ferienzeit, andere nur in Zeiten, in denen sie sich nicht zu Hause aufhalten.

Familientradition ■

In manchen Familien wird Bettnässen zur „Familientradition". Auffällig häufig findet man bei Kindern, die bettnässen, Eltern oder nahe Verwandte, die ebenfalls als Kinder ein Einnässproblem hatten. Wie das zu erklären ist, lässt sich bisher mit hinreichender Sicherheit nicht sagen.

aufrechterhaltende Bedingungen ■

Grundsätzlich sind auch beim Bettnässen nützliche Hinweise zu erhalten, wenn die Familienmitglieder sich die Frage stellen (siehe auch: Einführung): „Was müssten wir (der Vater oder die Mutter, die Großeltern oder die Geschwister) tun, wenn wir erreichen wollten, dass das Bettnässen von (Sabine, Michael, ...) noch häufiger auftritt?" Mit solchen ungewöhnlichen Fragen findet man sicher nicht oder nur selten die Ursache für das Auftreten des Bettnässens (was immer äußerst schwierig ist), oft aber Hinweise darauf, was dazu beiträgt, das Nachtnässen aufrechtzuerhalten.

nicht kontrollierbarer Harndrang ■

Beim **Tagnässen** lassen sich zwei Gruppen von Kindern unterscheiden. Die der ersten Gruppe – vorwiegend Mädchen – erleben tagsüber sehr oft heftigen Harndrang, der schwer aufzuhalten ist. Sie entleeren im Laufe des Tages häufig kleine Urinmengen, und besonders bei Ermüdung am Nachmittag nässen sie die Kleidung. Oft werden auffällige Haltemanöver bei ihnen beobachtet wie Aneinanderpressen der Oberschenkel, Hüpfen von einem Bein auf das andere, Hockstellung oder Ähnliches; dabei wirken die Kinder durch die Konzentration auf den Harndrang oft abwesend. Wenn sie auch nachts – meist kleine

Mengen – bettnässen, wachen sie zumeist von selbst auf oder sind leicht erweckbar.

- ***Aufschieben des Toilettengangs***

Bei den Kindern der zweiten Gruppe kommt es zum Tagnässen, weil sie beim Harndrang den Gang zur Toilette aufzuschieben suchen. In dieser Gruppe sind die Jungen häufiger vertreten. Die Kinder sind auch sonst in ihrem Verhalten auffällig, können sich nur kurze Zeit auf eine Sache konzentrieren, verhalten sich oft chaotisch und unstrukturiert, zeigen sich überempfindlich und neigen schon bei geringen Frustrationen zu impulsivem Ausagieren oder sozialem Rückzug. Das Aufschieben des Toilettengangs geschieht in typischen Situationen wie zum Beispiel bei einem spannenden Spiel mit Freunden, auf dem Heimweg von der Schule, aber auch aus Sorge, beim Fernsehen etwas Spannendes zu verpassen, oder aus Scheu, den Lehrer um die Erlaubnis zum Toilettengang zu bitten. Die Kinder gehen nicht rechtzeitig zur Toilette, versuchen den Harndrang zurückzudrängen. Sie machen Haltemanöver, bis sie schließlich das Wasserlassen nicht mehr zurückhalten können. Manche von ihnen koten auch ein.

Lösungen anregen und möglich machen

- ***Sauberkeitstraining***

Die schwierige Aufgabe, Kontrolle über seine Ausscheidungsfunktionen zu bekommen, das heißt, „das kleine und das große Geschäft" auf dem Topf oder auf der Toilette zu erledigen, erleichtern Sie Ihrem Kind, wenn Sie es angemessen unterstützen. Etwa im Alter von 18 bis 24 Monaten ist Ihr Kind bereit dazu. Den genauen Zeitpunkt werden Sie am besten selbst erkennen, weil Sie Ihr Kind kennen. Es gibt große, individuelle Unterschiede zwischen den verschiedenen Kindern, und das ist völlig in Ordnung. Auch werden Sie am besten spüren, wie rasch Sie mit dem Training fortschreiten können. Immer gibt es auch Zeiten, in denen Sie keine Fortschritte bemerken können oder in denen Rückschritte auftreten, die manchmal, aber nicht immer durch besondere Belastungen wie Krankheiten oder Trennungen zu erklären sind.

Achten Sie zu Beginn darauf, wann Ihr Kind regelmäßig Stuhlgang hat, und wählen Sie diese Zeit, um es auf den Topf zu setzen. Machen Sie dann eine „Sitzung" auf dem Topf zur morgendlichen und abendlichen Routine. Ermutigen Sie das Kind, Ihnen oder einem anderen Erwachsenen Bescheid zu geben, wenn es eingenässt oder eingekotet hat. Dies umgehend wahrzunehmen, ist eine wichtige Voraussetzung dafür, ein Bewusstsein für den Harndrang und den Stuhldrang zu entwickeln. Erinnern Sie das Kind daran, rechtzeitig nach dem Topf zu verlangen, oder – wenn es das vorzieht – eine Sitzung auf der Toilette einzufordern.

körperliche Ursachen ausschließen ■

Kommt es zu auffälligem Tag- oder Bettnässen, sollten Sie mit dem Kind zum Kinderarzt gehen. Körperliche Ursachen sind zwar selten, sollten aber immer ausgeschlossen werden. In Frage kommen vor allem Harnwegsinfekte, Diabetes, Anfallsleiden und zuweilen auch neurogene Blasenstörungen.

der Sauberkeitsentwicklung folgen ■

Bei Auftreten mehrerer Auffälligkeiten in der Stuhl- und Harnkontrolle folgen Sie am besten der Sauberkeitsentwicklung von Kindern. Richten Sie ihre Aufmerksamkeit zuerst immer auf den Bereich, den das Kind üblicherweise als ersten zu beherrschen lernt: Bei gleichzeitigem Einnässen und Einkoten auf das Einkoten (siehe Stichwort: Einkoten) und bei gleichzeitigem Tagnässen und Bettnässen auf das Tagnässen.

Harndrang früh wahrnehmen ■

Nässt Ihr Kind **tags** ein, klären Sie, ob es zur Gruppe derer gehört, die häufig sehr heftigen, nicht aufzuhaltenden Harndrang erleben – wahrscheinlich eher ein Mädchen –, oder zu der Gruppe, die bei Harndrang den Gang zur Toilette aufzuschieben suchen – wahrscheinlich eher ein Junge. Erklären Sie dem Kind der ersten Gruppe zunächst, wie die Blase funktioniert. Erläutern Sie ihm dann, dass es darum geht zu lernen, den Harndrang früh wahrzunehmen, sofort zur Toilette zu gehen und dort Wasser zu lassen. Wichtig ist, dass das Kind auf diese Weise erreicht, auf alle Haltemanöver zu verzichten. Unterstützend wirkt ein „Fähnchenplan", in dem das Kind jedes Wasserlassen ohne Einnässen als Fähnchen, jedes Nässen der Hose als Wolke einträgt. Legen Sie fest, für wie viele Fähnchen, später für wie viele trockene Tage das Kind belohnt wird.

Toilettenplan ■

Für Kinder der zweiten Gruppe, die den Toilettengang vergessen oder verschieben, empfiehlt sich die Aufstellung eines Tagesplanes, in dem festgelegt ist, wann das Kind für mindestens drei bis fünf Minuten die Toilette aufsucht. Sie werden es erinnern müssen! Als hilfreich haben sich Digitaluhren erwiesen, die so einzustellen sind, dass beispielsweise alle drei Stunden ein Signal ertönt. Im übrigen lohnt es, wenn Sie über einige Wochen in einem Kalender festhalten, zu welcher Tageszeit oder in welchen Situationen es zum Tagnässen kommt. Auf diese Weise gewinnen Sie die Chance, die Bedingungen für das Einnässen Ihres Kindes zu erkennen und mit ihm zu überlegen, wie es die offensichtlich schwierigen Situationen besser lösen kann. Bei vielen Kindern dieser Gruppe – insbesondere bei denjenigen, die nur wenig oder gar nicht mitarbeiten – ist es schließlich notwendig, die Aufmerksamkeit auf die gleichzeitig bestehenden sonstigen Auffälligkeiten zu richten (siehe die Stichworte: Aggressivität; Angst; Aufmerksamkeits- und Aktivitätsstörung).

- ***Kalender führen***

  Bei Kindern mit auffälligem **Bettnässen** besteht der erste Schritt ebenfalls darin, einen Kalender anzulegen, in dem das Kind eine trockene Nacht beispielsweise mit einer Sonne, ein feuchtes Bett mit einer Wolke und ein ganz nasses, „schwimmendes" Bett mit einer Wolke, aus der es regnet, kennzeichnet. Das gibt Ihnen Gelegenheit, gute Nächte oder Wochen zu belohnen. Wenn die Erwachsenen parallel zu dem Kalender des Kindes auch einen Kalender führen, in dem sie die für das Kind wichtigsten Ereignisse des Tages notieren, gewinnen sie zweierlei: zum einen Motivation zur Mitarbeit beim Kind, weil die Erwachsenen das Gleiche tun, zum anderen die Chance, Zusammenhänge zwischen dem Bettnässen des Kindes und dem Geschehen in seiner Umwelt zu erkennen, was dann Anstoß zu weiteren, für das Kind hilfreichen Schritten geben kann.

- ***Gelassenheit der Erwachsenen***

  Wenig erfolgversprechend sind Maßnahmen wie Flüssigkeitsentzug am Abend oder regelmäßiges Wecken in der Nacht. Hilfreich ist es, wenn die Erwachsenen das Problem möglichst ruhig und gelassen angehen. Das ist leichter zu erreichen, wenn das Kind – ohne strafenden Unterton – dazu angehalten wird, sein nasses Bett selbst abzuziehen, die nasse Wäsche an einen geeigneten Ort zu bringen, ein neues Betttuch zu holen und selbst aufzuziehen. Zudem mindert ein solches selbstständiges Handeln sein Schuldgefühl und fördert das Verantwortungsbewusstsein.

- ***Klingelhose***

  Bei weiter bestehendem Bettnässen ist der Einsatz einer Klingelhose zu überlegen. Sie ist so konstruiert, dass bei einem ersten Tropfen ein Induktionsstrom ausgelöst wird, der eine Klingel betätigt. Der Ton der Klingel führt zu einer Unterbrechung des Harnstroms und weckt das Kind. Es muss dann aufstehen, zur Toilette gehen, dort Wasser lassen und mit einem auf der Toilette gelagerten Schlüssel die Klingel abstellen. Dann muss es selbstständig sein Bett neu beziehen. Erfahrungsgemäß schläft es schnell wieder ein. Im Verlauf von ein bis zwei Wochen lernt das Kind mehr und mehr, die Füllung der Harnblase auch im Schlaf wahrzunehmen und wach zu werden.

  Die Klingelhose kostet 140,– bis 170,– Euro und wird von der Krankenkasse finanziert. Erfahrungsgemäß ist sie aber nur hilfreich, wenn Kind und Eltern sich auf das Vorgehen wirklich einlassen wollen. Dem Kind müssen die Zusammenhänge genau erklärt werden. Es muss verstehen, dass das Geweckt-werden durch die Klingel keine Strafe ist, sondern eine Unterstützung, um das störende Einnässen loszuwerden. Die Eltern müssen darauf achten, ob das Kind die Klingel hört und wach wird, müssen eventuell das Kind in den ersten Nächten auf das Klingeln hin selbst wecken.

Zu einem normalen Behandlungsverlauf gehört Geduld. Das Bett wird in den ersten Nächten nach dem Klingelsignal noch nass sein. Erst nach einer Reihe von Tagen ist zu bemerken, dass die Harnmenge kleiner geworden ist. Im Durchschnitt dauert es 18 Nächte bis zum Trocken-werden. Die Klingelhose soll so lange getragen werden, bis das Kind zwei Wochen hintereinander trocken ist. Das erreichen 70 bis 80 % im Verlauf des zweiten Monats. Wenn das Kind dann in der Folgezeit noch gelegentlich einmal einnässt, sollte man das wortlos übergehen. Allerdings kommt es bei 20 bis 40 % der Kinder im Verlauf eines Jahres zu ernsthaften Rückfällen, das heißt zum Bettnässen in zwei aufeinanderfolgenden Nächten oder zweimal in der Woche. In solchen Fällen sollte die Behandlung wieder aufgenommen werden, was dann in 70 bis 80 % zum Erfolg führt.

Medikamente ■

Zur medikamentösen Behandlung sind bislang das Antidepressivum Imipramin (Tofranil) und das antidiuretische Hormon DDAVP (Minirin), das die Harnproduktion in der Nacht verringert, eingesetzt worden. Beide, insbesondere DDAVP, führen zu einer deutlichen Verminderung des Bettnässens während der Medikamentengabe. Nach Absetzen der Medikation kommt es jedoch in den meisten Fällen zu einem Rückfall auf das alte Niveau. Als Indikation für den vorübergehenden Einsatz von DDAVP kann deshalb angesehen werden, wenn das Kind in weniger als drei Wochen, zum Beispiel wegen einer Klassenfahrt oder eines Besuchs mit Übernachtung, trocken sein soll. Auf den Einsatz von Imipramin sollte wegen seiner Nebenwirkungen und der geringen therapeutischen Breite heutzutage verzichtet werden.

fachliche Hilfe ■

Die zuletzt genannten Maßnahmen sind in aller Regel ohne fachliche Hilfe nicht durchzuführen. Sie sollten begleitet werden durch eine psychotherapeutische Arbeit, in die sinnvollerweise die ganze Familie einbezogen wird.

Weitere Stichworte:

- Aggressivität
- Angst
- Aufmerksamkeits- und Aktivitätsstörung
- Einkoten

Literatur: 73, 74, 75, 97, 124, 131, 143, 205, 206, 210, 219, 239

Fremdeln – Trennungsangst

Wahrnehmen und bewerten

Fremdeln

Die meisten Babys reagieren in den ersten Lebensmonaten erstaunlich offen: Sie lachen Menschen an, auch wenn sie diese vorher noch nie gesehen haben. Etwa vom 8. Lebensmonat an kann sich dieses Verhalten ändern: Kinder beginnen zu fremdeln. Sie zeigen sich gegenüber weniger vertrauten Menschen abweisend, wollen von ihnen nicht angefasst werden und machen sich steif, wenn diese Personen es doch streicheln oder in sonstiger Art berühren. Sie fangen an zu weinen und wollen auf den Arm der Mutter. Oft beobachten sie dann, wie die Mutter mit einem Unbekannten spricht, und verstehen das offensichtlich als Signal: Der ist in Ordnung. Sie werden allmählich entspannter, häufig auch zutraulicher und strecken dem Besucher vielleicht sogar ihr Spielzeug hin. Kommt der jedoch plötzlich zu nahe, wenden sie sich wieder ängstlich ab und klammern sich an die Mutter. Dieses Fremdeln ist völlig normal und braucht Eltern nicht zu beunruhigen.

Ein ganz ähnliches Verhalten zeigen ältere Kleinkinder, wenn sie von Bekannten der Eltern angesprochen werden oder fremde Leute begrüßen sollen. Sie wenden sich ängstlich den Eltern zu, klammern sich an deren Kleidung und brauchen eine gewisse Zeit der Nichtbeachtung, um sich der Situation wieder zuwenden zu können. Dies ist bei manchen Kindern stärker, bei manchen weniger stark ausgeprägt, aber grundsätzlich auch immer noch eine ganz normale kindliche Reaktion.

Trennungsangst

Viele Kinder zeigen Trennungsängste, wenn sie für einen Abend zu einer Betreuerin gebracht werden, wenn sie den Vormittag oder den Tag bei einer Tagesmutter verbringen oder wenn sie in den Kindergarten gehen. Sie fragen die Eltern, ob sie wiederkommen. Manche Kinder klammern, weinen und protestieren zumindest in den ersten Trennungssituationen. Auch solche Trennungsängste sind völlig normal und brauchen Eltern nicht zu beunruhigen. Die Kinder lernen aus der Erfahrung, dass die Eltern wiederkommen, und verlieren ihre Ängste.

auffällige Trennungsangst

Erst wenn ein Fremdeln so starke Ausmaße annimmt, dass es Kinder daran hindert, zu anderen Personen, auch zu anderen Kindern Kontakt aufzunehmen, muss das Aufmerksamkeit erregen. Auch wenn Kinder über Wochen bei der Trennung von Mutter oder Vater bei der Tagesmutter oder im Kindergarten sich gar nicht beruhigen, mit dem Klammern, Weinen und Protestieren gar nicht aufhören, muss man von einer Trennungsangst reden, die über das normale Maß hinausgeht.

Auffällige Trennungsängste äußern sich bei manchen Kindern in Sorgen, der Mutter oder dem Vater könne etwas Schlimmes zustoßen. Manche Kinder äußern Ängste, die Mutter oder der Vater könnte weggehen und nicht wiederkommen. Sie reden von einem furchtbaren Unglück, das sie von ihrer Hauptbezugsperson trennen könne, denken beispielsweise, dass sie selbst verloren gehen oder entführt werden könnten. Manche Kinder weigern sich, ins Bett zu gehen, weil sie die abendliche Trennung von der Hauptbezugsperson verängstigt. Andere sind nicht in der Lage, auch nur für kurze Zeit allein zu Hause zu bleiben. Für manche solcher Kinder gehört auch dazu, dass sie Alpträume über Trennungen haben, die große Ängste auslösen. Andere entwickeln Übelkeit, Bauchschmerzen, Kopfschmerzen bis zum Erbrechen, wenn Trennungen von ihrer Hauptbezugsperson anstehen.

Einordnen und verstehen

Erkennen der Eltern

Bis zum Alter von 6 Monaten protestieren die meisten Kinder nicht, wenn sie anderen in Obhut gegeben oder von Fremden im Arm gehalten werden. Zwar wissen sie schon als Babys, wohin sie gehören: Bereits in der ersten Woche erkennt das Neugeborene die Stimme der Mutter und erkennt sie auch am Hautgeruch. Mit zwei bis drei Monaten können Babys das Gesicht der Mutter auf einem Foto wiedererkennen. Nach dem ersten Vierteljahr führt die vertraute Gegenwart der Mutter zur Entspannung. In den nächsten Monaten lernt das Baby, dass die Mutter dieselbe bleibt, wenn sie eine neue Brille hat oder ein Kopftuch trägt. Das Baby bezieht nun auch andere Personen – den Vater, das Geschwister – in den Kreis der ihm Vertrauten ein.

Vermissen der Eltern

Im zweiten Lebenshalbjahr lernen die Kinder, dass die Personen und die Dinge weiter existieren, auch wenn man sie nicht sieht. Sie erfahren beispielsweise, dass die Mutter unsichtbar ist, aber kommt, wenn sie gerufen wird. Die Kinder beginnen, ihre Eltern bei Abwesenheit zu vermissen. Dies ist ein wichtiger Entwicklungsfortschritt; denn in dieser Zeit lernen die Kinder zugleich, sich immer besser zu bewegen und immer mehr durch die Wohnung zu krabbeln. Sie gehen selbst auf Erkundungsreise und geraten dabei möglicherweise in gefährliche Situationen. Deshalb ist es wichtig, dass sie vor Fremden Angst empfinden, die sie veranlasst, schnell zu ihrer Bezugsperson zurückzukrabbeln. Sie holen sich dort Sicherheit für neue Erkundungen. Durch die Nähe und ein aufmunterndes Lächeln der Eltern fühlen sie sich beruhigt und zu neuen Ausflügen ermuntert. Das Fremdeln dient also wie ein Sicherheitsgummiband zu den Bezugspersonen: Immer, wenn die Situation zu unvertraut ist oder ein unbekanntes Gesicht auftaucht, holt sich das Kind Sicherheit bei „seinen Leuten".

- ***Kontaktverhalten der Fremden***

  Wenn Kinder heftig fremdeln, dann sind es meist nicht die Fremden, die beim Kind Angst auslösen, sondern das, was sie mit ihm machen. So reagieren Kinder sehr auf die Art und Weise, wie die Fremden sie anschauen. Gucken diese unfreundlich oder nehmen sie keinen Blickkontakt zum Kind auf, fremdelt das Kind in der Regel sehr stark. Schauen die Fremden freundlich und schauen sie dem Kind in die Augen, dann reagiert auch das Kind in der Regel freundlich und lächelt nach einiger Zeit. Vor allem aber schätzen Kinder es nicht, von Unbekannten angefasst und berührt zu werden. Offensichtlich möchte das Kind die Person, mit der es neu in Kontakt tritt, zuerst näher kennenlernen. Insofern unterscheidet es sich nicht von Erwachsenen, die es in der Regel auch ablehnen, von Fremden betätschelt und angefasst zu werden.

- ***Trennung von den Eltern***

  Alle Kinder müssen lernen, eine zeitliche Trennung von ihren Eltern auszuhalten. Dies zu lernen kann sowohl für die Kinder als auch für die Eltern schwierig sein. Aber Eltern brauchen auch Zeit für sich selbst, und Kinder profitieren davon, wenn sie Zeit mit anderen Menschen verbringen. Wenn Kleinkinder ängstlich bei den ersten Trennungen von ihren Eltern sind, so ist das ganz normal. Und ebenso normal ist es, dass Eltern die ersten Trennungssituationen auch für sich selbst als schwierig erleben. Nur eines von vier oder fünf Kleinkindern zeigt niemals Trennungsangst. Möglicherweise gewöhnen sich diese Kinder ohne Schwierigkeiten an neue Situationen, oder die Phase der Trennungsangst geht so schnell vorbei, dass sie von den Erwachsenen nicht bemerkt wird. Kinder, die tagsüber betreut werden, sind es im übrigen gewohnt, dass ihre Eltern gehen und wiederkommen. Sie haben sich darauf eingerichtet, einen größeren Kreis von Erwachsenen um sich zu haben, und zeigen möglicherweise deshalb kaum einmal Trennungsangst.

- ***wechselseitiges Missverstehen***

  Wenn Eltern das Fremdeln ihres Kindes verstehen, werden sie ihm Zeit lassen, sich an neue Situationen und an neue Personen zu gewöhnen. Sie werden auch Verständnis dafür haben, dass das Fremdeln mehr und stärker auftritt, wenn das Kind müde ist und an diesem Tag schon viel erlebt hat. Manche Eltern jedoch sind enttäuscht und verstimmt, wenn ihr Kind fremdelt. Sie drängen das Kind, Kontakt aufzunehmen, und lassen es ihren Unwillen spüren. Das aber stört die Eltern-Kind-Beziehung. Es besteht die Gefahr, dass das Kind sich bei der nächsten Begegnung mit einem Fremden an die unangenehme Situation erinnert und dass seine Scheu nun noch größer sein wird. Reagieren die Eltern wieder unwillig, kann sich dieser ungünstige Kreisprozess immer mehr verfestigen. Es kann geschehen, dass sich das Kind bald schon beim Anblick fremder Leute ängstlich der Mutter oder dem Vater zuwendet. Vielleicht will es damit verhindern, dass wieder etwas Störendes zwischen sich und die Eltern tritt. Wenn die Eltern dann mit noch größerer Verärgerung reagieren, stellt das für das Kind wiederum ein unangenehmes Erlebnis dar. Das Fremdeln wird auf diese Weise immer weiter verfestigt, so dass es schließlich mit großer Beständigkeit auftritt. Durch dieses wechselseitige Missverstehen kann das Kind in seinem gesamten spontanen Kontaktverhalten gestört werden.

das Weinen überbewerten

Auch Trennungsängste können leicht durch ungeschickte Reaktionen von Eltern verschlimmert werden. Möglicherweise fühlt ein Vater oder eine Mutter sich schuldig, wenn sie das Kind einem Betreuer überlassen (obwohl es keine Hinweise darauf gibt, dass der Aufenthalt beispielsweise bei Tagesmüttern ungünstige Auswirkungen auf Kinder haben könnte). Aber solche Eltern neigen leicht dazu, das Weinen ihres Kindes überzubewerten und seinem Protest nachzugeben. Sie reagieren auf das Weinen mit viel Aufmerksamkeit und Zuwendung und verstärken auf solche Weise unabsichtlich dieses Verhalten. Der Protest wird dann in Zukunft zunehmen.

familiäre Belastungen

Unangemessene Trennungsängste treten im übrigen dann besonders häufig auf, wenn es in der Familie besondere Belastungen gibt. Dabei kann es sich um schwere Erkrankungen in der Familie handeln, ebenso wie um Beziehungsprobleme der Eltern.

Überbesorgtheit

Und schließlich ist Trennung eben nicht nur einseitig zu sehen als Trennung des Kindes von den Eltern, sondern auch als Trennung der Eltern – der Mutter oder des Vaters – von dem Kind. Wenn ein Elternteil allzu besorgt ist und allzu sehr an dem Kind hängt, dann überträgt sich diese Sorge und diese Angst auf das Kind. Das Kind hat dann sozusagen Angst, die Mutter oder den Vater allein zu lassen, und fängt deshalb in der Trennungssituation an zu weinen, zu klammern und trotzig zu reagieren. Und manchmal äußert sich die elterliche Angst vor der Trennung eben auch in Alpträumen des Kindes, die Trennungen zum Inhalt haben, in Ängsten des Kindes vor einem Unglück, das den Eltern zustoßen könnte, oder in Ängsten des Kindes, selbst von den Eltern mit Gewalt getrennt zu werden.

ängstliche Eltern

Viele schüchterne Kinder haben ebenso schüchterne, ängstliche Eltern. Den Eltern ist dabei häufig nicht klar, dass sie als Vorbild für ihre Kinder wirken. Möglicherweise ist ihnen ihre eigene Schüchternheit und Ängstlichkeit nicht bewusst. Sieht also ein Kind, dass seine Mutter häufig mit unsicherem Verhalten reagiert, wenn Besuch kommt oder wenn sie die Wohnung zum Einkaufen verlassen muss, so wird das Kind daraus den Schluss ziehen, dass solche Kontakte und derartiges Verhalten potenziell bedrohlich sind, und es wird solche Situationen ebenfalls als angstauslösend erleben. Und wenn die Mutter dann das Problem ihrer Schüchternheit und Ängstlichkeit dadurch „löst", dass sie Sozialkontakte vermeidet, wird das Kind wahrscheinlich ein ganz entsprechendes Vermeidungsverhalten entwickeln.

Lösungen anregen und möglich machen

Kontakt zum Kind

Wenn ein Kleinkind in die Krabbelphase kommt, profitiert es davon, wenn es möglichst die ganze Wohnung erkunden kann. Für das Kind ist es dabei aber wichtig, immer zu wissen, wo seine Bezugsperson ist. Deshalb darf man das Zimmer nicht verlassen, ohne das Kind darauf aufmerksam zu machen. Wenn man dann in einem anderen Zimmer ist, sollte man mit ihm reden, damit es hört, dass man in der Nähe ist. Wenn es sich weh tut, sollte man möglichst schnell bei ihm sein.

Respekt vor dem Kind

Wenn das Kind fremdelt, gebietet es der Respekt vor dem Kind, diese Reaktion zu achten. Gleichzeitig sollten Eltern dafür sorgen, dass auch der Besuch – Großeltern, Freunde und Bekannte – die Reaktion des Kindes respektieren. Sie sollten nicht dulden, dass ihr Kind betätschelt wird, solange es das nicht will, und dass es von Fremden in den Arm genommen wird, solange es bei ihnen auf dem Arm sein möchte. Das Kind wird rechtzeitig zeigen, wann es bereit ist, sich den neuen Personen zuzuwenden. Das geht umso schneller, je mehr die Besucher die Bedürfnisse des Kindes respektieren.

Kontakt zu anderen suchen

Eltern sollten aber versuchen, nicht zu behütend zu sein. Kleinkinder brauchen unbedingt den Umgang mit anderen Menschen. Wechselseitige Besuche bei anderen Eltern von Kleinkindern schaffen wichtige Erfahrungen. In solchen Situationen lernt das Kind, mit anderen Menschen zusammen zu sein, und weiß zugleich, dass seine Bezugsperson in der Nähe und immer erreichbar ist.

Trennungsritus

Es ist nicht immer möglich zu verhindern, dass ein Kind protestiert, wenn seine Eltern weggehen. Aber die Eltern können dafür sorgen, dass eine zuverlässige Betreuerin zugegen ist, die das Kind kennt, die es schon einige Male gesehen hat. Bevor sie gehen, sollten sie dem Kind zumindest bei den ersten Malen ausreichend Zeit geben, die neue Person noch in ihrer Gegenwart – immer wieder neu – kennenzulernen. Man kann einen kleinen Ritus erfinden, der jedes Mal beim Weggehen wiederholt wird, beispielsweise: „So, jetzt gehe ich, und in zwei (drei, vier ...) Stunden komme ich wieder.“ Bei der Rückkehr folgt dann der Satz: „Da bin ich wieder!“

Gewöhnung an das Neue

Bevor das Kind zum ersten Mal zu einer Tagesmutter oder in den Kindergarten gebracht wird, sollte man dort gemeinsam mit dem Kind einen Besuch machen. Zusammen kann man dann den anderen Kindern zuschauen, ohne das Kind dazu zu zwingen, an ihren Aktivitäten teilzunehmen. Schön ist es, wenn mehrere solcher Besuche möglich sind, die jedes Mal ein wenig länger dauern. Das Kind wird sich an die Situation gewöhnen, sie weniger fremd erleben und deshalb später durch die Trennung nicht so geängstigt sein. Eine andere Möglichkeit besteht darin, ein Kind aus der Gruppe vorher zu sich zu Hause einzuladen und dadurch Vertrautheit herzustellen. Nach der ersten Trennung sollte man dem Kind sagen, wohin man geht und wann man wiederkommt (zum Beispiel nach dem Mittagessen oder nach dem Mittagschlaf). Hilfreich ist es, wenn die Trennung selber dann immer gleichartig verläuft, beispielsweise mit der Begrüßung der Betreuer und der anderen Kinder als erstem Schritt, mit dem Ausschauhalten nach einem Spielzeug als zweitem Schritt, dem Abschiedskuss und einem Tschüss als drittem sowie dem eindeutigen und nicht zögernden Weggehen als viertem Schritt.

Trennungsschritte vorbesprechen

Falls dass Kind über längere Zeit Schwierigkeiten beim Abschied hat, sollte man diese Schritte mit dem Kind besprechen. Man sollte vor allem den Schritt besprechen, der „daneben ging“, und beispielsweise dem Kind sagen: „Letztes Mal, als ich dich in den Kindergarten gebracht habe, hast du den letzten Schritt vergessen. Das war, als du Tschüss sagen und mich dann gehen lassen solltest. Lass uns heute sehen, ob du das kannst: Tschüss sagen und dann mich gehen lassen.“

familientherapeutische Hilfe

Wenn es Hinweise darauf gibt, dass die Trennungsängste eines Kindes mit dem Stress innerhalb der Familie zusammenhängen, wird in der Regel familientherapeutische Hilfe sinnvoll und notwendig sein. Häufig sind dafür gar nicht viele Stunden erforderlich. Das gilt auch für die Fälle, in denen die Trennungsängste des Kindes Ausdruck der besonderen Besorgtheit der Eltern und ihrer Anhänglichkeit an das Kind sind. Meist gibt es dafür gute Gründe, die in solchen Gesprächen zum Thema werden, und meist finden Eltern dann selbst die Lösungen, die für ihre Familien gut sind.

Weitere Stichworte:

- Angst
- Furcht
- Schlafstörungen
- Schüchternheit

Literatur: 51, 60, 125, 158, 160, 165

Furcht – Phobien

Wahrnehmen und bewerten

Erscheinungsbild

Furcht wird in diesem Buch unterschieden von Angst. Bei Angst handelt es sich um ein unbestimmtes Gefühl innerer Unruhe, Beklemmung, Enge, ein Erleben von Sorgen und Befürchtungen, das nicht auf bestimmte Objekte und Situationen begrenzt ist. Manchmal sagen Kinder zwar, Angst vor der Zukunft, Angst vor dem Allein-gelassen-werden oder Sonstiges zu haben, aber sie können diese Angst nicht genau beschreiben. Angst kann sich nicht nur in Ängstlichkeit äußern, sondern auch in Reizbarkeit, Trotz und aggressiven Verhaltensweisen. (Siehe dazu: Angst).

Furcht dagegen wird benutzt im Sinne einer „Furcht vor etwas". Das Kind kann sehr genau angeben, vor welchen Situationen, vor welchen Personen oder vor welchen Tieren es sich fürchtet. Furcht ist ein sehr wichtiges Signal, das hilft, Gefahren zu erkennen. Furcht zu haben ist deshalb überhaupt nichts Schlechtes, sondern vielmehr etwas für die Sicherheit Notwendiges. Viele Kinder zeigen im Laufe ihres Lebens in ganz typischer Weise Furcht: so beispielsweise im Alter von zwei bis vier Jahren Furcht vor Dunkelheit, Furcht vor Gewittern, Furcht vor Tieren, später mit vier bis fünf Jahren Furcht vor Räubern oder Furcht vor Gespenstern. In diesem Alter sind viele Dinge neu und unbekannt, und da ist es völlig angemessen, sie zu fürchten.

Draufgänger

Manche Kinder beunruhigen im Gegenteil dadurch, dass sie allzu furchtlos sind. Sie nehmen Gefahren nicht wahr oder schätzen sie nicht richtig ein und schlagen Warnungen in den Wind. Ihre unzureichende Erfahrung mit dem Erleben von Furcht kann dann aber auf der anderen Seite dazu führen, dass sie plötzlich bei einem geringfügigen Anlass in Panik geraten (wie der Junge aus Grimms Märchen, „der auszog, das Fürchten zu lernen", durch nichts zu erschüttern war, aber zuletzt in Panik geriet, als ihm kalte Fische ins Bett geschüttet wurden).

Furcht als Auffälligkeit

Erst wenn die Furcht ein Kind in seinem täglichen Leben beeinträchtigt, besteht Handlungsbedarf. So kann beispielsweise eine außerordentliche Furcht vor Hunden ein Kind daran hindern, die Schule zu besuchen oder seine Freunde aufzusuchen. Auch wenn die Furcht sich ausweitet und beispielsweise eine Furcht vor einem Hund sich zu einer Furcht vor allen Tieren entwickelt, sind

Maßnahmen erforderlich, dem Kind bei der Überwindung seiner Furcht zu helfen. Das gilt auch, wenn die Furcht sich auf mehrere Situationen ausdehnt, beispielsweise zu der Furcht vor Hunden eine Furcht vor dem Wasser (an der See oder in der Badeanstalt) hinzukommt.

Einordnen und verstehen

- ***Entwicklung von Risikobewusstsein***

  Furcht ist das Gegenteil von Leichtsinn. Im Laufe seiner Entwicklung muss das Kind lernen, ein angemessenes Risikobewusstsein zu entwickeln. Vermag es Gefahren nicht richtig einzuschätzen, kann sich das in sehr widersprüchlichen Verhaltensweisen äußern: Einmal kann es geschehen, dass das Kind – weil es die Gefährlichkeit einer bestimmten Situation nicht richtig einzuordnen vermag – übertrieben furchtsam reagiert und nicht den Mut zu altersgemäßen Spielen findet. Zum anderen kann es aber auch sein, dass dasselbe Kind sich völlig unbedacht in gefährliche Situationen begibt und gefährliche Handlungen durchführt, eben weil es aus Mangel an Erfahrung die Gefahren nicht kennt.

- ***falsche Informationen***

  Kinder lernen von ihren Bezugspersonen, ob Furcht in einer bestimmten Situation angemessen oder unbegründet ist, ob die vermutete Gefahr real ist oder eher fantasiert. Sie lernen das im Kontakt mit den Erwachsenen, und sie lernen das besonders sicher, wenn sie sich auf die Aussagen der Erwachsenen voll verlassen können. Umgekehrt kann Furcht vor vielen kleinen Gefahren dadurch ausgelöst werden, dass Kinder die Erfahrung machen, dass die Angaben der Erwachsenen nicht zuverlässig sind. So beobachtet man gerade bei jenen Kindern eine große Furcht vor dem Arzt, denen vor der ersten Spritze gesagt wurde: „Das tut gar nicht weh." Die Kinder mussten dann jedoch die Erfahrung machen, dass es doch weh tut. Die Folge ist, dass sie nun bei der nächsten Gelegenheit, bei der man ihnen versichert, irgend etwas tue nicht weh oder sei ganz ungefährlich, dem nicht mehr glauben können, dass sie verunsichert sind und deshalb Furcht haben.

  Das Bewusstsein des Kindes, sich völlig sicher auf das verlassen zu können, was die Eltern und Erzieher sagen, ist eine wichtige Grundlage dafür, dass ein Kind keine Furchtsamkeit entwickelt. Dieses Bewusstsein hat ein Kind aber nur, solange es sicher sein kann, dass seine Eltern und Erzieher ihm auch nichts Wichtiges verschweigen. Eine derartige Situation aber würde beispielsweise eintreten, wenn Eltern – im Vertrauen auf den tiefen Schlaf ihres Kindes – abends fortgehen, ohne dem Kind gesagt zu haben, dass man es alleine lassen werde. Sobald ein Kind ein solches Verhalten seiner Eltern bemerkt, dürfte es sein volles Zutrauen zu ihnen verlieren und kann unsicher und furchtsam werden. Schon ein einmaliges Erleben dieser Art kann bei einem Kind Folgen haben, die nur durch geduldiges Bemühen über lange Zeit wieder behoben werden können.

Einschätzung der Realität

Eine ausgeprägte Furcht vor bestimmten Dingen, beispielsweise vor Räubern und Gespenstern, oder vor bestimmten Situationen wie der Dunkelheit tritt – wie gesagt – besonders häufig im Alter zwischen drei und fünf Jahren auf, wenn die Kinder noch Schwierigkeiten haben, Realität und Fantasie sicher zu trennen. Grundsätzlich ist das Ausmaß von Furcht abhängig davon, welche Folgen oder situativen Entwicklungen sich jemand ausmalt. Gerade im Vorschulalter ist aber die Vorstellungskraft des Kindes sehr lebendig, und zugleich ist seine Unterscheidungsvermögen zwischen den Dingen, die real möglich sind, und solchen, die nur in seiner Fantasie bestehen, noch relativ gering ausgebildet. Deshalb zeigen Kinder in diesem Alter häufig eine ausgeprägte Furcht vor bestimmten Dingen oder in bestimmten Situationen. Besonders solche Kinder, deren Fantasie durch unrealistische Drohungen – manchmal auch seitens der Geschwister – allzu sehr angeregt wurden oder die zu viel schreckliche und noch nicht verstehbare Dinge im Fernsehen gesehen haben, können dann leicht Furcht vor den in ihnen aufsteigenden Vorstellungen entwickeln.

Furcht vor Hunden

So kann manchmal auch die Furcht eines Kindes vor Hunden durch allzu beunruhigende Vorstellungen angeregt oder durch eine Episode im Fernsehen, manchmal aber auch durch eigene furchterregende Erfahrungen mit Hunden ausgelöst worden sein. Dies kann beispielsweise geschehen, wenn dem Kind gesagt wird, es brauche keinerlei Furcht vor einem Hund zu haben, ohne dass man es gleichzeitig darauf hinweist, dass ein Hund auch einmal gefährlich werden kann, wenn er verärgert oder aber erschreckt wird (beispielsweise wenn das Kind von hinten kommt, ohne dass der Hund es sieht, und das Kind ihn – für den Hund völlig überraschend – anfasst).

auslösende Situationen

Furcht kann auch durch reines Zusehen entstehen. Wenn ein Kind beispielsweise sieht, dass eine Bezugsperson beim Anblick einer Spinne aufschreit und offensichtlich stark erregt wird, kann es geschehen, dass sich die Erregung auf das Kind überträgt, ohne dass das Kind den Grund derselben versteht. Es entwickelt auf diese Weise eine Furcht, eine phobische Reaktion vor Spinnen. Eine Phobie kann sich aber auch nach einer belastenden oder traumatischen Situation einstellen, obwohl diese Situation in der Erinnerung verblasst oder sogar gänzlich vergessen wird. Die Furchtreaktion bleibt dann bestehen, obwohl das Kind die auslösende Situation nicht mehr benennen kann.

Lösungen anregen und möglich machen

- ***Risikobewusstsein vermitteln***

Eine wichtige Aufgabe der Erwachsenen ist es, dem Kind schon frühzeitig ein realistisches Risikobewusstsein zu vermitteln. Diese Aufgabe ist deshalb von hoher Bedeutung, weil das Kind nur mit solchen Hilfen ohne Furchtsamkeit und Hemmung seine Umwelt zu erobern vermag, so dass es sich ungestört entwickeln kann. Für Eltern ist es manchmal nicht ganz leicht zuzuschauen, wie Kinder sich in Gefahr begeben – zumindest in die Gefahr, sich weh zu tun. Andererseits lernt das Kind nicht, Gefahren einzuschätzen, wenn überbesorgte Eltern es vor jedem kleinen Unglück bewahren wollen. Es ist – wenn nötig – auf die Gefahr hinzuweisen, aber es sollte nicht oder äußerst selten in seine Aktivitäten eingegriffen werden. Wenn ein kleiner Unfall passiert, sollte man das Kind kurz trösten, aber dann möglichst schnell wieder darüber hinweggehen.

Dieses frühzeitige Erlernen eines Risikobewusstseins ist nicht zuletzt wichtig im Hinblick auf die Gefahren, die das Kind heute schon frühzeitig im Straßenverkehr erkennen und meistern muss. Sobald das Kind so alt ist, dass es gelegentlich alleine auf die Straße gehen kann, muss es in der Lage sein, die auftretenden Gefahrensituationen zu erkennen und richtig einzuschätzen. Um dies zu erlernen, braucht das Kind schon in den ersten Lebensjahren einen genügend großen Freiheitsraum, in dem es – unter Anleitung der Eltern – handeln und sich bewegen kann. Ein Kind benötigt gerade in dieser Zeit großzügige Möglichkeiten zum Ausleben seines Tätigkeitsdranges, wobei es dann von den Eltern sachliche, aber keineswegs übertriebene Hinweise auf die Gefährlichkeit eines bestimmten Tuns bekommen sollte. Es muss an die Dinge herangeführt werden, um seine eigenen Erfahrungen in den ersten, zumeist noch recht harmlosen Situationen zu sammeln. Auf diese Weise wird das Kind dann auch bald die Erfahrung machen, dass tatsächlich eine wirkliche Gefahr droht, sobald die Eltern „Halt“ rufen. Es wird merken, dass es äußerst nützlich ist, sich nach den Hinweisen der Eltern zu richten.

- ***Akzeptanz der Furcht***

Wenn ein Kind übermäßig furchtsam ist, wird man auch dieses Verhalten zunächst einmal respektieren müssen. Alles gute Zureden, alle Vorwürfe und Ermahnungen und alle Versuche, das Kind zu etwas zwingen zu wollen, führen meist zum Gegenteil.

Auch wenn ein Kind im Vorschulalter eine übertriebene Furcht vor der Dunkelheit hat, ist das nicht als unsinnig abzutun oder lächerlich zu machen. Es ist ohne weiteres möglich, im Zimmer des Kindes nachts eine kleine Lampe brennen oder die Tür einen Spalt offen stehen zu lassen. Darüber hinaus kann man einem Kind die Furcht vor der Dunkelheit allmählich nehmen, indem man Hand in Hand mit ihm ganz vorsichtig gemeinsam in das dunkle Zimmer geht, indem man allmählich kleine Spiele im Dunkeln erfindet, um schließlich gemeinsam festzustellen, dass Verstecken-spielen im Dunkeln ganz besonders interessant und wunderbar aufregend ist.

neue Situationen vorbereiten

Kindern sehen sich immer wieder vor neue Situationen und Aufgaben gestellt, die Furcht auslösen können, wenn sie unvorbereitet damit konfrontiert werden. Das gilt für den ersten Kindergartentag, den ersten Schultag, für die Begegnung mit einem schwer kranken Familienmitglied, für den Arztbesuch und die (Röntgen-)Untersuchung mit einer großen Apparatur im Krankenhaus, für die erste Fahrt mit dem Zug und den ersten Flug und viele andere Situationen. Eltern und Erzieherinnen können ihre Kinder darauf vorbereiten, indem sie über das reden, was sie erwartet, und nichts dabei beschönigen oder verniedlichen. Sie müssen ihnen erläutern, ob sie immer an seiner Seite sein können oder das Kind in bestimmten Augenblicken allein bleiben muss. Dieses Durchspielen der auf das Kind zukommenden Situation in Gedanken schafft Vertrautheit und schützt vor unangenehmen Überraschungen. Ein Schmusetier oder ein Schmeichelstein kann als Begleiter in den Augenblicken dienen, in denen das Kind allein bleiben muss.

Vorbild sein

Erfahrene Erwachsene wissen, wie man ein Kind allmählich an Dinge heranführt, vor denen es zurückschreckt und große Furcht zeigt: Sie führen selber diese Handlung durch (springen beispielsweise am Meer ins Wasser und freuen sich am Baden) und warten – ohne jeden Kommentar – darauf, dass die natürliche Neugier das Kind dazu antreibt, dasselbe auch zu versuchen. Wenn man jetzt ohne jedes Drängen Hilfestellung gibt und zudem die einzelnen kleinen Schritte des Kindes zur Bewältigung der Situation bestärkt und anerkennt, dann wird das Kind Zutrauen gewinnen und seine Furcht verlieren.

sich der Furcht aussetzen

Furcht ist etwas, dass man überwindet, indem man sich der Furcht aussetzt. Ein Vermeiden der furchtauslösenden Situation macht das Problem nur größer. Das hat auch Goethe gewusst, der unter sogenannter „Höhenangst" litt. Er zwang sich, auf den Turm des Straßburger Münsters zu steigen, um seine Furcht vor der Höhe zu überwinden. Er hatte erkannt, was heute als die beste Bewältigungsstrategie gilt: In die Furcht hineingehen und sich der Furcht aussetzen. Auch Therapeuten behandeln heute in dieser Art die Furcht von Erwachsenen und Kindern, allerdings immer in solchen Schritten, die für den Betroffenen zu bewältigen sind.

schrittweise vorgehen

Generell sollten Eltern ihrem furchtsamen Kind etwas zutrauen und ihm Mut machen. Dabei ist darauf zu achten, dass das Kind nicht überfordert und dadurch zusätzlich verunsichert wird. Andererseits darf man es auch nicht aus der Pflicht lassen; denn das Vermeiden von gefürchteten Situationen verstärkt die Furcht. Man muss es also langsam dazu führen, sich mit den Situationen, die es fürchtet, auseinanderzusetzen und sie zu bewältigen. Wichtig ist, dabei schrittweise vorzugehen und dem Kind die notwendigen Hilfestellungen zu geben. Das heißt aber nicht, dass man dem Kind das Problem abnimmt. Man muss mit freundlicher Bestimmtheit darauf bestehen, dass das Kind das Problem selbst löst.

- ***die „schrittweise Annäherung"***

Dies kann beispielsweise in der Art der „schrittweisen Annäherung" erfolgen. Dazu gliedert man das, was das Kind lernen soll, in kleine, für das Kind zu bewältigende Schritte, die nacheinander geübt werden. Begonnen wird mit dem leichtesten Schritt. Die Schwierigkeit steigt mit der Zeit. Ein Schritt wird so lange geübt, bis er beherrscht wird. Vorher wird nicht weitergegangen. Die „schrittweise Annäherung" ist beendet, wenn auch der letzte und schwierigste Schritt getan ist.

Wenn das Kind beispielsweise Angst vor Hunden hat, kann man damit beginnen, Bilder von Hunden anzuschauen und über Hunde zu reden. Im nächsten Schritt kann man jemanden suchen, der einen kleinen, lieben Hund hat, und dem Kind zeigen, wie man sich selbst dem Hund annähert, ihn streichelt und mit ihm spielt. Im nächsten Schritt kann man das Kind anregen, sich dem Hund allmählich selbst zu nähern, vielleicht die Hand zu einem Streicheln auszustrecken. Zunächst hält der Erwachsene dabei noch die Hand des Kindes. Im nächsten Schritt geht das Kind schon alleine auf diesen Hund zu. Geht das Kind sicher und ohne Furcht mit dem kleinen Hund um, kann man im nächsten Schritt dasselbe mit einem größeren, zuverlässigen Hund tun. Zunächst wird das Kind dies nur in Anwesenheit des Erwachsenen tun. Später wird der Erwachsene sich aber zurückziehen, das Kind mit dem Hund alleine lassen und nur noch aus größerer Entfernung die Situation beobachten, um eingreifen zu können, wenn beispielsweise eine überraschende Bewegung des Hundes das Kind erschreckt.

Dieses Vorgehen kann auf alle Situationen übertragen werden, in denen das Kind Furcht zeigt. Zunächst wird eine Rangfolge von aufsteigender Schwierigkeit gebildet. Kann das Kind die leichteste Situation mehrmals hintereinander gut bewältigen, was jedes Mal lobend und anerkennend hervorzuheben ist, ermutigen die Eltern das Kind, sich einem nächsten, schwierigeren Schritt zu stellen. Sind die Schritte klein, ist also die Anforderung für das Kind zu bewältigen, sollten die Eltern keine Angst davor haben, auf den kleinen Anforderungen zu bestehen. Mit jeder erfolgreichen Bewältigung einer angstauslösenden Situation oder eines neuen Schrittes schöpft das Kind neuen Mut für weitere

Aktivitäten. Es erlebt sich als fähig und kompetent und baut dadurch Selbstvertrauen auf.

auf Unangenehmes vorbereiten

Es bleibt nicht aus, dass Kinder – genauso wie Erwachsene – manchmal Dinge ertragen oder tun müssen, vor denen sie sich fürchten, zum Beispiel eine Spritze bekommen oder auf eine neue Schule gehen. Es macht keinen Sinn, dem Kind zu erlauben, diesen Situationen auszuweichen und sie zu vermeiden. Es ist besser, das Kind auf die gefürchtete Situation vorzubereiten und ihm ruhig und ehrlich zu erklären, was auf es zukommt. So sollte man dem Kind sagen: „Der Einstich der Nadel wird etwas weh tun. Aber das geht schnell vorbei." Und wenn das Kind sich vor dem ersten Schultag in der neuen Schule fürchtet, kann man es begleiten und ihm den ersten Schritt erleichtern. Geschickter ist es vielleicht, an den Tagen zuvor schon einen Kontakt mit einem Kind herzustellen, das in dieselbe Klasse geht. Dieses andere Kind kann etwas über die Schule erzählen und dem furchtsamen Kind helfen, sich mit der Situation vertraut zu machen. Am ersten Schultag kennt es dann schon jemanden und weiß schon etwas Bescheid.

zur Selbsthilfe anregen

Manchmal kann man ein furchtsames Kind auch anregen, durch hilfreiche Selbstgespräche die eigene Furcht zu überwinden. Hat ein Kind beispielsweise Furcht vor der Geisterbahn, so kann es sich sagen: „Alle Gespenster sind aus Pappe, und die Augen sind aus Glühbirnen." Begegnet es einer Spinne, kann es sich sagen: „Es ist nur eine Spinne. Sie kann mir nicht weh tun." Fängt es beim Gewitter an zu zittern, kann es zu sich sagen: „Ich bin der Chef über meinen Körper. Hör auf zu zittern und sei cool."

Weitere Stichworte:

- Angst
- Fremdeln – Trennungsangst
- Schüchternheit
- Schulangst
- Schulphobie

Literatur: 51, 58, 60, 69, 75, 125, 160, 161, 162, 165, 193

Haarausreißen

Trichotillomanie

Wahrnehmen und bewerten

Erscheinungsbild

Das Haarausreißen oder Haarezupfen ist eine auf den Außenstehenden äußerst befremdlich wirkende Verhaltensauffälligkeit. Das Kind – zuweilen aber auch der Jugendliche oder der Erwachsene – rupft sich seine Haare einzeln aus. In den meisten Fällen entstehen zusammenhängende kahle Stellen im vorher behaarten Kopfbereich; in schweren Fällen kann es zur Kahlköpfigkeit kommen. Das Haarausreißen kann aber auch die Augenbrauen oder die Wimpern betreffen.

Das Kind kann selbst nicht angeben, warum es das tut. Manche Kinder erklären aber je nach ihrem Alter mehr oder weniger differenziert, dass dem Haarausreißen ein Gefühl steigender Spannung vorausgeht und sie während des Haarausreißens – manchmal auch noch danach – ein Gefühl von Zufriedenheit oder Erleichterung erleben, auch wenn das Zupfen schmerzhaft ist. Für manche Kinder ist es vor allem lustvoll, das Haar anschließend durch den Mund zu ziehen und darauf zu kauen

frühe Form

Es werden eine frühe und eine späte Form unterschieden: Die frühe Form tritt vor dem sechsten Lebensjahr auf. Das Haarausreißen findet meist vor dem Schlafengehen oder im Schlaf statt. Es verschwindet häufig von selbst und ist relativ gut zu beeinflussen. In den meisten Fällen kann man die Kinder beim Haarausreißen, Haaredrehen oder Haarezupfen direkt beobachten. Fast immer sieht man auch noch ausgerissene Haare in ihren Händen. Dadurch kann man das Haarausreißen unterscheiden von einer Erkrankung – der Alopecia areata –, bei der es zu umschriebenem, meist kreisförmigem Haarausfall kommt, bei der zuweilen aber auch der ganze Kopf betroffen ist.

späte Form

Die späte Form beginnt in einem Alter von 11 – 14 Jahren, ist schwerer zu beeinflussen und bleibt nicht selten über längere Zeit, oft bis ins Erwachsenenalter, bestehen. Das Ausreißen der Haare tritt bei dieser Form auf, wenn die Betroffenen allein sind, typischerweise beim Lesen, Telefonieren, Fernsehen, Autofahren oder Im-Bett-liegen. Drei Viertel der Betroffenen geben an, dass sie sich dieser Handlung meist nicht bewusst sind. Bei Mädchen scheint diese späte Form des Haarausreißens häufiger aufzutreten als bei Jungen.

depressive Verstimmungen ■

Mehr als 80 % der älteren Betroffenen berichten von mangelndem Selbstvertrauen und von Schamgefühlen. Zwei Drittel leiden unter depressiven Verstimmungen, die teils in Reaktion auf die Auffälligkeit und die mit ihr verbundenen Beschämungen und Belastungen auftreten können, wesentlich aber doch schon am Beginn des Haarausreißens stehen dürften.

Zuordnen und verstehen

seelische Bedingtheit ■

Das Haarausreißen oder Haarezupfen ist bis auf wenige Ausnahmen, in denen eine hirnorganische Schädigung und zumeist auch eine geistige Behinderung vorliegen, seelisch bedingt. Die psychische Situation allerdings, die diesem Verhalten zugrunde liegt, ist nicht leicht nachzuempfinden, im Einzelnen auch noch wenig erforscht.

Federpickstörung ■

In der Tierwelt lassen sich vergleichbare Verhaltensweisen finden. Vögel, die in Gefangenschaft gehalten werden, leiden zuweilen an einer sogenannten Federpickstörung („feather picking disorder" – FPD). Sie zupfen sich Federn aus und spielen anschließend mit ihnen. Der Stress beim Eingesperrtsein zu mehreren Vögeln in engen Käfigen einerseits und die Langeweile sowie die Einsamkeit bei Einzelhaltung andererseits führen nach Meinung der Verhaltensforscher zu dieser Störung.

innere Wut und Erregung ■

Solche Faktoren sind auch als Auslöser für das Haarausreißen bekannt. In der Untersuchung und Behandlung von Kindern, die sich selbst die Haare ausreißen, wurde beispielsweise festgestellt, dass diese Kinder ebenfalls eine starke innere Erregung, eine Wut- und Aggressionsbereitschaft in sich tragen. Allerdings zeigen sich diese Kinder nach außen hin zumeist ruhig; sie wirken vielfach schüchtern und gehemmt. Offensichtlich sind sie aufgrund einer für sie unlösbaren Konfliktsituation nicht in der Lage, ihre Wutimpulse auszuführen.

Erleben von Ausweglosigkeit ■

Von manchen Autoren wird drauf hingewiesen, dass neben der inneren, aggressiv getönten Erregung bei solchen Kindern häufig zugleich ein starkes Zärtlichkeits- und Liebesbedürfnis besteht. Die Kinder seien hin- und hergerissen zwischen einem übersteigerten Verlangen nach Zuwendung und Zärtlichkeit einerseits und einer ohnmächtigen Wut auf ihre sie vernachlässigenden Bezugspersonen andererseits. Das Haarausreißen sei dann Ausdruck für die vom Kind als ausweglos erlebte Situation. Solche Kinder zeigen im übrigen häufig eine depressive Grundstimmung, die als Hinweis auf eine frühe Störung der Eltern-Kind-Beziehung angesehen werden muss.

- ***Versuch, sich selbst wahrzunehmen***

  In anderen Fällen scheint ein allgemeiner Mangel an Anregung und Stimulation Auslöser für diese Auffälligkeit zu sein. Diese Kinder möchten sich durch das Zufügen von Schmerzen in einen Zustand stärkerer Aktivierung bringen. Es ist fast so, als wollten sie sich selber auf diese Weise ihre eigene Existenz beweisen. Die Kinder fügen sich selbst einen körperlichen Schmerz zu, der Ausdruck ist für den seelischen Schmerz, den sie – vielleicht aufgrund mangelnder Aufmerksamkeit und Zuwendung – erfahren haben.

Lösungen anregen und möglich machen

- ***keine Verbote***

  Verbote, Drohungen und Druck helfen in aller Regel gar nichts und verschlimmern meist nur die allgemeine Situation des Kindes.

- ***Ausnahmen erkennen***

  Wie immer ist es hilfreich, genau zu beobachten, wann oder in der Folge welcher Ereignisse das Haarausreißen stärker auftritt und wann es in geringerem Maße durchgeführt wird. Oft lassen sich dann wichtige Hinweise darauf ableiten, welche Situationen das Kind als belastend erlebt, und vor allem, welche Situationen und welche Handlungen der Erwachsenen für das Kind hilfreich sind und den Weg zur Lösung des Problems weisen können.

- ***körperliche Stimulation***

  Bei jüngeren Kindern scheint es günstig zu sein, sie körperlich zu stimulieren. So sollte man das Kind möglichst oft streicheln. Man kann beobachten, zu welchen Uhrzeiten das Verhalten auftritt und das Kind zu diesen Zeiten baden, ihm mit einer weichen Babybürste über den Körper, die Haare und das Gesicht gehen. Ältere Kinder sollte man zu sportlichen Aktivitäten anregen, mit ihnen gemeinsam beispielsweise zum Schwimmen gehen.

- ***situativ „normales" Verhalten anregen***

  Eine weitere Hilfe kann die Frage sein: Was würde ein normal entwickeltes Kind in dem Augenblick tun, in dem dieses Kind an seinem Haar zupft und reißt? Die Antwort auf diese Frage gibt Hinweise, wozu man das Kind anregen und welches Verhalten man durch geeignete Belohnungen verstärken sollte.

- ***konkurrierende Verhaltensweisen***

  Mit älteren Kindern lassen sich „konkurrierende Verhaltensweisen" verabreden. Tritt das Haarausreißen beispielsweise regelmäßig bei der Erledigung der

Hausaufgaben auf, kann das Kind für die Dauer der Hausaufgaben einen bestimmten Gegenstand (einen Bär, eine Puppe oder sonst einen Gegenstand, den es schätzt) in die Hand nehmen, so dass die Hand nicht unbemerkt zu den Haaren gehen kann. Man muss das Kind aber fragen, ob es einen solchen „Trick" erproben möchte oder ob es sonst eine Idee hat, was hilfreich sein könnte (vielleicht beim Fernsehen immer eine Mütze aufzusetzen, wenn das Haarausreißen dabei besonders oft auftritt). Denn nur wenn es gelingt, das Kind zur Mitarbeit zu motivieren, wird man Erfolg haben können. So sollte man das Kind auch fragen, ob es darauf aufmerksam gemacht werden will, wenn es mal den Bär aus der Hand legt oder die Mütze abnimmt und die Haare anfasst. Spielerische Elemente sind dabei nützlich, beispielsweise ein bestimmter Code (eine Geste, ein Räuspern, das Pfeifen eines Liedes oder Ähnliches) als Signal.

andere Auffälligkeiten ■

In den meisten Fällen ist das Haarausreißen nicht die einzige Verhaltensauffälligkeit, die ein Kind zeigt. Viele Kinder sind zumeist depressiv verstimmt, sie lutschen auffällig häufig und ausdauernd am Daumen und beißen und reißen an ihren Nägeln. Diese Auffälligkeiten muss man im Zusammenhang betrachten und als Ganzes einer Lösung zuführen. In vielen Fällen wird es auch notwendig sein, fachliche Hilfe für die Eltern und für das Kind in Anspruch zu nehmen. Oft ist eine Beratung und eine Therapie mit der ganzen Familie hilfreich, in der alle Beteiligten darüber reden, wie sie mit Gefühlen umgehen, wie sie Verlusterlebnisse bearbeitet haben und welche Werte und Normen in der Familie von Bedeutung sind.

Weitere Stichworte:

- Aggressivität
- Angst
- Depression (Band 2)
- Furcht – Phobien
- Nägelkauen
- Schüchternheit
- Zwangsverhalten (Band 2)

Literatur: 145, 174

Jaktationen

Wahrnehmen und bewerten

Erscheinungsformen

Manche Kinder zeigen auffällige Bewegungsmuster: stereotype, streng rhythmisierte Bewegungen, die man Jaktationen nennt. Sie werfen beispielsweise – dies vor allem in der Einschlafphase – ihren Kopf mit großer Ausdauer rhythmisch hin und her, und das zuweilen so heftig, dass der ganze Oberkörper beteiligt ist. Diese Form einer Jaktation wird als Kopfwerfen (Jactatio capitis) bezeichnet. Die Intensität solchen Verhaltens ist daran abzulesen, dass die Haare der Kinder am Hinterkopf verschwinden können. Seltener geschieht, dass die Stirn regelmäßig wiederkehrend gegen die Seitenwände des Bettes geschlagen wird.

Neben dem Kopfwerfen sind weitere Schaukel- oder Rollbewegungen zu beobachten, die zumeist den ganzen Körper mit einbeziehen. Die Kinder bewegen sich im Stehen oder Sitzen rhythmisch vor und zurück oder rollen sich im Liegen von der einen Seite auf die andere. Auch hierbei kommt es in nicht wenigen Fällen vor, dass sie dabei ständig gegen die Wand oder das Bettgitter schlagen. Diese Form wird Jactatio corporis genannt. Jedes Kind hat dabei eine individuelle Frequenz, die sich jedoch in Abhängigkeit von seiner Affektlage abschwächen oder intensivieren kann.

Zeitpunkt und Häufigkeit

Diese Jaktationen können schon im Kleinkindalter auftreten, auch schon im ersten Lebensjahr. Am häufigsten sind sie jedoch um das dritte Lebensjahr und werden von da an zunehmend seltener. Zu Beginn des Schulalters soll die Häufigkeit bei 1,5 % – 4 % aller Kinder dieser Altersgruppe liegen. In der Pubertät tritt diese Symptomatik nur noch bei Geistigbehinderten auf. Verhältnismäßig oft werden Jaktationen bei psychisch belasteten Kindern in Kinderheimen und Kinderkliniken beobachtet. Jungen sind in der Überzahl; bei ihnen tritt die Symptomatik doppelt so häufig auf als bei Mädchen.

Reaktionen der Eltern

Offensichtlich scheinen Eltern relativ spät auf derartige Verhaltensweisen ihrer Kinder zu reagieren. Sie suchen erst Hilfe, wenn diese Bewegungsabläufe ihrer Kinder zu einem familiären oder nachbarlichen Störfaktor werden. So können beispielsweise andere Geschwister, die im gleichen Raum schlafen, durch dieses Verhalten erheblich beunruhigt und am Einschlafen oder Durchschlafen gehindert werden. Ebenso können bei einer erhöhten Intensität dieses Verhaltens die Eltern im Nachbarzimmer oder die Bewohner in der benachbarten

Wohnung gestört werden, wenn die Bewegungen so heftig sind, dass das Bett von der Stelle bewegt wird oder das Schlagen mit dem Kopf gegen das Bettgitter oder die Wand erheblichen Lärm macht.

Zuordnen und verstehen

Jaktationen als Ausdruck seelischen Befindens ■

Jaktationen sind – abgesehen von den Fällen, in denen eine schwere hirnorganische Schädigung zugrunde liegt – als Zeichen für eine seelische Störung anzusehen. Es gibt keine einheitliche Genese. Vielmehr sind offensichtlich eine Vielzahl verschiedener bedingender Faktoren für das Auftreten verantwortlich. Ein individuelles Zusammenspiel von internalen und externalen Bedingungen löst das Verhalten aus.

Wirkungen von Jaktationen ■

Man kann davon ausgehen, dass die Wirkung einer Jaktation darin liegt, dass sich die Kinder durch ihre stereotypen, streng rhythmisierten Bewegungen von der Umwelt distanzieren, sich abkapseln und sich voll auf diesen Bewegungsablauf konzentrieren. Sie werden mit der ganzen Person in diesen Bewegungsablauf einbezogen. Man spricht von einer Selbstbezogenheit des Verhaltens. Bei manchen Kindern wird dabei ein tranceähnlicher Zustand erreicht, der als hypnoid bezeichnet werden kann. Viele Beobachter meinen, dass die Jaktationen von den Kindern als „lustvoll" erlebt werden. Tatsächlich sieht man nicht selten, dass Kinder ärgerlich reagieren, wenn sie in dem Ablauf ihres Bewegungsmusters gestört werden.

intrapsychische Spannung und Erregung ■

Als Hintergrund für diese psychogene Störung ist eine erhöhte intrapsychische Spannung und Erregung des Kindes anzunehmen, eine Ängstlichkeit oder ein Unbefriedigtsein. Die Jaktationen dienen den Kindern in ihrer streng rhythmischen, stereotypen Art zur Entlastung und Beruhigung, als Bewältigungsstrategie ihrer beunruhigenden oder unbefriedigenden Situation.

In diesem Zusammenhang ist auf die allgemeine Bedeutung rhythmischer Bewegungen hinzuweisen. Rhythmus findet sich überall als Grundform unseres Lebens: im Puls und im Atmen, im Schlafen und im Wachen wie auch im Wechsel der Tages- und Jahreszeiten. Rhythmische Bewegungen haben besonders für das Kind einen sehr beruhigenden, ordnenden und die Spannung regulierenden Charakter. Aus diesem Grunde werden unruhige, schreiende Kleinkinder durch rhythmisches Wiegen und Schaukeln von den Erwachsenen beruhigt. Auch im höheren Alter sind alle rhythmischen Bewegungen und Abläufe reizvoll und faszinierend: auf dem Schaukelpferd ebenso wie auf der Wippe und der Schaukel, beim Hören rhythmischer Verse und von Musik, beim Tanzen, beim Trommeln und anderen rhythmisch betonten Tätigkeiten. Die häufigste Form von Jugendlichen, Spannungen abzureagieren, besteht heutzutage nicht mehr im Holzhacken, sondern darin, sich in ihr Zimmer zurückzuziehen, den Kopfhörer aufzusetzen und möglichst rhythmische Musik zu hören.

- ***Bewegungsbedürfnisse***

  Die Symptomatik einer Jaktation steht zweifellos oft mit einer erheblichen Beeinträchtigung der normalen Bewegungsbedürfnisse eines Kindes in Zusammenhang. Kinder, die ungenügende Beschäftigungsmöglichkeiten haben, sich ständig selbst überlassen sind, zu früh ins Bett geschickt und zu lange im Bett gehalten werden, entwickeln gehäuft Jaktationen. Ein ständig einschränkendes, regulierendes Erzieherverhalten ist einer Fesselung körperlicher und psychischer Art von Kindern gleichzusetzen. Hinzu tritt, dass Erzieherinnen und Erzieher, die ständig den kindlichen Bewegungsdrang hemmen, zumeist auch eine sehr geringe emotionale Zuwendungsbereitschaft und Akzeptanz der kindlichen Persönlichkeit und der kindlichen Bedürfnisse zeigen. So fand man Jaktationen besonders häufig bei Mädchen und Jungen, die auch tagsüber für lange Zeit in ihrem Kinderbett bleiben mussten oder sich nur im Laufstall bewegen durften. (In diesem Zusammenhang ist bemerkenswert, dass beispielsweise bei Elefanten, die längere Zeit auf engem Raum in Gefangenschaft gehalten wurden, ebenfalls ein stereotypes, rhythmisches Hin- und Herbewegen des Kopfes und sogar des ganzen Körpers beobachtet werden kann.)

- ***frühkindliche Hirnschädigung***

  Angeblich finden sich beim Auftreten von Jaktationen besonders häufig Anzeichen für eine frühkindliche Hirnschädigung. Derartige Hinweise wurden etwa bei einem Drittel der Kinder mit dieser Verhaltensauffälligkeit festgestellt. Das ist auch durchaus plausibel: Denn Kinder mit einer frühkindlichen Hirnschädigung haben häufig ein erhöhtes motorisches Entfaltungsbedürfnis. Sie zeigen eine Umtriebigkeit, Distanzlosigkeit, einen Konzentrationsmangel und häufiger auch eine besondere Neigung zu rhythmischen Bewegungsabläufen. Jaktationen können bei ihnen verstanden werden als eine Form einer einfachen Erregungsabfuhr. In einer Umgebung, die dieses zulässt, kann das für die Kinder hilfreich sein. Unruhige Kinder erfahren durch ihre erzieherische Umwelt aber oft erhöhte Regulierungstendenzen, durch die die Jaktationen dann in nicht unerheblichem Maße verstärkt werden können.

- ***tragfähige familiäre Situationen***

  Kinder benötigen für ihre Entwicklung das Erleben einer tragfähigen Beziehung und einer relativen Sicherheit der häuslichen Konstellation. Das bedeutet nicht, dass innerhalb einer Familie keine Konflikte auftreten und keine Streitgespräche stattfinden sollten. Kritisch zu werten sind vielmehr langwährende, unausgetragene Spannungssituationen zwischen den Beziehungspartnern, kritisch sind Beziehungskonflikte, die über das Kind ausgetragen werden, und bedeutungsvolle Familiengeheimnisse, die eine bedrohliche Gesamtsituation schaffen. Ebenso kann sich eine dauerhafte Überforderung des Vaters und/oder der Mutter durch Beruf, Haushalt und Kindererziehung, bedingt durch beengte Wohnverhältnisse, durch Drogenmissbrauch eines Partners oder durch ständig wiederkehrende finanzielle Unsicherheiten, negativ auswirken. Auch bei Kindern aus derartigen Beziehungskonstellationen sind Jaktationen gehäuft anzutreffen.

Stabilität des Bezugsfeldes

Kinder bedürfen des Erlebens einer kontinuierlichen Akzeptanz. Darum neigen solche Kinder eher zu Jaktationen, die während ihrer Entwicklung immer wieder erfahren mussten, dass die engsten Beziehungspersonen wechseln, beispielsweise wegen der Erkrankung eines Elternteils oder infolge von Scheidung oder Tod von Beziehungspersonen oder bei notwendigen Heimaufenthalten aufgrund häufiger Änderungen in der Zuständigkeit der Erzieherinnen.

Stabilität der emotionalen Zuwendung

Der Mangel an ausreichender Zuwendung ist eine wesentliche Ursache des Kopfwerfens vor allem in Kinderheimen. Vielfach sind die Kinder, wenn sie ins Heim kommen, emotional schon stark vernachlässigt und können auch dort aufgrund der zu geringen Zahl an Mitarbeiterinnen nicht so betreut werden, dass der Mangel an Zuwendung und Liebe ausgeglichen werden könnte. Bei einem Klinikaufenthalt wird zuweilen die plötzliche Trennung von den Eltern seitens des Kindes als so belastend erlebt, dass es mit derartigen Auffälligkeiten reagiert.

Zuverlässigkeit des Erzieherverhaltens

Die Zuverlässigkeit oder Berechenbarkeit des Erzieherverhaltens ist für ein Kind ein wesentliches Moment. In der Entwicklung spielt das Erkundungsverhalten des Kindes eine erhebliche Rolle. Das Kind wagt sich immer wieder in neue, unbekannte Räume vor, die einen Reiz ausüben, aber auch zugleich beunruhigen können. Wenn es dann sicher darauf vertrauen kann, dass sich seine Eltern und Erzieherinnen in der Nähe befinden, beruhigt es sich schnell und beginnt vertrauensvoll, die Welt aufs Neue zu erobern. Wenn Eltern und Erzieher aber wenig zuverlässig sind, das Kind allzu oft sich selbst überlassen ist und häufig allein bleibt (besonders am Abend), und wenn dies so weit geht, dass man von einer Vernachlässigung des Kindes sprechen muss, dann sind das alles Beunruhigungsfaktoren, die das Auftreten von Jaktationen verständlich machen.

Lösungen anregen und möglich machen

Verständnis für die Störung entwickeln

Die Reaktionen von Eltern und Erziehern auf die Schaukel- und Rollbewegungen ihrer Kinder bestehen allzu leicht in ungeduldigen Vorhaltungen und Ermahnungen, insbesondere wenn Geschwister, Nachbarn oder sie selbst sich durch das Kopfwerfen gestört fühlen. Erziehungsmaßnahmen bestehen dann vielfach in Versuchen, das Kind in seinen Bewegungen zu hindern, indem sie Verbote aussprechen oder es im Extremfall sogar anbinden. Zumeist werden also Verhaltensmaßnahmen ergriffen, die die motorische Einengung erhöhen sowie das Erleben des Kindes von Verstehen und Akzeptanz einschränken. Die Folge ist ein weiteres Anwachsen der intrapsychischen Spannung und Erregung des Kindes. Die Jaktationen des Kindes werden deshalb durch ein solches Erzieherverhalten in der Regel nur noch verstärkt.

Gegenteilig ist es bedeutsam, ein Verständnis für das Symptom zu entwickeln. Ein Erkennen der Bedeutung und der Funktion dieses Verhaltens bewirkt fast immer eine erhöhte Toleranz und ermöglicht Eltern und anderen Erzieherinnen, adäquat auf die Symptomatik einzugehen. Darüber hinaus ist es entscheidend, dass Erzieher verstehen, dass Jaktationen unwillkürlich erfolgen und deshalb auch nicht vom Kind willentlich zu beeinflussen oder zu beherrschen sind. Das Vorliegen einer psychogenen Störung anzuerkennen, ist nicht immer einfach, aber bedeutsam, wenn Kindern geholfen werden soll.

Verbesserung der motorischen Entfaltungsmöglichkeit

Kinder bedürfen der Entwicklungsanreize und eines angemessenen Entwicklungsraumes. Das Üben motorischer Fertigkeiten muss ermöglicht und unterstützt werden. In Abhängigkeit von seinem Entwicklungsstand muss das Kind Gelegenheit haben, seinen Aktionsradius kontinuierlich zu vergrößern. Visuomotorische Fertigkeiten bedürfen der Erfahrung und der Übung. Die Vorstellung, dass die motorische Entwicklung nach einem inneren Programm quasi von selbst ablaufe, ist nach neueren Erkenntnissen nicht mehr zu vertreten. Kinder brauchen Anregungen und Stimulation. Die meisten Eltern wissen das auch, ohne dass sie dafür wissenschaftliche Abhandlungen lesen müssen, und regen ihr Kind zum Krabbeln und Laufen-lernen an, unterstützen es beim Erlernen des Werfens und Fangens und vielem anderen mehr – und dies nicht zuletzt, weil sie Freude am Umgang mit dem Kind haben.

Diese motorischen Entfaltungsmöglichkeiten sollten im weiteren Entwicklungsverlauf gezielt ausgeweitet werden. Möglichkeiten bieten sich in Form von Regelspielen oder durch eine rhythmische Gymnastik. Aber auch die alltäglichen motorischen Aktivitäten sollten angeregt werden wie beispielsweise Balancieren, Ballspiele, Klettern und anderes. Psychomotorische Übungsbehandlungen und Förderprogramme unterstützen die Entwicklung.

die Bedürfnisse des Kindes erkunden ■

Wesentlich ist ein personenzentriertes Verhalten der Umwelt. Wie immer ist es wichtig, dem Kind zuzuhören, sein Erleben in der Familie oder im Heim zu erfassen und ihm Gelegenheit zu geben, seine Bedürfnisse auszusprechen. Fühlt das Kind sich verstanden, heißt das auch, dass es sich nicht mehr allein fühlt und sich weniger vernachlässigt erlebt.

das Zu-Bett-gehen gestalten ■

Jaktationen treten häufig beim Einschlafen auf und können dann sehr lange andauern. Diese abendliche Situation zu gestalten und hierbei den Bedürfnissen des Kindes zu folgen – allerdings bei klaren Regelungen –, kann Erfolge zeitigen. Wichtig ist die emotionale Zuwendung, das Eingehen auf das Kind, die verständnisvolle Kommunikation und das Vermitteln der Erreichbarkeit der Beziehungspersonen, wenn beunruhigende Gedanken oder Gefühle auftreten. Die Zuverlässigkeit der Angaben der Erwachsenen sind von hoher Bedeutung für das Kind. Erlebt es einmal, dass der Erwachsene sein Versprechen, erreichbar zu sein, nicht einhält, fördert dies das Gefühl der Unsicherheit und Beunruhigung, erhöht die intrapsychischen Spannungen und damit die Wahrscheinlichkeit von Jaktationen.

Weitere Stichworte:

- Angst
- Aufmerksamkeits- und Aktivitätsstörung
- Schlafstörungen
- Ticstörungen

Literatur: 174, 216

Lese- und Rechtschreibschwäche

Legasthenie oder Dyslexie

Wahrnehmen und bewerten

Erscheinungsbild

Von einer Lese- und Rechtschreibschwäche (Legasthenie oder Dyslexie) wird gesprochen, wenn ein Kind ungewöhnliche Schwierigkeiten beim Erlernen des Lesens und Schreibens hat, obwohl es über eine ausreichende oder gute intellektuelle Begabung verfügt und seine Schwierigkeiten weder durch eine Seh- oder Hörschwäche oder durch ungünstige Milieu- und Unterrichtsbedingungen erklärt werden können. Die wichtigsten Merkmale sind also:

- Das Kind zeigt große Schwierigkeiten beim Lesen und beim Rechtschreiben; in der Schule werden diese Fertigkeiten mit „mangelhaft" oder „ungenügend" benotet.
- Der Leistungsstand des Kindes in diesen Bereichen liegt deutlich unter seinem Intelligenzniveau; seine Schwierigkeiten sind also nicht durch eine niedrige Intelligenz zu erklären.
- Die Schwierigkeiten sind auch nicht als Folge mangelnder Lerngelegenheiten, zum Beispiel von Schulversäumnissen, schlechtem Unterricht, häufigem Schulwechsel oder durch eine Schulphobie, erklärbar.
- Es bestehen keine unkorrigierten oder unzureichend korrigierten Seh- oder Hörstörungen.

Art und Umfang der Schwierigkeiten können sehr unterschiedlich ausgeprägt sein. Meist steht im jüngeren Alter die Lesestörung im Vordergrund. Demgegenüber sind in der späteren Kindheit – bis ins Erwachsenenalter hinein – die Rechtschreibprobleme meist größer als die Defizite in der Lesefähigkeit. Wenn die Lese- und Rechtschreibstörung gemeinsam mit einer Rechenstörung (siehe dort) auftritt, spricht man von einer kombinierten Störung schulischer Fähigkeiten. Auch hier ist die Voraussetzung, dass diese Entwicklungsstörungen nicht durch eine allgemeine Intelligenzminderung oder eine unangemessene Beschulung erklärbar sind.

Lesestörung

In den frühen Stadien des Erlernens einer alphabetischen Schrift kann ein Kind Schwierigkeiten haben, das Alphabet aufzusagen, die Buchstaben korrekt zu benennen und einfache Wortreime zu bilden. Später treten Fehler beim Vorlesen auf, beispielsweise ein Auslassen, Ersetzen, Verdrehen oder Hinzufügen von Wörtern oder Wortteilen. Auffällig ist auch eine niedrige Lesegeschwindigkeit. Zudem hat das Kind Startschwierigkeiten beim Vorlesen; es zögert lange oder verliert die Zeile im Text. Häufig werden Wörter im Satz vertauscht oder Buchstaben in den Wörtern. Das Leseverständnis ist eingeschränkt: Das Kind ist in auffällig geringem Maße in der Lage, aus dem Gelesenen Schlüsse zu ziehen und Zusammenhänge herzustellen. Häufig fällt auf, dass es beim Beantworten von Fragen zu der gelesenen Geschichte auf eigene Erfahrungen und sein allgemeines Wissen zurückgreift, statt auf die Informationen aus der Geschichte.

Rechtschreibstörung

Kinder mit einer Rechtschreibstörung machen die Fehler, die beim Erlernen der deutschen Schriftsprache allgemein besonders oft auftreten. Sie machen diese Fehler lediglich in einer ganz ungewöhnlichen Häufung („Halo Mami, ich hab schon geessen und wahr mit dem Hont drausen. Wier sind bie der hüte. Ich kome umsiben surück! Andreas"). Besonders oft sind Verdrehungen der Buchstaben „b" und „d" sowie „p" und „q" zu beobachten. Buchstaben in Wörtern werden umgestellt und Buchstaben oder ganze Wortteile ausgelassen. Andererseits werden falsche Buchstaben oder Wortteile eingefügt. Gehäuft treten sogenannte Regelfehler (zum Beispiel Fehler in der Groß- und Kleinschreibung sowie Dehnungsfehler) und sogenannte Wahrnehmungsfehler (Verwechslungen von „d" und „t" oder „g" und „k") auf.

Auffälligkeiten im Vorschulalter

Die Lese- und Rechtschreibschwäche tritt bei Schulantritt oder im zweiten Schulbesuchsjahr meist nicht „aus heiterem Himmel" in Erscheinung. Die Kinder zeigen in der Regel schon im Vorschulalter Störungen in der Sprachentwicklung und in ihren sensomotorischen Fähigkeiten. Ihr Wortverständnis und ihre sprachliche Ausdrucksfähigkeit sind im Vergleich zu den Fähigkeiten gleichaltriger Kinder eingeschränkt. Gleichzeitig sind sie häufig auffallend ungeschickt beim Nachzeichnen von Figuren und bei sonstigen zeichnerischen Aufgaben. Tritt der Verdacht auf solche Auffälligkeiten auf, kann man mit Hilfe von speziellen Testverfahren wie dem Heidelberger Sprachentwicklungstest, dem Lautbildungs- und Lautunterscheidungstest für das Vorschulalter und dem Bielefelder Screening zur Früherkennung von Lese-Rechtschreibschwierigkeiten (BISC) feststellen, ob tatsächlich deutliche Abweichungen von der Norm vorliegen.

Auffälligkeiten in der Schule

Spätestens in der zweiten Hälfte des ersten Schulbesuchsjahres sollten die Kinder identifiziert werden, die im Leselernprozess nicht recht weiterkommen. Dabei ist besonders darauf zu achten, ob manch ein Kind seine Schwierigkeiten dadurch geschickt überspielt, dass es die zu lesenden Texte aufgrund seiner guten Begabung rasch auswendig lernt. Auch für dieses Alter stehen erprobte Verfahren zur Verfügung (Hamburger Schreibprobe 1, Weingartener Grundwortschatz Rechtschreibtest 1), mit denen es gelingt, eine Lese-Rechtschreibschwäche zu erkennen, bevor das Kind aufgrund seiner Misserfolge den Anschluss an den Leistungsstand der Klasse verliert und weitere Probleme entwickelt.

Spätestens im Verlauf der zweiten Klasse sollten alle Kinder, die auffällige Probleme beim Lesen und Rechtschreiben zeigen, auf das Vorliegen einer Lese-Rechtschreibschwäche hin untersucht werden. Geeignete Verfahren stehen dafür zur Verfügung (Hamburger Schreibprobe 1 und 2, Weingartener Grundwortschatz Rechtschreibtest 1 und 2, Diagnostischer Rechtschreibtest DRT 2). Wird demgegenüber eine Legasthenie erst nach dem vierten Schulbesuchsjahr erkannt, sind erhebliche Beeinträchtigungen der Schullaufbahn, der beruflichen Ausbildung und der Persönlichkeitsentwicklung in den meisten Fällen die Folge. Von den Betroffenen schaffen viele das Abitur nicht, auch wenn sie über eine überdurchschnittliche Gesamtbegabung verfügen.

- ***Störung des Leistungsverhaltens***

Eine Lese- und Rechtschreibschwäche stellt für das Kind eine große Belastung dar. Auch wenn es lange übt, macht es im Diktat immer wieder viele Fehler und hat auch beim Lesen große Schwierigkeiten. Zwar erbringt es in anderen Fächern oft gute Leistungen. Doch das Lesen und Schreiben gewinnt in den ersten Schuljahren zunehmend an Bedeutung. Damit erhalten dann auch die fortdauernden Misserfolge immer mehr Gewicht. Das Kind wird entmutigt und lustlos. Häufig werden ihm wegen seiner angeblichen Faulheit, seiner Unaufmerksamkeit und wegen seiner Flüchtigkeit Vorwürfe gemacht. So können das gesamte Leistungsverhalten des Kindes, seine Anstrengungsbereitschaft und Arbeitsfreude massiv gestört werden.

- ***konflikthafte Hausaufgabensituationen***

Familiäre Konflikte treten bei Kindern mit Lese- und Rechtschreibstörungen häufig in der Hausaufgabensituation auf. Die Kinder sitzen wesentlich länger an den täglichen Hausaufgaben als die übrigen Schüler. Sie fühlen sich überfordert, werden ärgerlich, missmutig und verhalten sich unkonzentriert. Die Eltern sehen sich aufgerufen, ihren Kindern vermehrt zu helfen. Ihre Bemühungen bleiben jedoch relativ erfolglos. Das vergebliche Bemühen auf beiden Seiten führt zu Schuldvorwürfen und häufig zu heftigen familiären Konflikten.

- ***Folgeprobleme***

Zunächst kommt es bei den meisten Kindern zu Störungen in ihrem Lern- und Leistungsverhalten. Bald aber können eine Schulangst und möglicherweise auch ein Schulschwänzen, später oft auch generalisierte Angstsymptome und depressive Verstimmungen auftreten. Häufig kommt es – auch als Folge der chronischen Überforderung – zu einer hyperaktiven Symptomatik in Form von motorischer Unruhe und Konzentrationsschwächen. Nicht selten treten Kopf- und Bauchschmerzen, Übelkeitsgefühle bis hin zum Erbrechen im Zusammenhang mit Schulleistungsanforderungen auf. Diese Symptome sind oft in typischer Weise am Wochenende oder in den Ferien geringer ausgeprägt oder kaum zu beobachten. Einnässen und Einkoten können auftreten. Im weiteren

Verlauf kann es dann zu Störungen des Sozialverhaltens, zu Kontaktstörungen in der Schule und mit Gleichaltrigen, zu dissozialen Verhaltensauffälligkeiten wie Lügen und Stehlen und auch zu vermehrter Aggressivität kommen.

Häufigkeit

Zur Häufigkeit der Lese- und Rechtschreibschwäche gibt es unterschiedliche Angaben. Insgesamt wird man davon ausgehen können, dass etwa zehn Prozent aller Kinder durch Schwierigkeiten beim Erlernen des Lesens und Rechtschreibens auffallen. Bei etwa fünf Prozent sind diese Schwierigkeiten auf eine allgemeine Entwicklungsverzögerung zurückzuführen. Die anderen fünf Prozent zeigen eine mehr oder weniger schwer ausgeprägte spezifische Lese- und Rechtschreibschwäche (Legasthenie, Dyslexie) mit den beschriebenen Kriterien.

andere Erkrankungen

Von der spezifischen Lese- und Rechtschreibschwäche ist die „erworbene Dyslexie" abzugrenzen, die durch einen Verlust bereits bestehender Fertigkeiten gekennzeichnet ist und auf eine (erworbene) cerebrale Schädigung (beispielsweise nach einem Unfall) zurückzuführen ist. Ebenfalls auszuschließen sind erworbene Lese- und Rechtschreibhemmungen aufgrund von emotionalen Störungen und anderen psychiatrischen Erkrankungen sowie Lese- und Rechtschreibschwierigkeiten, die durch fehlenden oder unangemessenen Unterricht zu erklären sind.

Zuordnen und verstehen

Teilleistungsstörung

Die Lese- und Rechtschreibschwäche wird heute mit einer oder mehreren Teilleistungsschwächen oder Teilleistungsstörungen in Zusammenhang gestellt. Wie das Wort es aussagt, bedeutet Teilleistungsstörung, dass umschriebene Teilfunktionen des Gehirns geschwächt oder gestört sind. Die anderen Hirnfunktionen sind gut ausgebildet, so dass die Gesamtintelligenz des Kindes nicht von der Norm abweicht. Es entspricht dem Wesen der Teilleistungsstörung, dass sie erst dann erkennbar wird, wenn die entsprechende Leistung abgerufen wird. So fällt eine fehlende Musikalität in einer unmusikalischen Umwelt nicht auf, und die Teilleistungsschwächen, die eine Lese- und Rechtschreibstörung bedingen, fallen erst dann auf, wenn die Forderungen nach Lese- und Rechtschreibleistungen gestellt werden. Für Kinder mit entsprechenden Teilleistungsschwächen ist es von Bedeutung, dass unser Schulsystem ganz auf Lese- und Rechtschreibfähigkeiten hin orientiert ist und sie zur Grundlage schulischen Leistungsverhaltens macht.

- ***auditive Erfassungs- und Differenzierungsschwäche***

  Am häufigsten besteht bei Kindern mit Lese- und Rechtschreibschwäche eine auditive Erfassungs- und Differenzierungsschwäche. Ist sie deutlich ausgeprägt, so fallen diese Kinder bereits durch eine Verzögerung beim Spracherwerb auf. Zwar werden die ersten Wörter wie „Mama", „Papa", „Oma", „Auto" relativ rasch gesprochen und auch sinnvoll angewandt. Die weitere Sprachentwicklung verzögert sich jedoch, und ganze Sätze gelingen oft erst mit dem dritten Lebensjahr. Manche Eltern berichten manchmal auch, dass sie zeitweilig die Vermutung gehabt hätten, ihr Kind höre nicht gut, frage zum Beispiel immer wieder nach. Eine Untersuchung der Ohren habe aber keinen auffälligen Befund ergeben. Zum Zeitpunkt der Einschulung ist die Sprache im Normalfall unauffällig.

  Um so mehr sind die Eltern dann überrascht, wenn ihre Kinder in der Schule für sie ganz unerwartete Leistungsschwierigkeiten zeigen. Das Kind wirkte bisher durchaus altersentsprechend entwickelt und hatte im Kindergarten und auf dem Spielplatz mit den anderen Kindern immer gut mithalten können. In der Schule sind alle geforderten Leistungen aber direkt oder indirekt mit Sprache verbunden. Nun bewirkt eine Teilleistungsschwäche, dass das Kind schon mit den scheinbar so einfachen Aufgaben beim Lesen und Schreiben in der ersten Klasse große Schwierigkeiten hat.

- ***optische Erfassungs- und Differenzierungsschwäche***

  Bei manchen Kindern scheint allerdings auch eine optische Erfassungs- und Differenzierungsschwäche mit der Lese- und Rechtschreibstörung einherzugehen. Meist fallen diese Kinder bereits im Kindergarten dadurch auf, dass sie optische Signale, also auch Gesten und Mimik, nicht so gut entschlüsseln können. Auch in der Fähigkeit, ein situationsadäquates Verhalten zu erlernen, sind sie beeinträchtigt. Oft sind sie zugleich ungeschickter als ihre Altersgenossen, reagieren häufig unpassend und werden leicht als dumm verkannt (siehe auch: Ungeschicklichkeit). Meist ist bei ihnen die Rechtschreibschwäche stärker ausgeprägt als die Leseschwäche.

- ***schulische Faktoren***

  Die mit den Teilleistungsschwächen in Zusammenhang stehenden Schwierigkeiten des Kindes beim Erlernen des Lesens und Schreibens können durch ungünstige schulische Faktoren zusätzlich verstärkt werden. Hier ist zunächst die Klassengröße zu nennen und damit im Zusammenhang die Fähigkeit des Lehrers, auf die Kinder, die Schwächen und Schwierigkeiten zeigen, individuell einzugehen. Die Kinder reagieren meist sehr verunsichert, wenn sie zu Beginn der Einschulung plötzlich versagen und feststellen müssen, dass ihre Leistungsfähigkeit offensichtlich sehr viel geringer ist als die ihrer Mitschülerinnen und Mitschüler. Wenn ihre Minderleistungen dann seitens des Lehrers mit Dummheit oder Faulheit in Zusammenhang gebracht werden, werden sie in ihrer negativen Selbstwahrnehmung rasch verstärkt. Sie werden versuchen, mit Aufbietung all ihrer Fähigkeiten und ihrer Konzentration trotzdem gute Leistungen zu erbringen. Wenn das manchmal gelingt, häufig verständlicherweise aber nicht, wird der Lehrer das leicht auf mangelnde Anstrengungsbereitschaft zurückführen: „Du kannst ja, wenn du nur willst!"

häusliche Faktoren ■

Selbst in den ersten Klassen der Schule kommen Kinder nur wenig zum selbstständigen Lesen. Ein großer Teil des Lesenlernens und des Lesenübens muss deswegen zu Hause erfolgen. Für Eltern ist es aber noch schwieriger als für Außenstehende, die Geduld und das Verständnis aufzubringen, die Kinder mit einer Lese- und Rechtschreibschwäche benötigen. Nicht-wollen und Nicht-können lässt sich durch direkte Beobachtung nicht unterscheiden. Nur durch indirekte Hinweise kann man auf das eine oder auf das andere schließen. Das ist aber immer mit großen Unsicherheiten und Irrtumsmöglichkeiten verbunden. Und für Eltern ist es nahe liegender Weise besonders wenig nachvollziehbar, dass gerade ihr Kind solche Schwierigkeiten mit dem Lesen- und Schreibenlernen hat. So kommt es häufig zu heftigen Konflikten um die Hausaufgaben, die das ganze familiäre Klima negativ beeinflussen, das Selbstwertgefühl des Kindes herabsetzen, die Beziehung zu seinen Eltern belasten, das Leistungsverhalten behindern und jeden Spaß am Lernen zerstören.

Lösungen anregen und möglich machen

allgemeine Tipps für Eltern ■

Wenn ein Kind Probleme in der Schule hat, braucht es die Hilfe seiner Eltern. Diese besteht vor allem darin, dass sie sich für die Probleme ihres Kindes interessieren und ihm aufmerksam zuhören, dass sie seine Gefühle (seinen Missmut, seinen Ärger, seine Angst, seine Wut) ernst nehmen. Wenn Eltern ihrem Kind Mut machen wollen, dann sollten sie die Aufgabe, vor der das Kind steht, niemals für leicht erklären, vielmehr bestätigen, dass die Anforderungen ganz schön schwierig sind und eine Menge Anstrengung kosten, dass sie aber glauben, dass das Kind es schaffen kann.

Unterstützung bei den Hausaufgaben und zusätzliche Übungen sollten niemals den größten Teil der Zeit beanspruchen, die Eltern mit ihrem Kind verbringen. Zusätzliche Übungen sollten höchstens eine Viertelstunde dauern, dafür aber täglich – bis auf den Sonntag – stattfinden. Kleine Fortschritte sind toll, fehlende Fortschritte bleiben unbeachtet.

Leseübungen ■

Für Leseübungen sind Texte zu wählen, die nicht zu schwierig sind, zum Beispiel Bilderbücher mit großem Druck und wenig Text. Sie erleichtern dem Kind das Lesen und vermitteln Erfolgserlebnisse (beispielsweise, dass es mehrere Seiten geschafft hat). Das Kind sollte zuerst immer leise lesen, dann erst laut. Ab der dritten Klasse kann man dann auf das Lautlesen verzichten. Jetzt ist es wichtig, mit dem Kind über den Inhalt des Gelesenen zu sprechen. Geschickte Eltern nutzen im Übrigen alltägliche Situationen zum Üben und Übungsmaterial, das überall zu finden ist: Plakate, Aufschriften auf Läden, Werbeprospekte, Aufdrucke auf Lebensmittelpackungen und vieles andere mehr.

- ***Schreibübungen***

  Bei Schreibübungen ist es anfangs nützlich, das Kind aufzufordern: „Hör dir das Wort gut an!" Das genaue Hinhören dient der Förderung der phonologischen Bewusstheit. Allerdings schreibt man in der deutschen Rechtschreibung bei vielen Wörtern nicht so, wie man spricht. Deshalb sollte man im weiteren Verlauf das Kind auffordern, die Wörter, die es schreiben soll, zuerst zu lesen: „Schau dir das Wort gut an!" Damit hilft man dem Kind, Schwierigkeiten wie Verdoppelungen und Umlaute zu erkennen.

  Übungen sollten gezielt erfolgen, also an den Wörtern, die dem Kind noch Schwierigkeiten bereiten. Anstreichen von Fehlern führt dazu, dass der Fehler hervorgehoben wird und das Kind sich das falsch geschriebene Wort merkt. Wenn man Übungen prinzipiell mit Bleistift durchführt, kann man das falsch geschriebene Wort ausradieren und durch das Wort in der richtigen Schreibweise ersetzen lassen.

- ***den Teufelskreis unterbrechen***

  Kinder, die Schwierigkeiten beim Erlernen des Lesens und Schreibens haben, reagieren bald empfindlich auf die Leistungsanforderungen in Schule und Elternhaus. Ihr Selbstwertgefühl ist verunsichert, und sie vermeiden die Situation des Hausaufgabenmachens und des Übens, weil sie damit rechnen, durch neue Fehler zusätzlich verunsichert zu werden. Wegen der unzureichenden Leistungen verstärken jedoch Schule und Eltern die Forderungen und den Druck. Beim Kind führt das zu vermehrtem Ausweichen und Verweigern, zu vermehrter Ablenkbarkeit, schließlich möglicherweise zu Resignation oder Aggression. Dieser Teufelskreis ist nur dadurch zu unterbrechen, dass feste Zeiten für Hausaufgaben und eine eventuelle zusätzliche Übung festgelegt werden, über die keine Diskussion mehr erfolgt. Diese Zeit darf nicht zu lang sein und wird auch nicht verlängert, wenn die Hausaufgaben nicht fertig und die Übungen nicht erfolgreich sind. Zeit für Spiele mit Freunden und Zeit für Unternehmungen mit den Eltern sind mindestens genauso wichtig. Regen Sie das Kind zu vielen körperlichen Aktivitäten an. Das Training seiner motorischen Geschicklichkeit wirkt sich auch auf seine Lese- und Schreibleistungen positiv aus. Die Leistungen in beiden Bereichen hängen eng miteinander zusammen.

Früherkennung ■

Die Früherkennung von Anzeichen einer verzögerten Sprachentwicklung und die frühe Feststellung einer spezifischen Lese- und Rechtschreibschwäche ist aus drei Gründen von Bedeutung: Je früher die Diagnose einer Teilleistungsschwäche gestellt wird und je früher eine gezielte heilpädagogische Behandlung einsetzt, desto größer ist die Chance auf Erfolg. Je früher die Eltern verstehen, warum ihr Kind solche unerklärlichen Schwierigkeiten beim Lesen- und Schreibenlernen hat, um so eher können sie den Teufelskreis aus Druck, Enttäuschung, Versagen, Verweigerung und Leistungsanforderung vermeiden und sich von der Idee entlastet sehen, in irgendeiner Weise selbst Schuld an den Schwierigkeiten ihres Kindes zu haben. Und je früher das Kind eine Erklärung für seine eigenen Schwierigkeiten bekommt, um so weniger fühlt es sich als auf der ganzen Linie minderwertig, „blöd“ und „dumm“.

schulische Hilfen ■

In der Schule ist darauf zu achten, dass das Kind mit einer Lese- und Rechtschreibschwäche von unangemessenen Forderungen entlastet und soweit wie möglich vor Misserfolgserlebnissen und vor negativen Selbst- und Fremdbewertungen geschützt wird. Dies kann nur dadurch geschehen, dass die Mängel beim Lesen und Schreiben möglichst gering bewertet, demgegenüber die kreativen und sozialen Fähigkeiten sowie seine besonderen Stärken vor den anderen Schülerinnen und Schülern verdeutlicht und anerkannt werden.

Je nach dem Ausmaß der Schwierigkeiten sind weitere pädagogische Maßnahmen zur Stützung notwendig. Dazu zählen:

- Vermeiden von Bloßstellung durch lautes Vorlesen vor der Klasse
- Mitschreiben des Klassendiktates nur zu einem Teil (zum Beispiel zur Hälfte) oder Bearbeitung von Übungsaufgaben anstelle des Diktates
- Ersetzen der Diktatbenotung durch anerkennende Beschreibung der individuellen Lernfortschritte im Förderunterricht
- Erleichterung bei den Hausaufgaben in Absprache mit den Eltern
- Erleichterung bei Textaufgaben in Mathematik und in Sachfächern (Texte werden vom Lehrer auf Kassette gesprochen, damit das Kind beim Lesen der Aufgaben zugleich mithören und dadurch Verständnisfehler vermeiden kann.)

Förderunterricht ■

Um Schülerinnen und Schülern mit einer Lese- und Rechtschreibschwäche wirksam zu helfen, bedarf es eines speziellen Förderunterrichtes. Dieser muss bei dem einzelnen Kind an dem Leistungsstand ansetzen, an dem für das Kind Erfolge möglich sind. Die jeweils unterschiedlichen Formen und Ausprägungsgrade der Lese- und Rechtschreibschwäche erfordern unterschiedliches methodisches Vorgehen. Diese Aspekte sind auch bei der Zusammensetzung der

Fördergruppen zu berücksichtigen (Kleingruppen, Einzelunterricht, kleine Leseklassen, Kompaktkurse und anderes mehr).

- ***spezifische Übungsbehandlung***

  Eine spezifische Übungsbehandlung ist notwendig, wenn die schulischen und die familiären Hilfen nicht ausreichen und die schulische Eingliederung bedroht ist. Die Übungsbehandlungen sollten möglichst ein- bis zweimal wöchentlich erfolgen. Bei schweren Ausprägungsformen ist eine Einzeltherapie unerlässlich. Die Behandlung erfolgt durch entsprechend qualifizierte Lehrer der Regelschulen, durch Sonderpädagogen, durch Psychologen und Pädagogen in Erziehungsberatungsstellen, freien Praxen und anderen Therapieeinrichtungen. Dabei sind Kenntnisse des Erst-Lese- und Rechtschreibunterrichtes, der funktionellen Übungsbehandlung und heilpädagogischer Methoden vorauszusetzen. Das Training spezifischer Teilleistungsschwächen ist nur selten erforderlich und sollte – wenn notwendig – in einem unmittelbaren Bezug zum Lesen und Rechtschreiben erfolgen.

  Die didaktischen Hilfsmittel sind vielfältig. Grundsätzlich sollen sie kleine Lernschritte ermöglichen und abgeschlossene Lernabschnitte mit eindeutigem Lernziel anbieten. Die Lernabschnitte lassen sich optisch und akustisch kennzeichnen. Die Darbietung erfolgt nach dem individuellen Lerntempo des Kindes, wobei sich die Lehrmethode nach der Lernfähigkeit des einzelnen Kindes richtet. Spielerische Hilfsmittel sind dann nötig, wenn das Kind motiviert werden muss. Gerade auch aus motivationalen Gesichtspunkten hat das Training mittels rechnergesteuerter Lese- und Rechtschreibprogramme seinen Platz im Rahmen der Gesamtbehandlung. Ein wichtiges Hilfsmittel kann auch das Erlernen der Gebärdensprache sein. Manchen Kindern gelingt es zunächst nur, über das Mittel der Handzeichensprache zwischen Buchstaben (Graphem) und dem Laut (Phonem) Verknüpfungen herzustellen.

- ***Förderprogramme***

  Die Erfahrung zeigt, dass die meisten früher angewandten Interventionen zur Verbesserung der Lese- und Rechtschreibfähigkeit zu kurzzeitigen Fortschritten führten, die aber nicht von Dauer waren. Neuere Trainingsprogramme, die die Bedeutung der phonologischen Bewusstheit, den Erwerb der alphabetischen Strategie und des autographischen Wissens stärker berücksichtigen, scheinen dauerhaftere Erfolge zu erzielen.

- ***Einbezug der Eltern***

  Auch die zunehmende Einbindung der Eltern in das Gesamtprogramm hat zu verbesserten und vor allem anhaltenden Fortschritten geführt. So sind Eltern und Lehrer in Planung, Organisation und Durchführung der Hilfsmaßnahmen einzubeziehen. Allerdings sollten die Eltern von der Unterstützung ihrer Kinder in Hausaufgabensituationen in der Regel befreit werden. Das gilt zumindest dann, wenn die Hausaufgaben- und Übungssituationen zu einem Dauerkonflikt zwischen Kind und Eltern führen und die Eltern-Kind-Beziehung dadurch erheblich belastet wird.

Wichtig ist, begleitend zur heilpädagogischen Behandlung des Kindes eine beratende oder therapeutische Arbeit mit den Eltern oder mit der ganzen Familie durchzuführen. Dabei wird es darum gehen, Verständnis für die Schwierigkeiten des Kindes zu vermitteln und den Eltern zu helfen, die Leistungsschwäche des Kindes zu akzeptieren und andererseits die kreativen Fähigkeiten des Kindes wahrzunehmen. In jeweils unterschiedlicher Ausprägung wird Erziehungsberatung hilfreich sein, in der die immer wieder neu auftretenden erzieherischen Problemsituationen besprochen werden. Gute Erfahrungen sind auch mit Elterngruppen gemacht worden. Die hohe Belastung durch die Schwierigkeiten, die das Kind erlebt und die seitens der Eltern und der Geschwister erfahren werden, führen aber auch oft dazu, dass latente Beziehungsschwierigkeiten in der Familie sich zuspitzen und zu zusätzlichen Problemen führen, die einer familientherapeutisch systemischen Bearbeitung bedürfen.

Behandlung psychischer Folgen

Dies gilt insbesondere, wenn in der Folge der Lese- und Rechtschreibschwäche sekundäre Verhaltensauffälligkeiten wie Schulangst, Einnässen, schulische Disziplinschwierigkeiten, hyperkinetisches Verhalten und Störungen im Sozialverhalten auftreten. In solchen Fällen wird eine familientherapeutische Arbeit – möglicherweise unter Einbezug der Lehrerin oder des Lehrers – am ehesten Unterstützung für das Kind bringen, da alle Familienmitglieder aufgerufen werden, sich an den Lösungen zu beteiligen.

Medikation

Eine spezifische Medikation zur Behandlung der Lese- und Rechtschreibschwäche eines Kindes gibt es nicht. Höchstens schwere Begleitstörungen (wie Depression oder ein hyperkinetisches Syndrom) können vorübergehend eine medikamentöse Behandlung sinnvoll erscheinen lassen.

Hilfen nach § 35a KJHG

Wenn eine Lese- und Rechtschreibschwäche vorliegt und die Störung selbst und/oder die Sekundärstörung ein Ausmaß erreichen, dass eine seelische Behinderung droht oder bereits vorliegt, hat das Kind Anspruch auf Hilfen nach § 35a KJHG. Im konkreten Fall geht es dann meist um die Finanzierung von Fördermaßnahmen im Einzelkontakt oder in der Kleingruppe außerhalb der schulischen Förderung. Hierzu muss ein Antrag beim Jugendamt gestellt werden. Dieses gibt – falls notwendig – ein kinderpsychiatrisches oder fachpsychologisches Gutachten in Auftrag, in dem die Diagnose der Lese- und Rechtschreibstörung bestätigt werden muss, Aussagen zu dem Ausprägungsgrad der Störung zu machen sind und festzustellen ist, ob aus fachpsychologischer oder jugendpsychiatrischer Sicht eine seelische Behinderung mit mehr als fünfzigprozentiger Wahrscheinlichkeit droht.

Kontakte und Informationen

Es gibt in Deutschland in jedem Bundesland einen Landesverband Legasthenie. Anschriften sind zu erfragen über den Bundesverband Legasthenie, Königstr. 32, 30175 Hannover. Den Österreichischen Bundesverband Legasthenie erreicht man per Anschrift: Rosentalgasse 13/11, 1140 Wien, **info@legasthenie.org**.

Weitere Stichworte:

- Aggressivität
- Aufmerksamkeits- und Aktivitätsstörung
- Einkoten
- Einnässen
- Lügen
- Schulangst
- Schulschwänzen
- Sprachentwicklungsverzögerung
- Stehlen
- Ungeschicklichkeit

Literatur: 112, 145, 170, 172, 183, 210, 217, 226, 227

Lügen

Wahrnehmen und bewerten

Erscheinungsbild

Lügen bedeutet, dass über bestimmte Sachverhalte bewusst eine falsche Darstellung gegeben wird. Lügen setzt entweder voraus, dass Situationen und Ereignisse, eigene Handlungen, Gedanken und Motive zwar wahrgenommen, dann aber mit Absicht falsch oder verzerrt wiedergegeben werden oder dass lediglich Gehörtes, Vorgestelltes oder Erfundenes als reales Geschehen dargestellt wird. Auch ein gezieltes Verschweigen von Sachverhalten, das bei dem Gegenüber zu einem falschen Bild einer Situation oder eines Sachverhalts führt, ist dem Lügen zuzurechnen.

unrichtige Äußerungen von Kleinkindern

Alle Eltern erleben, dass Kleinkinder häufig Dinge sagen, die nicht der Realität entsprechen. So berichten sie beispielsweise oft zwei auseinander liegende Ereignisse als ein zusammenhängendes Erlebnis, oder sie reden über etwas, das schon längere Zeit zurückliegt, so, als ob es gerade geschehen sei. Zuweilen erzählen sie als eigenes Erlebnis, was ihnen von anderen plastisch und anschaulich geschildert wurde, oder sie geben in ihren Berichten die Aktionen eines Freundes als ihre eigenen aus. Diese Arten von unrealistischen Schilderungen sind bei allen Kindern bis ins Schulalter zu beobachten. Sie können nicht als „Lüge“ bezeichnet werden, da den Kindern bei diesen unrichtigen Äußerungen das Bewusstsein von der Unwahrheit des Gesagten fehlt. Ihnen ist nicht klar, dass sie etwas Falsches sagen.

unausgebildete Zeit-, Zahl- und Raumvorstellung

Vorschulkinder haben noch kein oder zumindest nur ein gering ausgebildetes Zeitverständnis. Eine größere Zeitdistanz zwischen zwei Ereignissen spielt bei ihnen erlebnismäßig eine so geringe Rolle, dass sie diese in ihren Darstellungen miteinander verquicken. Auch ihr Zahlvorstellungsvermögen ist noch wenig ausgebildet, so dass sie kaum sichere Angaben über die Häufigkeit eines Ereignisses machen können. Beispielsweise neigen sie dazu, ein einmaliges Ereignis zu verallgemeinern, und berichten nach einer einmal gemachten Beobachtung, das sei „immer“ so. Umgekehrt werden häufig mehrere oder viele, in ihrer Art ähnliche Erlebnisse zu einem einzigen zusammengezogen. Ebenso ist ein Vorschulkind häufig noch nicht in der Lage, das räumliche Zueinander von Gegenständen sicher wiederzugeben, so dass es in seinen Berichten auch in dieser Hinsicht zu Verfälschungen kommen kann.

In den meisten Fällen werden die Irrtümer in den Schilderungen der Kinder von den Eltern leicht erkannt. Wenn aber der Bericht eines Kleinkindes gleichzeitig durch mehrere dieser Irrtumsmöglichkeiten verfälscht ist, sind viele Eltern doch beunruhigt, weil sie glauben, ihr Kind neige zum Lügen.

- ***Vermischung von Vorstellung und Wahrnehmung***

  Darüber hinaus machen Kleinkinder häufig auch deshalb unrealistische Angaben, weil ihre Vorstellungen und ihre Wahrnehmungen ineinander verschwimmen. Ihr Unterscheidungsvermögen ist noch nicht so weit entwickelt, dass es ihnen möglich wäre, eindeutig und klar ihre Vorstellungen (das heißt nur Gehörtes oder Erdachtes) von tatsächlich selbst beobachteten oder erlebten Geschehnissen zu trennen. So ist es zum Beispiel möglich, dass ein Kind so sehr in einer Märchenwelt lebt, dass es märchenhafte Komponenten auf seine Umweltvorstellung überträgt und Märchenhaftes und Phantastisches in seine Schilderungen einführt. Zudem kann auch ein Wunsch eines Kindes so lebhaft sein und seine Vorstellungswelt so stark ausfüllen, dass es diesen Wunsch in seinen Schilderungen als tatsächliche Gegebenheit darstellt.

- ***Missverständnisse***

  Schließlich spielt bei Darstellungen eines Kleinkindes die bis dahin entwickelte Sprachkompetenz eine erhebliche Rolle. Die sprachlichen Fähigkeiten ermöglichen ihm nur begrenzt, ein differenziertes Geschehen zutreffend und genau darzustellen und vor allem die jeweiligen Bezüge exakt zu benennen. Dieses eingeschränkte Sprachniveau kann dazu führen, dass seine Schilderungen missverstanden werden und deshalb den Eindruck einer falschen Darstellung erwecken.

- ***subjektive Verfälschungen***

  Noch im Schulalter, ja eigentlich in der ganzen Kindheit schildert das Kind ein Erlebnis häufig von einem subjektiven, ich-bezogenen Standpunkt aus und gibt deshalb eine nicht ganz wahrheitsgemäße Darstellung. Zu solchen subjektiven Verfälschungen und Verzerrungen kommt es besonders dann, wenn das Kind von der geschilderten Situation gefühlsmäßig stark berührt und betroffen wurde. Um das zu verstehen, muss man nur bedenken, wie schwer es selbst Erwachsenen fällt, ein Erlebnis oder eine Beobachtung sachlich und objektiv zu schildern, und wie oft auch Erwachsene – besonders in Situationen, in denen sie sehr erregt sind – einen einseitigen, subjektiv verfälschten Bericht geben, ohne sich dieser entstellenden Darstellung bewusst zu sein. Ein Kind aber ist entwicklungsbedingt noch viel stärker dem Gefühlsbereich verhaftet und hat deshalb oft große Mühe, ganz nüchtern und objektiv über ein Erlebnis zu berichten. Man kann bei derartigen verfälschenden Darstellungen eines Kindes wiederum nicht von Lügen sprechen, da sich das Kind der fehlenden Genauigkeit und Objektivität seiner Angaben nicht bewusst ist.

Zuweilen allerdings ist bei derartigen verfälschenden Darstellungen ein Unbehagen auf Seiten des Kindes wahrzunehmen und zu erspüren, dass es ahnt, dass seine Darstellungen nicht ganz korrekt sind. Wenn man dann die die Erinnerung begleitenden Emotionen anspricht und es zugleich zu einer sorgfältigen Erinnerung anhält, kann man das Kind dazu anleiten, eine sehr viel besser erlebnisbezogene Aussage über ein zurückliegendes Ereignis zu machen.

Entwicklungsverzögerungen

Üblicherweise wird erwartet, dass ein Kind zwischen dem sechsten und achten Lebensjahr fähig ist, Erlebnisse und Beobachtungen korrekt wiederzugeben. Wiederholte unrichtige Darstellungen älterer Kinder können in diesem Alter Ausdruck für eine Entwicklungsverzögerung sein, die sich wahrscheinlich aber auch in anderen Leistungsbereichen – beispielsweise in der Schule – zeigen.

gelegentliches Lügen

Zu unterscheiden ist zwischen einem gelegentlichen und einem gewohnheitsmäßigen Lügen. Diese beiden Formen verlangen nach einer unterschiedlichen Wertung. Tritt das Lügen eines Kindes nur gelegentlich auf, so kann eigentlich davon ausgegangen werden, dass es in eine spezielle Konfliktsituation geraten ist und diese durch sein Lügen zu bewältigen sucht, da ihm keine anderen Lösungsmöglichkeiten zur Verfügung stehen. Es gibt eine Vielzahl von Hintergrundfaktoren, die zu einer derartigen Reaktion führen können, dass das Kind zur Lüge greift. Zu beachten ist, dass es sich hier um eine einzelheitliche Situation handelt und noch nicht von einer generellen Verhaltensauffälligkeit gesprochen werden kann.

gewohnheitsmäßiges Lügen

Anders zu bewerten ist die Situation allerdings, wenn das Kind häufig oder geradezu gewohnheitsmäßig lügt. In diesen Fällen hat das Kind gelernt, dass das Lügen in seinem Sinne zum Erfolg führt – wenn auch nur für den unmittelbaren Augenblick (der dann aber die größte Bedeutung hat). Es handelt sich um eine verfestigte Lösungsstrategie für Situationen, in denen die Bedürfnisse des Kindes den Anforderungen oder auch Bewertungen seiner Umwelt entgegenstehen. Hier muss man von einer Verhaltensauffälligkeit mit dem Hintergrund einer komplexen Notsituation sprechen.

Forschungsergebnisse

Wissenschaftliche Untersuchungen verweisen darauf, dass es im Gegensatz zu früher kaum noch Unterschiede zwischen den Lügen von Mädchen und Jungen gibt. Die Angleichung der Geschlechter dürfte den Hintergrund dafür bilden. Alle Kinder lügen heutzutage weniger, um beispielsweise Naschhaftigkeit oder Ungeschicklichkeit zu vertuschen; es finden sich auch weniger sogenannte Schullügen. Es steht zu vermuten, dass die Veränderungen der Lebensumstände sowie der Erziehungsziele und -praktiken dafür maßgeblich sind.

- ***Kränkung der Erzieher***

  Während andere Verhaltensauffälligkeiten eines Kindes bei vielen Eltern und Erziehern auf Verständnis stoßen, zuweilen aber auch auf Unsicherheit und Ratlosigkeit, ruft das wiederholte Lügen fast immer große Empörung und entschiedene Ablehnung hervor. Das Lügen wird als mutwillig erlebt und als eine Unart, die bei gutem Willen leicht zu unterlassen ist. Ein Kind, das häufig lügt, wird schnell als „verdorben" abgestempelt. Hintergrund dafür dürfte sein, dass Eltern und Erzieher sich durch das Lügen des Kindes persönlich verletzt und gekränkt fühlen. Sie erleben es als Vertrauensbruch und als schwere Belastung für das weitere Zusammenleben. Dies macht es den Erwachsenen schwer, sich in die Motive und Hintergrundbedingungen einzudenken und unaufgeregt Unterstützungsmaßnahmen für das Kind zu entwickeln.

Zuordnen und verstehen

- ***Unterschätzen der Schwierigkeit***

  Die Schwierigkeit der Anforderung an Kinder, „immer" die Wahrheit zu sagen und nicht zu lügen, wird von den Erwachsenen leicht unterschätzt. So verlangen Eltern und Erzieherinnen von dem Kind, dass es in Konfliktsituationen den Forderungen nach wahrheitsgemäßer Aussage nachkommt, obwohl damit Nachteile verbunden sind. Zum Beispiel soll es Freunde verpetzen, obwohl das in der Kindergruppe als „gemein" gilt, oder es soll eigene Verfehlungen eingestehen, obwohl es Strafe oder Enttäuschungsreaktionen seiner Beziehungspersonen zu erwarten hat. Es soll die Wahrheit sagen, auch wenn es damit ihm wichtige Personen verletzt oder belastet. Es soll Erwartungen eines Elternteils oder einer Erzieherin, einer Lehrerin oder einer Bekannten enttäuschen, obwohl es gerade dieser Person besonders gefallen und gerade von ihr Zuspruch und Anerkennung erfahren möchte.

  Die Hintergründe für ein Lügen sind vielschichtig und variantenreich. Jedoch ist immer eine Konfliktsituation – eine isolierte und einmalige oder eine komplexe und andauernde Notsituation – anzunehmen, die das Kind auszugleichen sucht. Somit stellt sich die Frage, inwieweit Erwachsene diese Situation erkennen und ihr Rechnung tragen oder in aktuellen Situationen Verhaltensweisen zeigen, die das negativ bewertete Verhalten des Kindes eher verschärfen.

- ***mangelndes Vertrauen***

  Ganz allgemein gilt: Je positiver und vertrauensvoller die Beziehung eines Kindes zu seinen Bezugspersonen ist, um so „offener" kann es ihnen begegnen und sich ihnen „anvertrauen" und um so weniger muss es auch in Konfliktsituationen Sachverhalte verleugnen, beschönigen oder verschweigen. Zeigen Erwachsene dem Kind gegenüber Respekt, vermitteln sie Akzeptanz und Wertschätzung – auch in Situationen, in denen es ihre Erwartungen enttäuscht –, so fühlt sich das Kind geborgen und unterstützt. Die Voraussetzungen für eine „offene“ Kommunikation sind günstig.

Umgekehrt haben Kinder, die durch wiederholtes Lügen auffallen, häufig ein ausgeprägtes Misstrauen gegenüber ihrer Umwelt entwickelt. Vielfach haben sie eine sichere und andauernde, liebe- und vertrauensvolle Beziehung zu einem Erwachsenen nie über ausreichend lange Zeit herstellen können. Sie haben nie die Überzeugung entwickeln können, dass es eine oder vielleicht sogar mehrere Personen gibt, die bereit sind, mit ihnen gemeinsam ihre Schwierigkeiten zu lösen, Missgeschicke oder Vergehen in Ordnung zu bringen und dauerhaft, verlässlich und unbedingt zu ihnen zu stehen.

verständnislose Befragung ■

Schon die Art und Weise, wie Erwachsene Kinder befragen, trägt viel dazu bei, ob die Kinder offen antworten oder aber häufiger lügen. Kommt beispielsweise in den Fragen bereits eine aggressive und abwertende Tendenz zum Ausdruck, gerät ein Kind leicht in ein Abwehrverhalten, durch das es zu einer Lüge veranlasst wird. Aber auch eine Befragung, die hohe Erwartungen erkennen lässt und auf für das Kind schmerzliche Enttäuschungsreaktionen verweist, kann ein Lügen hervorrufen.

Eltern und Erzieherinnen sollten grundsätzlich darauf bedacht sein, das Kind nicht selbst in einen Konflikt zu bringen, den es glaubt, nur mit einer Lüge bewältigen zu können. So kann eine verständnislose, inquisitorische Befragung eines Erwachsenen das Kind in den Konflikt zwischen der Forderung nach einer wahrheitsgemäßen Antwort und der sozialen Forderung seiner Gruppe, den anderen nicht zu verraten, bringen. Die Erwachsenen brauchen nicht immer alles zu wissen, was in der Kindergruppe geschieht. Gewinnen sie allerdings im Einzelfall die Überzeugung, dass sie Aufklärung beispielsweise über ihnen nicht durchschaubare Vorgänge in der Kindergruppe benötigen, dann sollten sie unter Hinweis auf ihre Ängste und Befürchtungen auf Offenheit bestehen.

alterstypische Lügenanlässe ■

Lügenanlässe weisen einen Zusammenhang mit den typischen Entwicklungssituationen im Kindesalter auf. Bei jüngeren Kindern steht die „Prahlerei“ oft im Vordergrund. Die Kinder versuchen, sich mit ihren Fähigkeiten und Fertigkeiten in die Gleichaltrigengruppe einzuordnen. Sie versuchen, ihren sozialen Standort zu bestimmen. Dies ist der Anlass, mit dem zu prahlen, „was sie schon können“ oder „was sie haben“, oder aber auch mit dem anzugeben, was ihre Eltern sind, können und haben. Im letzteren Fall versuchen sie, ihren Status noch von dem ihrer Eltern abzuleiten, um dadurch Akzeptanz in der Gleichaltrigengruppe zu finden. Bei älteren Kindern steht eher der Selbstschutz im Vordergrund. Sie lügen nicht selten aus Bequemlichkeit, versichern fälschlicherweise, etwas erledigt zu haben (Aufträge der Eltern, Schulaufgaben und anderes), und versuchen, mit einer Lüge Verfehlungen unterschiedlicher Art zu verdecken. An der Grenze zum Jugendalter, zu einem Zeitpunkt, an dem das Kind sich von seinen Bezugspersonen vermehrt zu lösen beginnt, kann es zum Lügen kommen, wenn Konflikte zwischen dem Wunsch des Kindes nach Eigenständigkeit und Unabhängigkeit sowie dem elterlichen Wunsch nach Fürsorge, Bindung und Kontrolle auftreten.

- ***das Modell der Erwachsenen***

  Die ethische Norm einer Verpflichtung zur Wahrheit ist ein für menschliche Gesellschaften wichtiges Gesetz. Sie findet sich in allen Kulturen und ist in allen großen Religionen eine zentrale Forderung. Für ein Kind ist es trotzdem in unserer Kultur nicht leicht, ein eindeutiges Verhältnis zur Wahrheit auszubilden, da es bei diesem Lernprozess diskrepanten Erfahrungen, unterschiedlichen Forderungen und uneindeutigen Modellen ausgesetzt wird.

  Ein gelingender Lernprozess verlangt jedoch nach eindeutigen Modellen, an denen sich das Kind orientieren kann. Ein Kind, das in einem Milieu aufwächst, in dem bedenkenlos zur Lüge gegriffen wird, wird sicherlich kein eindeutiges und stabiles Verhältnis zur Wahrheit entwickeln. Aber offensichtlich unterschätzen alle Eltern und Erzieherinnen, dass ein Kind genau wahrnimmt, wie sie selbst sich in dieser Hinsicht verhalten. Kinder registrieren jede Unwahrhaftigkeit und jede kleinste Höflichkeits- oder Notlüge, die der Erwachsene selbst kaum bemerkt oder aber als unwichtig abtut. Dem Kind fehlt zumeist noch die Erfahrung und das Wissen, um die Unterschiede zwischen diesen „kleinen“ Unwahrhaftigkeiten und seinen eigenen Lügen zu erkennen. So wird es das Kind verwirren, wenn die Erwachsenen vom Kind eine unbedingte und unterschiedslose Wahrhaftigkeit fordern, jedoch sich selbst an diese Forderung nicht halten.

  Am häufigsten handelt es sich bei diesen „unbedeutenden Lügen“ der Eltern und Erzieherinnen um Versprechungen und Vertröstungen, die gar nicht so ernst gemeint waren und im Nebenbei ausgesprochen wurden, meist um das Kind abzulenken oder zu beruhigen. Nicht selten greifen Eltern und Erzieher aber auch bei bestimmten Fragen des Kindes nach Ausflüchten, deren Unrichtigkeit das Kind nach einiger Zeit durchschaut und als „Lüge“ identifiziert. Die Themen, die dazu führen, Kindern die Wahrheit vorzuenthalten, sind zahlreich und haben unterschiedliche Gründe. So mögen Eltern das Kind noch nicht für verständig genug halten, um mit ihm zum Beispiel über seine Herkunft, über sexuelle Sachverhalte oder über die lebensbedrohende Krankheit einer geliebten nahestehenden Person zu reden, oder sie versuchen, dem Kind gegenüber Sachverhalte zu verschweigen, die sie als schamvoll und diskriminierend erleben. Ein Kind wird jedoch all das als Täuschung empfinden und sich fragen, wie ernst denn wohl die moralische Forderung nach Wahrhaftigkeit gemeint ist. Alle, auch die kleinen, harmlos erscheinenden Unwahrheiten der Eltern und Erzieherinnen wirken sich deshalb so ungünstig aus, weil sie bei dem Kind die Entwicklung eines eindeutigen Verhältnisses zur Wahrheit stören und behindern.

gerechtfertigte und ungerechtfertigte Lügen ■

In unserer Erwachsenenwelt wird aber nicht jede Lüge einer anderen gleichgesetzt. Ausgehend von der Situation und der Intention wird die eine Lüge als gerechtfertigt und die andere als ungerechtfertigt eingeordnet. So wird die beruhigende Feststellung eines Arztes, alles werde wieder gut werden (obwohl die Diagnose dem entgegensteht), nicht ohne weiteres als „schlechte" Lüge angesehen. Diese differenten Bewertungen von Lügen durch Erwachsene erschweren beim Kind den Prozess einer Bindung an die Wahrheit.

So lernen Kinder von Erwachsenen, dass es gerechtfertigte, „ein bisschen" gerechtfertigte und ungerechtfertigte Lügen gibt. Sie übernehmen zudem auch aus der Gleichaltrigengruppe Bewertungsmaßstäbe über die mehr oder weniger zwingende Bindung an die Wahrheit. Diese Bewertungsmaßstäbe müssen mit denen der Eltern keineswegs übereinstimmen. Im Gegenteil: Oft bildet sich in der Gleichaltrigengruppe eine eigene Moral aus, deren wichtige Funktion darin besteht, dass sie sich von der der Erwachsenen unterscheidet. Zwar lernt das Kind mit der Zeit, sehr sicher zwischen den unterschiedlichen Moral-Kodices zu unterscheiden und sich zwischen ihnen hin und her zu bewegen. Aber zuweilen überschneiden sich beide Bereiche, und es kommt zu Konflikten.

die prosoziale Lüge ■

Um die unwahren Aussagen von Kindern besser verstehen zu können, ist es von Nutzen, sich die unterschiedlichen Zielsetzungen bestimmter Lügen und die üblichen Unterschiede in ihrer Bewertung vor Augen zu führen. So spricht man von einer prosozialen Lüge, wenn eine Person die Unwahrheit sagt, um einen anderen zu schützen. Dies können sowohl Kameraden und Mitschülerinnen, aber auch die Eltern oder andere Bezugspersonen sein. Die Motive für eine solche Unwahrheit sind vielfältig, liegen aber zumeist in dem Bereich von Mitleid, Fürsorge oder Liebe. Das Ziel ist zum Beispiel, einen anderen, vielleicht ein Geschwister, nicht neidisch zu machen, jemandem Enttäuschungen zu ersparen oder Eifersuchtsgefühle zu verhindern.

die Loyalitätslüge ■

Kinder sind – wie schon gesagt – in verschiedene Gruppen eingebunden, in die Familie, die Klassengemeinschaft, die Sport- oder Musikgruppe oder eine Straßenclique. In manchen Phasen der Entwicklung ist die Gleichaltrigengruppe sehr wichtig für das Selbstgefühl und die Entwicklung des Kindes. Gerät ein Kind nun in die Zwickmühle unterschiedlicher Erwartungen von Seiten der Eltern und der Gruppe, so muss es sich entscheiden, welcher Gruppe gegenüber es sich loyal verhalten will. Es wird dies danach ausrichten, welche der beiden

Gruppierungen es im Moment als für sich wichtiger erlebt. So können für einzelne Kinder vielfältige Konfliktsituationen entstehen, beispielsweise auch zwischen der Lehrerin und der Klassengemeinschaft oder auch zwischen unterschiedlichen Gleichaltrigengruppen.

Zwischen unterschiedlichen Loyalitäten wird oft ein Kind hin und her gerissen, das rings um die Trennung und Scheidung seiner Eltern in deren Auseinandersetzung, ihre Kränkungen und Konflikte einbezogen wird. Darf es dem einen Elternteil nach einem Besuchswochenende berichten, dass es mit dem anderen etwas Schönes erlebt hat? Oder muss es den Vater oder die Mutter schützen und ihm oder ihr Kränkungen ersparen? Zu großen Problemen kann es führen, wenn das Kind beispielsweise in einem Ehescheidungsverfahren eine Aussage machen muss und zur Lüge über ein angebliches Fehlverhalten des einen Elternteils greift, um den anderen Elternteil zu schützen oder zu unterstützen. Je nach Bewertung der Gesamtsituation kann ein Kind eine schwerwiegende Lüge durchaus als gerechtfertigt ansehen.

- ***die Selbstschutzlüge***

  Bei Selbstschutzlügen wird unterschieden zwischen sogenannten „unsozialen" Selbstschutzlügen, durch die ein Vergehen vertuscht oder eine Strafe vermieden werden soll, und solchen Lügen, mit denen ein Kind ein im Grunde berechtigtes Bedürfnis zu sichern oder zu verteidigen sucht. Beispielsweise lügt ein Kind, um seinen Entwicklungsraum vor ungerechtfertigten Eingriffen und Beschränkungen durch Eltern, Lehrer oder sonstige Bezugspersonen zu schützen und um sich gegen eine übermäßige Fürsorglichkeit zu wehren, die eher zu einem unmündigen Kleinkind passen würde. Ein anderes Kind lügt, weil es sein Minderwertigkeitserleben beispielsweise durch Angeben zu kompensieren sucht. Das überforderte, mit Leistungsanforderungen überfrachtete Kind lügt, um sich vordergründig an die Erwartungen seiner Umwelt anzupassen. Und das ängstliche Kind lügt aus dem Bestreben, den angstbesetzten Situationen auszuweichen.

- ***die Notlüge***

  Eine besondere Form der Selbstschutzlüge ist die sogenannte „echte Notlüge": Ein Kind greift zu einer Lüge, weil es angegriffen wird, weil es beispielsweise durch Mitschüler erpresst wird und sich in einer solchen Situationen zu schützen hofft mit der Lüge, kein Geld in der Tasche zu haben.

- ***antisoziale Lügen***

  Unter antisozialen Lügen werden solche eingeordnet, durch die andere verleumdet werden, oder solche, die ausgesprochen werden, um einen anderen zu übervorteilen oder angerichtete Schäden zu verheimlichen. Auch wenn diese Form von Lügen als antisozial eingestuft wird, so ist doch zu bedenken, dass zum Beispiel die Verleumdung eines anderen Kindes durchaus nachvollziehbare (wenn auch nicht zu billigende) Gründe haben und dadurch bedingt sein kann, dass sich das Kind als zurückgesetzt erlebt, eifersüchtig ist und sich rächen möchte.

Lösungen anregen und möglich machen

den richtigen Ansatz finden

Oft weiß ein Kind genau, warum es gelogen hat, und die Zusammenhänge sind mehr oder weniger leicht zu durchschauen. Nicht selten aber kann das Kind auf Ihre Fragen nach dem Warum keine Antwort geben. Sie müssen dann selbst durch eigenes Beobachten die Zusammenhänge zu verstehen suchen. Was hat das Kind mit seinem Verhalten bezweckt? Was hat es durch sein Lügen – im Positiven wie im Negativen – erreicht? Will es Strafe abwenden, oder versucht es, durch seine lügenhaften Darstellungen Minderwertigkeitsgefühle oder Gefühle der Vernachlässigung zu kompensieren? Will es Sie schützen oder Sie nicht enttäuschen? Versucht es durch seine Lüge, den Bruder oder die Schwester in Ihren Augen herabzusetzen, um selbst eine notwendig erlebte Zuwendung zu erfahren? Wenn Sie Ihr Kind sorgfältig beobachten und sich solche Fragen stellen, werden Sie zumeist erkennen, in welcher Hinsicht Ihr Kind Hilfe benötigt. Es kann sein, dass Ihre Hilfestellung sich dann nicht direkt auf das Lügen des Kindes ausrichtet, sondern zum Beispiel auf seine Leistungsprobleme in der Schule, auf seine Schüchternheit oder auf seine Eifersucht einem Geschwisterkind gegenüber.

dem Kind die ethische Norm erläutern

Junge Kinder übernehmen meist unreflektiert den Anspruch ihrer Eltern an sie, nicht zu lügen, sondern die Wahrheit zu sagen. Im Laufe der Entwicklung lösen sich Kinder jedoch auf der Grundlage ihrer Erfahrungen von der Unbedingtheit der normativen Forderung und entwickeln eine soziale Kompetenz, die die Absolutheit des Wahrhaftigkeitsanspruchs durch soziale Erwägungen relativiert. In diesem Prozess ist es notwendig, dass Kinder die Möglichkeit haben, mit ihren Bezugspersonen solche Überlegungen zu erörtern und ihre Bewertungsmaßstäbe mit ihnen abzugleichen.

Überlegen Sie gemeinsam mit Ihrem Kind oder Ihren Kindern, welche Auswirkungen das Lügen im Beziehungsbereich hat. Sprechen Sie über das entstehende Misstrauen, den Vertrauensverlust und seine Auswirkungen, zum Beispiel dass einem Lügner nach einiger Zeit nicht mehr geglaubt wird und dass er möglicherweise in eine Außenseiterposition geraten kann. Sprechen Sie mit ihm darüber, was sein Lügen bei anderen Menschen bewirken, was es aber auch durch eine platte Offenheit, ein ungefiltertes Aussprechen aller (unfreundlichen) Gedanken auslösen kann. Die Gespräche helfen Ihrem Kind, eine Orientierung zu finden und sein Verhalten zu steuern. Sie können ihm vermitteln, dass die Wahrheit zu sagen einen Wert darstellt und gleichzeitig Ihr Ziel ist.

- ***Unterstützung des korrekten Beobachtens und Beschreibens***

  Entwicklungsprozesse verlaufen nicht normativ. Die in der Entwicklungspsychologie angegebenen Daten sind immer nur als Richtwerte zu sehen. So entwickelt das eine Kind rascher die Fähigkeit, Erlebtes oder Beobachtetes sachlich korrekt zu schildern als das andere. In jedem Fall helfen Sie dem Kind, wenn Sie mit ihm ein genaues Beobachten und auch ein genaues, sprachlich korrektes Beschreiben einer Situation üben. Unterstützen Sie Ihr Kind darin, seine Darstellungen entweder eindeutig dem Bereich der Fantasie oder dem des tatsächlich Beobachteten oder Erlebten zuzuordnen.

  Lassen Sie das Kind, wenn Sie eine gemeinsame Unternehmung gemacht haben, seine Beobachtungen spielerisch berichten. Hierbei können Sie besonders leicht seine Darstellungsart durchschauen. Sie können dann gemeinsam die Berichte korrigieren, falsche Zusammenhänge richtig ordnen und es damit anleiten, sorgfältig zu beobachten. Solche Übungen sind auch dazu geeignet, die Neigung des Kindes zu subjektiven Verfälschungen abzubauen.

- ***die Einstellung des Kindes zu „seiner Lüge“***

  Es wäre sinnlos, mit irgendwelchen erzieherischen Maßnahmen auf eine Lüge zu reagieren, wenn das Kind selbst „seine Lüge“ als gerechtfertigt erlebt. Besprechen Sie deshalb ausführlich mit Ihrem Kind, wie es „seine Lüge“ wertet. Derartige Gespräche führen häufig dazu, dass unterschiedliche Positionen von Bezugsperson und Kind deutlich werden, die unbearbeitet immer wieder zu Konflikten führen würden. Erlebt das Kind seine Lüge als gerechtfertigt, so ist es besonders bedeutsam, wenn Sie akzeptierend und respektvoll seinen Ausführungen folgen und zu verstehen suchen, wie es sein Verhalten begründet. Erst über die respektvolle Akzeptanz der Meinung und Einstellung des Kindes kann es zu einem Dialog kommen, in dem Argumente ausgetauscht werden, ohne dass der jeweilige Partner sich diskriminiert fühlt.

- ***Bemühen um ein eindeutiges Verhalten***

  Wenn das Kind zu einem eindeutigen Verhältnis zur Wahrhaftigkeit hingeführt werden soll, ist es zunächst einmal notwendig, dass Eltern ihr eigenes Verhalten und ihre Einstellung gegenüber den verschiedenen Formen von Lügen kontrollieren. Greifen Sie selbst manchmal aus Bequemlichkeit zu kleinen Gesellschafts- oder Notlügen und beziehen Sie zudem noch die Familienmitglieder in einen solchen Prozess mit ein, so wird es das Kind schwer haben, diesen Lernprozess in positiver Weise zu bewältigen. Selbstverständlich kann es immer wieder einmal geschehen, dass eine Erzieherin ein Versprechen, das sie dem Kind gegeben hat, nicht einhalten kann. Dies muss jedoch dem Kind gegenüber erklärt und begründet werden.

Klar, eindeutig und prägnant sowie für das Kind nachvollziehbar müssen Eltern und andere Erzieher ihre Haltung gegenüber den verschiedenen Formen von Lügen deutlich machen. Eltern müssen sich hinterfragen, ob es für sie Lügen gibt, die sie für gerechtfertigt halten. Wenn dies der Fall sein sollte, so muss dies prägnant und verstehbar dem Kind vermittelt werden. Hier geht es für die Eltern darum, eine klare Position hinsichtlich eines Lügenverhaltens zu beziehen.

Anerkennung von positiven Leistungen ■

Wenn ein Kind durch Prahlereien und Aufschneidereien um Anerkennung, Bestätigung und Zuwendung ringt, dann sollten Sie sich bemühen, diesem Bedürfnis des Kindes nachzukommen, indem Sie alle positiven Leistungen anerkennen und sich dem Kind intensiv zuwenden. Es ist in solchen Fällen zu überlegen, ob sich das Kind zurückgesetzt fühlt und wie man das ausgleichen könnte.

das Vertrauen des Kindes stärken ■

Lügt ein Kind, weil es nicht den Mut hat, einen Fehler oder eine schlechte Leistung zuzugeben, müssen sich die Bezugspersonen eingestehen, dass das Kind kein volles Vertrauen zu ihnen hat. Es fühlt sich mit den Möglichkeiten und Fähigkeiten, die ihm zur Verfügung stehen, nicht angenommen und akzeptiert. In einem solchen Fall ist es zwecklos, dem Kind zu sagen, dass es Vertrauen haben solle. Vielmehr sollten Sie beispielsweise überprüfen, ob Sie zu hohe Anforderungen an das Kind stellen. Vielleicht kann es diesen Anforderungen nicht nachkommen und greift deshalb zu Lügen, weil es Sie nicht enttäuschen will. Es ist nicht zu vergessen, dass die Enttäuschung einer Bezugsperson besonders für ein sensibles Kind eine erhebliche Belastung darstellt.

Auch sollten Sie überprüfen, ob das Kind eventuell aus Furcht vor Strafe lügt. In solchen Fällen ist zumeist die strafende erzieherische Haltung zu gewichtig geworden gegenüber einer helfenden, das Positive bestätigenden und anerkennenden Haltung. Strafen haben zahlreiche Nebenwirkungen, und es ist deshalb erfolgreicher, wenn Sie das Kind dadurch zu führen suchen, dass Sie seine positiven Leistungen anerkennen, es bestärken und ihm im Übrigen die Konsequenzen seines Tuns aufzeigen.

Vermitteln Sie dem Kind Ihre klare Erwartung, dass es sein Lügen sachlich eingesteht. Aber fordern Sie keine Schuldbekenntnisse und keine demütigende Reue, wodurch Sie dem Kind nur das Gefühl vermitteln würden, klein und wertlos zu sein. Überlegen Sie vielmehr gemeinsam mit ihm, was getan werden kann, damit es bei nächster Gelegenheit nicht mehr glaubt, lügen zu müssen. Achten Sie im Übrigen darauf, das Verhalten des Kindes anzuerkennen, wenn es in solchen Situationen die Wahrheit sagt, in denen das Eingestehen bestimmter Handlungen (schlechte Schulleistungen, Übertreten von Regeln, Ärgern oder Schlagen eines Geschwisters, vergessener oder aus Bequemlichkeit nicht erledigter Auftrag und anderes) eine Überwindung darstellt.

- ***negative Erwartungshaltungen verstehen***

  Zuweilen gibt es Kinder, die nicht fähig sind, sich vertrauensvoll an ihre Bezugspersonen zu wenden, obwohl diese ein hohes Maß an Zuwendung und Verständnis zeigen. Dies findet sich zumeist in solchen Fällen, in denen die Kinder in einem spezifischen Erziehungsfeld Misstrauen gelernt und Vertrauen verloren haben. Solche Kinder können aufgrund ihrer negativen Erfahrungen von einer so tiefen Vertrauenslosigkeit erfüllt sein, dass diese nur mit sehr viel Geduld und intensiver Zuwendung über Jahre hinweg abgebaut werden kann.

  Bei einigen kann sich auch die Vorstellung, dass auf jede belanglose Verfehlung eine harte Strafe folgt, der man sich nach Möglichkeit durch Lügen entziehen muss, so tief eingegraben haben, dass sie das Lügen über lange Zeit nicht aufgeben können. Einem solchen Kind zu sagen, dass es doch gar keine Strafe zu erwarten habe, hilft zumeist nur wenig. Vielmehr muss es über einen längeren Zeitraum erleben und erfahren, dass ihm auch bei einem Fehlverhalten mit Verständnis, großer Geduld und Hilfestellung begegnet wird.

Weitere Stichworte:

- Angst
- Eifersucht
- Furcht
- Oppositionelles Verhalten
- Schüchternheit
- Sprachentwicklungsverzögerung
- Stehlen

Literatur: 17, 20, 30, 145, 212, 221

Mutismus

Wahrnehmen und bewerten

totaler und selektiver Mutismus

Unter Mutismus versteht man ein seelisch bedingtes Schweigen. Die Kinder sind in nur sehr beschränktem Umfang in der Lage, zu anderen einen sprachlichen Kontakt aufzunehmen. In seltenen Fällen ist der Sprechkontakt sogar total abgerissen (totaler oder universeller Mutismus). Meist sprechen die Kinder allerdings in ihrem vertrauten Umfeld mit Familienangehörigen und engen Freunden. Werden sie jedoch außerhalb dieses Sicherheit bietenden Raumes mit sprachlichen Anforderungen konfrontiert, zeigen sie mutistisches Verhalten. Die Kinder sprechen nicht mit fremden Personen, aber auch nicht mit vertrauten Personen vor fremden anderen (selektiver Mutismus). So kann es beispielsweise sein, dass ein Kind in der Schule immer nur schweigt, während es zu Hause und beim Spielen mit anderen Kindern entweder ganz normal spricht oder aber zwar nicht sehr gesprächig ist, jedoch dort nicht in ein Schweigen verfällt. In seltenen Fällen schweigen mutistische Kinder vor allem gegenüber Mutter und Vater, während sie beispielsweise mit den Geschwistern, manchmal auch mit fremden Kindern reden.

Mutistische Kinder beherrschen grundsätzlich die in ihrem Umfeld übliche Sprache. Sie verstehen sie ohne Probleme und können sich auch sprachlich – entsprechend ihrem Entwicklungsstand – ausdrücken. In einer großen Anzahl von Situationen und gegenüber einer großen Anzahl von Personen bleiben sie jedoch stumm oder fast stumm. Dabei zeigen sie dann meist eine starre Körperhaltung und Mimik: Sie senken ihren Blick oder wenden sich mit ihrem ganzen Körper vom Partner ab.

Der früher übliche Begriff „Sprechverweigerung“ wird heute nicht mehr benutzt, weil es sich hierbei nicht um eine „Weigerung“ handelt, die auf einen frei gewählten Entschluss des Kindes zurückgeht. Von Außenstehenden wird allerdings das seelisch bedingte Schweigen leicht als Trotzreaktion missverstanden. Doch weiß man, dass solche Kinder tatsächlich nicht in der Lage sind zu reden. Sie selbst stehen dieser Situation hilflos gegenüber; sie leiden unter ihrem Schweigen und dem von ihnen erlebten Anders-sein.

Altersschwerpunkt

Der Beginn des selektiv mutistischen Verhaltens liegt im Durchschnitt bei einem Alter von dreieinhalb bis viereinhalb Jahren. Dies ist die Zeit, in der das Kind vermehrt vom vertrauten in ein unvertrautes Sprachumfeld übergeht, beispielsweise den Kindergarten besucht. Kurzzeitiges Schweigen in neuen Situationen, auch über mehrere Tage zum Beispiel beim Eintritt in den Kindergarten oder in die Schule, ist bei schüchternen Kindern allerdings nicht selten. In aller Regel geht dieses Verhalten mit zunehmendem Vertrautwerden mit den bislang fremden Personen und bislang neuen Situationen zurück. Erst wenn das Schweigen über vier bis sechs Wochen bestehen bleibt, ist Aufmerksamkeit verlangt, und es stellt sich die Frage, ob man von einem selektiven Mutismus sprechen muss.

- ***Zeitpunkt des Auftretens***

  Es kann geschehen, dass ein totaler Mutismus nach einem besonderen belastenden Erlebnis schlagartig auftritt. Meist aber entwickelt sich das mutistische Verhalten allmählich. Mädchen überwiegen deutlich (im Verhältnis von etwa zwei zu eins.)

- ***weitere Auffälligkeiten***

  Das seelisch bedingte Schweigen tritt fast nie isoliert auf, sondern ist mit anderen Verhaltensauffälligkeiten verbunden. Die meisten Kinder sind allgemein gehemmt, ängstlich und schüchtern; sie sind still und resignieren leicht. Sie zeigen eine allgemeine Sozialangst. Manche allerdings zeigen auch ein eigenwilliges, widersetzliches bis aggressives, fast alle Anforderungen ablehnendes Verhalten, was vornehmlich zu Hause auftritt: Sie weigern sich beispielsweise, zur verabredeten Zeit ins Bett zu gehen, stehen nachts mehrfach auf, ziehen nur ganz bestimmte Kleidungsstücke an, verweigern das Duschen oder Zähneputzen, kommen zur Tischzeit nicht zum Essen und verlangen, später zu essen zu bekommen.

- ***sprachlicher Kontaktverlust bei anderen Störungen***

  Der generell sehr geringe sprachliche Kontakt von Kindern im Rahmen eines frühkindlichen Autismus (siehe dort) ist in der Regel an den übrigen autistischen Symptomen gut von Mutismus zu unterscheiden. Mutistisches Verhalten kann im Jugendalter auch im Rahmen einer psychotischen Symptomatik auftreten und muss dann im Zusammenhang dieser Erkrankung verstanden und behandelt werden.

Zuordnen und verstehen

- ***Bedeutung von Schweigen***

  Sprachlicher Austausch, ein nach bestimmten kulturellen Regeln gesteuerter Wechsel der sprachlichen Äußerungen von zwei oder mehreren Personen, ist die wichtigste Grundlage menschlichen Zusammenlebens. Dieser sprachliche Austausch wird durch nichts stärker gestört als durch ein Schweigen, das eine bestimmte, sozial akzeptierte Dauer überschreitet. Wenn eine Person einem anderen eine Frage stellt, erwartet sie üblicherweise von dieser anderen Person eine Antwort. Bleibt diese Antwort aus, entsteht eine Pause, die – wenn sie länger dauert – als unangenehm, irritierend, provozierend und störend erlebt wird. Zur „Entstörung“ der Situation wird die Frage möglicherweise wiederholt. Erhält die fragende Person auch danach keine Antwort, wird sie nach Ursachen in der Person des Gefragten suchen. Scheidet Schwerhörigkeit oder Ähnliches aus, wird die erlebte Verstörung und Verunsicherung meist in Vorwürfe umgesetzt. Dem Befragten wird Arroganz, Schnöseltum, Unverschämtheit, Überheblichkeit oder anderes zugeschrieben, in selteneren Fällen Angst, Ohnmacht und Hilflosigkeit.

Sprachangst

Angst, Ohnmacht und Hilflosigkeit wird man bei Kindern und Jugendlichen unterstellen müssen, die in vielen Situationen und vielen Personen gegenüber ausdauernd schweigen. Für sie ist Schweigen die subjektiv passende Reaktionsform in Situationen, in denen sie sich überfordert, ratlos und unfähig fühlen, richtig zu reagieren.

frühe Trennungen

Um einem Verstehen des Mutismus im Einzelfall näher zu kommen, sind eine Reihe von Fragen hilfreich. Zum Beispiel: Gab es frühe Trennungserfahrungen und Beziehungsabbrüche in der Entwicklung dieses Kindes? Das könnte beispielsweise eine durch einen Krankenhausaufenthalt des Kindes oder der Mutter bedingte Trennung sein, die als traumatisch erlebt wurde. Zwar dürften solche Erlebnisse in der Regel nicht der alleinige Grund für das Schweigeverhalten des Kindes oder Jugendlichen sein. Aber von einem solchen traumatischen Ereignis ausgehend können unglückliche Entwicklungen entstehen, wenn es aus unterschiedlichsten Gründen in der Folgezeit nicht gelingt, dem verunsicherten, verängstigten Kind wieder Sicherheit und Zuversicht zu vermitteln.

andere belastende Faktoren

Dieses Vermitteln von Sicherheit und Zuversicht kann beispielsweise dadurch erschwert sein, dass bereits andere belastende Faktoren die Entwicklung des Kindes beeinträchtigt haben. Dabei kann es sich um Belastungen während der Schwangerschaft (Alkohol, Nikotinkonsum, Krankheiten der Mutter und anderes), Probleme bei der Geburt (zum Beispiel Sauerstoffmangel) oder Erkrankungen in den ersten Monaten nach der Geburt (zum Beispiel eine Gelbsucht) handeln. War es darüber hinaus möglich gewesen, diesem Kind in den ersten Lebensjahren das Erleben sicherer Geborgenheit zu vermitteln? Hatte das Kind die Eltern als sicheren Platz erfahren, auf den es bei allen Verunsicherungen und Ängsten während seiner ersten selbstständigen Schritte in die Welt zurückkehren konnte?

ungünstige sprachliche Lernfelder

Eine andere Frage richtet sich auf das familiale Umfeld. Häufig haben schweigende Kinder Eltern und sonstige Angehörige, die selbst sehr schüchtern und gehemmt sind, sich von Kontakten zu anderen Menschen eher fernhalten und wenig redefreudig zeigen. Oft ist gerade der Vater eine zurückgezogene Persönlichkeit, die sprachlich wenig kommuniziert. Gleichzeitig haben die Kinder meist wenig andere sprachliche Lernfelder außerhalb der Familie, sei es beispielsweise bei Verwandten, Freunden oder Bekannten, sei es im Kindergarten.

- ***Überbesorgtheit***

  Eine andere hilfreiche Frage: Wie haben die Eltern auf die wahrgenommenen sprachlichen Schwierigkeiten ihres Kindes reagiert? Nur allzu leicht wecken diese bei den Erwachsenen sowohl Scham als auch große Besorgnis und Fürsorge. So ist dann nicht selten zu beobachten, dass eine Mutter sich angewöhnt hat (und es kaum noch bemerkt), jede an ihr Kind gerichtete Frage selbst zu beantworten. Aber mit jeder selbst beantworteten, ursprünglich an das Kind gerichteten Frage vermittelt sie dem Kind die Botschaft: „Ich glaube, du kannst es nicht!" und verstärkt damit das ängstlich vermeidende Verhalten des Kindes.

  Jede Überfürsorglichkeit, auch wenn sie noch so gut gemeint ist, vermittelt dem Kind eben diese Botschaft und bestärkt das Kind in seiner Ängstlichkeit und seinem Erleben von Hilflosigkeit in sozialen Situationen. Dabei ist es ja oft auch schwierig, einem Kind, das sich in sozialen Situationen ängstlich zeigt, die Hilfe zu geben, die es braucht, und gleichzeitig doch Zuversicht in seine eigenen Fähigkeiten zu vermitteln und es nicht übermäßig zu „bemuttern".

  Gerade bei solchen Kindern, die zu Hause – also dort, wo sie sprechen – ein sehr widersetzliches Verhalten zeigen und viele altersgerechte Anforderungen verweigern, empfiehlt es sich, danach zu schauen, ob die Bindung zu einem Elternteil oder zu beiden vielleicht allzu eng ist. Zuweilen wird eine Beziehung gelebt, die in jüngeren Jahren angemessen war, nun aber die altersgerechte Entwicklung des Kindes hemmt.

- ***besondere Lebensereignisse***

  Fragen nach besonderen einschneidenden Lebensereignissen in den Monaten vor Auftreten des Schweigeverhaltens verweisen zuweilen auf den Tod der geliebten Großeltern oder auf den Verlust sonstiger Personen, die dem Kind den als schwer erlebten Zugang zur Welt erleichtert haben.

- ***nicht vorhersehbares Elternverhalten***

  Aber auch Fragen nach dem elterlichen Erziehungsverhalten können zu einem Verstehen beitragen. Kinder erleben Sicherheit dadurch, dass sie die Reaktion der Eltern auf ihr Verhalten in weitem Umfang voraussehen können. Umgekehrt ist es für sie in hohem Maße verunsichernd, wenn Eltern sich in ihren belohnenden Zusagen oder strafenden Reaktionen sehr willkürlich verhalten. Solche Willkürlichkeit kann in allzu großer Nachgiebigkeit begründet sein, wenn beispielsweise verlangte Leistungen für eine besondere materielle Zuwendung nach kurzer Zeit gar nicht mehr eingefordert werden und das Kind die Belohnung bekommt, ohne die entsprechende Leistung erbracht zu haben. All dies kann dazu führen, dass Eltern in ihrem Verhalten seitens der Kinder nicht mehr einschätzbar sind, was auf die Kinder verunsichernd wirkt. Auch eine große Uneinigkeit zwischen Elternteilen in ihrem Erziehungsverhalten – insbesondere, wenn beide Eltern zwischen Strenge und Nachgiebigkeit jeweils wechseln – verhindert eine Kalkulierbarkeit und Vorhersehbarkeit der unmittelbaren Umwelt des Kindes, schafft Unsicherheit und Angst und weckt das Erleben von Hilflosigkeit.

sexueller Missbrauch

In nicht seltenen Fällen steht bei schweigenden Kindern die Erfahrung eines sexuellen Missbrauchs im Hintergrund. Vielleicht haben diese Kinder versucht, ihre Erlebnisse zu offenbaren, fühlten sich aber nicht gehört, nicht verstanden, nicht ernst genommen. Das Schweigen ist dann Zeichen ihrer Resignation. Vielleicht fürchten sie aber auch die in solchen Fällen fast immer ausgesprochenen Drohungen für den Fall des „Verrats dieses Geheimnisses“, oder sie erleben einen heftigen inneren Konflikt, wenn der Missbraucher ein Familienmitglied ist, zum Beispiel der Bruder oder der Vater. Und manche Kinder glauben, ihre Angehörigen seien nicht in der Lage, die schreckliche Wahrheit zu ertragen, und entschließen sich deshalb zum Schweigen.

Leben in Mehrsprachigkeit

Schließlich fühlen sich manche mutistische Kinder einfach nicht sicher genug in der Hochsprache, wie sie in der Schule gesprochen wird. Zumindest ist es auffällig, dass viele mutistische Kinder aus Familien stammen, in denen ein ausgeprägter Dialekt gesprochen wird. Andere haben dasselbe Problem, weil sie aus Migrantenfamilien stammen, in denen zu Hause die Heimatsprache gesprochen wird. Und nicht ganz selten stammen mutistische Kinder aus sehr isoliert lebenden Familien, in denen sie ganz allgemein nur eingeschränkte Lernmöglichkeiten für sozial adäquates Verhalten hatten und haben.

Gewohnheitsbildung

Zuweilen mögen ein oder mehrere der hier aufgeführten Faktoren in vergangenen Situationen eine Rolle gespielt haben, und die Kinder und Jugendlichen haben die damals für sie einzig passende Verhaltensweise des Schweigens in bestimmten Situationen und gegenüber bestimmten Personengruppen beibehalten, obwohl sich vieles geändert hat und das Schweigen vielleicht gar nicht mehr so notwendig wäre. Vielleicht gibt es ihnen ein Stück Selbstbewusstsein, die Macht des Schweigens zu spüren. Sie erleben, welche starken Reaktionen der Schweigende bei den anderen Personen auslöst. Allerdings müssen sie in

Kauf nehmen, dass die Reaktionen der Umwelt zumeist verärgert, vorwurfsvoll und beschuldigend ausfallen.

Lösungen anregen und möglich machen

- ***kein Druck***

  Aufforderungen, gute Ratschläge, Drohungen – kurz: alle direkten Versuche, das Kind zum Sprechen zu bringen, bewirken nur das Gegenteil. Sie beunruhigen das Kind, ängstigen es, verunsichern es in seinem Vertrauen zu Erwachsenen. Ebenso unangebracht ist vermehrte Fürsorge, Zuwendung und Aufmerksamkeit allein aufgrund des Schweigens.

- ***sichere Sprachumwelt***

  Alle Versuche, dem Kind dabei zu helfen, sein Schweigen aufzugeben und seine sprachlichen Fähigkeiten in allen Situationen und Begegnungen zu nutzen, sollten unter der Frage stehen: Wie lassen sich Umwelten gestalten, wie lassen sich Bedingungen personeller und situativer Art schaffen, in denen das Kind angstfrei kommunizieren kann und in denen es die Sicherheit findet, mit seinen sprachlichen Äußerungen angenommen zu werden und den situativen Anforderungen gerecht werden zu können?

- ***Ausnahmen***

  Dabei ist es – wie in so vielen anderen Fällen auch – hilfreich, nach Ausnahmen zu schauen, nach den vielleicht kurzen Situationen, in denen das Kind auch in Umfeldern, in denen es sonst schweigt, sich sprachlich äußert, vielleicht kurz flüstert oder singt. Welche besonderen Bedingungen lassen sich beobachten, und welche Hinweise können aus diesen Situationen abgeleitet werden, die dem Kind auch sonst hilfreich sind?

- ***Förderung nichtsprachlicher Kommunikation***

  Grundsätzlich sollte das Kind angeregt werden, sich mit nichtsprachlichen Mitteln mit den anderen auszutauschen. Der Erwachsene sollte sich bemühen, die nichtsprachlichen Äußerungen des Kindes zu verstehen, ohne jedoch selbst auf Sprache zu verzichten. Auch sollte man versuchen, das Kind trotz seines ängstlichen und passiven Verhaltens an dem Geschehen im Kindergarten oder am Unterricht und Pausenspiel in der Schule teilhaben zu lassen – zumindest solange das möglich ist, ohne Druck auszuüben und zusätzliche Ängste auszulösen. Wenn dies gelingt, ist ein guter erster Schritt auf dem Weg zu lautsprachlichen Äußerungen getan. Das Selbstvertrauen des Kindes wird gestärkt, und seine sozialen Fähigkeiten werden erweitert. Auf diesem Wege gelingt oft die Überwindung von Hemmungen und Ängsten. Häufig kommt es dann nach zwei bis vier Monaten zu ersten sprachlichen Äußerungen, die durch Beachtung und Zuwendung verstärkt werden können. Gleichzeitig lässt sich die Motivation zur sprachlichen Äußerung dadurch unterstützen, dass nun erwünschte Ziele mit nonverbalen Mitteln nicht mehr erreicht werden.

lebendige Sprachumwelt

Wichtig ist eine lebendige Sprachumwelt für das Kind zu schaffen, häufig Geschichten zu erzählen, Märchen vorzulesen oder sprachliche Tonaufnahmen anzuhören. Oft lassen sich Tonkassetten nutzen, um mit Hilfe dieses Mediums ein Sprachhandeln möglich zu machen, das in der unmittelbaren Begegnung zunächst noch nicht gelingt. Auch dies kann ein guter erster Schritt sein, der dem Kind Mut macht und ihm Erfolgserlebnisse vermittelt. Der nächste Schritt könnte sein, dass es im Einzelkontakt in fremder Umgebung zunächst liest (zum Beispiel mit Hilfe von Lesespielen), um ihm damit genug Sicherheit zu geben, im nächsten Schritt die ersten Sätze frei zu sprechen. Erst in einem weiteren Schritt sollte man dann mit ihm in eine Gruppe gehen und es dort zum Reden ermutigen.

professionelle Hilfe

Eltern werden bei all diesen Schritten meist professionelle Hilfe benötigen. Das gilt auch für das Bemühen, für dieses Kind, das diese Hilfe so dringend braucht, eine Einheitlichkeit, Eindeutigkeit und Konsequenz in ihren erzieherischen Handlungen zu zeigen. Ebenso gilt das für die Notwendigkeit, alters- und entwicklungsangemessene Forderungen an das Kind zu stellen, ihm Entwicklungsraum zu schaffen und die gut gemeinte, aber das Kind eher einschränkende Fürsorglichkeit zurückzunehmen, ohne das Kind wiederum zu überfordern. Kindergärtnerinnen und Lehrerinnen werden in die Bemühungen einbezogen werden müssen, ebenso wie andere Personen aus dem Umfeld des Kindes (Großeltern, Tanten und Onkel und sonstige wichtige Personen wie Bekannte und Freunde).

Geduld

Für alle wird es wichtig sein, die Fähigkeit zu entwickeln, kleine Fortschritte wahrzunehmen und diese kleinen Fortschritte mit viel Geduld zu begleiten. Rasche Erfolge gibt es zwar, insbesondere bei mutistischen Jugendlichen, die über viele Jahre ihres Lebens bereits in allen Situationen und praktisch allen Personen gegenüber gesprochen hatten. Zumeist aber sind langsame Entwicklungen – meist über viele Jahre – zu erwarten, zumal das mutistische Verhalten oft nur das besonders deutliche Zeichen dafür ist, dass das Kind Impulse für seine gesamte Persönlichkeitsentwicklung braucht und Fortschritte auf vielen Persönlichkeitsebenen notwendig sind.

stationäre Therapie

Wenn allerdings bei hartnäckigem Schweigen und allgemeiner Vermeidung von Kommunikation in vielen Lebensbereichen ambulante therapeutische Maßnahmen in einem halben bis maximal einem Jahr keinen Erfolg bringen, sollte eine stationäre Therapie durchgeführt werden. Hier gibt es die Möglichkeit, mit unterschiedlichen therapeutischen Ansätzen ein für das einzelne Kind geeignetes Therapieangebot zu machen. Und meist geben mutistische Kinder in einer Gruppe Gleichaltriger, in der sie über Wochen bis Monate leben, ihr Schweigen leichter auf als in anderen, häufig wechselnden Umgebungen.

- ***weitere Hilfen***

Informationen zu Selbsthilfegruppen finden Sie unter **www.mutismus.de**. Informationsmaterial sowie Hinweise auf Therapeutinnen und Therapeuten können Sie bei der Deutschen Gesellschaft für Sprachheilpädagogik, Goldammerstr. 34, 12351 Berlin erhalten.

Weitere Stichworte:

- Angst
- Einnässen
- Fremdeln – Trennungsangst
- Oppositionelles Verhalten
- Schüchternheit
- Sprachentwicklungsverzögerung
- Sprachstörung

Literatur: 9, 10, 11, 21, 93, 178, 195, 218

Nägelkauen

Onychophagie

Wahrnehmen und bewerten

Erscheinungsbild

Ein Beißen, Benagen und Kauen der Fingernägel ist bei vielen Kindern von Zeit zu Zeit zu beobachten. Es tritt gewöhnlich nicht vor dem vierten bis fünften Lebensjahr auf, hat seinen Häufigkeitsgipfel zwischen dem achten und zwölften Lebensjahr, wird aber auch noch bei Jugendlichen und Erwachsenen angetroffen. Bei Mädchen zeigt es sich häufiger als bei Jungen.

Die Nägel der Finger, manchmal auch nur die einiger „Beißfinger", werden abgeknabbert, zerkaut und ausgespuckt oder geschluckt. Manchmal werden die Nägel bis weit in die Nagelsohle abgenagt oder die Haut der Fingerkuppen und anderer Stellen wird abgebissen. Die Nägel werden ständig auf gleichmäßige Benagung kontrolliert und durch Nachknabbern reguliert. Diese Beschäftigung kann einen beträchtlichen Teil des Tages in Anspruch nehmen.

Das Nägelkauen ist eine an sich harmlose Verhaltensauffälligkeit, die oft keiner besonderen Aufmerksamkeit bedarf. Allerdings führt es immer wieder zu Auseinandersetzungen und Verärgerung in der Familie. Denn trotz aller Bitten, Ermahnungen und Verbote kann das Kind häufig nicht davon ablassen.

zwanghaftes Nägelkauen

Erst wenn diese Verhaltensauffälligkeit sehr lange anhält und wenn das Kind den Nagel soweit abbeißt, dass das Nagelbett verletzt wird, anschwillt und Entzündungen entstehen, sollten Eltern und Erzieher ihre Aufmerksamkeit darauf lenken. In einem solchen Stadium bereitet sich das Kind selbst mit dem Nägelbeißen Schmerzen; dieses Verhalten bekommt den Charakter von Selbstverletzung und Aggression. Wird es dann vom Kind zwanghaft ausgeführt und kann es nicht mehr von ihm kontrolliert werden, müssen sich Eltern und Erzieher über die Bedeutung dieses Verhaltens Gedanken machen.

Zuordnen und verstehen

innere Anspannung und Rückzug

In der Regel ist Nägelbeißen ein Zeichen dafür, dass das Kind Schwierigkeiten mit seiner Umgebung hat, dass es mit irgendetwas oder mit irgendjemandem nicht im Reinen ist. Das Kind ist innerlich angespannt, und das Nägelkauen dient ihm dazu, diese innere Spannung abzubauen. Das Kind zieht sich zurück und beschäftigt sich mit sich selbst. Diese Beschäftigung beruhigt, auch wenn es hinterher weh tut.

Die Zusammenhänge, in denen das Nägelbeißen bei dem jeweiligen Kind steht, und die Anlässe für die innere Anspannung des Kindes und seine Neigung, sich auf sich selbst zurückzuziehen, sind nicht leicht zu erkennen. Am wenigsten hilfreich ist es, das Kind immer wieder danach zu befragen, warum es das tut. In aller Regel können die Kinder das selbst nicht erklären, und sie können auch nicht angeben, was sie belastet.

- ***Zeitpunkt des ersten Auftretens***

  Näher kommen Eltern und Erzieher einem Verstehen, wenn sie sich fragen, wann das Nägelkauen erstmalig aufgetreten ist (zum Beispiel bei der Geburt eines Geschwisters, bei der Trennung oder Scheidung der Eltern, als Probleme mit den Schulleistungen auftraten oder Unstimmigkeiten mit den Mitschülern, nach einem Krankenhausaufenthalt oder Ähnlichem).

- ***wann häufig und wann selten?***

  Das Nägelkauen tritt auch nie in gleichmäßiger Intensität auf. Manchmal ist es kaum zu beobachten, manchmal in hoher Intensität. So ist es aufschlussreich zu beobachten, wann es stärker in Erscheinung tritt und wann weniger. Hängt es ab von der Anwesenheit einer bestimmten Person? Ist es in der Schulzeit verstärkt zu beobachten oder in den Ferien? Ist es in der Schule während des Unterrichts oder in den Schulpausen häufiger, oder tritt es vor allem zu Hause auf? Kaut das Kind häufiger an den Nägeln, wenn es alleine ist und keine Freunde oder Familienmitglieder findet, mit denen es spielen kann, oder umgekehrt, wenn es sich in einer Gruppe Gleichaltriger befindet oder mit allen Familienmitgliedern zusammen ist? Lässt sich ein Zusammenhang feststellen zwischen dem Auftreten des Nägelkauens und dem Verhalten des Vaters (der Mutter, der Lehrerin)? So könnte die Frage: „Wie müsste sich der Vater (die Mutter, die Lehrerin) verhalten, wenn er wollte, dass das Kind noch mehr an den Nägeln kaut?" Hinweise auf derartige Zusammenhänge geben.

- ***kein Kalkmangel***

  Die oft geäußerte Ansicht, dass Kinder wegen Kalkmangels an den Nägeln kauen, ist falsch. Zum einen enthalten die Nägel gar keinen Kalk, zum anderen konnte bei Untersuchungen solcher Kinder kein Kalkmangel festgestellt werden.

- ***Einengung***

  Interessanterweise sind dem Nägelkauen ähnelnde Erscheinungen auch bei Tieren zu beobachten, die nicht in der Freiheit leben, sondern für längere Zeit auf engem Raum eingesperrt sind. So ist das Krippen-Setzen der Pferde, die zu lange im Stall gehalten wurden, mit dem Nägelkauen zu vergleichen. (Von Krippen-Setzen spricht man, wenn zu lange im Stall gehaltene Pferde anfangen, an den Rändern ihrer Krippe zu beißen.) Ähnliche automatisierte und sinnlos erscheinende Verhaltensweisen sind unter den entsprechenden Bedingungen auch bei anderen Tieren zu beobachten. Es scheint sich um Übersprunghandlungen zu handeln, die auftreten, wenn intensive Affekte bei einengenden Lebenssituationen nicht in angemessenen körperlichen Aktionen ausgelebt werden können. Diese Auffälligkeiten pflegen zu verschwinden, sobald man die Tiere aus ihrer Beengtheit befreit.

psychische Hemmungen ■

In Übereinstimmung mit diesen Beobachtungen findet man das Nägelkauen besonders häufig bei solchen Kindern, die sich eingeengt fühlen, die sich nicht trauen, spontan zu handeln, die gelernt haben, dass alles, was sie tun, doch falsch ist. Es handelt sich also bei diesen Kindern meist nicht um eine rein äußerliche, räumliche Einengung, sondern vielmehr um psychische Hemmungen und Einschränkungen verschiedenster Art. Es kann sich um Kinder handeln, die sehr autoritär bestimmenden Erziehungsforderungen ausgesetzt sind. Dies ist dann als besonders kritisch anzusehen, wenn die sehr bestimmend gegebenen Anweisungen des Vaters und der Mutter (oder anderer wichtiger Erwachsener) sich widersprechen, so dass das Kind es falsch macht, was immer es tut. In entsprechende Konflikte geraten Kinder, die in heftige Auseinandersetzungen rings um eine Trennung und Scheidung der Eltern einbezogen werden.

wenig Spontaneität im Handeln ■

Fast immer muss man davon ausgehen, dass den Kindern, die Nägel kauen, ein offenes Ausleben von Aggressionen, die durch Enttäuschungen unterschiedlichster Art ausgelöst wurden, nicht möglich erscheint. Das Kind traut sich nicht und richtet die Aggression gegen sich selbst. Das bedeutet auch: Es handelt sich meist um Kinder, die sich als besonders abhängig erleben und deshalb nicht frei sind zu spontanem Handeln.

viel Kritik und Ablehnung ■

Das Nägelkauen beobachtet man aber nicht nur bei Kindern, die gehemmt und still zurückgezogen sind, sondern auch bei sehr unruhigen Kindern, die mit ihrem Verhalten stets auf Kritik und Ablehnung stoßen und deshalb ständig Stress und Anspannung erleben. Für alle gilt aber, dass sie eher selbstunsicher sind und wenig Selbstvertrauen haben.

Gewohnheitsbildung ■

In manchen Fällen ist das Nägelkauen auch als eine Gewohnheitsstörung anzusehen. Der ursprüngliche Anlass ist nicht mehr länger wichtig, weil das Kind älter geworden ist und die Umstände sich verändert haben oder vom Kind nicht mehr als belastend erlebt werden. Das Nägelkauen ist aber inzwischen zur Gewohnheit geworden, vielleicht auch weil es durch viele Ermahnungen, Verbote, Bestrafungen oder Ähnliches verfestigt und aufrechterhalten wurde.

Lösungen anregen und möglich machen

- ***spielerische Signale***

  Handelt es sich bei dem Nägelkauen um eine erst seit kurzem aufgetretene Angewohnheit, lassen sich in spielerischer Weise Signale vereinbaren, die das Kind auf das Nägelkauen aufmerksam machen, so dass es davon ablässt. Der Versuch allerdings, dem Kind gegen seinen Willen das Nägelkauen abzugewöhnen, wird in den meisten Fällen scheitern. Drohungen helfen wenig und setzen den Nägelbeißer nur unnötig unter Druck (auf den er wahrscheinlich mit gesteigertem Nägelbeißen reagiert).

- ***Änderung der Lebensbedingungen***

  Wenn Eltern und Erzieherinnen versuchen, mit Hilfe der oben aufgeführten Fragen die situativen Bedingungen zu erkennen, in denen das Nägelkauen verstärkt auftritt, lassen sich Hinweise darauf finden, welche Änderungen in den Lebensbedingungen des Kindes wahrscheinlich zu einem Nachlassen dieser Verhaltensauffälligkeit führen.

- ***belastende Lebensereignisse besprechen***

  Das Gleiche gilt, wenn es gelingt zu erkennen, mit welchen Familienereignissen oder sonstigen Geschehnissen im Leben des Kindes das Nägelkauen zeitgleich aufgetreten ist. Zwar kann man viele Ereignisse nicht ungeschehen machen. Aber man kann Ansätze finden, mit dem Kind über die Dinge, die es wahrscheinlich belasten, zu sprechen, Verständnis zu zeigen und Unterstützung anzubieten.

- ***die eigene Verantwortung stärken***

  Besonders wenn der Eindruck besteht, dass es sich bei dem Nägelkauen inzwischen um eine Gewohnheitsstörung handelt, sollte man bemüht sein, das Selbstbewusstsein des Kindes zu fördern und sein Gefühl von persönlicher Verantwortung und eigenständiger Bewältigung zu stärken. So sollte man das Kind ernsthaft und vorwurfsfrei fragen, ob es selbst den Wunsch hat, damit aufzuhören. Wenn es das verneint, lassen sich Fragen anschließen wie: „Wie lange glaubst du, das Nägelkauen noch zu brauchen?" „Was lässt sich tun – von dir oder von mir –, um diese Zeit zu verlängern oder zu verkürzen?" (Das bedeutet, die Idee der Beeinflussbarkeit zu wecken.) „Was müsste sonst dazu geschehen?" Wenn es die Frage nach dem Aufhören bejaht, lassen sich Überlegungen anschließen wie: „Welche Idee hast du, was du stattdessen tun kannst?" „Könntest du dir vorstellen, in der nächsten Woche nur die Fingernägel zu kauen, aber nicht den Daumennagel?" Wenn der dann wieder gewachsen ist: „Kannst du in den nächsten Wochen den Zeigefingernagel stehen lassen?“ So kann man fortfahren, bis alle Nägel wieder wachsen dürfen.

andere Auffälligkeiten ■

Grundsätzlich sollte auch gefragt werden, welche der unten aufgeführten Stichworte – zum Beispiel: Angst, Daumenlutschen, Schüchternheit – bei dem jeweiligen Kind auch zutreffen, um dort nachzuschlagen und geeignete Anregungen zu finden. Bei sehr hartnäckigem Nägelkauen sollte man sich aber nicht scheuen, mit dem Kind zu einer Fachfrau oder einem Fachmann zu gehen und therapeutische Hilfe in Anspruch zu nehmen.

Weitere Stichworte:

- Angst
- Furcht – Phobien
- Fremdeln – Trennungsangst
- Daumenlutschen
- Haarausreißen
- Schüchternheit

Literatur: 145, 174

Oppositionelles Verhalten

Wahrnehmen und bewerten

Auflehnung und Selbstbehauptung

Opposition leitet sich von dem spätlateinischen Wort „oppositio“ = das Entgegensetzen“ ab. Unter dem heutigen Begriff Opposition, der im 16. Jahrhundert entstand, wird ein Gegenüberstellen, ein Gegensatz, ein Widerstand und Widerspruch verstanden. Als oppositionelles Verhalten von Kindern werden Formen der Auflehnung oder des Widerstandes gegenüber ihren Bezugspersonen oder auch die Ablehnung von institutionellen Regeln und Zwängen zusammengefasst.

In diesem Buch wird zwischen dem trotzigen Verhalten des sehr jungen Kindes (siehe: Trotz) und den oppositionellen Verhaltensweisen des älteren Kindes unterschieden. Der Trotz ist gekennzeichnet durch ein noch vorwiegend affektiv geprägtes Verhalten und ein Fehlen von kognitiven Aspekten, von Einsicht und Übersicht in die Gründe für die ausgesprochenen Gebote und Verbote des Erwachsenen. Demgegenüber setzt das ältere Kind den Anforderungen seiner Erzieherinnen schon bewusster Widerstand entgegen. Es hinterfragt die Gründe für das konkrete Verbot oder Gebot. Schon im Vorschulalter fangen Mädchen und Jungen an, das Verhalten ihrer Bezugspersonen zu bewerten, zu vergleichen und auch Kritik zu üben. Darüber hinaus beginnen sie, sich durch aufsässige Verhaltensweisen zu wehren, wenn sie sich ungerecht behandelt fühlen. Eltern und andere Erzieherinnen sind dann Fragen ausgesetzt wie: „Die Eltern von Klaus erlauben das, warum du nicht?“, „Wozu soll ich das lernen, das brauche ich nicht“, „Ich muss immer ..., mein Freund braucht nie ...“, „Du traust mir nie etwas zu“, „Der bekommt immer alles!“, „Du machst das doch genauso“ oder: „Ich darf nie was“.

Erscheinungsformen

Kinder, die offen oppositionell reagieren, sind aufsässig, gehorchen nicht und widersprechen häufig den Eltern und anderen Erziehern. Sie üben Kritik an den erzieherischen Verhaltensweisen, führen Aufträge nicht aus, und ihre Reaktionen und Kommentare werden in ungeduldigem und aggressivem Tonfall geäußert. Die verdeckte oppositionelle Haltung von Kindern zeigt sich daran, dass sie Aufforderungen unterlaufen, Aktivitäten verheimlichen und vielfältige Formen entwickeln, die dazu dienen, sich der Kontrolle zu entziehen; sie schweigen beispielsweise, wenn sie Aufträge erhalten, und handeln anschließend so, als hätten sie nichts gehört.

oppositionelles Gruppenverhalten

Eine besondere Erscheinungsform ist das oppositionelle Gruppenverhalten. Zuweilen solidarisieren sich alle Mitglieder einer Gruppe oder Klasse und weigern sich, der Aufforderung eines Erziehers nachzukommen. Auch hier kann unterschieden werden zwischen den Formen einer offenen Opposition und verdeckten Reaktionsweisen. Das Gemeinschaftsgefühl einer Gruppe von Kindern, die sich in ihren Rechten beschnitten erleben, kann Hintergrund eines solchen Verhaltens sein. Es ist jedoch auch möglich, dass das Verhalten der Gruppenmitglieder vornehmlich durch die Opposition eines anerkannten Gruppenmitglieds bestimmt wird.

Abgrenzung gegenüber Dissozialität

Bei einem oppositionellen Verhalten fehlen die Erscheinungsformen der Dissozialität: ein häufiges Lügen, Stehlen, Streunen und Schuleschwänzen, Streitsucht, körperlich aggressives Verhalten und Sachbeschädigungen. Es ist eher jüngeren Kindern zuzuordnen und bleibt vornehmlich auf die Interaktion zwischen Kind und Erzieherin begrenzt. Allerdings können oppositionelle Verhaltensweisen als erste Ansätze einer Störung des Sozialverhaltens (Dissozialität) angesehen werden.

Opposition als „notwendige Größe"

Mit zunehmendem Alter machen Kinder Erfahrungen außerhalb ihrer primären Gruppe. Nicht nur über die Medien, sondern auch in befreundeten Familien und in den verschiedenen Gruppen, an denen sie teilnehmen, erfahren sie andere Verhaltensweisen als diejenigen in ihrer Primärgruppe. So ist das Verhalten der Erwachsenen zum Beispiel im Kindergarten, im Hort, in der Schule, in einer Sport- oder Musikgruppe durchaus unterschiedlich, und infolgedessen beginnen Kinder, immer stärker zu unterscheiden. Sie fangen an zu werten, zu kritisieren, sie erleben spezifische Verhaltensweisen als förderlich, angenehm und unterstützend und andere gegenteilig als hinderlich und einschränkend. Solche unterschiedlichen Erfahrungen gehören zum Alltagserleben des Kindes, und es benötigt sie auch, um eigene Positionen beziehen oder eigene Wertungen vornehmen zu können und selbstständig zu werden. Entscheidend wichtig ist dabei, wie kompetent die Erwachsenen mit Kritik oder Fragen, die sie als negative Wertungen erleben, umgehen.

Gefahren eines oppositionellen Verhaltens

Die Gefahr eines widersetzlichen Verhaltens besteht in der Belastung der Beziehung zwischen Kind und Erzieher, so dass die gegenseitige Akzeptanz, der Respekt und das wechselseitige Vertrauen verloren gehen kann. Allzu leicht bildet sich ein Teufelskreis, in dem das aufsässige Verhalten des Kindes den Erzieher veranlasst, sich ungeduldig, streng, autoritär und auch schon mal ungerecht zu verhalten, was wiederum auf Seiten des Kindes verstärkt aufsässiges Verhalten hervorruft. Bleibt das widersetzliche Verhalten nicht auf bestimmte

Situationen und Felder beschränkt und entstehen immer häufiger und mit immer mehr Erwachsenen derartige Teufelkreise, dann ist die Wahrscheinlichkeit hoch, dass weitere Auffälligkeiten hinzutreten.

Zuordnen und verstehen

- ***fehlende Einsicht***

Kinder entwickeln mit wachsendem Alter immer mehr Unabhängigkeit von Eltern und Erzieherinnen und zunehmend den Wunsch, eigene Entscheidungen zu fällen. Gleichzeitig wird jedoch von ihnen verlangt, viele Regeln der Erwachsenen zu befolgen. Oft erkennen sie deren Begründung nicht, und sie erhalten von den Erwachsenen auch nur unzureichende Erläuterungen. Zudem stellt sich bei vielen Ge- und Verboten die Frage, ob sie tatsächlich notwendig sind, ob sie vornehmlich der Bequemlichkeit der Erwachsenen dienen oder ob sie nur aus alter, unreflektierter Tradition heraus bestehen. Dies gilt für eine Reihe von Anpassungsforderungen und auch für manche schulischen Lernstoffe. Bestehen solche Forderungen längere Zeit und gelingt es den Erwachsenen nicht, ein Verständnis für die Regeln zu vermitteln und ihre Sinnhaftigkeit deutlich werden zu lassen, so wird das Kind eine willkürliche Einschränkung seiner Selbstständigkeit und Unabhängigkeit erleben und sich dagegen zur Wehr setzen.

- ***unangemessener Machtgebrauch***

Zwischen Erwachsenen und Kindern besteht – zumindest solange die Kinder klein sind – ein erhebliches Machtgefälle. Eltern und Erzieherinnen sind diejenigen, die Forderungen stellen, Ver- oder Gebote aussprechen und über die Möglichkeiten von Sanktionen und Bestrafungen verfügen. Sind die Erwachsenen nicht sehr zurückhaltend im Gebrauch ihrer Machtmittel, besteht die Gefahr, dass die Idee von Macht und Durchsetzung das Erziehungsverhältnis prägt. Mit wachsendem Alter wird auch das Kind sein Verhalten an dieser Idee ausrichten, und der Umgang zwischen Kind und Erwachsenem wird in zunehmendem Maße durch Machtkämpfe geprägt.

Setzen Erwachsene in unangemessener Weise Machtmittel ein, wird das darüber hinaus zu Demütigungen, Herabsetzungen und Beschämungen des Kindes führen. Seine Selbstachtung wird beschädigt. Allzu leicht kann das zur Folge haben, dass das Kind nach Möglichkeiten sucht, sein verletztes Selbstwertgefühl wieder aufzubauen, und dabei Wege der Abgrenzung zum Erzieher wählt, die mit sehr auffälligem, widersetzlichem, zuweilen auch dissozialem Verhalten einhergehen. Auch die Annäherung an „schlechte Freunde“ kann eine Form der Opposition sein und dem Ziel dienen, die erlebten Demütigungen auszugleichen und in der Gruppe gleichgesinnter oppositioneller Kinder die vermisste Akzeptanz zu finden.

Irreversibilität von Äußerungen ■

Anzeichen für ein Machtgefälle zwischen Erwachsenem und Kind finden sich häufig in der Sprache. Denn vielfach sind die Äußerungen der Erwachsenen Kindern gegenüber sozial irreversibel: Sie benutzen Formulierungen und Wendungen, die die Kinder umgekehrt ihnen gegenüber nicht einsetzen dürfen. Wenn der Vater zu seinem Sohn sagt: „Du bist doch tatsächlich zu blöd, um ...", darf der Sohn in den meisten Familien bei der nächsten Gelegenheit noch lange nicht dem Vater gegenüber dieselbe Formulierung benutzen. Würde ein Kind einem Lehrer gegenüber die Äußerung tun: „Sie sind faul; Sie haben das Diktat noch nicht durchgesehen", würde das wahrscheinlich als ein Verstoß gegen allgemeine Regeln von Achtung, Takt und Höflichkeit angesehen, auch wenn der Lehrer schon mehrfach Ähnliches dem Kind gesagt hat. Insofern ist die Reversibilität der Sprache ein guter Gradmesser dafür, wie sehr der Erwachsene dem Kind mit Respekt, Höflichkeit und Akzeptanz begegnet. Irreversible Äußerungen demgegenüber sind Anzeichen für den Machtanspruch des Erwachsenen, gegen den das Kind möglicherweise – im Sinne seiner Selbstachtung – mit oppositionellem Verhalten rebellieren wird.

provozierende paraverbale Forderungen ■

Nicht nur in der Wahl der Worte, sondern auch im Tonfall kann der Machtanspruch des Erwachsenen zum Ausdruck kommen. Dieselben Worte können durch einen unterschiedlichen Tonfall ganz verschiedene Bedeutung bekommen; sie können einmal freundlich und akzeptierend, ein anderes Mal hart und autoritär klingen. Durch den Tonfall wird dem Kind auch vermittelt, ob der Erzieher eindeutig oder unsicher ist, ob er geduldig oder genervt ist, ob noch eine Dialogmöglichkeit besteht, ob durch Spott oder Ironie Verächtlichkeit ausgedrückt wird. Wenn die Äußerungen der Bezugsperson in Inhalt und Ausdruck nicht übereinstimmen, ist dies besonders belastend für das Kind. Es erhält widersprüchliche Botschaften, die es verwirren und die besonders leicht oppositionelle Reaktionen hervorrufen.

Der stimmliche Ausdruck, in dem Kommentare, Aufforderungen oder Verweigerungen von Wünschen ausgesprochen werden, ist deshalb so bedeutungsvoll, weil sich in ihm die emotionale Beziehung und Einstellung zum Kind ausdrückt. Und nicht immer kontrolliert der Erwachsene seinen stimmlichen Ausdruck, noch ist er sich stets bewusst, welche Informationen er dem Kind auf diesem Wege gibt. Das Kind aber registriert sehr deutlich, ob beispielsweise Einschränkungen seitens des Erwachsenen aus Besorgtheit, aus wohlmeinender Fürsorge, aus zwingender Notwendigkeit, aus Willkür oder aus einem Herrschaftsanspruch ausgesprochen werden. Und je nachdem wird es sich entscheiden, die Einschränkung zu akzeptieren oder dagegen zu opponieren.

- ***inkonsequentes Erzieherverhalten***

  Erfahrungsgemäß reagieren Kinder, die einen inkonsequenten Erziehungsstil erfahren, häufig mit oppositionellem Verhalten. Wenn die Handlungen der Bezugsperson ohne erkennbaren Grund zwischen Strenge und völliger Nachgiebigkeit schwanken, sind sie für das Kind nicht nachvollziehbar und in der nächsten Situation nicht vorhersehbar. Das Kind erhält keinen Orientierungsrahmen vermittelt und kann nicht einschätzen, wie sich der Erwachsene zukünftig verhalten wird. Es wird das Verhalten des Erwachsenen als willkürlich erleben und sich dementsprechend häufig dagegen auflehnen

- ***unterschiedliche Bewertungen***

  Kinder machen andere Erfahrungen als ihre Eltern oder Erzieher sie gemacht haben und entwickeln in der Folge andere Bewertungskriterien. Vorstellungen der Bezugspersonen werden nicht ohne weiteres übernommen. Vielmehr hinterfragen Kinder die erzieherischen Entscheidungen ihrer Eltern und Erzieherinnen und fordern Erklärungen und Begründungen ein. Zwar gibt es keinen Anlass für Eltern und Erzieherinnen, ihre erzieherischen Maßnahmen mit dem Kind endlos zu diskutieren. Aber die Kinder haben ein Recht darauf, dass sie ihnen in angemessener und verständlicher Weise begründet werden, so dass sie erkennen können (wenn sie es denn wollen), dass die Maßnahmen gut überlegt sind. Dann kann ein Kind auch verstehen, dass die eine Erzieherin weniger großzügig handelt, weil sie besorgter ist, als die andere, die dem Kind mehr an Belastungen und Gefahren zumutet.

- ***überforderndes Verhalten***

  Häufig werden Kinder in unterschiedlicher Weise überfordert. Eltern projizieren beispielsweise persönliche Erwartungen auf das Kind und hoffen, dass die eigenen unerfüllten Berufs- und Lebenswünsche vom Kind erreicht werden. Das birgt die Gefahr, dass das Kind sich nicht als eigenständige Person mit ganz individuellen Stärken und Schwächen angenommen fühlt und infolgedessen diesen Erwartungen Widerstand entgegensetzt.

  Oft ist es aber auch schwierig für Erzieherinnen, den jeweiligen Entwicklungs- und Leistungsstand eines Kindes richtig einzuschätzen und das Kind einerseits hinreichend zu fordern und zu fördern, andererseits aber auch nicht unangemessen zu belasten. Vor allem ist es schwierig zu entscheiden, welche Forderungen an ein behindertes oder ein bereits verhaltensauffälliges Kind gestellt werden können. So werden gerade Kinder, die bereits Probleme haben, leicht überfordert, und sie können dadurch noch zusätzliche Probleme entwickeln. Das ist nicht selten bei Kindern mit einem hyperkinetischem Verhalten zu beobachten. Erhalten sie allzu oft kritische, tadelnde oder strafende Reaktionen auf ihr unruhiges Verhalten, ist die Wahrscheinlichkeit erhöht, dass sie darauf mit oppositionellen Verhaltensweisen antworten.

Respekt vor den Aktivitäten

Werden Aktivitäten, Planungen oder Ziele des Kindes seitens der Erwachsenen durchkreuzt, wird es dem Widerstand entgegensetzen. Respekt vor dem Kind zu haben bedeutet auch, seine Aktivitäten – auch wenn es sich „nur" um Spiele handelt – als nicht weniger wertvoll und wichtig einzuschätzen als die der Erwachsenen. Allzu leicht geschieht es, dass das Kind gebeten wird, „mal ganz rasch zwischendurch" etwas einzukaufen oder ohne Vorbereitung sofort zum Essen zu kommen oder Ähnliches. Hier wird das Kind nicht als gleichwertig und seine Tätigkeit nicht als gleichrangig angesehen – das Kind muss geradezu opponieren, um seinen Handlungsplan zumindest bis zu einem bestimmten Einschnitt verfolgen zu können, aber auch, um seine Eigenständigkeit zu verteidigen.

Lösungen anregen und möglich machen

Transparenz anstreben

Kinder werden mit wachsendem Alter selbstständiger und wollen in immer höherem Umfang eigene Entscheidungen treffen. Das ist eine wichtige und notwendige Entwicklung. Jedoch gibt es in Erziehung und Unterricht Situationen, in denen die Selbstbestimmung von Kindern nicht möglich ist und Erwachsene Entscheidungen treffen müssen, beispielsweise bei drohenden seelischen oder körperlichen Gefahren. Derartige Entscheidungen müssen offen dargelegt und begründet werden. Wenn Kindern in entwicklungsadäquater Weise Begründungen und Erklärungen für bestimmte Entscheidungen gegeben werden, zeigen sie sich meist in erstaunlich hohem Maße einsichtsfähig und kooperativ. Sie fühlen sich ernst genommen und nicht willkürlichen Maßnahmen ausgesetzt.

Falls das Kind sich ungerecht behandelt fühlt, muss der Erwachsene zu einem Dialog bereit sein. Das bedeutet, dass er aktiv zuhört, kritische Anmerkungen des Kindes aufnimmt, ohne diese sofort abzuwehren, bereit ist, fehlerhafte Entscheidungen einzuräumen und zu korrigieren, oder offen ist, gemeinsam mit dem Kind konstruktive Alternativen zu erörtern, die das gleiche Ziel auf anderem Wege erreichen. Allerdings gilt es auch, sich nicht in endlose Diskutiereien verwickeln zu lassen. Das Kind muss auch lernen zu akzeptieren, dass der Erwachsene wohlüberlegte Entscheidungen trifft, die – nach Darlegung der Gründe – Gültigkeit haben und nicht mehr revidiert werden (ebenso wie der Erwachsene lernen muss, den Protest und den Ärger des Kindes zu ertragen).

Reversibilität anstreben

Ganz allgemein können diejenigen Erwachsenen Konfliktsituationen am besten bewältigen, denen es gelingt, das Kind trotz allen Ärgers und trotz allen Streits ihre prinzipielle Wertschätzung und ihre Achtung seiner Eigenpersönlichkeit spüren zu lassen. Diese Betrachtung des Kindes als einen gleichwürdigen Partner drückt sich unter anderem darin aus, dass die Erwachsenen eine Sprache sprechen, die das Kind auch ihnen gegenüber anwenden kann, eine Gestik und Mimik zeigen, die Kinder auch ihnen gegenüber zeigen dürfen, und im Ausdruck der Stimme sich so äußern, wie sie es auch bei ihren Kindern akzeptieren und gut heißen. Es geht um die prinzipielle Gleichheit in der Einhaltung der vereinbarten Regeln und der getroffenen Absprachen – auch wenn es einige (und möglichst wenige) Regeln gibt, die für das Kind aufgrund seines Alters noch anders lauten als für die Erwachsenen. In der Fachsprache bezeichnet man ein solches Verhalten von Eltern und Erziehern als reversibel, das heißt: Es kann vom Kind in gleicher Weise zurück auf den Erwachsenen angewandt werden.

Diese Reversibilität des Verhaltens von Eltern und Erzieherinnen schließt – wenn man es ernst nimmt – auch die gleichrangige Wertschätzung der Aktivitäten von Erwachsenen und Kindern ein. Das Spiel des Kindes und später die Erledigung der Hausaufgaben sind genauso wichtige Tätigkeiten wie die beruflichen Aufgaben der Mutter oder die Reparaturarbeiten des Vaters. Eine derartige Einstellung verhindert willkürliche Unterbrechungen der Handlungen des Kindes und abschätzige Bemerkungen über den Wert und die Bedeutung seines Tuns.

- ***die eigenen Forderungen hinterfragen***

  Alle Eltern, jede Familie, jeder Kindergarten oder Hort und jede Schule hat Gebote und Verbote entwickelt, die ein Kind befolgen soll. Zuweilen scheint es sinnvoll zu sein, dass die Erzieher reflektieren, ob es im Elternhaus oder in der Institution zu viele, zu wenige, zu harte, zu ungenaue, zu widersprüchliche oder im Hinblick auf den Entwicklungsstand zu wenig angemessene Regeln gibt. Als Leitlinie gilt hier: Formulieren Sie nur so viele Gebote und Verbote, als notwendig sind. Beachten Sie dabei den Entwicklungsstand der Kinder und auch ihre Verhaltensbesonderheiten und -auffälligkeiten. Kontrollieren Sie, ob die Gebote und Verbote klar und eindeutig sind und sich nicht wechselseitig widersprechen. Und weiter: Sind sie prägnant und eindeutig an die Kinder vermittelt worden? Haben die Kinder sie verstanden und ihren Sinn und Zweck erfasst? Vor allem: Werden sie von allen Erzieherinnen gleichermaßen bejaht und vertreten und schließlich auch mit Überzeugung durchgesetzt?

- ***die eigenen Wünsche reflektieren***

  Es ist natürlich, dass sich Eltern für ihr Kind und seine Zukunft nur das Beste wünschen und dass sie hoffen, dass ihr Kind eine erfolgreiche Schulkarriere absolviert oder als Sportler, als Musiker oder in anderen Bereichen gute Leistungen vollbringt. Solange die Eltern ihr Kind bei seinen eigenen Wünschen und Zielen begleiten und es nach Kräften unterstützen, kann das Kind davon nur profitieren. Zuweilen aber verfolgen Eltern mehr die eigenen Wünsche und nicht die des Kindes. Sie haben – vielleicht aufgrund unglücklicher Umstände – die eigene Ziele in ihrem Leben nicht erreichen können und hoffen nun, dass ihr Kind sie verwirklicht. Oder sie möchten die eigenen negativen Erfahrungen oder auch die Folgen eigener Fehler ihrem Kind ersparen. Mit solchen gut gemeinten Absichten laufen sie jedoch Gefahr, dass das Kind sich als Person mit eigenen Interessen, Fähigkeiten, Fertigkeiten und Wünschen nicht wahrgenommen fühlt und sich als der besondere Mensch, der es ist, nicht akzeptiert erlebt. Und so kann es geschehen, dass das Kind auf all die gut gemeinten Unterstützungsmaßnahmen mit Protest antwortet, häufig mit einem eher verdeckten, oppositionellen Verhalten, beispielsweise einer passiven Verweigerung.

Dialoge führen – Erfahrungen austauschen

Eltern und ihre Kinder sind zu unterschiedlichen Zeiten und unter unterschiedlichen Bedingungen aufgewachsen. Sie haben andere Erfahrungen gemacht und damit auch andere Einstellungen entwickelt, die sich bei den Eltern in bestimmten erzieherischen Maßnahmen äußern, die für das Kind zuweilen schwer verständlich sind. Es führt zu einem größeren gegenseitigen Verständnis, wenn die Erfahrungen der Eltern und der Kinder ausgetauscht werden. Ein solch gegenseitiges Verstehen kann schon im frühen Kindesalter angestrebt werden. Denn Kinder sind häufig sehr interessiert, etwas von den früheren Lebensbedingungen ihrer Eltern zu erfahren. Auf der Basis solcher Gespräche werden dann Dialoge über unterschiedliche Einstellungen zu bestimmten Situationen möglich. Aus Sorge um das Kind und aus dem Bemühen, es vor „schlechten Einflüssen" zu schützen, wird beispielsweise einem Kind die Freundschaft mit einem anderen Kind verboten, weil dessen Einfluss als negativ angesehen und gefürchtet wird. Gespräche über die eigenen Erfahrungen der Eltern und ihre daraus abgeleiteten Befürchtungen können dem Kind das erzieherische Verhalten einsichtig machen und damit Möglichkeiten eröffnen, einen gemeinsamen Weg aus der Situation zu suchen.

Loben macht süchtig

Häufig wird davon gesprochen, wie wichtig es ist, das Kind zu loben. Mit einem Lob wird dann verbunden, dass das Kind verbale Belobigungen erhält wie: „Toll!", „Klasse!" oder „Das hast du prima gemacht!". Derartige Anerkennungen führen dazu, dass das Kind für den Erwachsenen lernt – eine für das Kleinkind durchaus passende Haltung. Die Gefahr besteht aber, dass das Kind sich von dieser Zuwendung abhängig macht. Deshalb muss es sich mit dem Älterwerden zunehmend von dieser Art von außen kommender Verstärkung lösen und eine innere Handlungsmotivation entwickeln. Es muss lernen, sich durch das Handeln selbst (zum Beispiel das Lernen oder die körperliche Aktivität), den Prozess und den daraus resultierenden Erfolg verstärkt zu fühlen. Insofern ist es von Bedeutung, dass Erzieherinnen nicht zu viel loben, sondern das Kind unterstützen, indem sie an seinen Aufgaben, an den Themen und Problemen, mit denen es sich auseinander setzt, Interesse zeigen, Zeit dafür haben, ihm zuhören sowie sein Suchverhalten und seine Überlegungen unterstützen. Die Zahl der Möglichkeiten, eine intrinsische Motivation zu fördern, sind vielfältig. So fördert man die Unabhängigkeit und Eigenständigkeit des Kindes und verhindert, dass es süchtig wird nach Lob.

- ***Modellverhalten***

Untersuchungen haben gezeigt, dass viele Kinder vermeiden, Problemsituationen mit ihren Eltern zu besprechen. Sie fürchten, dass dies nur zu weiteren Konflikten führt, da die Eltern vorgefasste Meinungen haben und von diesen nicht abweichen. Sie reagieren damit letztlich in Form einer verdeckten Opposition. Eltern und Erzieherinnen können dem am besten begegnen, in dem sie einen Umgang mit Konflikten vorleben, aus dem erkennbar wird, dass das Austragen von Meinungsunterschieden zu Änderungen von Einstellungen und Verhaltensweisen führen kann. Sie können das Kind erleben lassen, dass man seinen Ärger äußern kann, ohne verletzend zu werden, und dass man während eines Partnerkonflikts seine Position vertreten kann, ohne den anderen bloßzustellen und anzugreifen und damit das Aushandeln eines Kompromisses unmöglich zu machen.

Weitere Stichworte:

- Aggressivität
- Aufmerksamkeits- und Aktivitätsstörung
- Dissozialität (Band 2)
- Trotz

Poltern

Wahrnehmen und bewerten

Merkmale des Polterns

Poltern ist, wie das Stottern, eine Redeflussstörung. Wesentliches Kennzeichen ist eine hohe Sprechgeschwindigkeit. Der Sprechablauf ist überhastet, die Artikulation ist undeutlich und verwaschen, Silben und einzelne Wörter werden wiederholt oder auch ausgelassen. Das Sprechen ist unrhythmisch und stolpernd mit Ausbrüchen und Pausen, die nicht der Satzstruktur entsprechen. Die Sprechverständlichkeit ist beeinträchtigt. Untersuchungen zeigten eine Beschleunigung des Sprechtempos innerhalb längerer Wörter: Je mehr Silben ein Wort hatte, desto höher wurde das Sprechtempo und desto ausgeprägter die Störung. Bei längeren Sprachäußerungen können die Störungen bis zu einer Unverständlichkeit der Sprache führen. Die Sprachmelodie ist monoton. Es sind zudem häufig Rhythmus- und Wortfindungsstörungen feststellbar.

Störungsbewusstsein

Für Menschen mit einer Poltersymptomatik ist charakteristisch, dass sie ihre Auffälligkeit während des Sprechens selbst kaum wahrnehmen und sich dadurch auch wenig gestört fühlen. Bei ihnen ist dann ein Störungsbewusstsein kaum vorhanden. Sie wissen aber durchaus um ihre Redeflussstörung und können grundsätzlich unter ihrer Auffälligkeit sehr leiden, häufig mit der Folge der Beeinträchtigung ihres Selbstwertgefühls.

situative Faktoren

Das Poltern tritt besonders in der sozialen Situation auf, seltener beim Lesen und beim Singen. Allerdings gibt es Unterschiede beim Lesen: Liest ein Kind mit einer Poltersymptomatik einen ihm bekannten Text, so ist die Störung stärker ausgeprägt als beim Lesen eines ihm unbekannten Textes. Die Begegnung mit Unbekanntem fordert eine höhere Konzentration, die sich auf das Sprechen günstig auswirkt. Grundsätzlich gilt, dass das Poltern geringer wird, wenn sich das Kind auf den Sprachvollzug konzentriert. Wird es dazu aufgefordert, kurze, prägnante Sätze zu formulieren, so hat dies ebenfalls positive Auswirkungen auf den Sprechverlauf. Ebenso führt ein langsames Sprechen zu einem Rückgang der Symptomatik.

Sprechentwicklung

Es ist als ein normales Entwicklungsphänomen zu bewerten, wenn Zwei- bis Vierjährige noch überhastet sprechen, Wörter auslassen, Silben verschlucken oder ungenau artikulieren. Ihre Sprechfertigkeit ist noch zu ungeübt, als dass Erlebnis- und Denkinhalte immer angemessen rasch und sprachlich gültig ausgedrückt werden könnten. Erst wenn in einem höheren Alter neben einem raschen Sprechen ein Verstümmeln der Worte aufzufinden ist, spricht man von einem Poltern. Ein Poltern ist abzugrenzen von ähnlichen Sprecherscheinungen, die bei extrapyramidalen Erkrankungen auftreten.

- ***Häufigkeit und Geschlechtsunterschiede***

Es gibt nur wenige Studien über die Häufigkeit des Polterns, und gleichzeitig variieren die Angaben sehr stark. So finden sich Einschätzungen, die davon ausgehen, dass das Poltern eine sehr seltene Auffälligkeit ist, und solche, die das Poltern für die häufigste Sprachstörung überhaupt halten. Alle vorliegenden Ergebnisse verweisen jedoch darauf, dass Jungen von dieser Auffälligkeit wesentlich häufiger betroffen sind als Mädchen.

- ***weitere Auffälligkeiten***

Poltern tritt selten isoliert auf. Meist ist es vergesellschaftet mit einer Reihe anderer Schwierigkeiten des Kindes. Genannt werden: eine mangelnde Konzentrationsfähigkeit, eine rhythmisch musikalische Schwäche, eine unzureichende visuelle und auditive Gedächtnisspanne, eine Artikulationsstörung, eine Sprachstörung und eine Lese- und Rechtschreibschwäche; einige Fachleute heben auch das schlecht koordinierte Schriftbild hervor.

- ***Abgrenzung zum Stottern***

Poltern weist in einigen Bereich Ähnlichkeiten mit dem Stottern auf. Die Auffälligkeiten lassen sich jedoch nach Meinung von Experten in ausreichendem Maße voneinander abgrenzen. Es sind viele Tabellen publiziert worden, die die Merkmale des Stotterns von denjenigen des Polterns abzugrenzen suchen. Ziel ist dabei, Kriterien herauszuarbeiten, die es möglich machen, eine gezielte Therapie für die jeweilige Auffälligkeit zu entwickeln. Allerdings scheint es häufig auch Mischformen zu geben, in die sowohl Stotter- als auch Polteranteile eingehen.

- ***Reaktionen auf Alkohol***

Menschen mit einer Stottersymptomatik und solche mit einer Poltersymptomatik reagieren ganz unterschiedlich auf Alkohol. Während sich ein Alkoholgenuss auf eine Stottersymptomatik positiv auswirkt, treten die Poltersymptome unter Alkoholeinfluss demgegenüber verstärkt auf. Dieser Befund dürfte bei Menschen mit einer Poltersymptomatik auf die durch den Alkoholkonsum herabgesetzte Konzentrationsfähigkeit zurückzuführen sein.

- ***Bedeutung***

Meist ist zu beobachten, dass sich die unmittelbaren Bezugspersonen eines Kindes durch sein Poltern relativ wenig gestört fühlen. Hier dürfte eine Rolle spielen, dass die näheren Angehörigen gelernt haben, die polternde Sprache des Kindes gut zu verstehen und auch die jeweiligen Kontexte, über die das Kind berichtet, gut kennen. Auch ist bei ihnen im Laufe der Zeit ein Gewöhnungseffekt eingetreten. Außenstehende haben demgegenüber größere Schwierigkeiten zu verstehen und fühlen sich deshalb auch stärker gestört. Für das Kind hat das Auswirkungen bei seinen Bemühungen, Kontakt zu Gleichaltrigen aufzunehmen, und auch Auswirkungen in der Schule. In der weiteren Perspektive sind seine Berufschancen eingeschränkt, da solche Berufe wahrscheinlich ausfallen, in denen der sprachliche Kontakt eine große Rolle spielt

Zuordnen und verstehen

Erklärungsansätze

Es gibt zahlreiche unterschiedliche Annahmen über die bedingenden Faktoren für das Poltern. Auch hier wird man von einer multifaktoriellen Genese ausgehen müssen. Genetische Dispositionen wie auch ungünstige Entwicklungsbedingungen scheinen eine Rolle zu spielen. Das bedeutet, dass man im jeweiligen Einzelfall genau untersuchen muss, welche Einflussfaktoren von Bedeutung sein können.

situative Bedingungen

Sprache dient dem Austausch und dem Kontakt. Sie ist die bedeutendste Grundlage des menschlichen Zusammenlebens. Deshalb stellen sich bei einer Poltersymptomatik unter anderem folgende Fragen: Wurde und wird dem Kind ausreichend Möglichkeit gegeben, Sprache in ihren vielfältigen sozialen Funktionen in Ruhe zu erleben, wahrzunehmen und zu üben? Oder gaben und geben die Eltern, die Kindergärtnerinnen und die anderen Bezugspersonen dem Kind schon in der ersten Phase des Spracherwerbs nicht genügend Zeit, seine Gedanken in Ruhe zu entwickeln und auch auszusprechen? (Führt doch Zuwendung dazu, dass sich die sprachlichen Äußerungen des Kindes verbessern.) Wird einem Kind die Möglichkeit gegeben, den wechselseitigen Austausch von Ansichten und Erfahrungen auf dem Boden der Achtung voreinander zu üben? Fühlt es sich in den Gesprächssituationen bejaht und angenommen, wird ihm genügend Raum und Zeit zugestanden, so dass es sich mit Hilfe der Sprache mitteilen und die anderen an dem teilhaben lassen kann, was es bewegt? Oder drängen die Erwachsenen zur Eile, unterbrechen sie die Äußerungen des Kindes und vertrösten es auf später? Entsteht hierdurch eine Situation, in der das Kind sich bemüht, rasch zu sprechen aus der Angst, ein sprachlicher Austausch könne erst gar nicht zustande kommen oder schon bald ungeduldig abgebrochen werden? Räumt es sich selbst aufgrund der von ihm erwarteten Umweltreaktionen nicht die Zeit ein, langsam zu sprechen?

Mitteilungsdrang

Kinder mit einer Poltersymptomatik haben in der Regel einen stark ausgeprägten Sprech- und Mitteilungsdrang. So kann man immer wieder erleben, wie sich solche Kinder sehr intensiv einem Gesprächspartner zuwenden und darum bemüht sind, ihm etwas von dem zu vermitteln, was sie erlebt haben und was sie beschäftigt, was sie denken und planen. Entsprechend groß können ihre Befürchtungen sein, dass der andere sich nicht genug Zeit nimmt, ihnen zuzuhören. Ihr Bemühen, möglichst schnell zu sprechen, ist deshalb durchaus nachvollziehbar, auch wenn dieses Schnell-sprechen ein Zu-schnell-sprechen wird mit der Folge, dass sie Laute, Silben und ganze Wörter auslassen, Wörter entstellen und verstümmeln.

Lösungen anregen und möglich machen

- ***ruhiges Korrigieren***

  Ein auffälliges Verhalten wie das Poltern führt leicht dazu, dass die Bezugspersonen Kritik äußern. Beanstandungen und Kritik können aber leicht zur Folge haben, dass das Kind sich als gesamte Person abgelehnt und kritisiert fühlt. Um einer solchen Gefahr zu begegnen, müssen die Eltern und Erzieherinnen möglichst viele Gelegenheiten suchen, in denen sie das Kind loben und anerkennen können. Auch jedes korrekte Sprechverhalten sollte konsequent verstärkt werden, beispielsweise wenn das Kind in gewünschter Weise langsam spricht. Dies hilft ihm, Unterschiede in seinem Sprechverhalten wahrzunehmen. Unter dieser Voraussetzung ist es dann auch durchaus sinnvoll, das Kind immer mal wieder zu einem langsamen und gut artikulierten Sprechen anzuhalten und falsch ausgesprochene Wörter zu korrigieren. Das muss allerdings ruhig, geduldig, freundlich und ohne jeden Druck geschehen.

- ***Struktur geben***

  Viele Kinder, die poltern, zeigen sich insgesamt in ihrem Verhalten etwas chaotisch und können schlecht planen. Für sie ist es wichtig, in einer gut strukturierten Umwelt zu leben. Feste Rituale wie gemeinsame Mahlzeiten oder sonstige regelmäßige, feststehende Familienaktivitäten geben ihnen Halt und Orientierung, die sich positiv auf ihr Sprechverhalten auswirken. Auch sind Anregungen nützlich, die ihnen helfen, ihren Tag und ihre Arbeit zu strukturieren und vorausschauend zu planen.

- ***Begegnung schaffen***

  Die erwachsenen Bezugspersonen eines Kindes mit einer Poltersymptomatik sollten im Tagesablauf eine Nische suchen für ein ruhiges, von äußeren Störungen befreites Begegnen. In einer angenehm gestalteten Situation kann sich der Erwachsene ohne Anspannung auf das Kind konzentrieren, und sie können gemeinsam den Wünschen des Kindes folgend beispielsweise wechselseitig vorlesen oder ein Gespräch führen. Dies sollte sich durch ein „aktives Zuhören" des Erwachsenen und sein modellhaftes, aber natürliches Sprechverhalten auszeichnen. Das Entscheidende einer solchen Situation ist, dass das Kind sich ernst genommen, akzeptiert, geliebt und verstanden fühlt. Die vielleicht „direkteren“ Hilfen und Unterstützungen bleiben hier sekundär; denn es soll sich nicht in erster Linie um eine Trainingssituation handeln.

das eigene Sprachmodell ■

Für die Sprechentwicklung eines Kindes ist es von hoher Bedeutung, welche Modelle es in seiner Umgebung vorfindet. Deshalb sollte das Sprechverhalten der Bezugspersonen eines Kindes mit Poltersymptomatik so gestaltet werden, dass es als sprachliches Modellverhalten wirken kann. Das bedeutet: Es sollte langsam gesprochen und gut artikuliert werden. Es ist darauf zu achten, die Wörter exakt auszusprechen, keine Silben zu verschlucken oder verwaschen zu artikulieren. Die Sätze sollten kurz und prägnant sein. Die Sprachmelodie sollte lebendig sein, Betonungen dem Inhalt angemessen vorgenommen werden.

Ausnahmen wahrnehmen ■

Kinder mit Poltersymptomatik können meist wenig Auskunft über ihre Verhaltensauffälligkeit geben, da sie ein geringes Störungsbewusstsein haben. Bezugspersonen können jedoch versuchen, die Verhaltensauffälligkeit des Kindes mit dem Ziel zu beobachten, solche Situationen zu erfassen, in denen das auffällige Verhalten vermehrt, und vor allem auch solche wahrzunehmen, in denen es seltener auftritt. Von derartigen Beobachtungen lässt sich ableiten, welche Situationen vermehrt geschaffen werden sollten, da sie ohne oder mit geringer Symptomatik verlaufen. Möglicherweise wird eine Spielsituation herausgefunden, die beide, Kind und Erwachsenen, herausfordert und der sich beide mit Interesse und Aufmerksamkeit widmen können. Dabei bindet das Interesse des Erwachsenen am Spiel die Aufmerksamkeit des Kindes, so dass dieses längere Zeit konzentriert bei der Sache bleibt und auch aufmerksam in seinem Sprechverhalten ist.

fachliche Hilfen ■

Liegt ein deutlich ausgeprägtes Poltern vor, sind fachliche Hilfen unerlässlich. Spezifische Erkrankungen, die ein Poltern zur Folge haben können, oder Behinderungen wie zum Beispiel eine Hörschädigung oder Fehlbildung der Sprechorgane als Ursache für das Poltern müssen ausgeschlossen werden. Um effektive Interventionen zu entwickeln, müssen Testverfahren durchgeführt werden, um die optische und akustische Wahrnehmungsfähigkeit und die visuo-motorische Koordination zu überprüfen.

Die Therapeutinnen werden dabei nicht darauf verzichten können, die Eltern oder andere Betreuer des Kindes in ihre Maßnahmen mit einzubeziehen. Sie werden sie gezielt beraten und Empfehlungen aussprechen beispielsweise dahingehend, dass ein Kind – wenn es sich als motivierbar zeigt – eine Rhythmikgruppe besucht, trommeln lernt oder anderes.

Grundsätzlich gibt es sowohl störungsspezifische Behandlungskonzepte als auch Konzepte, die eine individuelle Sprachförderung im Rahmen einer gesamtpersonellen Förderung anstreben. Eine ganzheitliche Poltertherapie würde beispielsweise auf drei Ebenen ansetzen, zum einen auf der psychosozialen Ebene mit den Akzenten auf der Motivierung des Kindes und auf der Beratung seines Umfeldes, zum zweiten auf der Bewegungsebene beispielsweise mit dem Schwerpunkt einer rhythmisch musikalischen Erziehung und zum dritten auf der Sprechebene mit den Themen Bewusstmachung, Konzentrationsschulung, Ordnen des Denkens und des Sprechprozesses.

Weitere Stichworte:

- Aufmerksamkeits- und Aktivitätsstörung
- Artikulationsstörung
- Lese- und Rechtschreibschwäche
- Sprachentwicklungsverzögerung
- Sprachstörung
- Stottern

Literatur: 21, 22, 27, 94, 100, 128, 180, 198

Rechenschwäche

Dyskalkulie

Wahrnehmen und bewerten

Erscheinungsbild

Kinder zeigen – wie alle Menschen – auf manchen Gebieten Stärken, in anderen Schwächen. Wenn Kinder jedoch auffallende Schwierigkeiten beim Rechnen haben, die nicht allein durch eine allgemeine Intelligenzminderung oder durch eine unangemessene Beschulung erklärbar sind, dann spricht man von einer spezifischen Rechenschwäche oder Dyskalkulie. Solche Kinder haben auffallende Schwierigkeiten vor allem bei der Addition und Subtraktion ebenso wie bei der Multiplikation und Division, weniger bei höheren mathematischen Fähigkeiten, die für Algebra, Trigonometrie, Geometrie und Differential- sowie Integralrechnung benötigt werden.

Im Einzelnen zeigen die Kinder Probleme schon in dem Zahlenraum, der in der ersten Klasse geübt wird. Sie haben eine unzureichende Zahlvorstellung und Schwierigkeiten beim Benennen von Mengen. Sie verstehen die zugrunde liegenden Rechenoperationen nicht ausreichend, haben keine guten Anschauungsbilder für die Begriffe „mehr" und „weniger", ein „Vielfaches", für die Beziehung von Teil und Ganzem. Die Größe einer Menge wird nur unzureichend erfasst und zu einer anderen Menge in Beziehung gesetzt. Manche Kinder können schriftlich rechnen, aber nicht mündlich, weil sie Zahlenfolgen akustisch nicht erfassen und Zwischenergebnisse nicht speichern können. Manche Kinder wechseln innerhalb einer Rechnung die Rechenart; sie addieren etwa plötzlich in einer Subtraktionsaufgabe. Das Stellenwertsystem der arabischen Zahlenreihe (Einer, Zehner, ...) wird unzureichend erfasst, so dass die hierauf aufbauenden Rechenvorgänge häufig misslingen.

kombinierte Störung schulischer Fertigkeiten

Eine spezifische Rechenschwäche kann isoliert auftreten, ohne dass die Leistungen im Lesen und Rechtschreiben betroffen sind. Wenn neben den Rechenfertigkeiten aber auch die Lese- und Rechtschreibfähigkeiten beeinträchtigt sind, ohne dass die Entwicklungsstörungen durch eine allgemeine Intelligenzminderung oder unangemessene Beschulung erklärt werden können, spricht man von einer kombinierten Störung schulischer Fertigkeiten (siehe auch: Lese- und Rechtschreibschwäche).

Zeit des Auftretens

Eine Rechenschwäche wird meistens erst in der Schulzeit festgestellt. Wenn die Schulnoten in Mathematik deutlich von den restlichen Schulnoten abweichen, sollten Eltern und Lehrer hellhörig werden. Auffallende Hinweise sind beispielsweise, wenn Kinder immer noch die Finger beim Rechnen zu Hilfe nehmen müssen zu einer Zeit, in der ihre Mitschülerinnen und Mitschüler darauf schon lange verzichten können. Weitere Hinweise sind: Schwierigkeiten beim Lesen von graphischen Darstellungen; Tabellen erscheinen unverständlich; Schwierigkeiten bei der Rechts-Links-Unterscheidung; Probleme beim Kartenlesen.

- ***negative Folgen***

Wie bei der Lese- und Rechtschreibschwäche besteht wegen der häufigen Misserfolge und der schlechten Schulnoten die Gefahr, dass das Kind sich und seine allgemeine Leistungsfähigkeit in Frage stellt, selbstunsicher wird und eine Misserfolgsorientierung entwickelt. Es erwartet den Misserfolg schon, bevor es mit den Aufgaben beginnt, kann sich Erfolge im Rechnen gar nicht mehr vorstellen, weicht den Anforderungen aus und entwickelt Schulunlust und Schulangst. Manche Kinder reagieren auch mit Clownerien. In den Fällen schwerer Rechenstörungen treten Folgeerscheinungen wie Nervosität, motorische Unruhe, Unkonzentriertheit, Stimmungsschwankungen, feinmotorische Störungen und Kontaktstörungen auf. Oft klagen diese Kinder über Kopfschmerzen und Übelkeit. Erfahren die Kinder keine rechtzeitige Hilfe, verschlechtern sich ihre Berufs- und Erfolgschancen im späteren Leben.

Zuordnen und verstehen

- ***Teilleistungsstörung***

Obwohl Rechenstörungen ähnlich häufig auftreten wie Lese- und Rechtschreibstörungen – etwa sechs Prozent der Kinder einer Altersgruppe sind davon betroffen –, hat man sich um das Verständnis dieser Auffälligkeit bislang sehr viel weniger bemüht, als dies bei der Lese-Rechtschreibschwäche der Fall ist. Grundsätzlich stellt man die spezifische Rechenschwäche – ähnlich wie die Lese- und Rechtschreibschwäche – in Zusammenhang mit einer Teilleistungsstörung oder mit Teilleistungsstörungen, die sich ungünstig auf die Zusammenarbeit eigenständiger neuronaler Netze (sogenannter Hirnmodule) auswirken. Beispielsweise scheinen gerade bei rechnerischen Grundleistungsprozessen Wechselwirkungsvorgänge zwischen rechtshemisphärischen und linkshemisphärischen Leistungen eine bedeutende Rolle zu spielen.

- ***sorgfältige Diagnostik***

Nicht alle Schwierigkeiten beim Rechnen sind jedoch auf eine spezifische Rechenschwäche zurückzuführen. Deshalb ist eine sorgfältige Diagnostik erforderlich, bei der die typischen Fertigkeitsbereiche überprüft, diagnostische Rechentests für die entsprechenden Schuljahrgänge durchgeführt und die Ergebnisse mit der allgemeinen Intelligenzuntersuchung in Beziehung gesetzt werden. (Ein Prozentsatz unter zehn ist bei durchschnittlicher Intelligenz diagnostisch richtungsweisend.)

selbsterfüllende Prophezeiungen

Allerdings ist gerade bei Schwierigkeiten im Rechnen nicht zu übersehen, dass häufig familiäre Mythen dazu beitragen, dass Kinder – insbesondere Mädchen – bei Mathematikaufgaben wenig Anstrengungsbereitschaft entwickeln. So ist in vielen Familien zu hören: „Helen kommt auf mich; die Mathematik ist nicht ihre Sache." Oder: „Manuela ist ein typisches Mädchen; Rechnen liegt ihr nicht." Auch wenn es in Einzelfällen familiäre Dispositionen für eine Rechenschwäche geben mag, so sind derartige Mythen doch häufig eine Einladung an die Kinder, Anstrengungen in Mathematik erst gar nicht zu unternehmen. Das bedeutet: Eine spezifische Rechenschwäche früh zu erkennen und entsprechende gezielte Maßnahmen einzuleiten, ist wichtig. Allgemeine „Sprüche" über die familiäre Normalität schlechter Rechenleistungen sind demgegenüber wenig hilfreich.

Lösungen anregen und unterstützen

Spaß an Zahlen

Eltern und Erzieherinnen haben vielfältige Möglichkeiten, Kindern frühzeitig Spaß an Zahlen zu vermitteln. Abzählspiele, Ratespiele, Kartenspiele, alle Würfelspiele und viele andere eignen sich dafür, Kinder dazu anzuregen, einen Zahlbegriff zu entwickeln und souverän mit Zahlen umzugehen. Beim Umgang mit einem Würfel ist es beispielweise wichtig, dass die Kinder lernen, die Zahl mit einem Blick zu erfassen (simultane Mengenerfassung). Andere Spiele kann man leicht frei erfinden. So kann man beispielsweise eine Kiste mit Bauklötzen auskippen und das Kind auffordern, den Haufen Bauklötze, ohne zu zählen, in zwei oder drei gleich große Teile zu teilen (Entwicklung einer Mengenvorstellung). Anschließend lässt man die Bauklötze zählen (Zählen üben), um festzustellen, wie gut das Teilen gelungen ist oder – in der Gruppe – wem das Teilen am besten gelungen ist. Grundvoraussetzungen, die später für die in der Schule geforderten Rechenoperationen wichtig sind, werden auf diese Weise spielerisch geschaffen.

Wahrnehmungsübungen

Viele Wahrnehmungsübungen sind ebenfalls geeignet, spielerisch die Grundvoraussetzungen zu schulen, die für spätere Rechenoperationen notwendig sind. In dem Spiel „Ich sehe was, was du nicht siehst ..." wird beispielsweise geübt, Formen zu unterscheiden und sie nach verschiedenen Gesichtspunkten zu beschreiben.

- ***strukturelles Denken fördern***

  Rechenoperationen erfordern die Fähigkeit zu einem strukturellen, systematischen Denken. Dies lässt sich ebenfalls spielerisch fördern, indem man das Kind anregt, sein Vorgehen bei unterschiedlichen Tätigkeiten – beispielsweise bei der Erledigung von Aufgaben im Haus oder beim Einkaufen – in Gedanken oder sogar mit lautem Aussprechen zu kommentieren. Auch Übungen, die ein Erkennen von Mustern erfordern, sind hierfür geeignet.

- ***Mut zu Fehlern***

  In all diesen Spielen wird auch noch ein Weiteres geübt, das später für das Rechnen von Bedeutung ist: der Mut zu Fehlern. Beispielsweise Kopfrechnen fällt ängstlichen Kindern schwer, weil sie dem eigenen, gerade durchgeführten Teilschritt der Gesamtrechnung nicht trauen. Gegenteilig braucht das Kind eine vertrauensvolle Zuversicht, um die aufeinander aufbauenden Teilrechnungen durchzuführen. Dies gelingt am besten, wenn ein Fehler nicht „als Katastrophe" erlebt wird und gar nicht schlimm ist.

- ***Modell der Erwachsenen***

  Wer einem Kind helfen will, seine Rechenleistungen zu verbessern, sollte sich selbst fragen, wie sein Verhältnis zu Zahlen und zu Rechenoperationen ist. Erlebt man selbst eine Schwäche auf dem Gebiet, sollte man überlegen, wie man vermeiden kann, das Kind in dieselbe Situation hineinzuziehen. Schon der Hinweis „Bei mir ist das so … , aber bei Dir ist das sicher anders …" hilft dem Kind, sich davon zu distanzieren. In jedem Fall sollte man unsinnige pauschale Äußerungen darüber vermeiden, dass alle Jungen oder alle Mädchen angeblich nicht gut rechnen könnten oder dass „alle in unserer Familie" im Rechnen schwach seien.

- ***heilpädagogische Übungsbehandlung***

  Liegt tatsächlich eine spezifische Rechenstörung vor, wird bereits die Diagnostik erste Hinweise darauf ergeben, wo die relativen Stärken und wo die relativen Schwächen des Kindes im Rechnen liegen. Dabei sollte das Übungsprogramm keineswegs so aufgebaut sein, dass nur an den Schwächen angesetzt wird. Einzelne Untersuchungen haben Hinweise ergeben, dass es vielmehr förderlich ist, an den Stärken des Kindes anzuknüpfen und diese gezielt auszuweiten. Auf diese Weise verschafft man dem Kind Erfolgserlebnisse und Spaß an der Arbeit.

  Inhaltlich sind folgende Themen und Lernziele von Bedeutung:
  - Schulung im Erfassen von Mengen durch Handeln;
  - Aufbau der Voraussetzungen für das Rechnen, zum Beispiel Entwickeln eines Mengenbegriffs, Unterscheiden von „mehr als" und „weniger als", Erarbeiten mathematischer Grundkenntnisse und Rechenoperationen mit

Hilfe anschaulichen Materials und bildlicher und symbolischer Darstellung;
- Analysieren der subjektiven mathematischen „Regeln" und der Fehlerschwerpunkte des Kindes, Erarbeiten einzelner Rechenoperationen und ihre Einübung;
- Schulung in der abstrakt mathematischen Sprache;
- Untergliedern von Rechenoperationen in kleinste Schritte;
- Einüben eines übersichtlichen Vorgehens, um Rechenaufgaben schriftlich zu lösen (Untergliedern der Aufgaben; klare, bildliche Darstellung; und anderes).

schulische Förderung

Folgende pädagogische Hilfen dienen der Förderung und Vertiefung mathematischen Lernens:
- Individualisierung der Lehr- und Lernverfahren (zum Beispiel variabler Medieneinsatz; Veranschaulichung; handelndes Lernen);
- Beachten der Aufbaustufen von Abstraktionsleistungen;
- Artikulation des Unterrichts (klarer und durchschaubarer Aufbau und aufbauendes Weitergehen in Schritten);
- Präzise Zielangaben;
- Einbeziehen möglichst vielgestaltiger Sinneserfahrungen (visuell; auditiv; haptisch);
- Vielfältig und motivierend gestaltete Übungsangebote (zum Beispiel zusätzliches mathematisches Üben mit konkreten Gegenständen wie Lego-Bausteinen, Kastanien, Jogurtbechern und anderem zur Veranschaulichung von Größenrelationen, Klassifikationen, Eigenschaften und Gesetzmäßigkeiten);
- Flexibles Abwandeln und Wiederholen von Unterrichtsteilen bei Nichtverstehen oder bei auftretenden Schwierigkeiten;
- Integration von Rechenvorgängen in Fächer übergreifende Unterrichtseinheiten (Motivation durch Erleben des Sinnes mathematischen Lernens);
- Hinterfragen eines mathematischen Lösungsweges (Förderung der Kreativität im Finden anderer Wege).

Einbezug der Eltern

Eltern und Lehrer sind in Planung, Organisation und Durchführung der Hilfsmaßnahmen einzubeziehen. Spezifische Übungsbehandlungen sind jedoch von Fachleuten durchzuführen. In vielen Fällen sollten die Eltern auch von der Unterstützung ihrer Kinder in Hausaufgabensituationen befreit werden. Das gilt zumindest dann, wenn die Hausaufgaben und sonstigen Übungssituationen zu einem Dauerkonflikt zwischen Kind und Eltern führen und die Eltern-Kind-Beziehung dadurch erheblich belastet wird.

Untersuchungen haben gezeigt, dass begleitend zur heilpädagogischen Behandlung des Kindes eine beratende oder therapeutische Arbeit mit den Eltern oder mit der ganzen Familie die Erfolgschancen deutlich erhöht. Dabei wird es in jeweils unterschiedlicher Ausprägung um Erziehungsberatung gehen, das heißt: um die Erörterung immer wieder neuer erzieherischer Problemsituationen. Die hohe Belastung durch die Schwierigkeiten, die das Kind erlebt und die seitens der Eltern und der Geschwister erfahren werden, führen aber auch oft dazu, dass latente Beziehungsschwierigkeiten in der Familie sich zuspitzen und zu zusätzlichen Schwierigkeiten führen, die einer familientherapeutisch systemischen Bearbeitung bedürfen.

Weitere Stichworte:

- Anstrengungsunwilligkeit
- Aufmerksamkeits- und Aktivitätsstörung
- Clownerie
- Lese- und Rechtschreibschwäche
- Schüchternheit
- Schulangst
- Schulschwänzen
- Sprachstörung

Literatur: 4, 5, 81, 130, 145, 171, 172, 210

Schlafstörungen

Wahrnehmen und bewerten

Erscheinungsbild

Vorübergehende Störungen des Schlafs finden sich sehr häufig bei Kindern und auch noch bei Jugendlichen. Die Zahlenangaben schwanken sehr, sind für das Kleinkind- und Vorschulalter am höchsten und gehen dann kontinuierlich zurück. Aber immerhin wird von zwanzig Prozent der Kinder, die bei Fachleuten vorgestellt werden, über Schlafstörungen berichtet.

Die Idealvorstellung eines guten Schlafes – ein rasches Einschlafen am Abend und ein spontanes Aufwachen ohne (größere) nächtliche Unterbrechungen am nächsten Morgen – wird offensichtlich von vielen Kindern nicht erreicht. Das heißt aber noch nicht, dass man von einer Schlafstörung sprechen müsste. Die liegt erst vor, wenn die Erholungsfunktion des Schlafes erheblich eingeschränkt ist und die Umwelt, nicht zuletzt auch der Schlaf der Eltern und sonstigen Familienmitglieder, erheblich beeinträchtigt wird. Die Auswirkungen von längerfristigen Schlafstörungen auf die Ausgeglichenheit der Kinder tagsüber und auf ihre Fähigkeit, zu spielen und zu lernen, dürften aber bisher unterschätzt worden sein.

Einschlafstörungen

Am häufigsten sind **Einschlafstörungen**. Manche Kinder fangen schon an zu quengeln, zu weinen und zu schreien, wenn sie zu Bett gebracht werden. Sie können nicht einschlafen, zerwühlen das Bett und rufen immer wieder nach den Eltern. Das Zubettbringen kann für die ganze Familie zu einer großen Belastung werden und die Familienatmosphäre sehr beeinträchtigen.

Durchschlafstörungen

Durchschlafstörungen sind bei Säuglingen und Kleinkindern häufiger als bei Schulkindern zu beobachten. Allerdings ist nicht jedes nächtliche Aufwachen gleich als Durchschlafstörung zu verstehen. Im Säuglingsalter ist nächtliches Aufwachen und Weinen in erster Linie Hinweis darauf, dass das Kind Hunger hat. Auch im späteren Alter wachen Kinder nach der ersten Tiefschlafphase, das heißt nach etwa anderthalb Stunden, kurz auf. Manche bleiben auch in einem Zwischenstadium zwischen Schlafen und Wachen; sie kauen, schmatzen, reiben sich die Augen oder murmeln etwas Unverständliches, drehen sich dann auf die Seite und schlafen weiter. Manche Kinder fangen auch an zu singen oder zu spielen, um dann nach kurzer Zeit weiterzuschlafen. Aber von einer Durchschlafstörung lässt sich erst dann sprechen, wenn das Kind sich nicht ausreichend im Schlaf erholt oder aber seine Umwelt durch Weinen, Rufen und Sonstiges beeinträchtigt.

Aufmerken sollte man, wenn Kinder beim Aufwachen in der Nacht regelhaft und über lange Zeit über heftige Ängste berichten. Zu beachten ist dann, ob das Wachwerden in der Dunkelheit angstauslösend wirkte oder ob die Kinder ängstigende Träume hatten.

- ***Alpträume***

  In Alpträumen erleben die Kinder manchmal schreckliche Dinge: Sie fallen in unendliche Tiefen, werden von Monstern angegriffen oder von dunklen Gestalten verfolgt. Diese Alpträume ähneln denen, die die meisten Erwachsenen auch schon einmal erlebt haben. Nur können Erwachsene das Erlebte rascher als irreal bewerten, während Kinder manchmal längere Zeit brauchen, um sich wieder zu beruhigen. Alpträume treten gewöhnlich in einer späteren Schlafphase auf, wenn der Traumschlaf seinen Höhepunkt erreicht. Im Alter von drei bis sechs Jahren sind sie am häufigsten und lassen dann wieder nach. Meist können die Kinder über das Geträumte gut berichten.

- ***Pavor nocturnus***

  Von Alpträumen ist der Pavor nocturnus zu unterscheiden, die nächtlichen **Panikattacken**. Die Eltern werden mitten in der Nacht von dem Schreien ihres Kindes geweckt, finden es oft im Bett aufrecht sitzend vor mit erhitztem Gesicht und in Schweiß gebadet. Es kann nicht über Angsterlebnisse berichten, äußert sich höchstens bruchstückhaft und unvollständig. Die Beruhigungsversuche der Eltern scheint es gar nicht recht wahrzunehmen. Wenn es dann aufwacht, blickt es erstaunt umher, ist verwirrt und kann sich an keine bösen Träume erinnern. Meist beruhigt es sich schnell und kann dann auch weiterschlafen. Am nächsten Morgen weiß es gewöhnlich nichts mehr von den Vorgängen in der Nacht. Diese Panikattacken treten meist im ersten Drittel der Nacht auf. Sie kommen am häufigsten in einem Alter von vier und zwölf Jahren vor. Etwa drei Prozent der Kinder sind davon betroffen.

- ***Schlafwandeln***

  Ebenfalls im Tiefschlaf kann es zum **Nachtwandeln** oder **Schlafwandeln** kommen. Die Kinder erheben sich aus dem Bett und zeigen völlig geregelte Handlungsabläufe. Sie können durchs Zimmer gehen, die Treppen hinunterkommen, sind aber dabei nicht ansprechbar. Die Gefahr besteht darin, dass es an Treppen, ungesicherten Fenstern und Ähnlichem zu Unfällen kommen kann. Nach einiger Zeit kehren die Kinder von selbst ins Bett zurück oder wachen auf, schauen sich erstaunt um, sind verwirrt und wissen nicht, was geschehen ist. Ins Bett zurückgekehrt, schlafen sie bald ein und können sich in der Regel am nächsten Tag nicht an ihr Schlafwandeln erinnern. Am häufigsten kommt Schlafwandeln bei Kindern im Alter zwischen vier und acht Jahren vor. Etwa fünf Prozent aller Kinder zeigen eine solche Auffälligkeit ein oder mehrere Mal. Im höheren Alter tritt sie nur noch sehr selten auf (bei ein bis zwei Prozent der Erwachsenen).

Bedeutung ■

Die Bedeutung derartiger, meist vorübergehender Schlafstörungen liegt zum einen darin, dass das Kind wegen der eingeschränkten Schlafdauer am nächsten Tag müde ist, dass es ihm schwer fällt, wach und aufmerksam zu sein, und dass es sich darüber hinaus oft reizbar zeigt. Zum anderen führen hartnäckige Schlafstörungen, aber auch langes Schreien des Kindes beim Zubettgehen oder das Bestehen des Kindes auf dem Schlafen im Elternbett während der Nacht nicht selten zu einer erheblichen Beeinträchtigung der Erwachsenen, deren Nachtruhe regelmäßig gestört wird. Diese Belastung kann zu Unausgeglichenheit und Reizbarkeit (auch) auf Seiten der Erwachsenen führen und so zu einem wechselseitig sich verstärkenden Kreisprozess, der schwer zu unterbrechen ist.

Zuordnen und verstehen

Schlafbedürfnis ■

Oft haben Eltern keine klare Vorstellung, ob ihr Kind ein normales oder unnormales Schlafmuster aufweist. Das Schlafbedürfnis von Kindern ist aber sehr von ihrem Entwicklungsalter abhängig, auch wenn es bei Kindern – wie bei Erwachsenen – individuelle Abweichungen und Besonderheiten gibt.

erstes Lebensjahr ■

Neugeborene schlafen pro Tag durchschnittlich sechszehn bis achtzehn Stunden. Zunächst unterscheidet sich ihre Schlafstruktur von der Erwachsener: Das Neugeborene fällt nach dem Einschlafen zuerst in den sogenannten Traumschlaf (REM-Schlaf). Aber schon ab dem dritten Lebensmonat ist dann bereits – wie bei Erwachsenen – der Tiefschlaf das erste Schlafstadium. Zur Zeit des Tiefschlafs sind kleine Kinder nur schwer erweckbar. In diesem Alter schlafen die meisten Neugeborenen nachts auch schon mindestens fünf Stunden, so dass sich auch der Schlafrhythmus der Eltern wieder etwas normalisieren kann. Mit einem Jahr weisen die meisten Kinder einen Schlaf-Wach-Rhythmus auf, der sich durch eine lange, durchgehende Schlafperiode in der Nacht sowie einen kürzeren Schlaf am Morgen und am Nachmittag auszeichnet, wobei der Gesamtschlaf pro Tag zwölf bis vierzehn Stunden beträgt.

Kleinkinder und Schulkinder ■

Bei ein- bis zweijährigen Kindern beträgt das Schlafbedürfnis im Mittel dreizehneinhalb Stunden, bei Vier- und Fünfjährigen elfeinhalb Stunden und bei Sechsjährigen zehneinhalb Stunden. Mit sechs Jahren schlafen Kinder meistens mittags nicht mehr. Im Alter von sieben bis neun Jahren reduziert sich die durchschnittliche Schlafzeit auf neun bis zehn Stunden. Bei Dreizehn- bis Fünfzehnjährigen beträgt sie noch achteinhalb bis neun Stunden.

zur Ruhe kommen

Um Ein- und Durchschlafstörungen zu verstehen, sind vor allem zwei Fragen nützlich: Hat das Kind ausreichend Möglichkeit, zur Ruhe zu kommen, und hat das Kind gelernt, sich von der vertrauten Umwelt für kurze Zeit zu trennen? (Siehe dazu auch: Fremdeln – Trennungsangst). Die Möglichkeit, zur Ruhe zu kommen, hängt von vielerlei Faktoren ab: Von der Eindeutigkeit und Klarheit der Schlafzeiten, von einem guten und sicheren Schlafritual, von der abendlichen Ruhe oder Unruhe im Haus, von Aufregungen vor dem Schlafengehen, zum Beispiel durch Fernsehen oder ehelichen Streit.

Die Fähigkeit, sich von der vertrauten Umwelt für eine gewisse Zeit zu trennen, ist einerseits nicht zuletzt davon abhängig, ob Eltern eine derartige Erwartung an das Kind eindeutig äußern. Sie hat andererseits aber auch viel damit zu tun, ob Eltern dem Kind grundsätzlich die Sicherheit geben, die ihm ein Erleben der Geborgenheit ermöglicht. Im übrigen spielen alle Faktoren eine Rolle, die die allgemeine Angstbereitschaft eines Kindes erhöhen. (Siehe dazu: Angst)

gestörte Schlafzeiten

Manche Kinder versuchen mit allen Tricks und allen ihnen zur Verfügung stehenden Mitteln, das Zubettgehen und damit die Einschlafzeiten zu verzögern. Möglicherweise tun sie dasselbe beim Wachwerden in der Nacht, wenn sie durch Weinen die Eltern herbeigerufen haben und nun versuchen, das Wiedereinschlafen herauszuschieben. Solche häufig sowohl das Kind wie die Eltern sehr belastenden Ereignisse stehen meist damit in Zusammenhang, dass die Zubettgehzeiten nicht ausreichend regelmäßig und konsequent von den Eltern durchgehalten werden. Meist sind es überfürsorgliche Eltern, die es mit ihren Kindern „besonders gut" meinen. Sie wollen ihre Kinder nicht bestimmen, wollen ihnen nichts vorschreiben. Aber Kinder brauchen besonders in jüngerem Alter die Eindeutigkeit und Klarheit der Erwachsenen. Das gilt besonders, wenn sie nach einer längeren Unternehmung übermüdet sind, quengeln, weinen und von sich aus gar nicht zur Ruhe kommen.

gestörtes Einschlafritual

In der Regel schlafen Kinder in ihrer gewohnten Umgebung gut ein und schlafen weiter, wenn sie dort aufwachen, wo sie sich auskennen. Dazu gehört ein bestimmtes Bett, möglicherweise ein ganz bestimmtes Tuch, ein bestimmter Bär oder ein sonstiges sogenanntes Übergangsobjekt, eine Spieluhr mit einem Einschlaflied oder Ähnliches. Wenn dies alles in der gewohnten Regelhaftigkeit abläuft, gibt ihnen das Sicherheit und damit Geborgenheit. Manche junge Eltern aber überlassen beispielsweise den Schlafort den momentanen Wünschen des Kindes. Andere Eltern setzen sich an das Kinderbett und halten Händchen, bis das Kind eingeschlafen ist. Die Kinder lernen, die Anwesenheit der Eltern und den Körperkontakt zu brauchen. Solche Einschlafgewohnheiten verhindern, dass das Kind lernt, alleine einzuschlafen.

Schreien

Von manchen Bekannten hören Eltern dann den Rat: Lassen Sie das Kind doch einfach schreien. In der Konsequenz bedeutet das jedoch, dass das Kind jedes Mal so lange schreit, bis es einschläft. Unter Umständen liegt es stundenlang schreiend in seinem Bett und versteht die Welt nicht mehr. Das Schreien signalisiert einen hohen Erregungszustand, ein Erleben der Beunruhigung und Unsicherheit. Wenn das Kind nach einer langen Zeit des Schreiens trotzdem einschläft, geschieht das allein aus Erschöpfung.

Hinzu tritt, dass die meisten Eltern es nur begrenzte Zeit aushalten, ihrem schreienden Baby zuzuhören. Nach zehn, zwanzig oder dreißig Minuten geht einer von ihnen hin, tröstet es und gibt ihm dann doch genau die Einschlafhilfe, die man ihm gerade abgewöhnen wollte. Das Kind lernt, dass es nur lange genug schreien muss, um seinen Willen zu bekommen. (Siehe auch: Schreien von Babys)

Pavor nocturnus und Schlafwandeln

Für das Auftreten von Pavor nocturnus und Schlafwandeln scheinen genetische Belastungen eine Rolle zu spielen. Sie können im übrigen dadurch ausgelöst werden, dass das Kind zu lange aufgeblieben ist und zu wenig geschlafen hat. Auch individuelle und familiäre Belastungen scheinen das Auftreten solcher Zustände zu begünstigen.

Lösungen anregen und möglich machen

Abendritual

Nichts ist so wichtig für ein regelmäßiges Einschlafen und Durchschlafen wie ein gutes Zubettgeh- oder Abendritual. Dies sollte schon deutlich vor dem Zubettgehen beginnen. So kann man die Schlafenszeit durch ruhige Beschäftigungen wie Puzzeln, gemeinsam ein Buch Anschauen, Malen oder Ähnliches vorbereiten. Sobald das Kind es versteht, sollte man ihm dreißig Minuten vor der Schlafenszeit sagen, dass es nun bald ins Bett gehen muss. Nach dieser Zeit – und jede Familie wird da ihr eigenes Ritual entwickeln – werden die täglichen Routinetätigkeiten in einer regelmäßigen Abfolge durchgeführt, beispielsweise: auf die Toilette gehen – Zähne putzen – waschen, duschen oder baden – zur abgesprochenen Zeit ins Bett gehen – eine kleine Geschichte vorlesen – Buch zuklappen – das Kind zudecken – das Licht ausmachen – einen Gute-Nacht-Kuss geben – das Zimmer verlassen. Zu den Regeln des Gute-Nacht-Rituals kann auch noch gehören: „Sei leise in deinem Schlafzimmer (kein Rufen), und bleib bis zum Morgen in deinem eigenen Bett."

Die Regel „erst zusammen spielen, aber dann allein einschlafen" kann schon ein Baby mit sieben oder acht Monaten verstehen. Wichtig ist, dass die Eltern das Abendritual auch eindeutig beenden, also nach dem Gute-Nacht-Kuss das Zimmer auch verlassen. Der positive und besonders intensive Kontakt in den letzten Minuten vor dem Schlafengehen bestärkt das Kind in dem Gefühl der Geborgenheit, Sicherheit und Zuwendung. Aber das Kind braucht auch die Eindeutigkeit, mit der die Eltern das Abendritual beenden. Wenn Eltern sich zum Spielball seiner kindlichen Launen machen lassen würden, würde das nur verunsichernd wirken.

Babys Schlafzeiten strukturieren

Bereits während der ersten Lebenswochen kann ein Baby an eine späte Abendmahlzeit zwischen 22.00 und 24.00 Uhr gewöhnt werden. Hierzu können die Eltern das Kind wecken, bevor sie selbst ins Bett gehen, damit es noch einmal ausgiebig trinken kann. Die Zeit bis zur nächsten Mahlzeit wird dann rasch schon immer länger, so dass Eltern in den meisten Nächten zu einem ausreichenden Schlaf kommen. Wird das Kind trotzdem in der Nacht noch einmal wach, wartet man darauf, ob es nicht von selbst wieder einschläft. Meldet es sich dann energisch, darf man davon ausgehen, dass es doch schon wieder Hunger hat und sollte es auch sofort füttern. Das schafft Vertrauen und das sichere Gefühl, dass die Eltern es versorgen, wenn es notwendig ist. Aber in der Nacht ist die Fütterzeit kurz, und das Kind wird sofort wieder hingelegt.

Ab dem dritten oder vierten Monat kann man das Kind dann bereits an einigermaßen regelmäßige Mahlzeiten gewöhnen, und vor allem an das Zubettgehen etwa immer zur selben Zeit. Dabei ist es für alle Babys hilfreich, wenn die letzte Stunde vor dem Schlafengehen immer gleich und vorhersehbar abläuft. Auf diese Weise wird das Kind früh an ein Abendritual gewöhnt, das selbstverständlich in allen Familien ganz unterschiedlich ausgestaltet werden kann.

Mittagsschlaf

Kleinkinder brauchen noch einen Vormittags- und einen Nachmittagsschlaf, bis sie ein Jahr alt sind. Hilfreich ist es, dafür zu sorgen, dass die längste Wachphase, beispielsweise vier Stunden, immer abends vor dem Zubettgehen liegt. Zwischen zwei und fünf Jahren gewöhnen sich fast alle Kinder den regelmäßigen Mittagsschlaf ab, die meisten im dritten oder vierten Lebensjahr. Manche Kinder würden zwar gerne noch mittags schlafen, wären aber dafür bis 22.00 Uhr abends noch hellwach. Hier haben die Eltern dann die Möglichkeit, den Mittagsschlaf zugunsten einer verlängerten Nachtruhe zu streichen.

Wecken

Manchmal kann es geschehen, dass Kinder in ihrem Schlafrhythmus durcheinander geraten: Abends sind sie hellwach, und nachts schlafen sie schlecht, tagsüber aber sind sie müde und möchten schlafen. Um ihnen dann wieder zu einem guten Schlafrhythmus zu verhelfen, kann es wichtig sein, sie daran zu hindern, tagsüber zu schlafen. Wenn man das Kind tagsüber weckt, sobald es sich zur Ruhe legt, dann hilft man ihm, abends besser einzuschlafen und die Nacht durchzuschlafen, das heißt: Man hilft ihm, einen guten Schlaf-Wach-Rhythmus wieder zu finden.

Schlafen im Elternbett

Schlafen im Elternbett ist etwas, das für ganz besondere Situationen reserviert sein sollte. Beispielsweise wenn ein Kind krank ist, kann man eine Ausnahme machen und es einmal im Elternbett schlafen lassen. Auch wenn es einen schrecklichen **Alptraum** hatte, kann man es für kurze Zeit zu sich ins Bett holen, um es dann wieder in das eigene Bett zu legen, wenn es sich ganz beruhigt hat.

Behandlung gestörter Schlafgewohnheiten

Um einmal eingeschliffene Schlafgewohnheiten bei einem Kind zu ändern, ist viel Geduld und Durchhaltevermögen der Eltern erforderlich. Der Erfolg tritt nicht sofort ein, und die ersten Abende und Nächte werden meist als sehr belastend erlebt. Doch der Einsatz lohnt sich. Wenn die Eltern konsequent und eindeutig bleiben, tritt der Erfolg nach einigen Tagen ein (nur in seltenen Fällen dauert es ein bis zwei Wochen), und die gesamte Familie kann wieder ruhig schlafen.

Für eine erfolgreiche Veränderung von Schlafgewohnheiten sollten aber beide Eltern an einem Strang ziehen und sicher sein, dass sie an der Situation etwas ändern wollen. Deshalb ist es wichtig, dass sich beispielsweise getrennt lebende Eltern gut absprechen. Alle Maßnahmen sollten auf keinen Fall als Bestrafung des Kindes, sondern immer als Verbesserung seiner bisherigen Situation verstanden werden. Die meisten Kinder sind stolz, wenn sie es geschafft haben, wie die Erwachsenen in ihrem eigenen Bett zu schlafen. Sie empfinden es als ein Stück Eigenständigkeit. Sie fühlen sich „groß".

Für viele Eltern ist es nicht leicht, die notwendige Konsequenz aufzubringen. Deshalb mag es in dem einen oder anderen Fall geschickt sein, wenn die Eltern sich vorher absprechen, wer von beiden eher fähig ist, konsequent zu bleiben und den Behandlungsplan einzuhalten. Der andere Elternteil hält sich zurück, erledigt die Aufgaben im Haushalt und schafft seiner Partnerin oder seinem Partner dadurch Entlastung.

Behandlungsplan

Am Anfang steht das Abendritual in der oben beschriebenen Art mit den jeweiligen Besonderheiten, die für das Kind und die Eltern gut sind. Nach dem Verlassen des Kinderzimmers braucht man nicht sofort zu reagieren, auch wenn das Kind nach dem Weggehen weint. Hält das Weinen fünf Minuten an, geht man zurück, streichelt das Kind und erinnert es daran, dass Schlafenszeit ist. Man muss nicht unbedingt so lange warten, bis es aufhört zu weinen, und auf keinen Fall so lange, bis es eingeschlafen ist. Nach einer Minute sollte man gehen, auch wenn das Kind noch weint. Hält das Weinen an, sollte man die Zeit allmählich verlängern, bis man wieder nachschaut. So kann man immer zwei Minuten länger warten als beim letzten Mal, bevor man wieder zu dem Kind geht. Ist das Kind ruhig, sollte man nicht mehr nachschauen. Falls es noch nicht schliefe, wäre das Nachschauen ein Signal, wieder mit dem Weinen zu beginnen.

Manche Eltern berichten, dass es für sie hilfreich war, bei der Durchführung eines solchen Behandlungsplanes ein Tagebuch zu führen. Sie notierten, wie lange ihr Kind brauchte, um einzuschlafen. Die Notizen des letzten Tages, so sagen sie, hätten ihnen geholfen, die allmählichen Fortschritte ihres Kindes besser wahrzunehmen.

Babys Behandlungsplan

Für die ganz Kleinen kann man den Behandlungsplan etwas variieren und etwas „sanfter“ durchführen. Auch bei ihnen ist es wichtig, die Bettgehzeit konsequent einzuhalten. Vor dem Gute-Nacht-sagen gibt man dem Kind noch sein Tuch oder seinen Bär, dann den Gute-Nacht-Kuss. Dann kann man sich im selben Raum ruhig hinsetzen, warten, bis das Kind aufhört zu weinen. Wenn es einschläft, verlässt man den Raum. Wenn das Kind aufwacht und weint, kann man wieder hingehen, beruhigend auf es einsprechen, sich still daneben setzen und warten, bis es wieder einschläft. So bekommt das Baby das sichere Gefühl, dass die Mutter oder der Vater immer da ist, und wird bald ganz alleine schlafen.

Die Tür-auf-Tür-zu-Methode

Ständiges Aus-dem-Bett-klettern kann ein Problem werden, sobald die Kinder nicht mehr in einem Kinderbett schlafen. Wichtig ist es, ruhig zu bleiben und das Kind sofort in sein Bett zurückzubringen, wenn es aus seinem Zimmer kommt. „Erinnere dich an unsere Vereinbarung, dass du in deinem Zimmer bleibst und bis zum Morgen dort schläfst.“ Eindeutig, aber ohne Schimpfen und möglichst ohne Unwillen sollte man das Kind in sein Bett tragen und seinen Protest ignorieren. Wenn das Kind erneut herauskommt, wird es wieder zurückgebracht und die Schlafzimmertür dann geschlossen (nicht abgeschlossen) mit dem Hinweis: „Du bist nicht in deinem Zimmer geblieben, deshalb mache ich jetzt die Tür zu.“ Nach zwei Minuten wird die Tür geöffnet, falls das Kind in seinem Bett bleibt. Dieses Verfahren muss wiederholt werden, so oft das Kind aus seinem Zimmer kommt. Sind die Eltern konsequent, wird das Kind merken, dass es besser ist, die Tür offen zu haben. Allerdings braucht es dafür manchmal vier, fünf oder auch sechs „Versuche“, um festzustellen, dass die Eltern wirklich konsequent sind.

Alpträume und nächtliche Ängste

Hat das Kind wiederholt Alpträume oder sonstige nächtliche Ängste, dann kann man nachts eine kleine Nachttischlampe brennen lassen oder die Zimmertür nur so anlehnen, dass Licht vom Flur ins Schlafzimmer des Kindes fällt. Wenn das Kind in der Nacht geängstigt zu den Eltern kommt, ist Verständnis und Zuwendung wichtig. Man kann sich vom Kind erzählen lassen, wodurch es geängstigt war. Auf keinen Fall sollte man aber beginnen, Probleme oder Ängste ausführlich zu diskutieren. Viel wichtiger sind beruhigende Sätze wie: „Mama und Papa sind da. Wir passen gut auf dich auf. Es kann dir gar nichts passieren." Je ruhiger und sicherer die Eltern zu dem Kind reden, um so schneller wird es selbst wieder Ruhe finden. Gegebenenfalls können die Eltern dem Kind sagen, dass es keine Gespenster oder Geister gibt. Demgegenüber wäre es extrem verwirrend, sie würden irgendwelche Aktionen machen, um die Geister zu verjagen, oder Möbel rücken, um dem Kind zu zeigen, dass keine Geister da sind. Denn dies würde das Kind zu Recht eher als Hinweis auffassen, dass es so etwas doch gibt.

Pavor nocturnus und Schlafwandeln

Beim Pavor nocturnus, den sogenannten Panikattacken, und beim Schlafwandeln ist zunächst wichtig, dass die Eltern ihr Kind beschwichtigen und ihm vermitteln, dass „alles in Ordnung" ist. In der aktuellen Situation ist auch nichts Besonderes notwendig. Allerdings sollten Eltern und Erzieherinnen überdenken, ob das Kind besonderen Belastungen ausgesetzt ist, sei es, dass es sich wegen irgendwelcher persönlicher Erlebnisse beunruhigt, sei es, dass irgendwelche Ereignisse innerhalb der Familie oder der Gruppe beim Kind Ängste und Verunsicherung auslösen.

Für schlafwandelnde Kinder müssen Sicherheitsvorkehrungen getroffen werden, um sie vor Unfällen zu schützen. So sollten an den Fenstern Sicherheitsriegel, an Treppen Schranken und an der Tür des Kinderzimmers möglicherweise eine Alarmglocke angebracht werden, damit die Eltern beim Schlafwandeln des Kindes wach werden.

Störung des Schlafrhythmus bei Teenagern

Teenager klagen zuweilen darüber, dass sie vor drei oder fünf Uhr morgens nicht einschlafen können und große Probleme damit haben, rechtzeitig aufzustehen, um pünktlich zur Schule zu gelangen. Eltern haben dann oft größte Mühe, ihr Kind jeden Morgen regelrecht aus dem Bett zerren zu müssen. Hier hilft oft eine Radikalkur am Wochenende. So kann man das Kind auffordern, die ganze Nacht von Freitag auf Samstag „durchzumachen" und den ganzen Samstag wach zu bleiben. Die meisten Kinder sind schließlich am Samstag gegen Mitternacht so müde, dass sie sofort einschlafen können. Am Sonntag müssen sie dann zu der an Schultagen üblichen Zeit geweckt werden. Dies muss auch an den kommenden Wochenenden jeweils am Samstag und Sonntag regelmäßig geschehen. Die meisten Kinder gewöhnen sich auf diese Weise wieder an einen regelmäßigen Schlafrhythmus.

- ***keine Schlafmittel***

  Medikamente sollten bei der Behandlung von Schlafstörungen bei ansonsten gesunden Kindern keinen Platz haben. Auch pflanzliche Mittel, wie zum Beispiel Baldriantropfen, sind in den wenigsten Fällen zur Behebung von Ein- und Durchschlafstörungen sinnvoll. Zwar führen die Medikamente dazu, dass die Kinder etwas schneller einschlafen. Aber ein gutes Schlafverhalten wird dadurch nicht eingeübt, so dass die alten Schlafprobleme zurückkehren, sobald die Schlafmittel abgesetzt werden.

- ***Erkrankungen***

  In manchen Fällen empfiehlt sich eine Untersuchung durch einen Hals-Nasen-Ohrenarzt. Denn zuweilen kann es durch eine lang anhaltende Anschwellung der Mandeln zu einer Behinderung der oberen Luftwege und dadurch wiederum zu Schlafstörungen kommen. Andere Erkrankungen, bei denen Schlafstörungen auftreten, sind beispielsweise Depressionen, tiefgreifende Ängste und Psychosen. Meist gut erkennbar ist die zumeist erst im Jugendlichenalter auftretende Narkolepsie, eine seltene Erkrankung, die mit nächtlicher Schlaflosigkeit und inadäquaten Schlafattacken am Tag einhergeht, oder das ebenfalls im Jugendlichenalter erst zu beobachtende „Kleine Levin-Syndrom“.

- ***ärztliche Hilfe***

  Grundsätzlich sollte bei länger bestehenden Ein- und Durchschlafstörungen ein Kinder- und Jugendpsychiater, ein Kinderarzt oder ein Schlafmediziner aufgesucht werden. Gegebenenfalls ist eine Untersuchung in einem Schlaflabor über mehrere Tage erforderlich. Bevor Eltern professionelle Hilfe in Anspruch nehmen, empfiehlt es sich, Schlafprotokolle zu erstellen und diese bei dem Arztbesuch zur Hand zu haben. In diesen Schlafprotokollen sollten die Eltern stundenplanmäßig erfassen, wann das Kind zu Bett geht, wann es morgens aufsteht, wie lang die Schreizeiten dauern, wie lang die Wachphasen sind und wann Alpträume, Schlafwandeln oder Ähnliches beobachtet wurden.

- ***Informationen***

  Weitere Informationen kann man bei der Deutschen Gesellschaft für Schlafforschung und Schlafmedizin, Schimmelpfennigstr. 2, 34613 Schwalmbach-Treysa, **www.dgsm.de** erhalten.

Weitere Stichworte:

- Angst
- Fremdeln – Trennungsangst
- Furcht
- Schreien von Babys

Literatur: 36, 71, 164, 191, 216

Schreien von Babys

Wahrnehmen und bewerten

Schreien als Mitteilung

Wenn ein Baby zur Welt gekommen ist, hat es viele neue Aufgaben zu bewältigen. Es gilt, sich an die neue Umgebung zu gewöhnen, und es muss lernen, seine Bedürfnisse zu signalisieren. Es muss zeigen, wann es Durst oder Hunger hat, wann es schlafen oder in Ruhe gelassen werden möchte oder wann es Kontakt und Anregung sucht. Ein Säugling muss alle diese Bedürfnisse und Wünsche vermitteln, ohne dass ihm eine Wortsprache zur Verfügung steht. Eine Möglichkeit, sich zu äußern, ist das Schreien. Dies ist eine durchaus wirksame Methode; denn die Bezugspersonen reagieren nicht nur physiologisch auf das Schreien, sondern sie versuchen auch, dem jeweiligen Bedürfnis des Kindes gerecht zu werden.

Art der Botschaft

Während das Baby mit der Schwierigkeit kämpft, sich ohne Wortsprache zu verständigen, bemühen sich auf der anderen Seite die Eltern oder anderen Bezugspersonen darum, die Botschaft, die in seinem Schreien enthalten ist, zu erfassen. Das Schreien eines Babys wird zwar häufig als unspezifisch oder uneindeutig bezeichnet. Aber vielleicht ist dies eher eine Aussage derjenigen, die nicht „verstehen". Es ist ein Lernprozess notwendig, um die Bedeutung von Lautäußerungen eines Babys zu erfassen. Diese sind durchaus ausreichend differenziert, was man daran erkennen kann, dass es Spezialisten – sogenannten Schreiakustikern – gelingt, allein anhand von Tonbandaufnahmen zu entscheiden, ob das Kind Hunger, Durst, Schmerzen oder Langeweile hat. Viele Eltern fühlen sich demgegenüber bei ihren Erstgeborenen durch die akustischen Signale des Säuglings überfordert. Ihre Deutungen liegen kaum über einer Zufallserwartung. Zumeist bestimmen sie die Ursache des Schreiens über eine Einschätzung der Schreiintensität. Intensives Schreien wird als Schmerz gedeutet, schwächeres dagegen – ein Quengeln oder ein Nörgeln – als Unwohlsein aufgrund eines ungestillten Bedürfnisses. Eltern erschließen die Wünsche des Kindes nicht nur aufgrund des Schreiens, sondern vor allem auch aus der Wahrscheinlichkeit ihres Auftretens.

Schreien als Signal

Schreien wird häufig als ein Distanzsignal gedeutet, als ein Zeichen für den mehr oder weniger großen Abstand zwischen dem Kind und seiner Bezugsperson. Dieser Abstand ist in den verschiedenen Kulturen unterschiedlich groß. So gibt es Kulturen, in denen eine geringe Distanz zwischen Kind und Eltern eingehalten wird und ein enger Körperkontakt zwischen Baby und Mutter üblich ist. Die Babys werden mit Tüchern am Körper der Mutter getragen, schlafen und wachen dort und sind somit immer in ihrer unmittelbaren Nähe. Zudem besteht eine hohe Bereitschaft, sofort auf das kindliche Schreien zu reagieren. Der Säugling wird – sobald ein solches Bedürfnis erkennbar wird – sofort gestillt, Stillpläne sind unüblich.

Im Vergleich dazu ist die Distanz zwischen Kind und Bezugsperson in unserer Kultur üblicherweise groß. So wird Wert darauf gelegt, dass der Säugling im eigenen Bettchen oder Körbchen schläft, und es wird ein Kinder- und Sportwagen benutzt; es wird angestrebt, dass sich der Säugling eine Zeit lang mit sich selbst beschäftigt, und später wird er möglicherweise in einer Kinderkrippe untergebracht. In einer solchen Kultur kommt dem Schreien eine hohe Bedeutung zu, da der Säugling es einsetzt, um die Distanz zu seiner Mutter aufzuheben oder zu reduzieren, wenn er allein gelassen und hungrig ist, sich beunruhigt fühlt oder Unwohlsein verspürt. In diesen Situationen ist das Schreien ein sinnvolles Mittel, durch das die Bezugsperson herangerufen wird. Es ist das „Signal-Telegramm", das durch den Säugling abgeschickt wird, da andere, frühere Äußerungen – die vor dem Schreien liegenden Veränderungen des Säuglings, die sich im Muskeltonus, in der Hautfarbe, in Mimik oder Atmung zeigen – aufgrund der Distanz von der Bezugsperson nicht bemerkt werden können.

Interessanter Weise haben Untersuchungen gezeigt, dass sich die Kulturen mit geringer Distanz zwischen Bezugsperson und Säugling von denjenigen mit größerer Distanz durch die Schreizeiten der Kinder, jedoch nicht durch die Häufigkeit des Schreiens unterscheiden.

Entschlüsselungskompetenz der Eltern

Ein Baby ist von Anfang an kommunikationsfähig. Es äußert sich nicht nur durch das Schreien, sondern es kann auch durch andere Laute die Interaktion zwischen sich und den Eltern aufbauen. Man unterscheidet zwischen Kontakt-, Unmuts-, Schlaf-, Trink- und Wohligkeitslauten. Das Zusammenspiel zwischen dem Lautrepertoire des Säuglings und der Entschlüsselungskompetenz der Bezugspersonen ist die entscheidende Grundlage für die Entwicklung einer guten sozialen Interaktion zwischen Kind und Bezugsperson und damit Basis für die Entwicklung einer tragfähigen Bindung. Ein Wahrnehmen und adäquates Interpretieren dieser Laute kann möglicherweise auch ein späteres Schreien, das ja die höchste Erregungsstufe anzeigt, verhindern.

der normale Schreiverlauf

Auch wenn es große individuelle Unterschiede im Schreiverhalten der Säuglinge gibt, kann es doch nützlich sein, sich am „normalen" Schreiverhalten zu orientieren. Die Dauer des Schreiens ist nicht in der Zeit nach der Geburt am höchsten, sondern sie steigt allmählich an, um etwa zwischen der 3. und 6. Lebenswoche ihren Höchststand zu erreichen. Danach ist ein Absinken zu verzeichnen.

Üblicherweise schreien die Säuglinge mit zwei Wochen in unserer Kultur etwa eineinhalb bis zwei Stunden pro Tag und mit vier bis sechs Wochen etwa zwei bis drei Stunden am Tag. Danach nimmt das Schreien kontinuierlich ab, auf zwei Stunden mit acht Wochen, eineinhalb Stunden mit zehn Wochen und eine Stunde mit zwölf Wochen. Bezogen auf den Tagesverlauf schreien die Babys am meisten in den frühen Abendstunden – zwischen 17.00 bis 22.00 Uhr. Wird das Kind älter, ergibt sich eine höhere Gleichverteilung des Schreiens über den Tag. Dies gilt im übrigen nicht nur für unsere, sondern auch für andere Kulturen. Dieser Verlauf des Schreiens gehört zur normalen Entwicklung des Kindes und ist Ausdruck für die Bewältigung seiner Entwicklungsaufgaben.

Schreibabys

Üblicherweise reguliert sich das Schreiverhalten des Säuglings nach den ersten drei Monaten. Aber es gibt auch solche, bei denen ein intensives Schreien auch später noch anhält. Von einem exzessiven Schreien wird dann gesprochen, wenn ein Baby in einem Alter von mehr als drei Monaten öfter als drei Tage in der Woche über länger als drei Stunden schreit und dieses Verhalten über mehr als drei Wochen zeigt. Zu den Merkmalen für ein exzessives Schreien gehört auch, dass die Eltern das Schreien ihres Kindes als „exzessiv" auffassen und sich belastet zeigen.

Es gibt bisher wenig genaue Angaben über das Ausmaß eines solchen exzessiven Schreiens. Die Angaben zwischen den Autoren schwanken erheblich. Übereinstimmung besteht jedoch darin, dass ein übermäßiges Schreien neben Schlaf- und Fütterproblemen zu den häufigsten Gründen für einen Besuch bei der Kinderärztin zählt.

bedingende Faktoren

Über die Gründe des exzessiven Schreiens wurden vielfältige Theorien aufgestellt. Auf einige Annahmen soll kurz hingewiesen werden, da sie zu einer sachlichen Bewertung des Phänomens beitragen können. In der älteren pädiatrischen Literatur wird das exzessive Schreien häufig mit der Drei-Monats-Kolik des Säuglings gleichgesetzt. Die Begleitsymptome des Schreien führten häufig zu der Annahme, dass das Kind Bauchschmerzen habe, da häufig ein aufgeblähter Leib, ein Anziehen der Beine und krampfartige Bewegungen zu beobachten sind. Weitere Theorien betreffen die Hypothese einer Nahrungsunverträglichkeit oder von Fehlern in der Ernährungsweise, die zu einem Übermaß angeschluckter Luft führen würden. Angenommen wurde auch, dass die Säuglinge unter Darmspasmen leiden, oder auch, dass es Probleme in der Mutter-Kind- Beziehung gebe. Für diese vermuteten Bedingungen des exzessiven Schreiens fanden sich jedoch bis heute keine hinreichenden Daten.

Heute wird davon ausgegangen, dass exzessives Schreien durch verschiedene Faktoren ausgelöst und auch aufrechterhalten wird. Bedingende Faktoren finden sich einerseits beim Kind selbst und andererseits in der Umwelt sowie in der Art und Weise der gemeinsamen Interaktion von Säuglingen und Bezugspersonen. Auf Seiten der Säuglinge wird angenommen, dass sie aufgrund von verlangsamten Reifungsvorgängen erschwerte Bedingungen haben, sich an ihre neue Umgebung anzupassen. Sie haben Schwierigkeiten in der Verhaltensregulation, das heißt: Schwierigkeiten in der Abstimmung von Biorhythmus und Verhaltenszuständen. Die Biorhythmen bestimmen die innere Organisation des Schlaf-Wach-Rhythmus, wobei die Fähigkeit, tief schlafen zu können, wiederum an Reifungsvorgänge des zentralen Nervensystems gekoppelt ist. Die sogenannten Verhaltenszustände beschreiben den Grad der Ansprechbarkeit und der Wachheit des Säuglings, der Zuwendung oder der Abwendung gegenüber der Außenwelt. Dabei bestimmt die Qualität der Wachphasen (wach und aufmerksam, quengelig und unzufrieden) über die Möglichkeit der Reizaufnahme oder der Reizabwehr.

Üblicherweise unterstützen die Verhaltenweisen der Bezugspersonen die Entwicklung der Verhaltensregulation des Babys. Wenn jedoch auf Seiten der Umwelt besondere Belastungen vorliegen, die die Interaktion zwischen Baby und Bezugsperson beeinträchtigen, kann das diesen Entwicklungsprozess stören. Andererseits wiederum stellen Säuglinge mit einer verzögerten Ausreifung der Verhaltensregulation besondere Anforderungen an das Verhalten ihrer Eltern oder sonstigen Bezugspersonen. Sie benötigen in besonderer Weise eine Unterstützung ihrer Verhaltensregulation.

spezifische Verhaltensweisen von Schreibabys

Durch Beobachtungen wurde festgestellt, dass Schreibabys durch eine erschwerte Erkennbarkeit ihrer Signale an die Umgebung auffallen. Eltern berichten regelmäßig, dass es ihnen schwer fällt einzuschätzen, was ihr Baby braucht oder was es möchte. Zudem sind die Babys seltener richtig wach oder zufrieden. Sie befinden sich auch seltener in einem Tiefschlaf. Sie sind sehr empfindlich gegenüber Außenreizen und können weniger gut abschalten. Veränderungen in der Umgebung beantworten sie mit Irritationen.

weitere Verhaltensauffälligkeiten

Schreibabys entwickeln häufig frühzeitig Schlafprobleme, und die Eltern haben Schwierigkeiten beim Füttern des Kindes. In späteren Jahren können sich weitere Verhaltensauffälligkeiten entwickeln. Hingewiesen sei darauf, dass Kinder mit hyperkinetischen Verhaltensauffälligkeiten in der frühen Säuglingszeit oft Schreibabys waren. (Siehe dazu: Aufmerksamkeits- und Aktivitätsstörung)

Zuordnen und verstehen

Probleme in der Interaktion

Exzessives Schreien steht in Zusammenhang mit unterschiedlichen Faktoren, die sowohl beim Baby als auch bei seinen Bezugspersonen und vor allem in den Wechselwirkungen dieser beiden Faktoren und in der Art der gemeinsamen Interaktion zu finden sind.

Eine der wichtigsten Entwicklungsaufgaben in den ersten Lebenswochen des Babys ist der Erwerb einer Verhaltensregulation. Mit der fortschreitenden Hirnentwicklung lernt das Kind, seinen Verhaltenszustand zu regeln. Es wird zunehmend fähig, den Wechsel zwischen den Zuständen des Schlafens, der wachen Aufmerksamkeit, des wachen, aber quengeligen Zustands und des Schreiens selbst aktiv zu bestimmen. Es lernt zu signalisieren, wann es Informationen aufnehmen und auf diese reagieren möchte, und lernt andererseits, mit Blickabwendung oder aber durch Quengeln und Schreien zu zeigen, wann ihm alles zu viel wird. Dieser Lernprozess führt zu einem Entwicklungssprung – auch als „biologischer Verhaltenswechsel" bezeichnet –, der die Interaktion zwischen Baby und seiner Bezugsperson erleichtert. Die typischen instabilen Unruhephasen der ersten Wochen nehmen zugunsten der sozialen und selbstregulatorischen Kompetenzen ab.

Bei Schreibabys fanden sich demgegenüber wichtige Hinweise auf eine Unreife und auf eine Verzögerung dieser Verhaltensregulation. Verbunden damit zeigte sich eine erhöhte Irritabilität, eine eingeschränkte Selbstberuhigungs- und Anpassungsfähigkeit an wechselnde Situationen, eine schlechte Voraussagbarkeit ihres Verhaltens sowie eine schlechte Erkennbarkeit ihrer Signale. Dies stellt für die Eltern eine große Herausforderung dar, die die „normalen intuitiven Verhaltensbereitschaften", über die Erwachsene verfügen, überschreiten.

Wechselwirkung zwischen Säugling und Umwelt

Untersuchungsergebnisse verweisen darauf, dass das Stresspotenzial von Eltern und Familien exzessiv schreiender Kinder erheblich erhöht ist. Dabei bleibt – wie so oft – zumeist unklar, was die Ursache und was die Folgen sind, da sich beides wechselseitig verstärkt. So kann es durch die Wechselwirkung zwischen der instabilen, vulnerablen Verhaltensregulation des Säuglings und den Belastungen der sozialen Umwelt postnatal zu einer deutlichen Zunahme der Häufigkeit von Partnerschaftskonflikten, psychischen Problemen auf Seiten der Mutter, Konflikten mit den Herkunftsfamilien und mangelnder sozialer Unterstützung kommen. Dies führt dazu, dass Eltern nur noch die negativen Verhaltensweisen ihres Kindes sehen (das halb leere Glas), die positiven aber übersehen und damit eine positive emotionale Beziehung nicht mehr begründen können.

Andererseits fand sich gehäuft ein exzessives Schreien, wenn die Familie schon während der Schwangerschaft psychosozialen oder psychosomatischen Belastungen ausgesetzt war. Offensichtlich bestehen auch Zusammenhänge zwischen dem familiären oder dem partnerschaftlichen Konfliktpotenzial während der ersten Lebenswochen des Babys und dem Ausmaß der kindlichen Schrei- und Unruheneigungen. Die Wechselwirkung zwischen Belastungsfaktoren der Umwelt und den Entwicklungsverzögerungen beim Säugling führen zumeist dazu, dass die Interaktion zwischen Baby und Eltern derart beeinflusst wird, dass es nicht zu einer befriedigenden, entspannten Situation kommt.

negative Kreisprozesse

Wenn ein Baby täglich über viele Stunden schreit, stellt dies für die Bezugsperson und die Familie einen erheblichen Stressfaktor dar. Schreit ein Baby, so löst es bei seinen Betreuerinnen Spannung aus; sie werden ebenfalls unruhig, ihre Herzschlagrate nimmt erwiesenermaßen zu, und sie versuchen, den Grund zu erforschen, warum ihr Kind schreit. Da sie häufig das Bedürfnis, das hinter dem Schreien steht, nicht entschlüsseln können, probieren sie nacheinander durch, was die Ursache sein könnte: Hunger, nasse Windeln, Allein-sein, Bauchschmerzen, Müdigkeit oder anderes. Aber Bezugspersonen von Schreikindern gelingt es häufig nicht, ihr Kind zu beruhigen. Die Unruhe steigert sich, und schließlich stellen sich Gefühle der Hilflosigkeit, Ohnmacht und des Versagens ein. Ebenso kann sich jedoch die Nervosität steigern, die Beherrschung abnehmen, und es kann sich Wut einstellen. Üblicherweise sind Menschen sehr entsetzt, wenn sie solche Gefühle bei sich wahrnehmen. Dies steigert zunehmend ihre Verspannung und Hilflosigkeit. Damit wird ein liebevolles, ungezwungenes Zugehen auf das Baby verunmöglicht. Das Schreien von Babys über längere Zeiten – Wochen oder Monate –, das für die Bezugsperson nicht zu entschlüsseln ist, kann diese in einen Stresszustand bringen, der durch ein Gefühlskonglomerat von Wut und Erschöpfung zu charakterisieren ist. In Extremfällen kann das Schreien eines Säuglings dann sogar das Auslösesignal für eine Misshandlung werden.

Das Verhalten der Bezugspersonen löst umgekehrt beim Säugling das Gefühl aus, nicht verstanden zu werden. Er fühlt sich hilflos, seine Bedürfnisse zu signalisieren, verliert einen Teil seines differenzierten Ausdrucksverhaltens, und er wird nicht beruhigt. Die Versorgungssituation erlebt er als gespannt, möglicherweise fühlt er sich abgelehnt und fortgestoßen.

Durch einen solchen negativen Kreisprozess wird die Basis für eine positive Entwicklung des Babys gefährdet. Babys orientieren sich am Mienenspiel ihrer Bezugsperson, an der Stimme, an den Bewegungen und an den Handhabungen, die die Eltern mit oder an ihm vollziehen. Die Gefühle der Bezugsperson erfasst der Säugling sehr sensibel, und sie beeinflussen die Entwicklung des Kindes im Guten wie im Bösen. Ein angespanntes, ungeduldiges Verhalten der Bezugspersonen und auch ihre möglicherweise negativen Deutungen des kindlichen Verhaltens wirken im Sinne einer Aufrechterhaltung oder Verstärkung der Regulationsprobleme. Denn das Verhalten der Eltern oder sonstigen Betreuerinnen, ihre alltäglichen Handlungen des Fütterns, des Beruhigens, des Pflegens, des Spielens und des Zu-Bett-legens, wirken sich im Normalfall als ko-regulatorische Unterstützung der Selbstregulation des Kindes aus. In diesen Situationen wird üblicherweise die Kommunikation und Beziehung zwischen dem Kind und den Eltern aufgebaut und erfahren.

Lösungen anregen und möglich machen

- ***Babys mit besonderen Bedürfnissen***

Schreikinder sind Babys mit besonderen Bedürfnissen. Für Eltern ist es wichtig, wahrzunehmen und anzuerkennen, dass Schreibabys hohe Anforderungen an die Menschen ihrer Umwelt stellen. Sie müssen vor allem auch ihre negativen Gefühle, ihre Enttäuschung, ihren Ärger und ihre Wut akzeptieren und sie als eine natürliche Reaktion auf eine Überlastung verstehen. Schuldgefühle werden dann vermieden, und die Gesamtsituation kann als eine Herausforderung und nicht als eine Versagenssituation verstanden werden. Auf der Basis einer solchen Sichtweise können Eltern sodann klären, welche Ressourcen sie nutzen können, die direkte Bezugsperson – meist die Mutter – zu entlasten. Für sie ist es ganz wichtig, dass sie „Auszeiten" nehmen kann, um anschließend mit neuer Kraft für das Baby da zu sein.

- ***regelmäßige Abläufe***

Eine wichtige äußere Unterstützung für das Baby kann sein, wenn es eine Regelmäßigkeit in seiner Betreuung erlebt. Eine solche äußere Strukturierung unterstützt seine Selbstregulierungsprozesse. Ziel einer Gewöhnung des Babys an bestimmte Routinen ist die Entwicklung von kurzen Perioden, in denen das Baby wach und zufrieden ist. Zu vermeiden ist deshalb ein häufiges Ausprobieren von neuen Betreuungspraktiken. Eltern von Schreikindern erhalten viele gute Ratschläge aus der Verwandtschaft, von Freunden und Bekannten, und es ist bei lang anhaltendem Schreiverhalten eines Babys naheliegend, immer wieder nach neuen Methoden der Behandlung zu suchen, die das Baby eher beruhigen könnten als die bisherigen. Wichtiger als das ist aber die Konstanz des Betreuungsverhaltens und vor allem die Gelassenheit, die Ruhe und die Zugewandtheit der primären Bezugsperson.

- ***Übermüdung vermeiden***

Bei Schreikindern sollte besonders aufmerksam beachtet werden, ob der Säugling Anzeichen einer Übermüdung zeigt. Die Bezugspersonen sollten lernen wahrzunehmen, wann der Säugling überreizt ist und somit wiederum Schlaf braucht. Bei Neugeborenen ist das etwa nach sechzig bis neunzig Minuten

Wachzeit der Fall. Zu beachten sind jedoch auch die individuellen Unterschiede. Sobald erste Anzeichen von Müdigkeit festzustellen sind, sollte eine sogenannte Ruhezone aufgesucht werden.

Es gibt eine Reihe von Anzeichen, die eine Ermüdung des Babys signalisieren. Zum Beispiel verweisen die Händchen des Säuglings darauf, wenn sie schlaff herunterhängen. Ebenso sind gerötete Augen oder das Reiben der Augen oder auch der Nase entsprechende Anzeichen. Auch kann sich eine Überforderung, Überreizung und Ermüdung in einer motorischen Unruhe des Babys äußern; es zeigt dann oft unkoordinierte Bewegungen und eine Neigung zum Überstrecken.

Ruhezonen

Für das Baby und auch für die Mutter ist es sehr bedeutsam, dass innerhalb der Wohnung ein Ruhebereich – eine „Ruheinsel" – geschaffen wird, ein Raum, der etwas abgedunkelt ist, in dem eine angenehme mittlere Temperatur das Wohlbefinden des Babys garantiert, in dem leise und ruhig gesprochen und jede Störung möglichst vermieden wird. Diese Ruhezonen sollten nicht nur dann aufgesucht werden, wenn das Kind zum Schlafen gebracht wird, sondern auch zu festgelegten Zeiten während des Tagesablaufes. Dann lässt sich dort zusätzlich eine leise entspannende Musik anstellen, und das Kind könnte auf dem Arm ruhig und gleichmäßig gewiegt werden. Wesentlich ist, dass diese Situation freundlich und angenehm sowohl für die Mutter als auch für das Kind ist und sich keinerlei Unruhe und Anspannung auf das Baby übertragen.

Überstimulierung vermeiden

Zeigt sich ein Baby unzufrieden und fängt es an zu quengeln, so neigen Bezugspersonen sehr häufig dazu, es auf die verschiedenste Art und Weise abzulenken und anzuregen. Üblicherweise zeigt das Kind jedoch durch sein Quengeln an, dass es erste Ermüdungserscheinungen verspürt. Es ist dann wichtig, keine Überstimulierung vorzunehmen, sondern das Aktivitätsniveau zu senken. Natürlich lässt sich ein Kind durch bestimmte Aktivitäten der Erwachsenen bestimmen, so dass es auch für eine gewisse Zeit aufhört zu quengeln. Aber die Ermüdung des Kindes kann dadurch nicht aufgehoben, sondern nur verschoben werden – und das meist mit dem Erfolg, dass eine Schreiphase folgt.

babyzentriertes Verhalten

Grundsätzlich gilt – insbesondere bei Schreibabys – die Forderung, dass die Bezugspersonen ein babyzentriertes Verhalten einbringen, das heißt, dass sie sich an dem Verhalten des Kindes ausrichten. Der Erwachsene sollte die Aktionen des Säuglings verständnisvoll begleiten und unterstützen und seine eigenen Aktivitäten zurückstellen. Der Entwicklungsprozess eines Kleinkindes wird entscheidend dadurch unterstützt, dass man sein Explorationsverhalten akzeptiert, ihm folgt und dadurch seine Autonomie unterstützt. Erwachsene neigen oft dazu, einem Kind ständig Neues anzubieten und es mit Spielmaterialien zu überschütten. Damit unterbrechen sie jedoch meist die Eigeninitiative des Kindes – gerade wenn es noch ein Baby ist.

- ***positive Begegnungssituationen***

  Alle Strukturierungshilfen zur Gestaltung eines Tagesablaufes mit einem Schreibaby sind dazu angetan, dem Kind Phasen zu ermöglichen, in denen es ruhig und zufrieden ist. Sie sollten für eine entspannte Interaktionssituation zwischen primärem Betreuer und Baby genutzt werden. Sie können in einem Ruhebereich stattfinden und auf vielfältige Weise gestaltet werden. Das Wesentliche ist, dass in solchen Situationen eine positive Beziehung zwischen Kind und Betreuerin entsteht. Dann können beide Freude an der Interaktion erleben, so dass die positiven Seiten des Zusammenlebens in den Vordergrund rücken. Gerade Schreibabys reagieren sensibel auf die Stimmungen der Erwachsenen und benötigen das Erleben einer solch emotional positiv getönten, entspannten Situation. Sie machen dann die Erfahrung, dass sie gewollt, geliebt und respektiert werden.

- ***kritische Schreizeiten***

  Wie bereits erwähnt, gibt es bei jedem Baby während der ersten Monate typische Schreizeiten. Es kann sehr hilfreich sein, wenn sich die Bezugspersonen auf solche Schreizeiten einrichten und diese überbrücken, indem sie in dieser Zeit mit dem Säugling spazieren gehen. Viele Eltern haben auch herausgefunden, dass Auto fahren auf den Säugling beruhigend wirkt.

- ***fachliche Hilfen***

  Heute werden Eltern mit Schreibabys nicht mehr alleine gelassen. Es sind inzwischen Sprechstunden für solche exzessiv schreienden Kinder eingerichtet worden (zum Beispiel: Münchener Sprechstunde für Schreibabys, Heiglhofstr. 62, 81377 München oder Gesellschaft für die seelischen Gesundheit in der frühen Kindheit – GAIMH – in Rostock, Tel 0381/7766553). Solche Sprechstunden für Schreibabys arbeiten sehr erfolgreich und sollten möglichst frühzeitig aufgesucht werden, um eine Chronifizierung des Problems zu verhindern. In den Beratungsstellen oder in den Praxen der hierauf spezialisierten Kinderärztinnen kann man zum Beispiel Eltern oder anderen Bezugspersonen helfen, die Signale ihres Kindes besser wahrzunehmen und genauer zu verstehen. Man erhält Ratschläge für geeignete Betreuungspraktiken, beispielsweise auch eine Beratung zur Strukturierung und Gestaltung des Tagesablaufes. Darüber hinaus wird eine positive Beziehungsgestaltung zwischen den Betreuungspersonen und dem Baby gefördert. Erfahrungsgemäß werden in den meisten Fällen nur wenige Sitzungen benötigt, um die Eltern erfolgreich zu unterstützen. Es gibt auch eine „Selbsthilfeinitiative für Familien mit Schreibabys“; Kontakt kann man über www.trostreich.de aufnehmen.

Weitere Stichworte:

- Aufmerksamkeits- und Aktivitätsstörung
- Schlafstörungen

Literatur: 16, 29, 33, 70, 89, 99, 106, 148, 151, 152, 153, 154, 167, 173, 179, 181, 199, 230

Schüchternheit

Wahrnehmen und bewerten

- ***situative und dispositionelle Schüchternheit***

  Schüchterne Kinder möchten häufig gern etwas tun, trauen sich jedoch nicht. Sie werden in bestimmten Situationen durch ambivalente Gefühle gehemmt: Sie erleben sich hin- und hergerissen zwischen dem Wunsch, etwas zu tun, und einer Angst, die sie vom Handeln abhält. In ihrer Fantasie nehmen sie ein Versagen vorweg. Wegen ihrer negativen Erwartungsangst machen sie dann häufig gar nicht den Versuch, die erwünschte Handlung zu vollziehen oder das gewünschte Ziel anzustreben. Manche Kinder reagieren nur in bestimmten Situationen in dieser Art (situative Schüchternheit), während andere eine zeitlich stabile Tendenz zeigen, in allen sozialen Situationen sich schüchtern zu verhalten (generelle oder dispositionelle Schüchternheit).

- ***Erscheinungsbild***

  Ein schüchternes Kind redet in der Regel wenig. Es neigt dazu, leise zu sprechen, und hat Schwierigkeiten, Blickkontakt aufzunehmen. Es zeigt ein furchtsames oder ängstlich wirkendes Verhalten und steckt in Konfliktsituationen – ob mit Gleichaltrigen oder Erwachsenen – leicht zurück. Ein schüchternes Kind zeigt aber auch Verhaltensweisen, die von Eltern und Erzieherinnen geschätzt werden; denn sie agieren aggressionsfrei, sind gefügig, anpassungsfähig und meist bescheiden. Häufige körperliche Symptome der Kinder in den von ihnen ambivalent erlebten Situationen sind Herzklopfen bis zu Herzrasen, Schweißausbrüche, Bauchschmerzen und Übelkeit bis zum Erbrechen.

- ***typische situative Faktoren***

  Schüchterne Kinder haben Schwierigkeiten, zu unbekannten Personen in Kontakt zu treten. Sie zeigen sich besonders verhalten, wenn der andere eine Autoritätsperson oder ein von dem Kind bewunderter Mensch ist. Das Kind vermeidet es grundsätzlich, in das Zentrum der Aufmerksamkeit einer größeren Gruppe zu geraten. In der Schulklasse versucht es eher, eine gewisse Distanz zu seinen Mitschülerinnen zu halten und bleibt – wenn möglich – im Hintergrund. Ein schüchterner Schüler spricht nicht gerne vor der Klasse; am liebsten wird er während des Unterrichts gar nicht aufgerufen.

- ***angemessene Zurückhaltung***

  Abzuwägen, ob eine erwünschte Handlung ohne Gefahr durchgeführt werden kann, ist eine wichtige Aufgabe, die sich allen Menschen, insbesondere aber dem Kleinkind bei der Eroberung seiner Umwelt, immer wieder stellt. Häufig zeigt sich dann im Verhalten des Kindes ein Konflikt: Es möchte gerne etwas tun, aber die dafür notwendige große Entfernung von der Mutter beunruhigt.

Es bricht dann seine Handlung ab, läuft zur Mutter zurück und beginnt die gewünschte Handlung erneut. Einen solchen Konflikt erkennt man auch im Verhalten von Kleinkindern, die einer fremden, erwachsenen Person begegnen. Sie lächeln die Person zunächst kurz an, senken dann aber den Blick. Ähnliches zeigt sich im Verhalten drei- bis vierjähriger Kinder, wenn sie beispielsweise im Kindergarten erstmalig anderen Kindern begegnen und dort spielen sollen: Zunächst schauen sie sich kurz an, ohne zu sprechen. Dann beginnen sie ein sogenanntes Parallelspiel; sie spielen räumlich benachbart mit ähnlichem Spielzeug und wechseln häufig Blicke, ohne jedoch in einen Austausch miteinander zu treten. Erst nach fünf bis zehn Minuten geht dann das Parallelspiel allmählich in ein gemeinsames Spiel über. Dieses sind Beispiele für ein verhaltenes, vorsichtiges Verhalten, bei dem man aber noch nicht von Schüchternheit sprechen kann.

Forschungsergebnisse

Bei Mädchen fällt Schüchternheit schon früh auf und führt bereits im vierten Lebensjahr zu deutlich negativen Konsequenzen in der Wertschätzung der Gleichaltrigen. Allerdings werden diese negativen Folgen bei Mädchen mit zunehmendem Alter geringer. Für Jungen scheint eher eine gegensätzliche Entwicklung typisch. Zunächst, im vierten und auch noch im fünften Lebensjahr, wirkt sich Schüchternheit in manchen Bereichen gar nicht, in anderen sogar positiv auf den Status des Jungen aus. Dies schlägt in den folgenden Jahren ins Gegenteil um: Je schüchterner Jungen dann sind, desto geringer ist ihre Beliebtheit und ihr sozialer Einfluss in der Gleichaltrigengruppe. Hier scheinen sich geschlechtsspezifische Rollenerwartungen auszuwirken.

die Entwicklung beobachten

Schon vom Zeitpunkt der Geburt an sind alle Kinder eigenständige und in ihrer Art unterschiedliche Wesen. Das eine ist aktiv und sucht häufig sozialen Kontakt, das andere ist ruhiger und zurückhaltender. Werden sie so, wie sie sind, angenommen, hat jeder auf seine Art gute Entwicklungschancen. Treten jedoch ungünstige Umwelteinflüsse hinzu und werden diese durch andere, positiv schützende Faktoren nicht ausgeglichen, so kann sich aus dem weniger aktiven Kind ein Kind entwickeln, das unter einer Schüchternheit leidet. Für Eltern und Erzieher ist es deshalb wichtig, die Entwicklung ihrer Kinder zu beobachten, um – falls notwendig – Einflüsse geltend zu machen, die verhindern, dass ein Kind eine Schüchternheit entwickelt.

Folgen

Grundsätzlich kann eine ausgeprägte Schüchternheit dazu führen, dass Kinder gehänselt werden und die soziale Situation in der Schule fürchten. In der weiteren Entwicklung können die Schulleistungen und die allgemeine Lebensfreude des Kindes beeinträchtigt werden – dies um so mehr, als sich die Schüchternheit auch auf das Selbstvertrauen des Kindes negativ auswirkt.

Überheblichkeit als Problemlösungsversuch

Eine kritische Entwicklung bahnt sich dann an, wenn schüchterne Kinder als Selbsterklärung für ihr kontaktgehemmtes Verhalten – häufig als Jugendliche – einen sogenannten Überlegenheitskomplex entwickeln. Sie begründen ihre Kontaktarmut damit, dass die anderen alle albern, dumm und unreif seien, dass ihre Gespräche oberflächlich seien, so dass es keinen Wert habe, sich daran zu beteiligen. Meist handelt es sich um Kinder, die von den Gleichaltrigen wegen ihrer geringen sozialen Fähigkeiten zurückgewiesen werden. Sie sind darüber wütend und fühlen sich allein. Sie werten die anderen ab und rächen sich auf diese Weise – im Stillen – an ihnen.

Einordnen und verstehen

Mangel an sozialen Kontakten

Ein schüchternes Kind kann leicht in die Situation geraten, dass es als Freund und als Spiel- oder Sportpartner nicht mehr gesucht wird. Treten sodann ungünstige äußere Bedingungen hinzu – es wohnt zum Beispiel weit außerhalb –, so kann es geschehen, dass es nur noch sehr eingeschränkte soziale Kontakte hat. Soziale Kontakte sind jedoch für die Entwicklung bedeutsam. Sie binden ein Kind in ein stützendes Netzwerk ein und schützen es auf diese Weise vor körperlichen und seelischen Erkrankungen. Hat das Kind demgegenüber kaum noch soziale Kontakte, kann sein auffälliges Verhalten dadurch noch problematischer werden, dass es sich zunehmend unsicherer und verschlossener zeigt. Zudem verstärkt ein zu häufiges Alleinsein das typische Grübeln eines schüchternes Kindes und begünstigt ein Auftreten anderer Verhaltensauffälligkeiten wie zum Beispiel ein Tagträumen.

Ablehnung

Interessante Hinweise gibt eine Untersuchung, in der Kinder in dem Zeitraum von drei bis acht Jahren im Hinblick auf ihr soziales Kontaktverhalten beobachtet wurden. Dabei zeigte sich, dass Kinder, die zunächst Schwierigkeiten hatten, mit fremden Kindern oder Erwachsenen Kontakt aufzunehmen, in den meisten Fällen später „auftauten“, sich in hinreichendem Maße kontaktfähig zeigten und in der Gruppe auch anerkannt waren. Die übrigen Kinder demgegenüber fühlten sich von der Gruppe abgelehnt und bildeten die Überzeugung aus, dass sie „bei den anderen nicht ankommen“. Sie entwickelten Ängste, die viele von ihnen in sich hineinfraßen, und zeigten dann im weiteren Verlauf ein ausgeprägtes Minderwertigkeitserleben.

Selbstverständlich erlebt jedes Kind einmal eine Zurückweisung. Gefährlich wird dies erst, wenn dies häufiger geschieht, wenn Kinder aufgrund dessen eine negative Erwartungsangst ausbilden, die nicht durch Erlebnisse des Angenommen-werdens abgefangen wird, und wenn das Kind keinen Erwachsenen hat, der ihm solche Situationen erklärt und ihm bei der Verarbeitung hilft.

Übermaß an Kritik

Von den ungünstigen Umweltfaktoren ist vor allem ein Übermaß an Kritik seitens wichtiger Erwachsener, vor allem also der Eltern, zu nennen. Spott, ein Schimpfen und Klagen über das schüchterne Verhalten des Kindes, Ermahnungen, Aufforderungen, gute Ratschläge („Ratschläge sind auch Schläge!") können das Kind im wahrsten Sinne des Wortes „einschüchtern". Aber auch ein sehr dominierendes Geschwister, das in seinem Verhalten von den Eltern noch unterstützt wird, kann in ganz ähnlicher Weise einschüchternd wirken und mutlos machen.

zu enge Bindung

Für alle Eltern ist es nicht leicht, ihre Sorge um das Kind so zu dosieren, dass sie das Kind nicht einengen und mutlos machen. Auch müssen alle Eltern lernen, die hohe Fürsorge, die ein Kleinkind ursprünglich einmal benötigte, allmählich zurückzunehmen und dem Kind Freiräume zu geben. Aus unterschiedlichen, teils auch sehr persönlichen Gründen fällt manchen Eltern das sehr schwer. Sie suchen auch zu dem älteren Kind noch einen ganz engen, intensiven Kontakt, zeigen sich überbesorgt und vermitteln dem Kind die Vorstellung, dass die Welt draußen gefährlich und bedrohlich ist. Dies kann sich dann in einem schüchternen Verhalten des Kindes niederschlagen.

elterliches Vorbild

Grundsätzlich spielt das elterliche Vorbild eine große Rolle. Wenn die Eltern selbst scheue, schüchterne Menschen sind und die Familie sehr isoliert lebt, hat das Kind wenig Möglichkeiten, in der Beobachtung der Eltern zu lernen, wie man Kontakt aufnimmt und gestaltet. Wahrscheinlich wird es die Welt dann auch eher ängstlich betrachten und bei Kontaktaufnahmen zu Gleichaltrigen sehr zurückhaltend sein.

unsichere Bindung

Schließlich spielt bei der Entwicklung von Schüchternheit auch eine unsichere Bindung eine große Rolle. Eine solche unsichere Bindung kann auf entsprechenden Erfahrungen in der frühen Kindheit beruhen. Sie kann sich aber auch aufgrund schwieriger Elternbeziehungen und heftiger Familienkonflikte entwickeln, zumal beides zumeist auch noch mit sehr wechselnden und zwischen den Extremen schwankenden Erziehungseinflüssen einhergeht, was zu einer starken Verunsicherung führen kann.

Druck

Druck kann sich sehr ungünstig auf zurückhaltende, schüchterne Kinder auswirken. Sie brauchen einfach längere Zeit, um mit anderen „warm zu werden".

Sie passen sich langsamer an neue Situationen an, fügen sich erst allmählich in eine Gruppe ein und beteiligen sich dann – wenn auch zögernd – am gemeinsamen Gespräch. Druck aber ist schädlich, und in vielen Fällen sind Maßnahmen auch gar nicht notwendig; denn viele von ihnen erreichen alle wichtigen sozialen Entwicklungsschritte – wenn auch etwas später als die anderen, nicht schüchternen Kinder.

- ***Selbstbezug***

  Die Schüchternheit und das damit häufig verbundene Grübeln kann aber dazu führen, dass sich Kinder in ausgeprägter Weise auf sich selbst orientieren und auf die eigenen Gedanken, Gefühle und körperlichen Reaktionen konzentrieren. Schüchterne beschäftigen sich viel mit sich selbst und neigen zu unrealistischen Vergleichen. In einer größeren Gruppe beobachten sie die Aktivsten und sozial Kompetentesten, vergleichen sich mit ihnen und kommen – natürlich – zu einem vernichtenden Selbsturteil. Dabei übersehen sie die vielen anderen, die sich ganz ähnlich verhalten wie sie selbst.

  Manche Schüchterne neigen auch dazu zu glauben, die anderen würden sie genau so kritisch beurteilen, wie sie selber es tun. Sie glauben, dass alles, was sie tun, perfekt sein müsse, alles, was sie sagen, klug, tiefsinnig oder besonders lustig sein und von den anderen als etwas Besonders gewertet werden müsse.

- ***negative Kontrollüberzeugung***

  Auch in anderer Hinsicht verläuft das Denken Schüchterner in einer ganz charakteristischen Art und Weise. Die meisten Menschen loben sich selbst für erfolgreiche soziale Kontakte und schreiben sie ihrem Charakter sowie ihrem Verhalten zugute. Ein Misslingen führen sie demgegenüber auf äußere Gründe, das Verhalten anderer oder eine unglückliche Situation zurück. Sie verfügen über eine positive Kontrollüberzeugung. Schüchterne tun genau das Gegenteil: Sie entwickeln eine negative Kontrollüberzeugung. Sie beschuldigen sich selbst für den Misserfolg, haben nur in geringem Maße das Erleben, eine Situation durch eigene Anstrengungen positiv beeinflussen zu können, und begründen erfolgreiche Kontakte mit dem Verhalten anderer.

- ***Überempfindlichkeit gegen Abweisung***

  Untersuchungen haben gezeigt, dass Schüchterne gar nicht so negativ wahrgenommen werden, wie sie glauben und fürchten. Aber Schüchterne reagieren sehr empfindlich auf jedes Anzeichen von Abweisung oder Ablehnung und erinnern negative Reaktionen von anderen besonders intensiv. Deshalb überschätzen sie die Gefahr neuer und unangenehmer Reaktionen oder Situationen, die sie darum zu vermeiden suchen, womit sie sich die Chance nehmen, andere, positive Erfahrungen zu machen. Insofern könnte man ausgeprägt schüchternes Verhalten als eine Strategie bezeichnen, sich selbst zu behindern und einzuschränken.

Lösungen anregen und möglich machen

Zeit lassen

Es gibt viele Möglichkeiten, wie schüchterne Menschen zufriedenstellende Beziehungen zu anderen erreichen. Wichtig ist, das man die Eigenart eines schüchternen Kindes akzeptiert und das Kind so annimmt, wie es ist. Ein schüchternes Kind zu drängen und Druck auszuüben, beispielsweise indem man sagt, es solle sich doch nicht „so anstellen", hilft sicher nicht weiter. Weil schüchterne Kinder in der Kontaktaufnahme sehr sorgfältig vorgehen und deshalb nicht so schnell sind wie andere Kinder, muss man ihnen Zeit lassen. Man sollte sie in Ruhe beobachten und feststellen, in welchen Situationen und bei welchen Personen das schüchterne Verhalten besonders ausgeprägt in Erscheinung tritt. Dann kann man mit dem Kind die besondere Schwierigkeit der Situation herausarbeiten und darauf aufbauend gemeinsam eine Strategie entwickeln, wie es die Situation beim nächsten Mal besser bewältigen kann.

Abweisung erklären

So ist es oft hilfreich, mit dem Kind Situationen zu besprechen, in denen es sich abgelehnt und abgewiesen fühlte. War die erlebte Abweisung von dem anderen Kind wirklich so gewollt? Oder war es vielleicht gerade über ganz andere Dinge verärgert und „meinte es gar nicht so"? Falsche Annahmen über die Gedanken und Absichten anderer sind bei schüchternen Kindern häufig. Es ist deshalb nützlich, mit dem Kind zu üben, sich in andere hineinzuversetzen und verschiedene mögliche Motive zu überlegen, die zu einer Handlung führten, die das Kind als abweisend erlebte. Und selbst wenn einmal eine Abweisung und Ablehnung erfolgte, kann man dem Kind dabei helfen, solche Reaktionen nicht im Sinne von „Alle lehnen mich ab!" zu verallgemeinern.

angemessene kognitive Bewertungen

Hilfreich ist es auch, das Kind dazu anzuregen, erfolgreiche soziale Kontakte sich selbst und seinem eigenen Verhalten zuzuschreiben, demgegenüber Misserfolge nicht so wichtig zu nehmen und sie als Situationen zu sehen, aus denen es lernen kann.

Sozialkontakte aufbauen

Grundsätzlich gibt es zwei Prinzipien, die wichtig sind, wenn man einem Kind helfen will, mit seiner Schüchternheit besser zurechtzukommen. Das erste lautet: Bedingungen für erfolgreiche Sozialkontakte schaffen. Ein erster Schritt könnte sein, das Kind dazu anzuregen, mit einer Gruppe jüngerer Kinder zu spielen, weil es in dieser Gruppe wahrscheinlich leichter Erfolgserlebnisse hat und auch in der Lage sein dürfte, ein selbstsicheres Rollenverhalten zu üben. Seine dort erworbenen Fähigkeiten kann es dann allmählich in die Gleichaltrigengruppe übertragen. Eine andere Möglichkeit besteht darin, dem Kind mit einer Einladung eines ausgewählten anderen Kindes in die elterliche Wohnung oder zu einer gemeinsamen Unternehmung zu helfen, Kontakt zu einem sozial freundlichen Kind aufzunehmen. In der Begegnung mit ihm überwindet das schüchterne Kind eher seine Hemmungen, so dass es vielleicht sogar die Chance hat, eine Freundschaft aufzubauen.

Das zweite Prinzip lautet: Dem Kind helfen, anderen zu helfen. So kann man mit dem Kind überlegen, was es für andere tun kann, um es dadurch anzuregen, aus seiner egozentrisch passiven Beschäftigung mit sich selbst auszubrechen. Denn jeder Schüchterne denkt, das Problem läge vor allem in seiner Person, und er beschäftigt sich deswegen allzu viel mit sich und seinen Schwierigkeiten. Tatsächlich ist es aber wichtig, dass der Schüchterne lernt, die anderen um sich herum wahrzunehmen und für wichtig zu halten. Schüchterne sollten angeregt werden, anderen kleine Freundlichkeiten zu erweisen. Sie können auf diese Weise ein soziales Klima schaffen, das günstig ist für positiven Austausch. Hilfreich sind beispielsweise freiwillige Leistungen für andere. Wenn Schüchterne sich mehr auf andere hin orientieren, werden sie sich weniger durch ihre Schüchternheit eingeschränkt fühlen. Erfolgreiche Schüchterne ändern nicht ihre Person und ihren Charakter, sondern die Art, wie sie denken und handeln.

Rollenspiele

Solche, auf andere orientierte Hilfsaktionen können Eltern und Erzieherinnen vorher mit dem Kind im Rollenspiel üben. Generell bieten Rollenspiele gute Fördermöglichkeiten. So kann das Kind im Rollenspiel die Position des Starken annehmen, der Vater dagegen die Position des Schwachen. Eine andere Möglichkeit ist das Erfinden von Geschichten, beispielsweise die Geschichte eines kleinen Kindes, das sich immer das Spielzeug wegnehmen lässt. Gemeinsam lässt sich überlegen, wie ein anderes Kind hinzukommt und dem kleinen Kind hilft, sein Spielzeug zu behalten. Dieses andere Kind kann durchaus den Namen des schüchternen Kindes tragen. Auch Geschichten, in denen Kinder mit dem Namen des schüchternen Kindes mutige Helden sind, lassen sich gemeinsam ausdenken. Übungen zum Ansprechen anderer Kinder lassen sich im Rollenspiel „spielerisch" durchführen. In ähnliche Richtung gehen sogenannte Mut-mach-Spiele: Der Erwachsene sitzt neben dem Kind und sagt ihm, was er an ihm besonders gut findet: seine Augen, seine Hände, seine Freundlichkeit, seine Fähigkeit zu malen und anderes. Das Kind auf der anderen Seite sagt, was es an dem Spielpartner gut findet. So stärkt man das Selbstwertgefühl des Kindes.

Weitere Stichworte:

- Angst
- Fremdeln – Trennungsangst
- Furcht
- Schulangst
- Tagträumen

Literatur: 3, 87, 96, 127, 241

Schulangst

Wahrnehmen und bewerten

Erscheinungsbild

Kinder mit einer Schulangst verweigern den Besuch des Unterrichts, weil sie Angst haben vor der Schule und den Anforderungen, die ihnen dort begegnen. Meist erleben Eltern oder andere Erzieher diese Angst intensiv mit und versuchen, das Kind bei der Überwindung seiner Ängste zu unterstützen. Manchmal verstecken sich jedoch die Ängste hinter körperlichen Symptomen – ähnlich wie bei der Schulphobie: Das Kind leidet beispielsweise unter einem morgendlichen Erbrechen und schweigt gleichzeitig über seine Ängste, so dass die Bemühungen der Eltern und die der hinzugezogenen Fachleute sich zunächst auf die Behandlung des körperlichen Symptoms ausrichten. Nach einiger Zeit sind jedoch die Auslöser einer Schulangst erkennbar. Sie sind situationsbezogen und hängen direkt mit der Schule, ihren sozialen Anforderungen und ihren Leistungsanforderungen, zusammen. Typische Probleme sind Leistungsschwierigkeiten, Konflikte mit Lehrpersonen und Konflikte mit den Mitschülern oder Mitschülerinnen. Die Kinder haben Angst, nicht ernst genommen, bloßgestellt, verlacht oder gedemütigt, in manchen Fällen auch geschlagen, insgesamt seelisch und körperlich gequält zu werden.

akute Schulangst

Fast jeder hat bereits einmal Aufregung und Angst vor einer schriftlichen oder mündlichen Prüfung während seiner Schulzeit erlebt oder sich vor einer Auseinandersetzung mit einer Lehrerin oder einem Mitschüler gefürchtet. Solche Ängste treten akut im Zusammenhang mit einem bestimmten Ereignis auf (beispielsweise einer Klassenarbeit oder einem heftigen Streit unter Gleichaltrigen) und gehen im Allgemeinen rasch wieder zurück, wenn die beunruhigende, angstauslösende Situation überstanden ist. Diese Angst kann durchaus als „normal" bezeichnet werden; denn bei einer Prüfung oder einer Auseinandersetzung liegen Erfolg und Misserfolg immer nahe beisammen. Zugleich ist eine solche Angst für jeden Dritten verständlich, solange sie in einem angemessenem Verhältnis zum Ereignis steht. Aber auch diese akute Angst kann eine Intensität erreichen, die zu erheblichen somatischen und psychischen Reaktionen führt wie zum Beispiel Kopfschmerzen, Erbrechen oder Durchfall und auch zu Kurzschlusshandlungen. Zu derart heftigen Reaktionen kommt es jedoch zumeist nur auf dem Hintergrund einer belasteten Gesamtsituation, so dass das Ausmaß der Reaktion Hinweis auf einen Unterstützungsbedarf des Kindes ist.

anhaltende Schulangst

Als schwerwiegende Störung wird die anhaltende Schulangst bewertet, die mit einer Verstörtheit und Verletztheit des Kindes einhergeht. Schon geringfügig erscheinende Anlässe führen zu heftigen Angstreaktionen. Das Kind ist zu einem Verhalten, das der Situation angemessen ist, gar nicht in der Lage, weder bei Leistungsanforderungen in der Schule, noch im Kontakt mit seinen Mitschülerinnen. Denn es reagiert nicht mehr nur in bestimmten Situationen ängstlich. Vielmehr breitet sich die Angst derart aus, dass alle Schulsituationen angstbesetzt sind. Das Kind zeigt sich in der Schule in Mimik und Körperhaltung ängstlich, bewegt sich ängstlich und handelt ängstlich.

Gesichter einer Schulangst

Eine Schulangst kann sich – wie auch die Schulphobie – in vielfältigen Formen ausdrücken. Sie kann sich sowohl hinter körperlichen als auch hinter psychischen und psychosomatischen Auffälligkeiten verbergen. Das Kind nässt plötzlich wieder ein, lutscht am Daumen, zieht sich zurück, reagiert schüchtern und gehemmt. Es klagt über Kopfschmerzen, Erbrechen, Schlafstörungen und Kreislaufprobleme. Andererseits ist es aber auch möglich, dass es aggressiv und unnahbar reagiert. Ebenso können Lernstörungen, Sprachstörungen und ein Leistungsabfall auftreten. Wie bei der Schulphobie ist es manchmal nicht leicht, eine Schulangst als das tragende Phänomen der Schwierigkeiten des Kindes zu erkennen.

Vorformen

Kinder signalisieren häufig frühzeitig, dass sich bei ihnen eine Angst vor der Schule – den Leistungsanforderungen oder der sozialen Situation – entwickelt. Sie zeigen keinen Spaß an Dingen, die sie an Schule erinnern. Weder ein hübscher Ranzen noch ein attraktives Schreibetui erfreuen sie. Zudem reden sie über Lehrerinnen, Mitschülerinnen und üblicherweise positiv gewertete schulische Ereignisse, wie beispielsweise über die Planung einer Klassenfahrt, abwertend und zeigen kein Interesse an diesen Personen und solchen Aktivitäten. Allen schulischen Themen gegenüber verhalten sie sich abwehrend, manchmal auch erregt.

Forschungsergebnisse

Forschungsergebnisse verweisen darauf, dass Schulangst schwerpunktmäßig in der Altersgruppe der Dreizehn- bis Vierzehnjährigen auftritt. Hinsichtlich der Häufigkeit zeigt sich kein signifikanter Unterschied zwischen Mädchen und Jungen. Die vorliegenden Untersuchungen verweisen im Übrigen darauf, dass die Jungen und Mädchen, die unter einer Schulangst leiden, üblicherweise über eine durchschnittliche Intelligenz verfügen.

Zuordnen und verstehen

scheinbar gleiche Lern- und Leistungschancen

Nur scheinbar haben alle Kinder beim Eintritt in die Schule gleiche Lern- und

Leistungschancen. Vielmehr unterscheiden sich die Schülerinnen und Schüler in ihren intellektuellen Strukturen, ihren unterschiedlichen Stärken und Schwächen, ihren Vorlieben und Abneigungen, in ihrem Sozialverhalten, im Umfang ihrer Erfahrungen und in ihrer Motivationsstruktur. Die Kinder kommen aus nicht vergleichbaren, sozialen und materiellen Lebenslagen ihrer Familien und aus einem unterschiedlichen sozialen Umfeld. In der Schule treffen sie auf eine Schul-, Unterrichts- und Lernorganisation sowie ein soziales Gefüge, das ihnen – angesichts ihrer unterschiedlichen Persönlichkeitsmerkmale – ganz verschiedene Entwicklungsaufgaben stellt. So werden einige Schülerinnen und Schüler die Erfahrung machen, dass sie rascher lernen, mehr Wissen und Erfahrungen mitbringen, leichter Kontakte aufnehmen können und mehr spontane Akzeptanz erfahren als andere. Aber es gibt auch diejenigen, die umgekehrte Erfahrungen machen müssen.

Die Schulsituation stellt eine Bewährungssituation dar, in der die Kinder ihre eigenen Leistungen und Leistungsschwierigkeiten im Vergleich zu ihren Mitschülern oder Mitschülerinnen wahrnehmen. Inwieweit es ihnen gelingt, diese Situation im positiven Sinne zu bewältigen, hängt von vielen Faktoren ab, insbesondere davon, welches Interesse die Eltern ihren Kindern entgegenbringen, wie viel Unterstützung sie zu Hause erfahren, ob sich eine gute Beziehung zwischen dem Kind und seiner Lehrerin entwickelt und ob eine Integration des Einzelnen in die Gleichaltrigengruppe gelingt.

- ***Leistungsprobleme***

  Das Auftreten von Schulangst bedeutet immer, dass das Kind sich in einer Situation erlebt, die es zur Zeit aus eigenen Kräften nicht bewältigen kann. Liegt der Schwerpunkt der Probleme im Leistungsbereich, so stellt sich die Frage, ob vielleicht unerkannte und deshalb nicht korrigierte Hör- oder Sehschwächen vorliegen oder die Begabung des Kindes für den gewählten Schultyp nicht ausreichend ist. Oder ist das Lernklima in der Klasse so sehr durch ein Konkurrenzverhalten unter den Schülerinnen und Schülern um die besten Zensuren geprägt, dass ein sensibles und empfindliches Kind diesem Druck nicht standhält?

- ***Leistungsängste***

  Eine wesentliche Rolle für ein (subjektiv erlebtes) Schulversagen und daraus erwachsende Leistungsängste können auch überhöhte Leistungsansprüche der Eltern sein. Dabei muss sich die Leistungserwartung der Eltern durchaus nicht in offenem Druck und in deutlich ausgesprochenen Anforderungen äußern. Vielmehr übernehmen viele Kinder auch die unausgesprochenen Leistungsanforderungen ihrer Eltern, die sich verständlicherweise für ihr Kind und dessen Zukunft Erfolg und Sicherheit wünschen.

Schüler und Schülerinnen können bereits dadurch unter Druck geraten und geängstigt werden, dass in der Familie die Frage nach der Berufswahl schon früh ein bedeutsames Thema ist. Insbesondere in einer Zeit, in der es viele arbeitslose Jugendliche gibt, sind die selbst gestellten oder von den Eltern formulierten Leistungserwartungen oft hoch, zumal wenn der Besuch einer weiterführenden Schule vom Notendurchschnitt abhängig ist oder der erfolgreiche Abschluss mit einem guten Notendurchschnitt erst einen Zugang zu einer gewünschten Ausbildung ermöglicht. Es kann geschehen, dass Schule nur noch in ihrer Auslesefunktion wahrgenommen wird. Damit kann sich ein Kind schon in der Grundschule derart unter Druck setzen, dass es kaum noch eigenen Interessen nachgeht.

Ebenso kann ein Kind aber auch an dem Vergleich seiner eigenen Schulleistungen mit den Erfolgen seines Bruders oder seiner Schwester verzweifeln. So kann es in einer Familie geschehen, dass das eine Kind gute Schulerfolge ohne viel Mühe erreicht, selten Hausaufgaben machen muss und in der Klassenarbeit eine gute Zensur bekommt, wenn es am Tag zuvor ein bis zwei Stunden gearbeitet hat. Wenn dann das andere Kind nur mit großem Einsatz und langem täglichen Üben, vielleicht zusätzlichem Nachhilfeunterricht, durchschnittliche bis knapp durchschnittliche Ergebnisse erreicht, liegt es nahe, dass es diese Situation als ungerecht erlebt und gleichzeitig einen hohen Leistungsdruck spürt. Lässt die Schwester oder der Bruder die eigene Überlegenheit dann auch noch deutlich spüren und nutzt sie als Trumpfkarte in einem Rivalitätskampf unter Geschwistern, so kann die Leistungsangst des Kindes zunehmend anwachsen.

soziale Schwierigkeiten

Häufig liegen die Schwierigkeiten jedoch nicht primär im Leistungsverhalten, sondern vielmehr im sozialen Bereich. So sieht sich ein Kind möglicherweise wegen körperlicher Auffälligkeiten, beispielsweise seinem Übergewicht oder seiner Ungeschicklichkeit, wegen seiner Hautfarbe oder wegen einer Hasenscharte aus der Gruppe der Gleichaltrigen ausgegrenzt. Ist es durch vorausgegangene negative Erfahrungen bereits gehemmt und selbstunsicher, vermag es sich dann oft gegen Hänseleien nicht adäquat zu wehren und reagiert meist in einer Form, die weiteres Verspotten herausfordert. So kann sich eine derart große Unsicherheit und Angst aufbauen, dass das Kind als einzige Lösungsmöglichkeit die generelle Verweigerung des Schulbesuchs sieht.

Je nach Zusammensetzung der Klasse oder der Lerngruppe und je nach dem sozialen Umfeld, in dem die Schule liegt, kann auch eine andere Kulturzugehörigkeit die Mitschüler herausfordern, ein Kind zu hänseln oder auch zu verspotten, vielleicht sogar anzugreifen. Andere Kinder erfahren eine Ablehnung, weil sie durch ihre Sprache oder ihre Kleidung auffallen oder weil sie aus einem ungünstigen sozialen Umfeld, beispielsweise einer Notunterkunft, kommen. Derartige Andersartigkeiten können im Zusammenspiel mit dem Verhalten der Erwachsenen, der Einschätzung und Bewertung dieses sozialen Umfeldes durch die Eltern der Mitschüler und durch die Lehrer, leicht dazu führen, dass ein Kind in eine Außenseiterposition gedrängt und dadurch wiederum zu Verhaltensweisen veranlasst wird, die vermehrt Ablehnungsreaktionen von Mitschülern oder auch von Erwachsenen hervorrufen. Letztlich können die sozialen Aktivitäten, die Lebensführung sowie die schulische Leistungen durch diesen Prozess deutlich eingeschränkt werden. Damit ist auch die Wahrscheinlichkeit gegeben, dass die Entwicklung eines solchen Kindes beeinträchtigt wird und es verständlicherweise ein Vermeidungsverhalten vor derartigen Situationen aufbaut.

Weitere Fragen, die zu einem Verstehen der Schulangst eines Kindes führen können, sind: Teilt das Kind möglicherweise noch nicht die Interessen seiner Mitschülerinnen und Mitschüler, weil es noch eher an jüngeren Kindern interessiert ist und an Dingen, mit denen Kinder in jüngerem Alter umgehen? Würde es sich in einer jüngeren Jahrgangsstufe wohler fühlen? Oder hat sich aus irgendwelchen, häufig nicht mehr genau nachzuvollziehenden Gründen eine Abneigung zwischen dem Kind und seiner wichtigsten Lehrerin entwickelt? Konnte dieses Kind einen häufigen Lehrerwechsel nicht verkraften, da es noch sehr auf die Unterstützung durch die Lehrerin angewiesen ist?

- ***länger währende soziale Schwierigkeiten***

  Bestehen derartige soziale Schwierigkeiten über einen längeren Zeitraum – etwa über ein halbes Jahr –, dann reagieren solche Schüler und Schülerinnen zumeist überempfindlich gegenüber Ablehnung und Kritik. Sie zeigen immer stärker ein geringes Selbstbewusstsein, und sie leiden unter Minderwertigkeitsgefühlen, die sich auf alle sozialen Bereiche auswirken. Sie können sich schlecht selbst behaupten und sind ständig angespannt, da sie in allen Situationen eine direkte oder indirekte Bewertung ihrer Person und ihres Verhaltens durch die anderen sowohl zu erkennen suchen als auch zu erkennen glauben. Soziale Fertigkeiten, die das Kind bereits erworben hatte, bilden sich zurück, und das Kind wird behindert im Erlernen von neuen, altersentsprechenden sozialen Kompetenzen.

- ***sprachliches und nichtsprachliches Verhalten***

  Die Kinder reagieren schließlich in allen Feldern des sozialen Bereichs verunsichert und zeigen oft ein spezifisches verbales und nonverbales Verhalten. Sie geben sich still und zurückhaltend, erzählen wenig, sprechen leise und undeutlich, manche stottern. Sie können kaum noch spontan Freude oder Missfallen ausdrücken. Bei der sozialen Kontaktaufnahme haben sie Schwierigkeiten, einen Blickkontakt aufzunehmen, sie reagieren ausweichend, sind motorisch unruhig oder verhalten sich im Gegenteil geradezu bewegungslos.

Lösungen anregen und möglich machen

aktives Zuhören

Besteht der Verdacht auf eine Schulangst, so empfiehlt es sich zunächst, eine Gesprächssituation zu schaffen, in der Eltern oder Lehrer dem Kind aktiv zuhören. „Aktives Zuhören" bedeutet eine Haltung, die dem Schüler vermittelt, dass er mit all seinen Schwierigkeiten angenommen wird. Das äußert sich nicht in einem wohlwollenden Schweigen des Erwachsenen. Vielmehr muss für das Kind eine uneingeschränkte Akzeptanz dadurch spürbar und erlebbar werden, dass der Erzieher das vom Kind Geschilderte in seine eigenen Worte fasst und sich sein Verstehen bestätigen lässt, auch wenn das Kind Schwierigkeiten, Versagen oder Hilflosigkeit schildert. Nur auf diese Weise kann der Erwachsene zu einem tiefergehenden Verständnis der Situation des Kindes kommen und ihm helfen, sich in seiner so schwierigen Lebenssituation allmählich besser zurechtzufinden.

Dies ist ein notwendiger erster Schritt, um bei der Vielzahl der Erscheinungsformen und bedingenden Faktoren einer Schulangst Ansatzpunkte für eine Unterstützung des Kindes zu finden. Eine solche Gesprächssituation ist für beide Seiten – für Eltern und Kind – schwierig; denn Eltern leiden meist unter den Problemen, die ihr Kind hat, und wünschen sich Erfolg und Glück für ihre Tochter oder ihren Sohn. Kinder erspüren diese Haltung, und sie wollen die Eltern – meist unbewusst – nicht belasten, wollen sie schonen und ihnen Freude bereiten. Somit weckt ein derartiges Gespräch zumeist auf beiden Seiten lebhafte Gefühle, die die auf ein Verstehen und auf Lösungen ausgerichtete Interaktion erschweren. Diese emotionale Belastung kann auf beiden Seiten so gravierend sein, dass es manchmal sinnvoll erscheint, ein solch klärendes Gespräch einen Dritten führen zu lassen.

Bewältigungskompetenz erkennen lassen

Immer hat ein derartiges Gespräch zum Ziel, dass das Kind seine eigenen Bewältigungsmöglichkeiten erkennt. Die lassen sich herausfinden, wenn man beispielsweise solche sozialen Situationen mit dem Kind erörtert, in denen es ihm bereits ansatzweise gelungen ist, Lösungskompetenz zu zeigen, zum Beispiel aktiv auf andere zuzugehen oder Hänseleien zu ignorieren. Bewältigungskompetenz kann aber auch darin bestehen, eine Unterstützung von anderen bewusst in Anspruch zu nehmen.

Wichtig ist, sich dem Kind mit Zutrauen in seine Kompetenzen zuzuwenden, auch wenn es zur Zeit – aus Sicht des Erwachsenen – inadäquate Verhaltensweisen zur Lösung der Situation einbringt. Das Verhalten des Erwachsenen sollte stets deutlich und durchschaubar bleiben. Seine Kommentare zu den vom Kind geschilderten Situationen oder Verhaltensweisen müssen eindeutig und klar sein, da sie Orientierungshilfen sind. Das Kind muss die Einstellung und die Handlungen des Erwachsenen als unterstützend (und nicht als bedrohlich), die Gesamtsituation als entspannt erleben.

- ***die Blickrichtung ändern***

  Eltern und Erzieher richten häufig ihre Aufmerksamkeit auf das, was als störend empfunden wird, auf das, was das Kind nicht leistet. Sie schauen auf das „halb leere" Glas, anstatt auf das „halb volle". Es werden nicht die Begabungen, die Leistungen gesehen, betont und herausgestellt, sondern nur das Nachteilige. Hilfreich ist jedoch, die Stärken des Kindes zu erkennen und mit seinen Unterstützungsmaßnahmen an den Stärken des Kindes anzusetzen. Wenn es erlebt, dass es etwas leisten kann, dass es Begabungen hat – egal auf welcher Ebene –, so gewinnt es Selbstvertrauen und Sicherheit sowohl im Leistungsbereich als auch im sozialen Feld.

- ***Hausaufgaben***

  Kinder, die unter einer Schulangst leiden, sind schulunlustig. Sie haben eine negative Erwartungshaltung ausgebildet und weichen aus, wenn sie Hausarbeiten erledigen sollen. All dies zwingt Eltern dazu, das Kind – zunächst wahrscheinlich kontinuierlich – bei den Hausaufgaben zu betreuen, sich konkret neben das Kind zu setzen, Interesse an seinen Aufgaben zu zeigen, zu klären, ob es den Auftrag verstanden hat, darauf zu achten, dass es konzentriert bei der Sache bleibt, und ihm kleine Hilfen zu geben, wenn es alleine nicht mehr weiterkommt. Notwendig dabei ist eine entspannte Atmosphäre, getragen von dem beiderseitigen Wunsch, die Aufgaben zu bewältigen. Sind Eltern aufgrund ihrer Vorerfahrungen nicht mehr in der Lage, die Situation spannungsfrei zu gestalten, sollten sie sich das getrost eingestehen und „neutrale" Personen zur Hausaufgabenhilfe heranziehen.

  Die zunächst erforderliche Unterstützung ist jedoch systematisch zurückzuziehen. Das Kind sollte – zunächst – vielleicht nur 5 Minuten selbstständig und ohne Anwesenheit des Erwachsenen arbeiten. Im weiteren Verlauf werden die Zeiten immer länger, wenn die notwendige Kontrolle ergibt, dass die Zeit erfolgreich genutzt wird. Dieses Zurücknehmen der Unterstützung muss mit viel Anerkennung einhergehen, damit es vom Kind als Vertrauensbeweis in seine Leistungsfähigkeit und Selbstständigkeit gewertet werden kann. Dies wird unterstützt, wenn parallel dazu dem Kind auch in anderen Bereichen zunehmend mehr Vertrauen entgegengebracht wird, es beispielsweise – altersentsprechend – „mehr alleine darf".

  Zu berücksichtigen ist nämlich, dass eine zu große und kontinuierliche Hilfe auch eine Gefahr in sich birgt. Zum einen vermittelt sie dem Kind, dass der Erwachsene ihm nicht zutraut, eigenständig und zufriedenstellend seine Hausaufgaben zu erledigen – und das ist gerade bei schulängstlichen Kindern kontraproduktiv, die ihren Mut zum Lernen wieder finden müssen. Zum anderen würde man dem Kind auch die Möglichkeit nehmen, sich adäquat auf den Schulunterricht vorzubereiten, wo es auch alleine die geforderten Leistungen erbringen muss, und das könnte seine Angst bestärken. Hilfreich ist es jedoch, dem Kind die Möglichkeit zu geben, bei der Erzieherin Tipps zu erfragen oder sie bei bestimmten Aufgaben um Unterstützung zu bitten. Auf vielfältige Weise – im Gespräch mit dem Kind, im Gespräch in der Familie und im Gespräch mit anderen – sollten Eltern ihr Interesse an dem zeigen, was das Kind lernt. Damit unterstützen sie nicht nur entscheidend seine Motivation zum Lernen, sondern das Kind erfährt sich auch als wichtig und bedeutsam für seine Eltern.

Unterstützung des Sozialverhaltens

Eltern haben sowohl im häuslichen als auch im außerhäuslichen Bereich vielfältige Möglichkeiten, das Sozialverhalten ihres Kindes zu unterstützen. Dies kann beispielsweise dadurch geschehen, dass dem Kind Aufgaben und Kompetenzen in der Familie übertragen werden. Durch das Bewältigen solcher Aufträge oder die Übernahme bestimmter Rollen wird das Selbstvertrauen gefördert. So ist es hilfreich, wenn das Kind bei Besuch in die Gastgeberrolle aktiv einbezogen wird und im Gespräch seine Äußerungen ebenso ernst genommen werden wie die aller anderen. Ebenso positiv wird es sich auswirken, wenn das Kind bei einer Familienfeier ein selbstgemaltes Bild, eine musikalische Vorführung, ein Gedicht oder Vergleichbares präsentieren darf. Das Kind erfährt, dass es etwas leisten kann und Anerkennung dafür findet.

Eltern sollten jede Möglichkeit wahrnehmen, das Kind darin zu unterstützen, sich im sozialen Raum frei zu bewegen und seine Scheu abzulegen. Dies alles muss in kleinen Schritten erfolgen, um das Kind nicht (erneut) zu überfordern, also zunächst mit einer leichten Aktivität, dann bei steigendem Schwierigkeitsgrad im vertrauten familiären Rahmen und erst später im Kreis von Verwandten und Bekannten. Ebenso bedeutsam ist es, dem Kind dabei zu helfen, einzelne Mitschüler zu sich nach Hause einzuladen, um dann später mit diesem Kind oder mit diesen Kindern gemeinsame Unternehmungen zu wagen und auf diese Weise allmählich wieder angstfrei Kontakt zur Gleichaltrigengruppe aufzunehmen.

Hilfe durch Fachkräfte

Vornehmliches Ziel muss es sein, das Vermeiden des Schulbesuchs möglichst rasch zu beenden. Denn das Vermeiden verstärkt die Angstproblematik. Hat das Kind körperliche Beschwerden, müssen als erstes mögliche organische Ursachen abgeklärt werden. Gegebenenfalls ist die volle Funktionstüchtigkeit der Sinnesorgane zu überprüfen. Bei ausgeprägter Symptomatik und längerem Bestehen der Schulverweigerung ist auf jeden Fall die Hilfe von Kinder- und Jugendpsychiatern oder Psychologen in Anspruch zu nehmen. Sie müssen abklären, ob das Kind wegen einer Minderbegabung oder einer Teilleistungsstörung durch die schulischen Anforderungen überfordert ist oder ob der Schultyp seinen Interessen, Neigungen und Fähigkeiten entspricht.

Im übrigen muss von den Fachleuten entschieden werden, ob in der Behandlung die Arbeit mit der ganzen Familie oder die Arbeit mit dem Kind zum Angstabbau, zur Stressimmunisierung und zur Förderung der sozialen Kompetenz im Vordergrund stehen soll oder in welcher Form beides kombiniert wird. Wenn ambulante Maßnahmen nicht innerhalb von drei Monaten dazu führen, dass das Kind die Schule wieder besucht, ist eine stationäre kinder- und jugendpsychiatrische Behandlung angezeigt.

Weitere Stichworte:

- Aggressivität
- Angst
- Einnässen
- Furcht
- Fremdeln – Trennungsangst
- Lese- und Rechtschreibschwäche
- Rechenschwäche
- Schüchternheit
- Schulphobie
- Schulschwänzen

Literatur: 75, 125, 139, 146, 147, 158, 162, 225

Schulphobie

Wahrnehmen und bewerten

Merkmale einer Schulphobie

Kinder, die ein schulphobisches Verhalten zeigen, leiden unter einer Angst, die nicht durch schulische Gegebenheiten begründet ist, jedoch zu einer Schulverweigerung führt. Den Eltern schulphobischer Kinder ist das Problem bekannt. Sie haben zumeist schon vielfältige Bemühungen unternommen, ihr Kind zum Schulbesuch zu bewegen, ohne jedoch die Schwierigkeiten abbauen zu können, so dass das Kind mit Wissen der Eltern während der Schulstunden im häuslichen Bereich verbleibt. Bei Kindern, die ein schulphobisches Verhalten zeigen, fehlen dissoziale Störungen wie zum Beispiel Stehlen, Lügen oder aggressives Verhalten. Wesentliche Aspekte einer Schulphobie sind Trennungsängste und eine eingeschränkte Autonomieentwicklung. Das Bedingungsgefüge für das Auftreten von schulphobischem Verhalten liegt vornehmlich im familiären Bereich. Kinder und Jugendliche haben Schwierigkeiten, sich von ihren primären Bezugspersonen oder von ihrem primären Beziehungssystem zu trennen.

Es ist nicht immer einfach, eine Schulphobie zu erkennen. So kann sich – und das ist bei etwa 75 % aller schulphobischen Kinder der Fall – die Schulverweigerung hinter einer Reihe, teils ausgeprägter körperlicher Beschwerden verstecken. Besonders häufig tritt eine morgendliche Übelkeit vor dem Schulbesuch auf. Das Kind klagt zudem über heftige Kopf- oder Bauchschmerzen. Daneben finden sich depressive Verstimmungen, emotionale Störungen und manchmal auch Zwangssymptome.

Entwicklung von Autonomie

Das Erlernen des Sich-trennens von den primären Bezugspersonen ist ein komplexer, ständig fortschreitender Prozess, der Kindheit und Jugendzeit begleitet. Ein Gelingen oder auch Misslingen ist abhängig von vielfältigen Einflüssen, die in der Umwelt – dem Verhalten der Beziehungspersonen – und in der Persönlichkeit des Kindes liegen können. Diese Entwicklungsaufgabe – das Erlernen, sich zu trennen und autonom zu werden – ist immer begleitet von einer gewissen Trennungsangst, die in einzelnen Entwicklungsphasen und bei bestimmten Entwicklungsaufgaben stärker in Erscheinung tritt, bei anderen weniger, und die völlig normal ist. Alle Eltern haben bei ihren Kindern Phasen erlebt, in denen sie sich beispielsweise weigerten, bei einer anderen Familie zu schlafen – auch wenn es Verwandte waren –, in denen sie auf einer Klassenfahrt heftiges Heimweh hatten, in denen sie mit Panik auf ein abendliches Alleingelassenwerden reagierten oder Trennungsschwierigkeiten bei einem Krankenhausaufenthalt hatten. Viele Eltern haben kreative Ideen entwickelt, um ihre Kinder bei der Bewältigung derartiger Entwicklungsaufgaben zu unterstützen, und auch in Heimen und Kliniken werden viele Anstrengungen unternommen, um dem Trauern der Kinder nach der Trennung von ihren Eltern zu begegnen.

Von einer Auffälligkeit kann erst dann gesprochen werden, wenn die Trennungsangst hinsichtlich ihrer Intensität und Dauer als ungewöhnlich auffällt, wenn eine Beeinträchtigung der üblichen alterstypischen Lebensvollzüge mit ihr verbunden ist und die Aktivitäten des Kindes dadurch eingeschränkt werden. Dies ist bei der Schulphobie der Fall. Die Kinder können die altersgerechte Aufgabe des Schulbesuchs nicht wahrnehmen, weil sie sich noch nicht oder aus irgendeinem Grunde nicht mehr in der erwarteten Weise von ihren Bezugspersonen trennen können.

Belastung für Kinder und Eltern

Das schulphobische Verhalten ist sowohl für das Kind selbst als auch für seine Eltern eine schwerwiegende Belastung. So führt das Verhalten des Kindes zu mannigfachen Diskussionen zwischen Lehrerinnen und Eltern. Nicht selten wird den Eltern ein Versagen angelastet, insbesondere wenn festgestellt wurde, dass den Beschwerden des Kindes keine organische Ursache zugrunde liegt. Den Eltern wird vorgeworfen, dass sie nicht in der Lage sind, ihr Kind zum Schulbesuch zu bewegen. Dabei haben sie jeden Morgen heftigen Stress bei dem Versuch, das Kind in die Schule zu schicken, fühlen sich zugleich schuldig, da sie selbst wissen, dass die schulischen Versäumnisse die Entwicklungsmöglichkeiten ihrer Kinder einschränken, und können schließlich nicht glauben, dass den Beschwerden und Klagen ihrer Kinder keine organische Ursache zugrunde liegt.

Zuordnen und verstehen

Erlernen einer „bezogenen Autonomie“

Der Prozess des Erlernens einer jeweils altersgemäßen bezogenen Autonomie beinhaltet, dass immer neue Schritte der Verselbstständigung gegangen und zugleich neue Formen der Nähe zu den primären Bezugspersonen gelebt werden. Immer mehr Distanz und autonome Entscheidungen werden möglich, und eine differenziertere Bezogenheit wird entwickelt. Dieser Prozess verlangt von beiden Seiten, nämlich sowohl von den Kindern als auch von den Eltern, eine hohe Bereitschaft, immer wieder Neues in ihren Beziehungen zu wagen, ohne sicher sein zu können, dass die Entwicklung positiv und zu aller Zufriedenheit verläuft. Solche Anforderungen treten besonders zu Zeiten kritischer Lebensereignisse wie erster Besuch des Kindergartens oder Einschulung, aber auch Geburt eines Geschwisters oder Ähnlichem auf.

Ein normativer Verlauf dieses Prozesses ist kaum zu beschreiben, und vielfältige Faktoren beeinflussen ihn. Beispielsweise können Erkrankungen und Behinderungen zu einem bestimmten Zeitpunkt Fürsorge, Rücksichtnahme, sorgende und schützende Verhaltensweisen notwendig machen. Die in der aktuellen Situation angemessenen und somit positiven Verhaltensweisen können jedoch den Prozess der Autonomiegewinnung erschweren, wenn sie auch nach der Erkrankung oder bei Behinderten trotz der Weiterentwicklung des Kindes noch beibehalten werden und es nicht gelingt, das Verhalten den geänderten Rahmenbedingungen anzupassen.

übermäßige Bindung

Bei Kindern, die zu einem schulphobischen Verhalten neigen, steht im Mittelpunkt ihres Interesses, ihrer Sorgen und ihrer Ängste die Bindung an eine einzelne Bezugsperson – in unserer Kultur häufig an die Mutter – oder die Bindung an das gesamte primäre Bezugssystem, die Familie. Die meist unbewusste Sorge dieser Kinder um die Beziehung ist so stark, dass sie den Schulbesuch verweigern, weil sie es als eine existentielle Bedrohung erleben, ihre Familien oder ihre Bezugsperson zu verlassen. Dabei ist es gleichgültig, ob sie befürchten, in ihrer Abwesenheit verlassen zu werden, oder ob sie aus Sorge um die Familie meinen, diese nicht verlassen zu können. Manche Kinder oder Jugendliche haben das oft unbestimmte, manchmal ganz irreal wirkende Gefühl, ihren Vater oder ihre Mutter schützen oder beschützen oder ihnen beispielsweise in einem Familienkonflikt beistehen zu müssen. Dieses Erleben kann so dominant und vorrangig werden, dass das Kind glaubt, sich nicht von Zuhause entfernen zu können.

Belastungsfaktoren

Wie bereits hervorgehoben, liegt die Hauptbelastung für ein Kind mit schulphobischen Verhaltensweisen in den übermäßig engen familiären Beziehungen, die das Kind in seiner psychischen und körperlichen Bewegungsfreiheit einschränken, so dass es sich schwer den Aufgaben stellen kann, die außerhalb des häuslichen familiären Bereichs liegen. Zusätzliche Belastungsfaktoren sind beispielsweise geringe Außenkontakte einer Familie, die sich sozusagen in der eigenen Wohnung einigelt, eine Erziehung durch die Mutter (den Vater) oder die Großmutter allein, die nahezu zwangsläufig zu sehr engen Beziehungen führt, eine wenig offene Kommunikation in der Familie mit vielen Tabubereichen, die Kinder verunsichert, oder psychische Störungen von anderen Familienmitgliedern, die ein Klima von Beunruhigung und Verunsicherung schaffen.

Lösungen anregen und möglich machen

Integration in die Schule

Das erste allgemeine Prinzip einer Intervention bei einer Schulphobie ist, dass das Kind so schnell wie irgend möglich wieder in die Schule eingliedert werden muss. Dauert die Schulverweigerung eine längere Zeit an, so sind damit erhebliche belastende Konsequenzen verbunden. Die Schwierigkeiten innerhalb der Familie werden verstärkt. Vielfältige Fantasien über die Hintergründe des Verhaltens des Kindes werden in Gang gesetzt und Schuldzuschreibungen vorgenommen, die die Familienatmosphäre vergiften können, obwohl oder gerade weil sich alle Familienmitglieder anstrengen, die Störung zu beheben. Zum anderen führt eine länger andauernde Schulverweigerung dazu, dass in der Schule zunehmend Schwierigkeiten auftreten. Die Kinder geraten immer mehr in eine Außenseiterposition, und sie laufen Gefahr, zum „schwarzen Schaf" der Klasse zu werden. Längere Abwesenheiten vom Unterricht bedingen zumeist auch Leistungsschwierigkeiten und führen zu einem Leistungsabfall, so dass sich neben der Schulphobie eine Schulangst entwickeln kann.

Eigenverantwortung von Kind und Eltern stärken

Eltern und Kind müssen lernen zu akzeptieren, dass keine körperliche Erkrankung besteht, die die Ursache der körperlichen Beschwerden sind. Natürlich sind die Beschwerden trotzdem ganz real da, die Schmerzen und das Unwohlsein belasten das Kind, und die Eltern leiden verständlicherweise mit ihm. Wichtig ist jedoch, dass sowohl die Eltern als auch das Kind erkennen, dass allein sie gemeinsam in der Lage sind, eine Besserung der Situation herbeizuführen, und dass sie die Verantwortung für die Lösung ihrer Schwierigkeiten übernehmen. Eltern sind fast ausnahmslos bereit, etwas für die Entwicklung oder für die Gesundheit ihrer Kinder zu tun und sich dafür einzusetzen. Sie haben aber Angst, ihrem Kind durch zu harte Forderungen noch mehr zu schaden. Deshalb brauchen viele von ihnen Unterstützung bei ihren Bemühungen, durchsetzbare Entscheidungen für den Schulbesuch des Kindes zu treffen und diese Entscheidungen auch konsequent durchzusetzen. Bei allen Planungsschritten sind die Kinder mit einzubeziehen. Für sie ist es wichtig zu erkennen, dass ihr Wohl und ihre gesunde Entwicklung Motivation für das Handeln und die Anordnungen ihrer Eltern sind, dass auch die Eltern nicht leichten Herzens so handeln, dass sie aber von der Richtigkeit des Vorgehens überzeugt sind.

Mut zum Leben

Kinder stehen – das wurde schon gesagt – sehr loyal zu ihren Eltern. Sie sorgen sich oft um sie. Sie glauben, für ihre Eltern da sein zu müssen und vernachlässigen darüber die eigene Entwicklung. In solchen Fällen ist es wichtig, dass das Kind durch das Verhalten der Erwachsenen erfährt, dass diese in der Lage sind, für sich selbst zu sorgen und ihre eigenen Probleme zu lösen. Es hilft dem Kind zu sehen, dass seine Eltern auch mal eigene Bedürfnisse durchsetzen, obwohl sie damit das Kind in eine etwas schwierige Lage versetzen (dass es beispielsweise ein Alleinsein für eine bestimmte Zeit aushalten muss). Das Kind wird dadurch umgekehrt ermutigt, später auch einmal seine Interessen durchzusetzen, obwohl es den Eltern damit (etwas) weh tut. Beide lernen dabei, dass man dem anderen durchaus auch mal etwas zumuten kann und dass dieser das erträgt, ohne deshalb zusammenzubrechen. Im Gegenteil: Zumeist profitieren beide und wachsen an der Herausforderung.

normative Trennungssituationen

In unserer Kultur gibt es normative Trennungssituationen, die immer eine Herausforderung für das Kind darstellen und in denen es eine verständnisvolle Unterstützung des Erwachsenen benötigt. Eine solche Trennungssituation stellt beispielsweise der Zeitpunkt der Eingliederung in den Kindergarten, der Zeitpunkt der Einschulung und später die Adoleszenz dar. Immer muss die Beziehung zwischen dem Kind und seinen Bezugspersonen von beiden Seiten neu beschrieben werden. Eltern unterstützen ihre Kinder bei der Bewältigung dieser Entwicklungsaufgaben, indem sie sie in altersentsprechender Weise loslassen und darin ermutigen, neue Situationen zu erkunden. Indem sie ihr Interesse an allem Neuen, das dem Kind begegnet, kund tun, zeigen sie, dass ihre eigene Beziehung zu dem Kind durch dessen neue Erfahrungen nicht leidet, sondern eher eine Bereicherung erfährt.

Trennungsübungen

In manchen Fällen kann es hilfreich sein, wenn Eltern und Kind Trennungsübungen verabreden. Diese können auch im familiären Rahmen vorgenommen werden. Wesentlich ist dabei, dass das Kind die Maßnahme kennt und auch akzeptiert. Eine Trennung von einer Beziehungsperson sollte für das Kind stets mit angenehmen und bestärkenden Erlebnissen einhergehen. Das Kind muss zudem immer die Sicherheit haben, eine Trennungssituation jederzeit abbrechen zu können, wenn sein Angstpotential zu sehr steigt. So können Eltern beispielsweise am Abend einer Einladung folgen und das Kind allein lassen; aber das Kind muss die Möglichkeit haben, seine Eltern jederzeit (telefonisch) zu erreichen. Entscheidend ist das Erleben des Kindes, Kontrolle über die Situation zu haben, wodurch ihm ein Gefühl von Sicherheit vermittelt wird. Kontrollverluste führen demgegenüber erneut zu einem Ansteigen von Angst. Die notwendigen Absprachen, die mit dem Kind bei einem solchen Vorgehen zu treffen sind, sind deshalb genau einzuhalten.

Selbstständigkeitstraining

Kinder mit einer Schulphobie sollten im Hinblick auf ihre Selbstständigkeitsentwicklung Unterstützung erfahren. Sie sollten angeregt werden, selbstständig einzukaufen, kleinere Reisen zu unternehmen oder auch andere Aufträge eigenständig zu erledigen. Wie bereits betont sind derartige Aktivitäten stets in Übereinstimmung mit dem Kind durchzuführen. Die Anforderungen sollten dabei – immer unter Berücksichtigung des Entwicklungsstandes des Kindes und in Absprache mit ihm – allmählich erhöht werden.

- ***ambulante und stationäre Behandlung***

  Unter Anleitung einer Fachkraft kann auch ein Selbstsicherheitstraining durchgeführt werden. Es sind eine Reihe von Konzepten dafür ausgearbeitet worden, die in den verschiedensten Institutionen – wie Erziehungsberatungsstellen oder kinder- und jugendpsychiatrischen Ambulanzen – durchgeführt werden. Wenn alle ambulanten Maßnahmen aber nicht innerhalb von drei Monaten dazu führen, dass das Kind wieder regelmäßig zur Schule geht, ist eine stationäre Aufnahme in einer kinder- und jugendpsychiatrischen Klinik notwendig, um eine Chronifizierung zu verhindern. Dort kann das Kind unter den besonders günstigen Bedingungen der Krankenhausschule schrittweise in den Unterricht integriert werden. Ein weiterer Schwerpunkt liegt dann auch hier auf der Arbeit mit der ganzen Familie und einer Erhöhung der Selbstständigkeit des Kindes. Zudem werden angstreduzierende Maßnahmen durchgeführt und eine Stärkung der Durchsetzungsfähigkeit des Kindes gegenüber Gleichaltrigen trainiert.

Weitere Stichworte:

- Angst
- Furcht
- Fremdeln – Trennungsangst
- Schüchternheit
- Schulangst
- Schulschwänzen

Literatur: 75, 125, 139, 146, 147, 158, 161, 162, 190, 225

Schulschwänzen

Wahrnehmen und bewerten

Erscheinungsbild

Das Schulschwänzen ist zu trennen von der Schulangst und der Schulphobie. Gemeinsam ist nur, dass das Kind nicht den Unterricht besucht. Ansonsten handelt es sich um unterschiedliche Phänomene. Im Gegensatz zu schulphobischen und schulängstlichen Kindern, die die Schule mit Wissen der Eltern versäumen, entscheidet das schulschwänzende Kind von sich aus, der Schule fern zu bleiben. Es hält sich während der Unterrichtszeit nicht zu Hause auf, und die Eltern wissen zumeist nichts vom Fehlen ihrer Kinder in der Schule. Schwänzende Kinder versuchen meist auch zu verhindern, dass ihre Eltern Informationen von der Schule über ihr Fehlen erhalten, und sie lassen beispielsweise Benachrichtigungsbriefe der Schule verschwinden. Der Schulbesuch ist für den Schulschwänzer negativ besetzt; er weicht der „unlustgetönten" schulischen Situation aus und sucht Lebensräume auf, die lustbetontere Verhaltensweisen oder – aus seiner Sicht – sinnvolleres Tun ermöglichen. Während bei schulphobischen und schulängstlichen Kindern dissoziale Störungen – wie zum Beispiel Stehlen, Lügen und aggressive Verhaltensweisen – fehlen, finden sich diese vermehrt in der Gruppe der schwänzenden Kinder. Ein Teil von ihnen ist verwahrlosungsgefährdet oder bereits manifest verwahrlost.

Spannungsfeld Schule

Für die meisten Kinder hat die Schule zwei Gesichter: Einerseits macht Schule Spaß; man trifft dort auf Gleichaltrige, lernt im Unterricht Neues und bekommt Anregungen. Andererseits aber setzt die Schule Einschränkungen und stellt ein ganzes Bündel an Forderungen. Da gibt es die Pflicht zum Schulbesuch und die eingeschränkte Selbstbestimmung, die Anforderungen an Anstrengung, Konzentration und Leistung, die Notwendigkeit der Anpassung an Lernformen, Unterrichtsstruktur und Lehrerverhalten, den Zwang zur Beschäftigung mit Fächern und Themen, für die das einzelne Kind vielleicht weder Interesse noch Begabung hat. Man kann Lob und Anerkennung bekommen, aber ebenso muss man Misserfolge einstecken und Enttäuschungen zu ertragen lernen.

Üblicherweise wird vorausgesetzt, dass das Kind nach der Einschulung dem Anforderungsprofil der Schule genügen kann. Aber genauso selbstverständlich dürfte sein, dass die Schülerinnen und Schüler in Abhängigkeit ihrer bereits ausgebildeten Fähigkeiten und Fertigkeiten, ihrer Einstellungen und Erfahrungen den vielfältigen Anforderungen in unterschiedlicher Weise begegnen. Jeder Einzelne kommt aus einer spezifischen familiären Lernumwelt und ist für das, was von ihm erwartet wird, unterschiedlich gut gerüstet. Aber nur dem, der auch Erfolg hat, macht Schule auf Dauer Spaß. Zudem wirken sich aktuelle und andauernde körperliche und psychische Befindlichkeiten auf die Interaktions- und Lernbereitschaft und damit auf die „Schullust" aus. Jede Schülerin und jeder Schüler wird zuweilen unmotiviert sein und sich aktiv oder passiv dem Unterricht verweigern, sei es durch „Abschalten" oder unpassende Aktivitäten, durch Leistungsverweigerung oder Tagträume – oder eben durch Schwänzen.

Schwänzen als Verhaltensauffälligkeit

Schulschwänzen ist ein Alarmzeichen für Eltern, und es ist wichtig, den näheren Umständen nachzugehen. Von einer Verhaltensauffälligkeit ist jedoch erst dann zu sprechen, wenn das Schwänzen mehrfach und regelhaft auftritt und somit Auswirkungen auf das Leistungsniveau des Kindes hat. Es kann nützlich sein, die verschiedenen Formen des Schulschwänzens zu beachten. Da gibt es beispielsweise das sogenannte Eckstunden-Schwänzen. Hierunter ist zu verstehen, dass Kinder zielgerichtet „zu anstrengende" oder aus ihrer Sicht „sinnlose" oder „langweilende" Stunden nicht wahrnehmen. Manchmal werden auch bestimmte Lehrer bestreikt. Eine andere Form ist das Kurzzeitschwänzen, wenn Kinder mit hoher Regelmäßigkeit einen oder mehrere Tage fehlen. Hiervon zu unterscheiden sind die Intervallschwänzer, die beim Auftreten von Frustrationen für eine längere Zeit den Schulbesuch vermeiden. In diesen Fällen bestehen fließende Übergänge zur Schulangst. Schließlich kann der Langzeitschulverweigerer und der totale Schulschwänzer beschrieben werden. Während die Langzeitschwänzer noch einen Kontakt zur Schule, zu einzelnen Lehrern und Lehrerinnen sowie zu einigen Schülern und Schülerinnen halten und demzufolge hin und wieder im Unterricht oder in der Nähe der Schule auftauchen, lehnt der totale Schulschwänzer alles, was mit Schule zu tun hat, ab und hält sich tagsüber in einem anderen Milieu auf.

Gefahr des Schulschwänzens

Jugendliche, die – aus welchen Gründen auch immer – den Unterricht versäumen, geraten leicht in eine Spirale des Misserfolgs: Durch die Versäumnisse wird die Chance, wegen positiver Leistungen Anerkennung und Bestätigung zu erhalten, immer unwahrscheinlicher. Die Schule wird allmählich misserfolgsbesetzt. Ein weiteres Ausweichen führt zwar aktuell zum Erleben von Entlastung, grundsätzlich jedoch zu einer Verschärfung der Probleme. Neben der Einschränkung schulischer Leistung besteht zudem noch die Gefahr, dass schwänzende Schüler sich zum Beispiel in Kaufhäusern oder im Bahnhofsmilieu aufhalten, durch andere negativ beeinflusst werden und schließlich durch unterschiedliche Fehlverhaltensweisen auffallen.

Zuordnen und verstehen

Erziehung zur Pflicht

Die Schulpflicht ist eine kulturelle Errungenschaft von hoher Bedeutung für die Entwicklung der Heranwachsenden und damit der Gesellschaft. Sie eröffnet Chancen, ist aber eben auch Pflicht, eine möglicherweise lästige und wenig Lust bereitende Zwangsaufgabe. Das birgt die Gefahr einer negativen Bewertung; denn in der Regel tut man all das, was man tun muss, weniger gern, als das, was man tun darf. Zudem sind Begriffe wie Pflicht und Pflichterfüllung heute nicht sehr beliebt. Nicht zu Unrecht wird davon gesprochen, dass die Erziehung zur Pflicht sich heute in einer Krise befindet. Unser Ziel einer demokratischen Erziehung legt nahe, den Heranwachsenden geeignete Handlungsräume zur Entwicklung der persönlichen Freiheit, von Autonomie und gemeinschaftsbezogener Verantwortung zu öffnen. In vielen Bereichen entscheiden heute Heranwachsende selbst über ihre Lebensgestaltung.

Auf diesem Hintergrund ist die Erziehung zur Pflichterfüllung in den Hintergrund getreten. Entsprechende Erwartungen werden von vielen Eltern und Erziehern nur mit großer Unsicherheit an die Kinder herangetragen, zumal bei vielen Heranwachsenden das „Lustprinzip" zu dominieren scheint. Eltern haben deshalb oftmals Schwierigkeiten, ihre heranwachsenden Söhne und Töchter zum Schulbesuch zu veranlassen. Sie suchen nach Hilfe von außen, zum Beispiel beim Jugendamt, und werden hier ebenfalls oft enttäuscht (weil beispielsweise das Jugendamt dies nicht zu seinen Aufgaben zählt). Aber wie sollen dann die Heranwachsenden, für die Pflicht und Pflichterfüllung keine Begriffe sind und die nicht gelernt haben, trotz Unlustgefühlen ihre „Pflicht" zu erfüllen, die Notwendigkeit des Schulbesuchs einsehen und vor allem nach dieser Einsicht handeln? Es fehlen ihnen die dafür notwendigen Bewältigungsstrategien.

die Passung des schulischen Angebots ■

Erhebungen kommen zu dem Ergebnis, dass Hauptschüler den höchsten Prozentsatz an Schulschwänzern stellen, nämlich fast zwei Drittel. Gleichzeitig zeigte sich, dass Schulschwänzen ein altersabhängiges Verhalten ist und dass Hauptschüler umso mehr schwänzen, je höher die Jahrgangsstufe ist. Schon immer haben sich die älteren Kinder und die Jugendlichen (im Vergleich zu Grundschulkindern) mit dem Schulbesuch schwerer getan, besonders eben dann, wenn ihr altersgerechtes Autonomiestreben, ihre Tendenz zur Emanzipation von Bevormundung, ihre Tendenz zur Selbsterprobung und zum produktiven Tun aus Sicht der Schülerinnen und Schüler im Unterricht wenig Berücksichtigung fanden. Mit wachsendem Alter haben Kinder ganz zu Recht das Bedürfnis, sich der Kontrolle und der Einflussnahmen von Eltern und Lehrern zu entziehen. Ermöglicht nun beispielsweise die Schule dem Heranwachsenden nicht, diesen Entwicklungsaufgaben nachzukommen, so kann die durchaus „gesunde" Antwort des Schülers in Desinteresse oder auch in Schulschwänzen bestehen – wenn auch leider oft mit den beschriebenen negativen Folgen und Gefahren.

- ***Probleme mit dem „Sinn“ des Unterrichts***

  Manche Heranwachsende erleben den Unterricht als weltfern, als zu abgehoben von ihrer alltäglichen Realität. Viele Schülerinnen und Schüler hinterfragen die Inhalte des Unterrichtes auf ihre direkte Nützlichkeit und ihren Lebensweltbezug. Sie möchten eher praktisch agieren, sind eher handwerklich interessiert und motivierbar. Sie wünschen sich handlungsorientierte Unterrichtsformen, die sie in direktem Zusammenhang mit einem Beruf sehen können; vom Abstrakten, für sie nicht Sinnhaften wenden sie sich ab. Solche Schüler und Schülerinnen können später im Berufsleben durchaus erfolgreich sein. Allerdings ist zu beachten, dass manche die späteren Anforderungen nicht richtig beurteilen und die Bedeutung beispielsweise guter Lese-, Schreib- und Rechenleistungen unterschätzen.

- ***Engels- und Teufelskreise***

  Die Einschulung und die Umschulung bedeuten für einen Schüler, dass er sich in einen neuen Lebensraum einfinden muss. Sowohl der jeweilige Lebensraum Schule als auch das Kind haben ihre spezifischen Eigenarten. So kann ein einzelner Schüler in das System seiner Schule passen: Er wird akzeptiert, macht positive Erfahrungen und hat Erfolg. Zumeist kommt er aus einer Lernumwelt, die „passende“ Akzente setzte. Die Folge ist, dass sich hier ein Verstärkerkreis, ein „Engelskreis“, ausbildet, in dem das Kind Motivation findet und Lernfreude entwickelt.

  Der andere Schüler kommt aus einem Umfeld, in dem er weniger gut auf die Anforderungen unserer Mittelschicht orientierten Schule vorbereitet wurde; er passt nicht oder nicht gut in dieses System. Er sieht sich weniger akzeptiert, macht weniger positive Erfahrungen und hat Misserfolge. Es bildet sich ein Frustrationszirkel, ein „Teufelskreis“ aus, der schwerwiegende Folgen für die Entwicklung des Kindes zeitigen kann und die Basis legt für spätere Schulunlust und für Schulschwänzen.

- ***Überalterung***

  Schüler und Schülerinnen, die aus der Altersnorm der Klasse herausfallen, neigen vermehrt zum Schwänzen. Sie leiden unter dem Erleben, einerseits älter und in manchen Bereichen erfahrener zu sein, andererseits aber vieles nicht zu können, was die Kleineren schon beherrschen. So fühlen sie sich gedemütigt und auf die gleiche Stufe gestellt wie die Kleinen. Gleichzeitig finden sie aber auch nicht den Mut, sich den Anforderungen und der Gefahr der Blamage zu stellen und weichen aus. Mit demselben Problem sehen sich im übrigen auch die Kinder konfrontiert, die wegen ihrer Körpergröße und ihrer Figur älter erscheinen, als sie tatsächlich sind, die von anderen wegen ihres Aussehens wie ein deutlich älteres Kind behandelt werden und deshalb im Lauf der Zeit das Selbstbild eines älteren Kindes entwickeln.

Für viele Schülerinnen und Schüler ist das Erreichen eines Schulabschlusses unrealistisch. Einzelfallanalysen zum Beispiel bei vielen älteren Hauptschülerinnen und Hauptschülern zeigten, dass ein Schulbesuch bei den derzeitigen Lernbedingungen, Zielen und Methoden nicht mehr sinnvoll erschien. Die Leistungsrückstände waren derartig groß, dass sie nicht mehr aufholbar waren. Damit korrespondierten in aller Regel große Defizite im Arbeitsverhalten auf dem Hintergrund einer desolaten Motivation. Die Jugendlichen gehörten – gemessen an ihren Fachkenntnissen – eigentlich in viel jüngere Jahrgangsstufen, die aber wiederum nicht zu dem sozialen und körperlichen Entwicklungsstand dieser Schülerinnen und Schüler passten. Die Aufgabe, sie da abzuholen, wo sie standen, war für die Hauptschule in der derzeitigen Form und Ausstattung nicht leistbar.

Unterstützung der Schulunlust ■

Die Einstellung der Eltern gegenüber der Schulpflicht, gegenüber der Schule und gegenüber bestimmten Lehrern und Lehrerinnen ist von großer Bedeutung für den Heranwachsenden. Kinder haben ein gutes Gespür für die Haltungen ihrer Eltern. Sie merken sehr rasch, wenn die Eltern selbst eine Abneigung gegen Schule haben – vielleicht bedingt durch ein Scheitern in der Schule in der eigenen Kindheit oder anders gelagerte negative Erfahrungen – oder wenn Eltern Schule für nicht so wichtig halten, den Lernstoff als nicht für das Leben vorbereitend einstufen oder das Lehrerverhalten als altertümlich einordnen. Eine solche Einstellung von Eltern findet dann oft ihren Ausdruck in ihrer geringen Zusammenarbeit mit der Schule. Sie ziehen sich zurück und lehnen die Teilnahme an Elterngesprächen oder anderen Aktivitäten der Schule ab. Bei Kindern, die Schule bereits negativ erleben, fallen solche Signale auf fruchtbaren Boden; denn sie übernehmen ja nur die Einstellungen ihrer Erziehungspersonen.

Lösungen anregen und möglich machen

den Kontakt halten ■

Das Schulschwänzen geschieht meist im Geheimen, ohne Wissen der Eltern, so dass ein frühzeitiges oder direktes Reagieren nicht möglich ist. Jedoch hat das Schwänzen eine sogenannte „Aura“: Die dem Schulschwänzen zugrunde liegende Schulunlust findet nämlich schon früher im Verhalten des Kindes seinen Niederschlag. So drückt das Kind seine Ambivalenz oder Abwehr gegenüber schulischen Dingen beispielsweise in abwertenden Äußerungen über die Inhalte des Unterrichts, die Lehrer und Lehrerinnen oder die Mitschüler und Mitschülerinnen aus, es äußert sich „genervt“ über die Langeweile im Unterricht und schimpft über die unzumutbaren Hausaufgaben. Stellen Eltern Fragen nach Unterrichtsinhalten, kann es nicht antworten oder es reagiert ausweichend.

Eltern, die einen engen Kontakt zum Kind halten, merken die allmählich wachsende Schulmüdigkeit, die Unlust und Abwehr. Sie versuchen, mit ihrem Kind ins Gespräch zu kommen, versuchen zu erkunden, was der Hintergrund für sein Verhalten ist, hinterfragen die negativen Äußerungen über die Schule und beleuchten gemeinsam mit dem Kind die beklagten Situationen, das Verhalten eines Mitschülers oder die Kritik des Lehrers aus unterschiedlichen Positionen. Sie fühlen sich sorgfältig in die Welt und in das Erleben ihres Kindes ein und achten darauf, nicht zu schnell mit Hinweisen und Ratschlägen zu reagieren. Es ist wichtig, das Erleben des Kindes in all seinen Dimensionen zunächst nachzuvollziehen und sich die Zeit zu nehmen, seine Gedanken, Gefühle und Vorstellungen erst allmählich zu einem Gesamtbild über seine Situation sich verdichten zu lassen. So schaffen sie die Vorraussetzung, um das Kind adäquat ermutigen und unterstützen zu können, oder aber die Basis, um geeignete Hilfe in Anspruch zu nehmen, die der Heranwachsende akzeptiert.

Ein aktives Zuhören in dieser Art durchzuführen, ist für Eltern meist nicht leicht, weil ihre Beziehung zu ihrem Kind gefühlsbetont ist und ihre Erfolgswünsche für ihr Kind das distanzierte Wahrnehmen von Situationen erheblich erschweren können. Es ist natürlich für Eltern auch nicht leicht, Misserfolge und Niederlagen ihres Kindes zu ertragen. Die Gefahr besteht, Derartiges zu verdrängen, zu verniedlichen oder mit pauschalen Ermutigungen zu überspielen, dadurch aber das Kind mit seinen Problemen allein zu lassen. Das kontinuierliche Begleiten des Kindes durch ein ständiges Im-Kontakt-sein und durch ein aktives Zuhören ist die grundlegende Erziehungsarbeit von Eltern.

Sozialkontakte und Schwänzen

Für jeden Schüler und für jede Schülerin sind gute, tragfähige und dauerhafte Beziehungen zu seinen Mitschülern, Lehrern und Lehrerinnen von großer Bedeutung. Ohne einen solchen Kontakt und das Erleben von Akzeptanz durch die anderen sinkt das Interesse des Kindes an der Schule. Schwierigkeiten können sehr viel leichter gemeistert werden, wenn das Kind sich in der Klasse angenommen und geschätzt weiß. Eltern müssen ihrem Kind zeigen, dass es liebenswert und erwünscht ist. Sie können seine Beziehungen zu Mitschülern und den Lehrern unterstützen, indem sie Interesse für die Kontaktpersonen ihres Kindes zeigen. Voreilige Abwertungen des Verhaltens oder gar der Person eines Mitschülers kann sich kritisch auswirken. Eltern sollten sorgsam überlegen, wie sie möglichen negativen Beeinflussungen durch einen Mitschüler begegnen. Das kritische Verhalten eines solchen „Freundes“ sollte offen angesprochen und diskutiert werden. Was fasziniert das Kind an der Art oder dem Verhalten dieses Mitschülers? Kann der etwas und tut der etwas – vielleicht in sehr übertriebener Form –, was das Kind nicht kann, aber können möchte? In einem solchen Gespräch lässt sich vielleicht herausfinden, in welchen Bereichen das Kind noch der Unterstützung bedarf. Aber vor allem ist das elterliche Kontaktverhalten, die offene Kommunikation der Eltern sowohl mit ihrem

Kind als auch mit anderen Menschen das entscheidende Modell, das auf ihr Kind einwirkt.

Reflexion der eigenen Einstellung ■

Es ist hilfreich für Kinder, wenn Eltern die Schule eindeutig bejahen und mit Kritik an der Schulorganisation und den Lehrerinnen zurückhaltend sind. Allzu leicht kann es sonst geschehen, dass das Kind die kritischen Äußerungen der Eltern über die Schule als Aufforderung oder zumindest als Erlaubnis versteht, schulische Aufgaben nicht ernst zu nehmen. Kommt es zu Konflikten zwischen der Lehrerin und dem Kind, sollte man dem Kind aufmerksam zuhören, sich aber nicht unreflektiert seiner Sichtweise anschließen. Eine Erläuterung seitens der Lehrerin ist unerlässlich, und Lösungen werden häufig erst in einem gemeinsamen Gespräch mit Kind, Lehrerin und Eltern zu erreichen sein. Zudem sollten Eltern sich daraufhin beobachten, welche Bewertung von Schulen in ihren Äußerungen zum Ausdruck kommt und ob sie negative Schulerfahrungen aus der eigenen Kindheit unbeabsichtigt an ihre Kinder weitergeben.

Interesse zeigen ■

Interesse an den Aufgaben des Kindes verstärken seine Motivation zum Lernen und zur Auseinandersetzung mit den Themen, die in der Schule besprochen werden. Das Kind fühlt sich ernst genommen und wichtig, wenn in der Gemeinschaft der Familie die in der Schule vermittelten Inhalte aufgenommen und diskutiert werden. Bei den häuslichen Schularbeiten werden Schüler und Schülerinnen unterstützt, wenn Eltern Interesse an der Arbeit zeigen, aber in keinem Fall eine zu starke Nachhilfe geben. Möglicherweise kann es notwendig sein, mit dem Kind zu besprechen, ob sein Arbeitsverhalten sinnvoll und seine Lösungsstrategien geschickt sind. Auch Hilfen in Einzelfällen sind durchaus angebracht. Lernt ein Kind jedoch nicht, seine Hausaufgaben selbstständig zufriedenstellend anzufertigen, so fehlt ihm die Vorbereitung auf den Unterricht, und nach einiger Zeit kann er diesem meist nicht mehr folgen. Zudem führt eine zu starke Hilfestellung zur Abhängigkeit und Unselbstständigkeit.

Frustrationstoleranz fördern ■

Es ist wichtig, dass Eltern die Frustrationstoleranz ihrer Kinder aufbauen, ohne diese zu überfordern. Man sollte sich nicht scheuen, Forderungen an das Kind zu stellen und ihm Aufgaben zu übertragen, die es tagtäglich zu erledigen hat. Solche Aufgaben für die Schule und für die Familiengemeinschaft sollten in einer angemessenen Zeit bewältigt werden können, dürfen aber durchaus eine Anstrengung für das Kind darstellen. Man sollte seine regelmäßige „Pflichterfüllung" positiv würdigen und anerkennen. Überschwängliches Loben wäre für solche selbstverständlichen Dinge aber unangebracht. Eher sollte man das Kind einmal herausfordern, indem man ihm schwierigere Aufgaben zumutet. Eltern und Erzieherinnen tun ihrem Kind nichts Gutes, wenn Sie es nur verwöhnen, ihm alle Aufgaben abnehmen und keine Gemeinschaftsaufgaben abverlangen. Vielmehr befähigt man das Kind, Lebensaufgaben zu bewältigen, wenn man es fordert, seine Leistungen aber auch anerkennt.

- ***fachliche Hilfen***

  Ein langwährendes Schulschwänzen, welches sehr häufig zusätzlich einhergeht mit weiteren dissozialen Verhaltensweisen wie Aggressionen, Stehlen, Drogenkonsum und anderem ist ein so gravierendes Problemverhalten, dass ohne die Unterstützung von Fachleuten keine Chancen bestehen, dieses zu beheben. Inzwischen haben sowohl einzelne Schulen als auch Jugendhilfeorganisationen spezielle Programme entwickelt, um derartigen Schwierigkeiten zu begegnen und den Heranwachsenden wieder Freude an sinnvollen Aktivitäten zu vermitteln und sie wieder zum Lernen zu motivieren.

Weitere Stichworte:

- Aggressivität
- Anstrengungsunwilligkeit
- Lügen
- Stehlen
- Schulangst
- Schulphobie

Literatur: 75, 139, 163, 169, 196, 225, 238

Sprachentwicklungsverzögerung

Wahrnehmen und bewerten

Erscheinungsbild

Eine Sprachentwicklungsverzögerung liegt bei einem Kind dann vor, wenn es zu einem bestimmten Zeitpunkt noch nicht die verbalen Sprach- und Sprechleistungen erreicht, wie sie von der Mehrzahl seiner Altersgenossen erbracht werden. Zu jeder Mitteilung gehören die Sprache und das Sprechen. Dabei stellt **Sprache** die übergeordnete Leistung bei einer verbalen Kommunikation dar. Sprache bezeichnet die Fähigkeit, gedankliche Inhalte mit Worten auszudrücken und zu beschreiben. Unter **Sprechen** wird die Fähigkeit verstanden, hörbare Wörter und Sätze mit Hilfe der Sprech- und Stimmorgane entstehen und aufeinander folgen zu lassen. Zum Sprechen gehören zum Beispiel die Artikulation – die Fähigkeit, mit Hilfe der Sprechorgane die Sprache genau zu formen – und der Redefluss. Etwas mitzuteilen ist ein komplexer, vielschichtiger Vorgang, bei dem die Sprache und das Sprechen auf vielfältige Weise aufeinander bezogen sind. Eine Verzögerung der Sprach- und Sprechentwicklung muss denn auch nicht alle Bereiche, die an einer sprachlichen Kommunikation beteiligt sind, in gleicher Weise betreffen. Vielmehr können unterschiedliche Schwerpunkte der Entwicklungsverzögerung gefunden werden.

normale Sprachentwicklung

Die Sprach- und Sprechentwicklung unterscheidet sich bei den einzelnen Kindern nicht unerheblich, so dass den nachfolgenden Angaben nur ein Hinweiswert zuzuordnen ist. Sie beginnt mit der sogenannten Ein-Wort-Phase etwa im Alter von zwölf bis achtzehn Monaten. In dieser Zeit lernen die Kinder, einige Alltagswörter bedeutungsvoll zu gebrauchen. Sie drücken sich in Ein-Wort-Sätzen aus, die unterschiedliche Bedeutungen haben können. So kann beispielsweise der Ein-Wort-Satz „Stuhl" bedeuten: „Ich möchte auf den Stuhl" oder „Der Stuhl ist umgefallen" oder „Auf dem Stuhl liegt mein Spielzeug" oder anderes. Der Erwachsene erschließt aus dem Zusammenhang, was das Kind aussagen möchte. Während der Ein-Wort-Phase treten die vorangehenden Lallmonologe mehr und mehr zurück.

Etwa im Alter von eineinhalb bis zwei Jahren sind Zwei-Wort-Äußerungen erwartbar. Diese Äußerungen werden durchaus kommunikativ verwendet. Im Verlauf des dritten Lebensjahres bildet das Kind allmählich Mehr-Wort-Sätze. Es geht schrittweise über die Zwei-Wort- oder auch Drei-Wort-Äußerungen hinaus. Gleichzeitig erweitert sich der Wortschatz des Kindes. Während ein Kind mit eineinhalb Jahren üblicherweise zehn bis fünfzehn Wörter artikulieren kann, sind es mit zwei Jahren bereits dreihundert, mit drei Jahren tausend, mit vier Jahren zweitausend und schließlich mit fünf Jahren zweitausendfünfhundert Wörter.

Die Kinder haben im dritten und vierten Lebensjahr noch Schwierigkeiten mit der Artikulation, insbesondere wenn sehr lange Wörter ausgesprochen werden sollen. Die Sätze sind meistens noch unvollständig. Auch manche Wörter werden noch ungenau ausgesprochen. Es kommt zudem zu begrifflichen Verwechslungen, da die Bedeutung eines Wortes noch nicht voll erkannt wird. Kinder können jedoch etwa mit dreieinhalb Jahren einfache Sachverhalte ausdrücken. Mehrgliedrige Sätze vermag ein Kind üblicherweise im Alter von vier bis sechs Jahren zu bilden. Im Alter von etwa fünf Jahren ist das normal entwickelte Kind in der Lage, einfache Mitteilungen grammatikalisch richtig auszudrücken. In den Folgejahren erfolgt eine weitere Ausarbeitung der Sprach- und Sprechkompetenz.

Sprachentwicklungsverzögerung

Eine Verzögerung der Sprach- und Sprechentwicklung tritt selten isoliert auf. Zumeist sind auch andere Leistungs- und Verhaltensbereiche nicht altersentsprechend entwickelt. Oft kann die Sprachentwicklungsverzögerung eines Kindes als ein Anzeichen einer Verzögerung in der Gesamtentwicklung des Kindes verstanden werden. Allerdings haben Untersuchungen in Kindergärten eine auffällige Zunahme von Sprachentwicklungsverzögerungen im Verlauf des letzten Jahrzehnts beobachtet, von der 34 % der untersuchten deutschen Kinder betroffen waren.

Bedeutung

Oft wird davon ausgegangen, dass Kinder, die erst verhältnismäßig spät zu sprechen anfangen oder über relativ lange Zeit in einer Kleinkindersprache reden, das Fehlende unter günstigen Voraussetzungen sehr rasch nachholen und später eine gute intellektuelle Leistungsfähigkeit entwickeln können. Einige Fachleute warnen vor einer solchen Annahme. Gegenteilig sind sie der Ansicht, dass sprachliche Spätentwickler selten eine hochleistungsfähige Sprache entwickeln. Von Bedeutung dürfte in diesem Zusammenhang sein, wie gut bei dem Kind, das eine verzögerte Sprachentwicklung zeigt, das Sprachverständnis ausgebildet ist. Hierzu fehlen jedoch eindeutige Befunde.

Zuordnen und verstehen

Lernprozesse

Um die Sprach- und Sprechkompetenz zu entwickeln, bedarf es einer stimulierenden Umgebung und organischer sowie mentaler Gesundheit. So koordiniert zum Beispiel das Zentralnervensystem mit Hilfe neuromuskulärer und biochemischer Vorgänge den Sprach- und Sprechablauf. Durch Lernprozesse werden die Fähigkeiten erworben, zu artikulieren und sich auszudrücken. Die Sprach- und Sprechentwicklung ist mit dem emotionalen Erleben des Kindes eng verbunden und somit auch von psychischen Prozessen und Einflüssen abhängig.

Bedeutung der Umwelteinflüsse

Die Sprachentwicklung eines Kindes wird in erheblichem Maße von den Umwelteinflüssen beeinflusst. In einer Untersuchung wurden die sprachlichen Leistungen von Kindern, die aus einem günstigen Milieu stammten, in dem sich die Eltern intensiv mit ihren Babys beschäftigten, mit denen von solchen Kindern verglichen, die unter relativ ungünstigen Bedingungen beispielsweise in Heimen aufwuchsen, in denen aufgrund der geringen Mitarbeiterzahl nur relativ selten mit dem einzelnen Kind gesprochen werden konnte. Es wurde verglichen, wie viele Wörter den Kindern jeweils mit einem Jahr zur Verfügung standen und wie viele sie in den folgenden Monaten dazu lernten. Die Kinder der ersten Gruppe gebrauchten mit einem Jahr sieben Wörter, die Kinder der zweiten Gruppe dagegen keines. Mit eineinhalb Jahren erhöhte sich die Leistung der ersten Gruppe auf 91, im Gegensatz zu vier Wörtern in der zweiten Gruppe. Im Alter von zwei Jahren beherrschten die Kinder aus günstigem Milieu bereits 216 Wörter, während die Kinder aus ungünstigem Milieu erst 27 Wörter gelernt hatten. Diese schon länger zurückliegende Untersuchung, deren Ergebnisse wiederholt bestätigt werden konnten, veranschaulicht eindrucksvoll die Abhängigkeit der Sprachentwicklung vom sprachlichen Umfeld des Kindes.

sprachlicher Kontakt

Von Anfang an sollten Bezugspersonen den Kontakt zu ihrem Kind über Sprache aufnehmen. Dies gilt nicht nur für die Zeit des Sprechenlernens, sondern auch bereits für die Säuglingszeit, in der das Kind lediglich den Tonfall und den allgemeinen Sprachklang in seinem Verlauf aufnimmt. Seine Lallmonologe sind die erste Form, das Sprechen der Eltern nachzuahmen. Im weiteren Verlauf werden dann die Wörter und Begriffe erlernt, indem das Kind diese immer und immer wieder hört und allmählich erkennt, dass bestimmte Wörter einem bestimmten Gegenstand zugeordnet werden. Darüber hinaus lernt das Kind durch das ständige erneute Hören, welchen Stellenwert einem bestimmten Wort in einem Satzgefüge zukommt. Auf diese Art und Weise hört das Kind sich allmählich in die Sprache ein und lernt das Regelsystem unserer Sprache kennen. Ein zu geringer sprachlicher Kontakt behindert die Lernmöglichkeiten des Kindes und schränkt es in seiner Entwicklung ein.

das Sprachmodell der Erwachsenen

Das Sprachverhalten des Erwachsenen kann den Spracherwerb des Kindes begünstigen oder behindern. Das Erlernen der Sprache wird für das Kind erleichtert, wenn die Bezugspersonen sehr klar und deutlich sprechen. Behindert wird ein Kind demgegenüber, wenn die Erwachsenen undeutlich sprechen, Silben verschlucken und Sätze nicht zu Ende bringen. Auch das Benutzen einer Kindersprache, in der die Eltern „mit dem Wau-Wau tata gehen", erschwert dem Kind das Erlernen der Sprache, weil es sich sozusagen zwei verschiedene Sprachen aneignen muss. Und schließlich ist es für das Kind problematisch, wenn der Erwachsene in seinen Berichten und Erzählungen den jeweiligen Kontextbezug nicht deutlich macht und nicht ausführt, in welchem Zusammenhang seine jeweiligen Darstellungen stehen.

- ***erweitertes Sprachumfeld***

  Selbstverständlich kommt auch dem erweiterten Sprachumfeld des Kindes Bedeutung für seine Entwicklung zu. Wenn beispielweise Geschwister unter Sprach- oder Sprechschwierigkeiten leiden, erhält das Kind immer wieder falsche Informationen über das Sprechen und die Sprache. Das Gleiche gilt für alle anderen Personen, die in eine Interaktion mit dem Kind treten, wie Nachbarn, Freunde und Bekannte.

- ***überfordernde Sprache***

  Eine Verzögerung der Sprachentwicklung kann auch durch eine überfordernde Erwachsenensprache bedingt werden. Sprechen Bezugspersonen zu dem Kind in einer Sprache mit vielen Fremdwörtern und abstrakten Begriffen sowie vielfach ineinander geschachtelten Satzstrukturen, dann ist zumindest das kleine Kind überfordert. Es droht die Gefahr, dass es vor den sprachlichen Anforderungen resigniert und eine Sprechscheu entwickelt.

- ***Überfürsorglichkeit***

  Für Eltern und andere Bezugspersonen ist es ein durchaus schwieriger Lernprozess, die Äußerungen eines Babys adäquat zu deuten und entsprechend zu reagieren. Immer wieder kann beobachtet werden, wie Eltern eines schreienden Babys sich angestrengt bemühen zu erfassen, was der Hintergrund für sein Schreien ist. Die Eltern eines Babys trainieren also, sich ganz auf das Kind einzustellen, um in der „sprachlosen" (nonverbalen) Phase der Entwicklung die Bedürfnisse und Wünsche des Kindes zu verstehen. Diese Haltung besorgter Eltern kann jedoch dazu führen, dass das Kind sich auch in einer Phase, in der es bereits Sprache gebrauchen könnte, mit dem Zeigen begnügt, da dies zum gewünschten Erfolg führt. Das heißt: Es gibt Kinder, die gelernt haben, sich ohne Lautsprache so auszudrücken und beispielsweise eine Zeichensprache zu entwickeln, dass seine Eltern es verstehen und seine Bedürfnisse befriedigen. Damit kann dem Kind die Motivation zum Sprechenlernen fehlen, da es ja über ein anderes, erfolgreiches Kommunikationssystem mit seinen Bezugspersonen verfügt. Ein solches System verweist darauf, wie gut sich Bezugspersonen und das Kind aufeinander eingestellt haben. Diese „Zweisamkeit" führt allerdings häufig zu einer verzögerten Sprach- und Sprechentwicklung, während das Sprachverständnis gut ausgeprägt ist.

Zweisprachigkeit ■

Kinder, die zweisprachig aufwachsen, haben häufig eine Reihe von Vorteilen. Problematisch ist es jedoch, wenn unklar ist, welches die Hauptsprache ist. Es kann dann geschehen, dass die Betroffenen weder die Muttersprache noch die Zweitsprache ausreichend beherrschen. Manchmal entsteht ein eigener Sprachstil, weil sie die beiden Sprachen miteinander vermischen und nicht fähig sind, eindeutige Zuordnungen zu treffen. Mit einer solchen „doppelten Halbsprachigkeit" ist häufig eine Verzögerung der Sprachentwicklung verbunden.

unzureichende Übungsmöglichkeiten ■

Kinder brauchen Übungsfelder, um ihre Fähigkeiten zu entwickeln. Wird von Seiten der Bezugspersonen auf das anfangs noch stockende und möglicherweise schwer verständlich sprechende Kind mit Ungeduld reagiert, wird es unterbrochen oder werden seine angefangenen Sätze vom Erwachsenen zu Ende geführt, so kann das dazu führen, dass sich ein Kind sprachlich allmählich immer mehr zurückhält. Es verliert die Lust am Sprechen und erreicht das Gewünschte möglicherweise auch schon durch ganz einfache sprachliche Formeln. Auch dies führt zu einer Verzögerung seines sprachlichen Lernprozesses.

das Eltern-Kind-System ■

Eine Eltern-Kind-Einheit kann als ein System betrachtet werden, in dem beide Seiten aufeinander bezogen sind und sich gegenseitig beeinflussen. Dieses kommunikative System ist in ständiger Entwicklung begriffen. Eine entscheidende Basis für positive Entwicklungsprozesse in einem solchen System ist die emotionale Beziehung, die von Respekt, Akzeptanz und Zuverlässigkeit getragen werden muss. Dies gibt dem Kind Sicherheit, so dass es sich den Lernprozessen widmen kann und beispielsweise motiviert ist, das Verhalten des Erwachsenen – eben auch sein Sprach- und Sprechverhalten – nachzuahmen. Fehlt es an dieser wechselseitig erlebten Akzeptanz, wird sich das auch auf den Spracherwerb negativ auswirken.

Lösungen anregen und möglich machen

die Sprachumwelt des Kindes einschätzen ■

Liegt eine Sprachentwicklungsverzögerung bei einem Kind vor, sollte man versuchen einzuschätzen, in welchen Bereichen die Chancen zur sprachlichen Anregung des Kindes verbessert werden können. Finden sich ungünstige Sprachvorbilder im Umfeld des Kindes? Wird klar und deutlich und dem Entwicklungsstand des Kindes angemessen formuliert? Erhält das Kind genügend Übungsraum, so dass es seine Sprach- und Sprechkompetenz entwickeln kann? Waren in der Vergangenheit ungünstige Faktoren wirksam? Hat das Kind ein Trauma erlebt, einen längeren Krankenhausaufenthalt durchleben müssen, wesentliche Beziehungspersonen verloren?

- ***das Kind einbeziehen***

  Das wichtigste Mittel, um die Sprach- und Sprechentwicklung des Kindes zu fördern, heißt: viel mit ihm sprechen. Dies gilt nicht nur für das sprachliche Stadium, sondern bereits für das vorsprachliche. Es spielt keine Rolle, ob das Kind versteht, was der Erwachsene sagt. Zuerst wird es nur den Ausdruck des Gesagten aufnehmen und vor allem spüren, dass die Bezugspersonen sich ihm zuwenden und es in eine Interaktion einbeziehen. Zu Beginn der sprachlichen Phase wird es allmählich die immer wiederkehrenden Wörter erkennen, sie von anderen unterscheiden und schließlich imitieren. Darum ist es wichtig, dass die Erwachsenen von Anfang an mit dem Kind ernsthaft und in klar strukturierten Sätzen sprechen. Sie können dem Kind erzählen, was sie gerade beschäftigt, oder sie können beschreiben, was sie gerade mit ihm gemeinsam oder für es tun. So können sie ihm erzählen, dass sie es gerade baden und schnell abtrocknen, damit es nicht friert, und vieles andere mehr. Wesentlich ist, immer klar und deutlich zu sprechen, gut zu artikulieren sowie einfache Sätze und Wörter zu benutzen.

- ***Raum zum Sprechen schaffen***

  Weiterhin ist darauf zu achten, dass das Kind genügend Möglichkeiten hat, sich auszudrücken. Ein Kind kann seine Sprechfähigkeit nur dann ausreichend üben, wenn die Erwachsenen ihm geduldig und konzentriert zuhören. Ein Kind muss spüren, dass die „Großen" Interesse an dem haben, was es – manchmal halt noch sehr unbeholfen – sagen will. Man sollte vermeiden, dass viele Erwachsene gleichzeitig auf das Kind einreden oder dass ältere Kinder, die sprachlich schon geschickter sind, es überrollen, so dass es nicht zu Wort kommt.

- ***fachliche Hilfen***

  Sollten sich Hinweise ergeben, dass die Sprachentwicklung verzögert einsetzt, so sollte man sich nicht damit trösten, dass das Kind ein Spätentwickler sei und sich schon alles richten werde. Je eher eine Sprach- und Sprechentwicklungsverzögerung erkannt wird, umso früher kann eine Förderung durch Eltern und Fachkräfte erfolgen und umso besser sind die Aussichten auf eine altersgerechte Entwicklung.

  So kann eine Verzögerung der Sprach- und Sprechentwicklung durch eine eingeschränkte Hör- und Sehfähigkeit bedingt sein. Ergeben sich solche Hinweise, sollte möglichst schon innerhalb der ersten zwei Lebensjahre eine Untersuchung erfolgen. Für die spezifischen Formen von Hörstörungen stehen ebenso spezifische Behandlungsmethoden zur Verfügung, die nur von den entsprechenden Fachleuten durchgeführt werden können.

Eine Sprach- und Sprechentwicklungsverzögerung kann auch mit einer allgemeinen (körperlichen) Entwicklungsverzögerung in Zusammenhang stehen. Der verzögerte Spracherwerb ist damit nur ein Teilaspekt der altersentsprechenden physischen und psychischen Gesamtentwicklung. Eine solche allgemeine Entwicklungsverzögerung kann als Folge lang andauernder oder schwerer Erkrankungen im Kindsalter – wie Asthma bronchiale, aufeinander folgende Infektionskrankheiten, traumatische Ereignisse oder Herzerkrankungen – auftreten.

Ebenso kann eine Sprach- und Sprechentwicklungsverzögerung Anzeichen für Erkrankungen der peripheren Sprechwerkzeuge oder einer Erkrankung des Zentralnervensystems sein. Er gilt also, frühzeitig abzuklären, welche Bedingungen zu der beobachtbaren Sprach- und Sprechentwicklungsverzögerung geführt haben, um entsprechende Unterstützungsmaßnahmen einzuleiten. Wenden Sie sich mit Ihrem Kind an Ihren Kinderarzt oder an einen Kinder- und Jugendpsychiater. Qualifizierte Fachkräfte für die Sprachtherapie können Sie über die Gesundheitsämter, die Krankenkassen oder über die Deutsche Gesellschaft für Sprachheilpädagogik, Goldammerstr. 34, 12351 Berlin in Erfahrung bringen.

Weitere Stichworte:

- Artikulationsstörung
- Poltern
- Sprachstörung
- Stottern

Literatur: 21, 22, 28, 34, 35, 66, 68, 79, 105

Sprachstörung

Dysgrammatismus

Wahrnehmen und bewerten

Beschreibung

Unter dem Begriff der Sprachstörung wird die Unfähigkeit beschrieben, gedachte Sachverhalte gemäß unserem sprachlichen Regelsystem zu formulieren. Das Kind kann sich nicht gemäß unserer deutschen Sprachlehre fehlerfrei ausdrücken. Zum Beispiel werden die Wörter innerhalb eines Satzgefüges nicht richtig gestellt. Man spricht deshalb auch von einer Satzbauschwäche. So sagt ein solches Kind: „Morgen ich komme" anstatt: „Ich komme morgen". Die verschiedenen Wortarten (Substantive, Adjektive, Verben, Präpositionen und andere) werden nicht unterschieden und nicht richtig gebraucht („Eltern kommt Nachmittag" anstatt „Die Eltern kommen am Nachmittag"). Eine Sprachstörung kann Teil, aber auch Hauptsymptom einer Sprachentwicklungsverzögerung sein (siehe dort).

Erscheinungsformen

Kinder mit Satzbauschwäche machen syntaktische und grammatikalische Fehler, und zwar in einem Alter, in dem sie nach der normalen kindlichen Grammatikentwicklung nicht mehr zu erwarten sind. Die Hauptsymptome, die sich bei solchen Kindern in der Sprache finden, sind der Gebrauch von Ein-Wort-Sätzen und einer Infinitivsprache. Es finden sich zudem Beugungs- und Steigerungsfehler sowie Wortvertauschungen im Satzgefüge. Üblicherweise ist der Wortschatz gering und die Ausdrucksfähigkeit vermindert.

normale Grammatikentwicklung

Orientierungspunkte für die Einschätzung des Entwicklungsstandes der kindlichen Grammatik ergeben sich aus dem Fünf-Phasen-Model für den frühkindlichen Grammatikerwerb. Dieses Phasenmodell erfasst den Zeitraum vom ersten Lebensjahr bis zum Alter von dreieinhalb Jahren.

Phase I (Vorläufer zur Syntax) ist die Ein-Wort-Phase; die Kinder erreichen sie im Alter zwischen zwölf und achtzehn Monaten.

Phase II (Erwerb des syntaktischen Prinzips) umschreibt die Zwei-Wort-Phase, in der sich die Kinder im Alter von etwa achtzehn bis vierundzwanzig Monaten befinden.

Phase III (Vorläufer der einzelsprachlichen Grammatik) umfasst das Alter von zwei bis dreieinhalb Jahren. In ihr dominieren Mehr-Wort-Äußerungen.

Phase IV (Erwerb einzelsprachlicher syntaktischer Besonderheiten) erreichen die Kinder im Alter von drei Jahren. Artikel, Präpositionen und Pronomen werden benutzt.

Phase V (Sprechen von komplexen Sätzen) erreichen Kinder im Alter von dreieinhalb Jahren. Akkusativ und Dativ werden unterschieden.

Im Alter von vier bis fünf Jahren sind die wichtigsten Regeln der Grammatik von den Kindern erworben worden.

Beispiele typischer Fehler

Kinder mit einer Sprachstörung neigen dazu, gebeugte Tätigkeitswörter bei einfachen Aussagesätzen an das Ende des Satzes zu stellen. Sie sagen: „Ich lieber bin." Sie wählen, wenn sie eine richtige Position im Satz benutzen, eine unpassende Form, die mit den übrigen Satzteilen nicht in Übereinstimmung steht, und sagen beispielsweise: „Da war wir drin." Weitere Schwierigkeiten machen der Artikelgebrauch („Da kommt eine Hund"), die Mehrzahlbildung von Hauptwörtern („Da fliegen viele Vogel") sowie deren Eingliederung in einfache Sätze („Ein Katze da ist"). Häufig werden die Hilfsverben „sein" und „haben" unzutreffend eingesetzt. Beispielsweise sagt ein Kind: „Ich hab gelaufen zu Thomas" oder „Da sind wir Brötchen geholt". Besondere Schwierigkeiten bereitet der korrekte Einsatz von Präpositionen („Wir sind bei das Meer gegangen" oder „Wir sind zu die Zoo gewesen"). Schließlich treten häufig Fehler in der Anwendung von Fällen im Satzgefüge auf („Ist das ein schöner Buch!").

unterschiedliche Schweregrade

In der Fachliteratur werden unterschiedliche Schweregrade des Dysgrammatismus unterschieden. Bei der „hochgradigen" Form spricht das Kind vorwiegend nur Ein-Wort-Sätze. Es reiht die Wörter zusammenhanglos aneinander; es kann keine zusammenhängenden Sätze selbstständig formulieren und sie auch nicht nachsprechen. Bei der „mittelgradigen" Form ist das Kind nicht in der Lage, Sätze selbstständig zu formulieren, aber es kann vorgesprochene Sätze nachsprechen. Es beugt die Wörter allerdings häufig nicht, und die Zeitwörter werden oft im Infinitiv gebraucht. Vermisst wird bei solchen Kindern auch häufig, dass sie die Ich-Form benutzen („Monika essen" statt „Ich esse" oder „Ich möchte essen"). Bei der „leichtgradigen" Form fallen zumeist Fehler beim Konjugieren und Deklinieren auf. Ansonsten ist das Kind fähig, grammatikalisch richtig zu sprechen.

zentrale Störung

Der Sprachstörung wird als zentrale Störung eingeordnet – im Gegensatz zu den Sprechstörungen wie beispielsweise der Artikulationsstörung oder Redeflussstörungen wie beispielsweise dem Stottern.

weitere Verhaltensauffälligkeiten

Kinder, die eine Sprachstörung aufweisen, zeigen häufig weitere Auffälligkeiten wie beispielsweise eine Gehemmtheit, eine Schüchternheit, eine Aufmerksamkeits- und Aktivitätsstörung und eine motorische Ungeschicklichkeit. Eine Sprachstörung tritt häufig in Verbindung mit einer Artikulationsschwäche auf.

Zuordnen und verstehen

- ***Vielfalt bedingender Faktoren***

Die Sprachstörung wird heute vorwiegend als mehrdimensionale Störung gesehen. Das reibungslose Erlernen der Sprache, und hier vor allem das reibungslose Erlernen unseres sprachlichen Regelsystems, kann durch organische und psychosoziale Faktoren behindert oder sogar verunmöglicht werden.

- ***Hörstörungen***

Eine Sprachstörung wird häufig durch Hörstörungen hervorgerufen. Sie wird bei hoch- und mittelgradigen, beidseitigen Hörstörungen nahezu regelmäßig angetroffen, demgegenüber bei leichteren Hörstörungen nur selten. Auch bei Schallleitungsschwerhörigkeiten können Kinder eine Sprachstörung entwickeln. Alle diese Beeinträchtigungen des Hörvorgangs führen dazu, dass das Kind akustische Reize nur verstümmelt oder unvollständig wahrnimmt und deshalb unfähig ist, ein korrektes Sprechen zu erlernen.

- ***geistige Entwicklungsstörung***

Bei geistigen Entwicklungsstörungen kann ebenfalls eine Sprachstörung auftreten. Dann sind jedoch die dysgrammatischen Schwierigkeiten des Kindes als Teilaspekt der geistigen Entwicklungsstörung zu sehen.

- ***sprachliche Anregungen***

Wenn die Sprach- und Sprechentwicklung ungestört verlaufen soll, muss das Kind in einen regen sprachlichen Austausch einbezogen werden. Bei einer fehlenden oder unzureichenden Interaktion zwischen Kind und Bezugspersonen kann es zu einer gestörten motorischen, sensorischen, intellektuellen, verbalen und sozialen Entwicklung kommen. Von Anfang an spielen die sprachlichen Modelle für die Sprach- und Sprechentwicklung eine bedeutsame Rolle, da das Kind laufend auditive und verbunden damit auch taktile und visuelle Anregungen benötigt. Wörter lernt das kleine Kind, indem es sie immer und immer wieder hört und diese gleichzeitig einem bestimmten Gegenstand zugeordnet werden. Genau so lernt es aber auch die Struktur unserer Sprache nur, wenn es immer wieder und wieder grammatikalisch richtig strukturierte Sätze oder Satzverbindungen hört. Allmählich lernt es dann, das sprachliche Regelsystem zu erkennen und selbst anzuwenden.

- ***Kindersprache***

Nicht selten kann beobachtet werden, wie Eltern die Sprache der Kinder übernehmen und sich mit ihnen in Ein-Wort-Sätzen oder in einer Infinitivsprache unterhalten. Sie neigen auch dazu, Wörter des Kindes aufzunehmen, die dieses aufgrund seiner entwicklungsbedingten Unfähigkeit verzerrt hat. Sie finden offensichtlich Gefallen an dieser Kleinkindsprache, schaffen damit aber dem Kind ein sehr ungünstiges Sprachlernfeld. Sie nehmen ihren Kindern die

Möglichkeit, sich allmählich in eine differenzierte Sprache einzuhören und ihre komplexen Strukturen zu erkennen.

familialer Stress

Sind die Eltern sehr belastet und mit vielfältigen Anforderungen und Aufgaben konfrontiert, so kann dies zu einem ungeduldigen Verhalten einem Kind gegenüber führen. Das Kind, das in der Spracherwerbsphase steht, artikuliert oft schlecht und drückt sich noch unvollkommen aus. Es braucht relativ viel Zeit, um einen Sachverhalt zu berichten oder einen Wunsch zu begründen. Ungeduld schränkt deshalb den Übungsraum und die Übungsmöglichkeiten eines Kindes ein, während ein hoher Übungsfaktor Voraussetzung für ein zügiges Erlernen einer Sprache ist.

zu häufiges Fernsehen

Zur Entwicklung der verbalen Kommunikationsfähigkeit ist zweierlei notwendig: einmal die Fähigkeit zuzuhören und zum anderen die Fähigkeit, sich auszudrücken. Unser kompliziertes sprachliches Regelsystem verlangt danach, dass es wahrgenommen und sodann eigenständig übend erprobt wird. Für das kleine Kind ist das hauptsächliche Übungsfeld für die verbale Entwicklung die Familie. Hier entwickelt es in einem dialogischen Prozess mit seinen Bezugspersonen seine sprachlichen Möglichkeiten. Fernsehen demgegenüber fördert nur die Wahrnehmung, aber nicht die Fähigkeit, nachvollziehend übend Sprache selbst zu gestalten. Es ist deshalb einer Einbahnstraße gleichzusetzen und sollte nicht zu viel Zeit im Leben des Kindes besetzen.

Übungsbereitschaft

Vielfältige Verhaltensweisen von Bezugspersonen können die Übungsbereitschaft des Kindes, sich sprachlich auszudrücken, beschränken. So können eine übermäßige Kritik des Erwachsenen, Unterbrechungen der sprachlichen Gestaltungsversuche des Kindes oder auch ein häufiges Ergänzen von angefangenen verbalen Äußerungen dazu führen, dass das Kind sich zurückzieht, gehemmt und schüchtern reagiert und möglicherweise eine Sprechscheu entwickelt. Auch hier ist die Folge ein unzureichendes Üben sprachlicher Äußerungen. So kann nachvollzogen werden, dass derartige Verhaltensauffälligkeiten häufig mit einer Sprachstörung verbunden sind.

Familientradition

Bei einer Reihe von Fällen konnte festgestellt werden, dass auch bei der Mutter, dem Vater oder deren Familien sprachliche Entwicklungsstörungen auftraten. Es wird hier von einer erblichen Sprachschwäche ausgegangen. Allerdings ist in diesen Familien auch immer von einem sehr ungünstigen Sprachlernfeld auszugehen, und es ist oft schwer, die einzelnen Faktoren in ihrer Auswirkung voneinander zu trennen.

Lösungen anregen und möglich machen

- ***fachliche Hilfen***

  Aufgrund der vielfältigen möglichen Einflussfaktoren, die zur Sprachstörung führen, ist es notwendig, rechtzeitig fachliche Hilfen in Anspruch zu nehmen. Sorgfältige logopädische, medizinische und psychologische Untersuchungen können Ansatzpunkte für eine individuelle Behandlung aufzeigen. Dazu gehören beispielsweise eine Förderung sprachtragender Basisfunktionen, eine auditive Schulung oder sprachstörungsspezifische Verfahren. Hierfür liegen Behandlungskonzepte vor, die jeweils individuell angepasst werden können und müssen.

- ***Sprache und Sprechen vorbereiten***

  Die Phase des Spracherwerbs beginnt nicht erst, wenn das Kind fähig ist, ein erstes Wort auszusprechen. Vielmehr ist es notwendig, dass der Erwachsene von der Geburt an häufig mit dem Kind spricht. Dabei sollte klar und deutlich artikuliert und in vollständigen Sätzen gesprochen werden. Auch wenn die Sprachinhalte noch nicht verstanden werden, so nimmt das Kind auf eine unspezifische Weise doch bereits Struktur und Melodie der Sprache wahr. Das Sprechen mit dem Kind in einer entspannten Weise unterstützt seine Nachahmungsbereitschaft, und es hat frühzeitig ein Modell für die vielen, unterschiedlichen Phoneme unserer Sprache.

- ***Vermeiden von Kindersprache***

  Wenn Erwachsene – was nicht so selten geschieht – die Kindersprache nachahmen, binden sie das Kind an einen ganz bestimmten Entwicklungsschritt des Spracherwerbs, anstatt ihm weiter Anregungen durch ein klar strukturiertes, grammatikalisch und syntaktisch richtiges Sprechen anzubieten. Vermeiden Sie also eine Kindersprache, aber vermeiden Sie auch, mit dem Kind in einer überzogenen Erwachsenensprache zu reden. Das heißt, verwenden Sie keine komplizierten Sätze, Fremdwörter oder Begrifflichkeiten, die das Kind, das in der Entwicklung begriffen ist, nicht nachvollziehen kann.

- ***akustische und rhythmische Hilfen***

  Akustische und rhythmische Hilfen, wie Musik, Trommeln, Klatschen oder Tanzen erleichtern dem Kind das Aneignen syntaktisch und grammatisch einwandfreier Sprechformen. Musikinteressierte Kinder haben fast immer weniger Schwierigkeiten beim Spracherwerb als solche, die in diesem Bereich nicht unterstützt und angeleitet werden.

- ***Spontansprechen fördern***

  Spricht ein Kind spontan, so unterstützen Sie dies, indem Sie ihm Ihre Aufmerksamkeit zuwenden und Ihr Interesse an seiner Äußerung damit dokumentieren. Geben Sie dem Kind Raum, das auszusprechen, was es möchte. Zeigen

Sie Geduld, auch wenn es sich noch unbeholfen ausdrückt. In der Art Ihrer Zuwendung sollte das Kind spüren, dass Sie es akzeptieren, ernst nehmen und es mit seinen Äußerungsmöglichkeiten respektieren. Wenn das Kind so weit entwickelt ist, dass es kleinere Rollenspiele durchzuführen beginnt – beispielsweise Familienspiele oder Kaufladengespräche –, so sollten Sie diese Initiativen unterstützen, indem Sie sich als Rollenpartner anbieten und in Ihrer Rolle klar strukturierte und korrekt gestaltete Sätze verwenden.

Weitere Stichworte:

- Aufmerksamkeits- und Aktivitätsstörung
- Artikulationsstörung
- Poltern
- Schüchternheit
- Sprachentwicklungsverzögerung
- Stottern
- Ungeschicklichkeit

Literatur: 21, 22, 38, 53, 80, 236

Stehlen

Wahrnehmen und bewerten

- ***Häufigkeit***

Diebstahl gehört zu den häufigsten auffälligen Verhaltensweisen. Bei Befragung von Erwachsenen gaben bis zu 99 % an, in ihrem Leben schon gestohlen zu haben – meist als Kinder. Sie taten das ein- bis zweimal, dann überwog entweder die Angst, erwischt zu werden, oder das Schuldgefühl und die Einsicht, dass die Respektierung des Eigentums eines anderen für ein gutes Zusammenleben in einer Gesellschaft eine wichtige Grundlage ist. Nur für acht bis zehn Prozent wird es ein Problem, der Versuchung des Stehlens zu widerstehen.

- ***Besitzerleben***

Kinder entwickeln schon früh ein Gefühl für Mein und Dein. Sie genießen es, etwas zu besitzen. Sie erleben ein Gefühl von Macht darin, über ihren Besitz verfügen und ihn anderen verweigern zu können. Sie werden wütend, wenn andere ihr Eigentum nicht respektieren. In der Familie und später im Kindergarten erfahren sie, dass es Dinge gibt, die allen gemeinsam zur Verfügung stehen. Sie erkennen, dass andere Kinder auch wütend oder traurig werden, wenn sie selbst sich an deren Besitz vergreifen. Mit Hilfe ihrer Bezugspersonen lernen die Kinder dann in der weiteren Entwicklung, dass es schön sein kann, andere an ihrem Eigentum teilhaben zu lassen, wie es schön ist, am Eigentum anderer teilzuhaben. Sie erfahren, dass ein Geben und Nehmen im Zusammenleben mit anderen für alle gut ist.

- ***unterschiedliche Werte***

Stehlen wird üblicherweise als sehr verwerfliche Handlung angesehen und als sehr schwerwiegendes Fehlverhalten. Dabei gibt es große Unterschiede darin, wann von Stehlen gesprochen wird. Manche Familien sprechen von Diebstahl, wenn ein Kind unerlaubt an den Kühlschrank geht, und ein Griff in das Portmonee der Eltern ist in ihren Augen ein schlimmer Vertrauensbruch. Das Parfüm der Mutter ist tabu, ebenso wie man bestimmte Dinge als alleiniges Eigentum des Vaters zu respektieren hat. In anderen Familien hat jedes Mitglied freien Zugriff auf jeden Gegenstand: auf Mutters Portmonee ebenso wie auf Vaters Deo und sowieso auf alles, was im Kühlschrank steht. Das Wechselgeld nach dem Einkauf braucht nicht zurückgegeben zu werden, und Fundsachen darf man ganz selbstverständlich behalten. In dieser Familie mag das Kind Großzügigkeit lernen, hat aber möglicherweise Schwierigkeiten zu erkennen, dass auch das Wegnehmen von Dingen mit geringem Wert Diebstahl ist. Reagieren die Eltern und die anderen Erwachsenen auf solche „kleinen“ Stehlereien mehr oder weniger gleichgültig, heißt das für das Kind sehr leicht: „Kleinigkeiten“ zu klauen ist nicht schlimm.

Gelegenheit macht Diebe ■

Manche Kinder erfinden dann ihre eigene Moral. Die kann möglicherweise lauten: Richtiges oder falsches Verhalten hängt nur davon ab, ob man geschnappt wird oder nicht. Und schließlich wird der Spieß umgedreht: „Eigentlich ist es der Mann im Laden ja selber Schuld, dass er nicht aufgepasst und mich nicht kontrolliert hat." In einer Untersuchung in London war für 30 % der Jungen die Überzeugung, nicht geschnappt zu werden, ein wesentlicher Hintergrund für ihr Stehlen. Andere Untersuchungen zeigen, dass viele Kinder, die stehlen, ein eindeutiges Bewusstsein für das Diebstahlsverbot nicht entwickelt haben, dass sie dementsprechend wenig Verantwortung und Schuld für die Tat erleben und deshalb kaum bereit sind, das Gestohlene wieder herauszugeben oder zu ersetzen und sich zu entschuldigen.

Zuordnen und verstehen

elterliche Aufmerksamkeit ■

Eltern tragen viel dazu bei, welche Moral das Kind im Hinblick auf das Stehlen entwickelt: Lassen sie selbst auf der Arbeit Kleinigkeiten mitgehen? Nehmen sie das Verschwinden von zunächst meistens kleinen, mit der Zeit immer größeren Geldbeträgen innerhalb der Familie überhaupt wahr? Fällt es ihnen auf, wenn ihr Kind auf einmal sehr viel Geld zur Verfügung hat, mehr als vom Taschengeld gespart sein könnte, oder wenn es sich einen teuren Gegenstand gekauft hat, den es von seinem Taschengeld gar nicht hätte finanzieren können? Fragen sie, woher das Geld kommt? Sprechen sie eindeutig von „Stehlen", „Diebstahl" oder „Klauen", wenn ihr Kind sich unrechtmäßig etwas angeeignet hat? Oder benutzen sie verharmlosende Formulierungen wie: „Es hat etwas mitgehen lassen" oder „Es ist passiert" oder ähnliches?

Was und für wen wird gestohlen? ■

Wiederholtes, oft zwanghaft wirkendes Stehlen kann sehr unterschiedliche Bedeutung haben. Um dem Sinn solcher Handlungen näher zu kommen, empfiehlt es sich, die Art und Weise des Stehlens genauer anzuschauen. Zunächst: Was und für wen wird gestohlen? Ist es etwas, was das Kind unbedingt selbst besitzen möchte? Ist der Gegenstand von unmittelbarem Nutzen für das Kind, oder hat er symbolischen Wert? Steht er für eine Person, deren Liebe es sich sichern oder an der es teilhaben will? Manch ein Kind stiehlt Dinge auch, um sie anderen zu geben, bei denen es sich „Lieb-Kind" machen will und deren Freundschaft es erkaufen möchte. Es erlebt sich in der Gleichaltrigengruppe, so wie es ist, möglicherweise wenig akzeptiert und spürt sozialen Druck, sich mit dem Besitz bestimmter Dinge zu beweisen. Oder aber stiehlt das Kind ganz unnütze Dinge, die es vielleicht sofort wegwirft, zerstört oder achtlos verschenkt?

■ *Wer wird bestohlen?*

Gerade wenn ganz unnütze Dinge gestohlen werden, könnte eine andere Frage Aufschluss über die Bedeutung des Stehlens geben: Wer wird bestohlen? Geschieht das Stehlen überall, wo sich Gelegenheit bietet, oder nur innerhalb der eigenen Familie, nur bei den Großeltern oder nur in der Schule? Werden nur eine oder mehrere Personen bestohlen, die Mutter, der Vater, die Geschwister, die Mitschüler?

■ *Mit wem wird gestohlen?*

Sozialer Druck ist – wie schon gesagt – für viele Kinder, die stehlen, eine wichtige Triebfeder. Deshalb lohnt die weitere Frage: Mit wem wird gestohlen? Werden die Diebstähle alleine durchgeführt oder gemeinsam mit anderen in einer Gruppe? Sind die anderen älter, so dass sich das Kind mit dem Diebstahl vielleicht eine Position in der Gruppe erkauft? Hat es sich an Gleichaltrige angeschlossen, die sich schon lange nicht mehr an die Regeln unserer Gesellschaft halten? (Und warum hat es das getan?) Ist es Mitglied einer Gleichaltrigengruppe, in der Stehlen als Mutbeweis gilt, in der man mit Diebstahl seine Geschicklichkeit beweisen muss? Warum kann es nicht „nein" sagen und sich – falls notwendig – aus der Gruppe zurückziehen, wenn gemeinsam Dinge getan werden, von denen es weiß, dass sie Unrecht sind?

■ *Wie wird gestohlen?*

Schauen Sie auch danach, wie der Diebstahl durchgeführt wird: Wurde die „gute Gelegenheit" genutzt in der Überzeugung, der Diebstahl würde nicht auffallen? Oder ist der Diebstahl sorgfältig geplant, so dass er nur durch Zufall bekannt wurde? Vielleicht wurde der Diebstahl aber auch so durchgeführt, dass er auffallen musste? Gerade sehr leicht durchschaubare Diebstahlshandlungen sind oft – nicht bewusst und nicht geplant – Appelle nach mehr Zeit und mehr Aufmerksamkeit der Erwachsenen. Bleiben sie ungehört, können sie auch aggressiven Charakter bekommen. Sie zielen dann nicht selten auf die empfindlichen Seiten der Erwachsenen und werden zum Beispiel so durchgeführt, dass sich die Eltern unendlich blamiert fühlen. Zuweilen aber – und dann liegt durchweg bereits eine längerfristige Fehlentwicklung vor – richten sich die Diebstahlshandlungen geradezu gegen das Kind selbst: Sie werden oft wiederholt und sind immer so angelegt, dass sie rasch entdeckt werden und eine Bestrafung nach sich ziehen müssen.

■ *„dumme" Diebstähle ohne Bereicherungstendenz*

Solche demonstrativen „dummen" Diebstähle, bei denen eine Bereicherungstendenz des Kindes kaum zu erkennen ist, müssen nachdenklich machen. Sie werden am ehesten von Kindern durchgeführt, die eher still, aber sehr empfindlich sind, die schon bei kleinen Versagungen enttäuscht reagieren, die sehr selbstunsicher sind und sich wenig durchsetzen können. Im Hintergrund findet sich zumeist eine tiefgreifende Beziehungsstörung, die beispielsweise bei

Pflege- oder Adoptivkindern lang zurückliegen kann. Die Diebstahlshandlung ist dann oft als Protest gegen eine zurückliegende Vernachlässigung oder als eine relativ ungerichtete, aggressive Botschaft an eine als verständnislos oder gar als feindlich erlebte Umwelt zu verstehen.

Wofür Ersatz?

So könnte die nächste Frage auch lauten: Wofür soll das Gestohlene einen Ersatz darstellen? Mangel an Liebe, Mangel an Zeit der Eltern, Mangel an Sicherheit und Geborgenheit? Mehrere Untersuchungen haben gezeigt, dass unglückliche Kinder, die sich in ihrer Beziehung zu den Eltern nicht sicher fühlen oder ein gespanntes Verhältnis zu den Bezugspersonen haben, oft durch Stehlen auffallen. Häufige Diebstähle verweisen im übrigen fast immer auf ein sehr geringes Selbstwertgefühl, auf große Unsicherheit und auf einen Mangel an Anerkennung und Selbstbestätigung. Wünsche nach Wertschätzung können sich auf eine bestimmte Person richten (Wer wird bestohlen?) oder auf bestimmte Lebensräume wie Familie oder Schule. Zuweilen sind sie aber auch Kennzeichen umfassender Fehlentwicklungen, die dann zumeist ohne psychotherapeutische Hilfe nicht aufgefangen werden können.

Lösungen anregen und möglich machen

Ansatzpunkte für eine Unterstützung

Für ein Kind ist es schwer und oft sogar unmöglich anzugeben, warum es gestohlen hat. Wird es nachhaltig befragt, lässt es sich oft unter dem Druck des verständlicherweise empörten Erwachsenen eine Antwort einfallen, die vielleicht nahe liegt, aber kaum weiterführend ist. Darum ist es so wichtig, die Diebstahlssituationen genauer zu betrachten, um Ansatzpunkte für eine Unterstützung des Kindes zu finden. Dabei muss die Hilfe keinesfalls immer am Stehlen selbst ansetzen, sondern beispielsweise an dem Gefühl des Kindes, gegenüber dem Bruder oder einem Stiefgeschwister benachteiligt zu werden. Vielleicht versucht es, die mangelnde Zuwendung durch materielle Dinge auszugleichen. Vielleicht hat es aber auch ein überhöhtes Anspruchsniveau und denkt, bestimmte Dinge, die andere haben, stünden ihm zu. Oder es gehört zu einer ethnischen Gruppe, die nicht akzeptiert wird, sieht sich unter den Gleichaltrigen als Außenseiter und versucht, mit dem Gestohlenen Zuneigung zu erkaufen. Möglicherweise ist das Stehlen auch eine Mutprobe in der Gleichaltrigengruppe oder ein willkommener Zeitvertreib, bei dem das Kind ein prickelndes Gefühl erlebt.

eindeutig reagieren

Wenn Kinder stehlen, ist es wichtig, dass die Erwachsenen sehr aufmerksam sind und die Möglichkeit unentdeckter Diebstähle möglichst einschränken. Wird ein Diebstahl entdeckt, geht es darum, eindeutig zu reagieren mit dem

Ziel, dass das Kind Verantwortung für sein Handeln übernimmt, die Schuld auf sich nimmt, sich entschuldigt und Wiedergutmachung leistet. Erregte Reaktionen, Schreien und Strafen sind selten hilfreich, im Gegenteil eher geeignet, das Problemverhalten zu verstärken.

- ***den Umgang mit der Versuchung erläutern***

  Jüngeren Kindern müssen die Eltern erklären, warum Diebstahl verboten ist und welchen Nutzen solche Regeln überhaupt haben. Die Eltern können ihnen deutlich machen, dass Kinder und Erwachsene gleichermaßen manchmal die Versuchung erleben, einen (kleinen) Diebstahl zu begehen Sie können mit ihnen darüber sprechen, was man tun kann, wenn man unbedingt etwas haben möchte, was ein anderer besitzt. Sie können versuchen, das Einfühlungsvermögen des Kindes zu stärken, mit ihm zu üben, sich in die Lage des Bestohlenen zu versetzen, und vielleicht darüber berichten, wie sie sich fühlten, als sie selbst einmal bestohlen worden waren.

- ***die Konsequenzen übernehmen lassen***

  Ist ein Diebstahl vorgefallen, muss das Kind sich der Situation stellen und die Konsequenzen seines Tuns übernehmen. Es hat sich – möglicherweise mit Unterstützung des Erwachsenen – beim Bestohlenen zu entschuldigen und Möglichkeiten zu suchen, wie es Wiedergutmachung leisten kann. Der Erwachsene kann es dabei unterstützen, Chancen des Geldverdienens zu finden. Durch die konsequente Durchführung dieser Schritte wird das Kind entlastet und sozusagen wieder in die Gesellschaft der Ehrlichen aufgenommen.

- ***das Selbstbewusstsein stärken***

  Im Übrigen ist zu überlegen, wie das Selbstbewusstsein des Kindes aufgebaut und gestärkt werden kann. Nützlich ist dabei, dem Kind Vertrauen zu zeigen, ohne auf eine offene Kontrolle zu verzichten. So kann man beispielsweise das Kind zum Kassenwart des Haushaltsportmonees machen. Wer immer Geld aus dem Portmonee für Haushaltseinkäufe entnimmt, muss den Kassenwart über die genaue Summe informieren. Das Kind muss ein Kassenbuch führen, die Kasse regelmäßig überprüfen, und den Eltern Kasse und Kassenbuch in festgelegten Abständen vorlegen. Es muss ein Auffüllen der Kasse veranlassen, wenn sie leer ist, und dafür sorgen, dass das Haushaltsportmonee immer an seinem Platz liegt. In ähnlicher Weise kann man auch zu anderen Themenbereichen versuchen, das Selbstbewusstsein des Kindes aufzubauen, indem man ihm eine verantwortungsvolle Aufgabe anvertraut, den Erfolg seines Handelns aber auch regelmäßig zusammen mit ihm überprüft.

- ***Intensivierung der persönlichen Kontakte***

  In mehreren Untersuchungen hat sich gezeigt, dass eine Intensivierung der persönlichen Kontakte seitens der Eltern und sonstigen Bezugspersonen zu einem Rückgang der Diebstahlshandlungen führte. Eltern und auch andere wichtige Bezugspersonen – auch Lehrer – sollten sich fragen: Weiß das Kind und erlebt es, dass ich es mag und mich um es sorge? Wie zeige ich das? Oder könnte es sein, dass das Kind sich dessen nicht so sicher ist, wie ich glaube? Wie viel Zeit nehme ich mir für das Kind und mit dem Kind? Wie ist die Qualität unserer Beziehung?

über die ehrlichen Zeiten sprechen

Im Übrigen ist es wenig hilfreich, mit dem Kind über sein Stehlen zu reden. Sprechen sie lieber mit ihm über die Zeiten, in denen es nicht stiehlt. Wie hat es geschafft, diese Leistung zu vollbringen? Wer oder was hat dabei geholfen? Was würde es dem Kind erleichtern, noch längere Zeiten durchzuhalten? Was könnten die Eltern, was die Mutter, was der Vater dafür tun?

das Kind zum Chef der Problemlösung machen

Helfen Sie dem Kind, eine Position aktiver Verantwortlichkeit im Hinblick auf das Problem zu finden. Besprechen Sie mit dem Kind in Ruhe und vor allem ohne Vorwurf, welche Bemühungen Sie im Hinblick auf das Problem übernehmen (zum Beispiel: sich für das Kind mehr Zeit nehmen, mehr Interesse zeigen, mehr Aufmerksamkeit widmen, häufigere gemeinsame Unternehmungen machen), erläutern Sie ihm aber zugleich, dass es letztlich selbst der Chef bei der Problemlösung sein muss. Machen Sie dem Kind immer wieder deutlich, dass es als Person gut ist, dass Sie aber diese Handlungen des Stehlens keinesfalls akzeptieren können.

Sprechen Sie mit ihm so darüber, als wäre das Stehlen eine Sache außerhalb seiner Person: Reden Sie zum Beispiel mit ihm darüber, wie es erreichen kann, „den kleinen Klauteufel zu besiegen“, mit welchen Handlungen es den „Klauteufel“ stark macht, aber vor allem, womit es den „Klauteufel“ ärgern und vertreiben kann. Wählen Sie im Gespräch mit dem Kind andere Bilder, die vielleicht besser zu ihm passen, wie „Chef seiner Hände werden“, „Chef im eigenen Haus werden“, „lernen, die vorwitzigen Finger zu beherrschen“. Denken Sie vor allem aber an die Regel: 10 % des Gespräches über den Misserfolg, 90 % über die Erfolge, die es immer gibt, auch wenn sie noch so klein sind.

das Problem „Diebstahl“ ernst nehmen

Die oben dargestellten Fragen haben Ihnen vielleicht ermöglicht, einen Sinn in den Diebstahlshandlungen Ihres Kindes zu erkennen, und damit weitere spezielle Ansatzpunkte der Unterstützung aufgezeigt. So können Sie ihm möglicherweise helfen, in der Gleichaltrigengruppe eine bessere Position zu finden oder aber sich andere Freunde zu suchen. Sie können ihm Mut machen, „nein“ zu sagen, wenn seine Freunde Dinge tun, die es selbst nicht gut findet, und vieles andere mehr. In jedem Fall helfen Sie dem Kind, wenn Sie das Problem wiederholter Diebstähle ernst nehmen. Wenn Sie selbst über längere Zeit mit Ihren Maßnahmen keinen Erfolg haben, zögern Sie nicht, Unterstützung in Erziehungsberatungsstellen, bei Psychologinnen und Kinder- und Jugendpsychiaterinnen in Anspruch zu nehmen.

Weitere Stichworte:

- Anstrengungsunwilligkeit
- Lügen
- Oppositionelles Verhalten

Literatur: 90, 95, 155

Stottern

Wahrnehmen und bewerten

Merkmale des Stotterns

Unter Stottern wird eine Unterbrechung des natürlichen Redeflusses verstanden, die die menschliche Kontaktaufnahme in erheblichem Maße behindern kann. Es ist charakterisiert durch ein plötzliches Stocken vor einem Wort, einer Silbe oder einem Laut. Es kommen Verzögerungen, Dehnungen und Verkürzungen bei der Aussprache einzelner Buchstaben vor. Auch kann es geschehen, dass Wort- und Satzteile wiederholt werden. Mit diesen Sprechauffälligkeiten geht häufig eine unübliche Atemtechnik und eine Fehlkoordination der im Sprechakt beteiligten Muskelgruppen einher. Zudem sind Mitbewegungen zu beobachten, beispielsweise ein Augenaufreißen, ein Verziehen des Mundes, ein Stirnrunzeln oder auch ein Rudern mit den Armen. Mit diesen Bewegungen versucht das Kind, seine Bemühungen beim Überwinden der Sprechunflüssigkeit zu unterstützen. Nicht zu verwechseln ist das Stottern mit dem Poltern, bei dem die Kinder überhastet sprechen, ungenau artikulieren, Silben verschlucken oder ganze Wörter auslassen. (Siehe auch: Poltern)

tonisches und klonisches Stottern

Früher wurde je nach Art der Unterbrechung im Redefluss zwischen einer tonischen und einer klonischen Störung unterschieden. Das klonische Stottern ist charakterisiert durch kürzere, rasch aufeinanderfolgende Kontraktionen der Sprechmuskulatur. Es kommt zu dem typischen Wiederholen von Lauten, Silben und Wörtern in der bekannten, abrupten Art und Weise. Wird das Wort endgültig ausgesprochen, so können auch Wortdehnungen folgen. Beim tonischen Stottern kommt es zu langandauernden Verkrampfungen der Sprechmuskulatur. Dies führt zu längeren Pausen mit gleichzeitigen Pressversuchen, die dem Beginn oder dem Weitersprechen eines Wortes vorausgehen. Auf diese Unterscheidung wird heute zunehmend verzichtet, da sie als Ausdruck derselben Problematik gelten, beide Formen häufig vermischt auftreten und aus der Unterscheidung auch keine pädagogischen oder therapeutischen Konsequenzen resultieren.

Entwicklungsstottern

Während der Phase des frühkindlichen Spracherwerbs kommt es häufig zu einer Sprechunflüssigkeit. Der Begriff Entwicklungsstottern ist dafür gebräuchlich, kann jedoch zu Missverständnissen führen. Das Entwicklungsstottern wird nicht als „echtes" Stottern betrachtet. Es handelt sich vielmehr um eine Phase nicht flüssigen Sprechens während der Sprachentwicklung. Etwa achtzig Prozent der Kinder durchlaufen Phasen einer derartigen Sprechunflüssigkeit. Aus dem Entwicklungsstottern kann sich jedoch eine bleibende Sprechunflüssigkeit entwickeln. Allerdings lässt sich bislang nicht genau voraussagen, ob und unter welchen Bedingungen sich im Einzelfall aus einem Entwicklungsstottern ein echtes Stottern entwickeln wird.

- ***Beginn des Stotterns***

Meistens beginnt das Stottern während der Sprachentwicklung im dritten bis sechsten Lebensjahr. Siebzig bis neunzig Prozent der Kinder, die stottern, zeigen diese Auffälligkeit bereits vor dem achten Lebensjahr. Selten sind die Fälle, in denen sich das Stottern während der Pubertät entwickelt, und ganz selten beginnt es erst im Erwachsenenalter.

- ***Häufigkeit und Geschlechtsunterschiede***

Stottern tritt bei etwa vier Prozent der Kinder auf; im Alter zwischen zwei bis fünf Jahren sind die Jungen etwa fünfmal so häufig betroffen wie Mädchen. Unter den Erwachsenen liegt die Zahl der Menschen, die stottern, noch bei etwa einem Prozent; die Geschlechtsverteilung ändert sich im Verlauf der Entwicklung nicht.

- ***Ausnahmen***

Nahezu alle Menschen, die beim Sprechen stottern, können störungsfrei singen. Auch sprechen viele vollkommen flüssig, wenn sie flüstern, im Chor sprechen, bei Rollenspielen oder auch wenn sie ihre eigene Stimme nicht hören können. Warum dies so ist, wurde bisher nicht eindeutig geklärt. Die Befunde sprechen jedoch für die Funktionstüchtigkeit der Sprechorgane. Sehr eindrucksvoll kann vielen Menschen, die stottern, ihre Sprechfähigkeit beispielsweise auch im Autogenen Training demonstriert werden, weil ihnen meist im Zustand der Entspannung – zumeist zur eigenen Überraschung – ein freies Sprechen gelingt.

Zuordnen und verstehen

- ***situative Ereignisse***

Redeflussstörungen sind als situative Ereignisse zu verstehen. Sie treten bei den jeweiligen Menschen in bestimmten Kommunikationssituationen gar nicht, in anderen nur in leichter Form und in wieder anderen sehr ausgeprägt auf. Dies hat wesentlich damit zu tun, wie sehr der stotternde Mensch bei den anderen Menschen jeweils Verlegenheit, Beschämung, Unwillen oder Ungeduld wahrnimmt und dementsprechend sein eigenes Stottern bewertet. In der jeweiligen Situation spielen aber immer eine Vielzahl unterschiedlicher körperlicher, seelischer und eben interpersoneller Faktoren eine Rolle, so dass eindimensionale Erklärungsversuche das äußerst vielschichtige Problem des kindlichen Stotterns nicht erklären können.

Störung der Koordination

Neuropsychologisch kann das Stottern als eine Störung des Zusammenspiels der beim Sprechen notwendigen motorischen Abläufe aufgrund zu hoher Erregung und einer nicht gut gelingenden Erregungsverarbeitung verstanden werden. Heutzutage wird davon ausgegangen, dass eine Disposition zu einer solchen Koordinationsstörung vererbt werden kann. Damit ist gemeint, dass eine Bereitschaft vorliegt, die unter bestimmten begünstigenden Einflussfaktoren zum Stottern führen kann – aber keineswegs zwangsläufig dazu führt. Das heißt: Über diese Bereitschaft verfügen auch viele Personen, die niemals in ihrem Leben stottern.

sensible Phase

Innerhalb der normalen Sprachentwicklung gibt es im Alter zwischen dem dritten und sechsten Lebensjahr eine Phase, in der das Sprechverhalten noch nicht voll ausgebildet ist. Das Kind kann aufgrund seiner bis dahin noch ungeschulten und ungeübten Sprechtechnik das, was es sagen will, noch nicht flüssig hervorbringen. Dies beruht auf einem Missverhältnis zwischen seiner motorischen Sprechgeschicklichkeit und den Denkvorgängen. Die Folge sind Unterbrechungen des Redeflusses. Typische Merkmale des Stotterns treten – zumeist vorübergehend – auf. Es handelt sich um eine normale Phase der Sprechunflüssigkeit während der Sprachentwicklung, nämlich um das schon erwähnte Entwicklungsstottern, das bei den einzelnen Kindern sehr unterschiedlich ausgeprägt sein kann.

Während dieser Zeit des Lernen, in der ein flüssiges Sprechen oft noch nicht gelingt, ist das Sprechverhalten des Kindes leicht störbar. Wird es in dieser „sensiblen Phase“ von Erwachsenen oder älteren Geschwistern immer wieder ungeduldig unterbrochen, wird – meist gut gemeint – das Wort oder der Satz häufig für das Kind zu Ende gesprochen oder kommt das Kind aufgrund des Redebedürfnisses der Erwachsenen selten dazu, dass es seine Sätze zu Ende führen kann, so wird es allmählich in eine Verspanntheit geraten, sobald es nur zu sprechen beginnt. Manche Kinder werden dann blass oder rot, sobald sie anfangen zu sprechen. Sie schwitzen vor Angst und zeigen in Ansätzen die oben geschilderten Verspannungssymptome.

Störungsbewusstsein

Zunächst lassen die Kinder bei einem unflüssigen Sprechen in der Sprachentwicklungsphase ein Störungsbewusstsein nicht erkennen. Jedoch entwickelt sich das möglicherweise rasch aufgrund ungünstiger Reaktionen ihrer Umwelt und stellt dann die eigentliche Belastung für das Kind dar – viel stärker als die Sprechstörung selbst. Wird sich ein Kind seiner Sprechprobleme bewusst, wird es beginnen, Situationen zu vermeiden, in denen es sprechen muss und gleichzeitig fürchtet zu stottern. Es versucht, dem Spott oder Hohn, dem Mitleid oder der Verlegenheit, der Ungeduld oder der Kritik durch einen sozialen Rückzug zu entgehen. Überwiegt demgegenüber sein Mitteilungsbedürfnis – das übrigens bei Kindern, die stottern, oft hoch ist –, trägt es sehr viel Angst in die Sprechsituation mit der Folge, dass sein Stottern vermehrt auftritt.

- ***kritische Verhaltensweisen***

  Es gibt kritische Verhaltensweisen von Erwachsenen, die geeignet sind, ein Stotterverhalten zu verstärken: Dazu zählen alle Formen von Dirigismus in der Kommunikation, Ansprüche an das sprachliche Können des Kindes, die es nicht erfüllen kann, häufiges Unterbrechen und penibles Nachfragen, Intoleranz gegenüber Fehlern, mangelhaft ausgeprägtes Zuhören und eine Kommunikation, die nur so im Nebenbei mit dem Kind geführt wird.

- ***Nachahmen des Stotterns***

  Ältere Kinder neigen manchmal dazu, das Stottern nachzuahmen, aus Übermut, aber auch, um sich über den anderen lustig zu machen. Derartige Verhaltensweisen fördern nicht nur das Störungsbewusstsein des stotternden Kindes, sondern es erlebt sich zunehmend als andersartig und „nicht normal". Sein Selbstwertgefühl sinkt, und seine Selbstunsicherheit steigt. Auch die unter Erwachsenen erzählten Stottererwitze belasten Menschen, die stottern, und tragen dazu bei, sich ausgegrenzt zu fühlen.

- ***Leidensdruck***

  Zumeist erleben sich Kinder, die stottern, ihrer Auffälligkeit hilflos ausgeliefert. Sie können sie nicht willentlich beeinflussen. Ihre Versuche, gegen die Störung anzukämpfen, führen zu einem Anstieg ihrer Verspanntheit und zu einem vermehrten Stottern. Ein amerikanischer Sprachtherapeut hat den Satz geprägt: „Der Stotterer stottert, weil er versucht, nicht zu stottern." Der scheinbar paradox klingende Satz verweist darauf, dass alle Anstrengungen eines stotternden Kindes, gegen die Störung anzukämpfen, gerade dazu führen, dass die Verspannung steigt und damit das Stottern zunimmt.

- ***Mitbewegungen***

  Das gilt auch für die Mitbewegungen. Viele stotternde Menschen suchen nach Möglichkeiten, ihre Sprechunflüssigkeit zu vermeiden. Sie bemühen sich, mit Hilfe von Tricks den klemmenden Sprechablauf in Gang zu bringen, und führen die unterschiedlichsten Mitbewegungen beispielsweise im Gesicht, in der Schulterregion oder mit den Armen aus. Manche versuchen auch durch Bewegungen mit dem Fuß Hilfestellung zu geben. Andere haben die Erfahrung gemacht, dass sie besser reden können, wenn sie den Angesprochenen nicht anschauen. Es handelt sich also bei diesen Mitbewegungen oder Verhaltenseigenarten um Lösungs- oder Unterstützungsversuche, die jedoch häufig das Problem eher verstärken.

falsche Hilfestellungen ■

Viele gut gemeinte Reaktionen von Eltern und Erzieherinnen, von Geschwistern, Freunden und Bekannten führen genau zum Gegenteil dessen, was sie anstreben. Sätze fortzuführen, für oder an Stelle des stotternden Kindes zu sprechen oder ihm bei Blockaden das Wort „aus dem Mund zu nehmen", verstärken das Stottern. Jedes Aufmerksammachen auf den Sprechfehler hat ungünstige Auswirkungen. Es erhöht den Druck, den das Kind, das stottert, sowieso schon erlebt. Seine Schwierigkeiten werden hervorgehoben, die Sprechsituation bekommt zusätzlich einen unbehaglichen, unangenehmen Charakter. Das Kind erlebt vermehrt seine Schwäche, seine Unsicherheit und sein Minderwertigkeitserleben.

Einstellung gegenüber dem Stottern ■

Aufgrund der vielfältigen negativen Erfahrungen reagiert ein stotterndes Kind häufig sehr empfindlich auf die Einstellungen und Verhaltensweisen der Personen seiner Umgebung. Es registriert sehr aufmerksam, ob es beispielsweise einem Lehrer oder einem Fußballtrainer peinlich ist, wenn es stottert, ob er sich abwendet und den Blickkontakt vermeidet. Dies kann dazu führen, dass sich das Kind zurückzieht. Wenn ein Erwachsener mehrfach an Stelle des stotternden Kindes spricht, kann das als Missachtung oder Entmündigung erlebt werden. Wird ein stotterndes Kind auch nur gedanklich oder gefühlsmäßig von einem anderen abgewertet, wird an seiner Intelligenz gezweifelt, wird es bemitleidet, vielleicht sogar ein wenig als „Witzfigur" betrachtet, so sind dies alles Einstellungen, Haltungen und Verhaltensweisen, die sich mit Sicherheit negativ auf die Beziehung zwischen dieser Person und dem Kind auswirken.

Lösungen anregen und möglich machen

gelassene Aufmerksamkeit ■

In der Phase der intensiven Sprachentwicklung – also im dritten bis sechsten Lebensjahr – ist es völlig normal, dass ein Kind häufiger nicht flüssig spricht und stottert. Es braucht ein Kommunikationsklima, in dem es stottern darf und in dem ihm Zeit für seine Sprachäußerungen gewährt wird. Das Kind fühlt sich dann sicher und angenommen, gleichgültig, welches Sprechverhalten es zeigt. Eltern und Erzieherinnen schaffen ein solches Kommunikationsklima, indem sie dem Kind aktiv zuhören. Sie konzentrieren sich auf die Inhalte, die das Kind zum Ausdruck bringen will, und nicht auf die Form. Sie zeigen Interesse und bieten den Raum, dass es ungestört reden kann. Sie lassen das Kind ausreden, auch wenn dies manchmal länger dauert oder die Worte und Sätze nicht genau stimmen. Zuweilen wiederholen sie, was sie verstanden haben, und bestätigen die Aussage des Kindes. Mit ihrer ruhigen Gelassenheit vermitteln sie dem Kind die Sicherheit, dass dieses Entwicklungsstottern eine vorübergehende Erscheinung ist und dass es bald genau so flüssig sprechen wird wie alle anderen.

- ***positives Kommunikationsklima***

  Ein solches positives Kommunikationsklima ist umso wesentlicher, je mehr sich das Stottern eines Kindes verfestigt. Die akzeptierende, freundliche und dem Kinde zugewandte Aufnahme seiner Äußerungen wird jetzt noch wichtiger. Blickkontakt bei den – stockenden – Berichten des Kindes signalisiert Aufmerksamkeit und Interesse. Die Kinder kommen zu Wort und können ausreden. Die Antworten des Erwachsenen ermöglichen einen Dialog, in dem ein echter Austausch von Gedanken und Gefühlen zwischen Kind und Erzieherin zustande kommt. Das Interesse richtet sich auf die Äußerungen des Kindes selbst; demgegenüber ist ein stellvertretendes Sprechen eines Geschwisters oder eines Freundes nicht erwünscht. Niemand sollte Fürsprecherfunktion übernehmen. Grundsätzlich sollten die Eltern und Erzieherinnen viel und häufig mit dem Kind sprechen. Hilfreich ist eine gelassene, freundliche Atmosphäre ohne Konflikte und Spannungen, Zeitdruck und Ungeduld.

- ***Modellverhalten***

  Die Frage, mit welchem Sprachverhalten Eltern und andere Bezugspersonen das Stottern eines Kindes günstig beeinflussen können, ist durch die vorliegenden Forschungsergebnisse noch nicht eindeutig zu beantworten. Weitgehende Einigkeit besteht jedoch darüber, dass Eltern und Erzieherinnen so sprechen sollten, dass sie die Sprachkompetenz des Kindes nicht überfordern. Die Länge ihrer Sätze und die Wortwahl sollte dem sprachlichen Entwicklungsstand des Kindes angemessen sein. Die Sprechgeschwindigkeit sollte verlangsamt werden, aber nur so weit, dass sie noch natürlich klingt. Die Artikulation sollte klar und deutlich sein, aber ebenfalls nicht übertrieben wirken. Zu den Merkmalen einer günstigen Modellsprache gehört, dass sie variabel eingesetzt und vom Kind in der jeweiligen Situation als stimmig erlebt wird.

- ***Störungsbewusstsein vermeiden***

  Liegt eine bloße Sprechunflüssigkeit vor und hat das Kind kein Störungsbewusstsein entwickelt, so gibt es keinen Grund, mit dem Kind über sein „Stottern“ zu reden. Auch mit Hinweisen, dass dies völlig normal sei, würde man nur problematisieren, was kein Problem ist. Grundsätzlich sollten die Erwachsenen alles daran setzen, dass das Kind in der Zeit des Entwicklungsstotterns kein Störungsbewusstsein entwickelt. Dazu gehört, zu viele Korrekturen zu vermeiden, nicht zu unterbrechen, Sätze zu Ende aussprechen zu lassen und so fort. Die direkten Bezugspersonen sollten darauf achten, dass nicht weitere Kontaktpersonen des Kindes, wie zum Beispiel die Großeltern, Freunde oder Bekannte, unangemessen auf das Entwicklungsstottern reagieren und damit Unsicherheit oder Angst beim Kind auslösen.

- ***das Gespräch mit dem Kind***

  Hat sich jedoch bei einem Kind ein Störungsbewusstsein entwickelt und stellt es Fragen, so werden die sachlich und verständlich beantwortet. Stottern ist kein Tabuthema, sondern eine Schwierigkeit, über die gelassen und mit viel Verständnis und Einfühlung in die Situation des Kindes gesprochen werden kann. Jedes Kind kann gemäß seinem Entwicklungsstand über das Stottern informiert werden. Das schafft Sicherheit und vermeidet unnötige Beunruhigungen durch unzutreffende Fantasien. Erfahrungsgemäß sind Informationen darüber wichtig, dass keine Schädigung oder Missbildung seiner Sprechorgane vorliegen, dass Stottern nichts mit mangelnder Intelligenz zu tun hat und dass es nicht auf Spielkameraden übertragen werden kann. Hilfreich kann auch sein, das Kind darauf aufmerksam zu machen oder es erleben zu lassen, dass es singen oder zu mehreren im Chor sprechen kann, ohne dass ein Stottern auftritt. Derartige Erlebnisse können dem Kind Mut machen, insbesondere dann, wenn es schon Zweifel an der Verbesserung seiner Sprechfähigkeit entwickelt hat. Stottert ein Kind sehr und verspannt es beim Sprechen sichtlich, können auch seine Gefühle in dieser Situation reflektiert werden. Kinder reagieren zuweilen überrascht und fühlen sich akzeptiert und verstanden, wenn der Erwachsene nach einer Stottersituation formuliert: „Dies fiel dir jetzt richtig schwer auszusprechen."

Vermeidung vermeiden

„Wer vor dem Stottern davonläuft, hat schon verloren." Das Thema der Vermeidung ist sowohl für das betroffene Kind als auch für die Eltern und Erzieherinnen wichtig. Angst und Abwehr tabuisieren das Stottern häufig. Eltern eines stotternden Kindes sind oft innerlich erstarrt, fühlen sich schuldig und reagieren verschämt. Das macht es ihnen unmöglich, spontan, geduldig und zugewandt auf das Stottern des Kindes zu reagieren. Viele Kinder suchen das Sprechen zu vermeiden, ziehen sich zurück und kapseln sich ab. Entscheidend und allein hilfreich ist jedoch, dass Eltern und Kind lernen, das Sprechproblem anzunehmen, und dass sie gemeinsam einen Weg suchen, besser damit fertig zu werden. Liest oder hört man Berichte von Betroffenen, so wird deutlich, dass Akzeptanz für alle ein zentraler Begriff ist. Akzeptieren Eltern und Kind das Sprechproblem und wird es zu einer gemeinsamen Sache, verliert es an Bedeutung und seine zentrale Position. Andere Verhaltensweisen des Kindes können wieder gesehen und seine Stärken erkannt werden.

Ausnahmen suchen

Leitlinie für Eltern und Erzieher sollte sein, die enge Ausrichtung auf die Störung aufzugeben und sich auf die Sprechfähigkeiten zu orientieren. Kinder, aber auch Erwachsene, stottern nicht immer. Vielmehr gibt es Situationen, in denen sie ganz flüssig sprechen. Manchem Kind gelingt dies schon, wenn es sich allein oder mit ganz bestimmten Personen in einem Raum befindet; ein anderes ist in der Lage, bei der Aufführung eines Theaterstückes aufzutreten, ohne Sprechschwierigkeiten zu zeigen. Eltern sollten ihr Kind beobachten und versuchen herauszufinden, in welcher Situation ihr Kind flüssig spricht oder zumindest weniger stottert. Gelingt es, solche Situationen auszumachen, sollten sie möglichst häufig herbeigeführt werden.

- ***Normalität herstellen***

Ein stotterndes Kind möchte behandelt werden wie jeder andere Mensch auch. Es möchte, dass der Partner ihm zuhört, ihn respektiert, ihm mit Achtung begegnet, Interesse an seinen Äußerungen zeigt und sein Sprechverhalten akzeptiert. Es möchte im Kontakt mit dem Erwachsenen erleben, dass es beim gemeinsamen Spiel führen darf, dass es Zeit hat, Neues zu entdecken und seine Neugier zu befriedigen, dass seine Interessen wahrgenommen werden und ihnen gefolgt wird.

- ***fachliche Hilfen***

Wenn eine Sprechunflüssigkeit längere Zeit anhält und beispielsweise länger als sechs Monate in ausgeprägter Form in Erscheinung tritt, ist es sinnvoll, fachliche Hilfe in Anspruch zu nehmen. In Frage kommen Sprachheilpädagogen, Logopäden und Kinder- und Jugendpsychologen und -psychiater, die in der Behandlung stotternder Kinder Erfahrung haben. (Adressen von Logopäden und Logopädinnen und Sprachtherapeuten und Sprachtherapeutinnen können bei allen Krankenkassen erfragt werden.) Die Experten vermögen vor allem zwischen den temporären Entwicklungsunflüssigkeiten, einem beginnenden Stottern und einem schon manifesten Stottern zu unterscheiden. Einige der Kriterien, die dazu von Fachleuten herangezogen werden, sind:

- Die Dauer: Die Unflüssigkeiten bestehen bereits 6 Monate.
- Der Verlauf: Es deuten sich Mitbewegungen des Gesichts, des Rumpfes oder der Extremitäten an. Das Sprechen entwickelt sich von einem spannungsfreien Wiederholen zu einem Blockieren.
- Die Art der Symptomatik: Es treten vermehrt Dehnungen mit Tonhöhen- und Lautstärkenanstieg und Blockierungen mit sichtbarer Anstrengung auf.
- Die Reaktionen des Kindes: Das Kind zeigt Reaktionen auf seine Redeunflüssigkeit. Es bricht eine Äußerung ab oder vermeidet bestimmte Laute, Wörter oder Sprechsituationen.
- Sprachentwicklung und Mundmotorik: Es sind deutliche Defizite in der Sprachentwicklung festzustellen, und es zeigen sich Auffälligkeiten in der Mundmotorik.
- Die Einstellung der Eltern: Die Eltern sind der Überzeugung, dass das Stottern sich verfestigt hat und sich nicht mehr alleine zurückbilden wird.
- Eine familiäre Belastung: In der Familie findet sich zumindest eine weitere Person, die stottert.

- ***indirekte Behandlung***

Man unterscheidet zwischen indirekten und direkten Behandlungsformen. Indirekte Vorgehensweisen setzen nicht direkt am Stottern selbst an. Vielmehr wird beispielsweise mit dem Kind ein Aufmerksamkeitstraining, ein Motoriktraining oder ein Sprachtraining durchgeführt. Die Behandlung kann sich aber auch ausschließlich auf die Bezugspersonen konzentrieren. Zu den fachlichen Hilfen indirekter Art gehören zudem die verschiedenen Unterstützungsformen, die Eltern in Anspruch nehmen können. So kann ein Elterntraining durchgeführt werden, in dem ausführlich über das Stottern informiert und günstiges Eltern- und Erzieherverhalten geübt wird. Ebenso können Eltern eine Beratung in Anspruch nehmen, in der sie ihre Gefühle und ihre Haltung gegenüber dem Stottern ihres Kindes reflektieren und ihr daraus resultierendes Verhalten überdenken können. Schließlich können Eltern auch als Ko-Therapeuten eingesetzt werden und nach Anleitung therapeutische Übungen mit dem Kind durchführen. Hilfreich ist im Übrigen auch die Teilnahme an einer Selbsthilfegruppe.

direkte Behandlung

Meist wird eine direkte Behandlung eingeleitet, wenn die indirekten Therapiemaßnahmen keine Veränderung gezeitigt haben. In ihr wird versucht, eine Veränderung des Sprechmusters mit Hilfe variabler Sprechhilfen zu erreichen. Zu diesen logopädischen Therapieverfahren gehören zum Beispiel: systematisierte Sprechübungen – Veränderungen von Tempo, Lautstärke, Stimmeinsatz und Sprachmelodie – akzentuiertes, prolongiertes oder rhythmisches Sprechen – Sprechhilfen – sprechbegleitende Gebärden – Simultan- und Schattensprechen – Taktgeber zur Rhythmisierung des Sprechens – Maskierung (über Kopfhörer eingespieltes Rauschen verhindert eine akustische Rückkopplung beim Sprechen) und andere Maßnahmen.

Selbsthilfe

Manche Kinder können sehr von speziellen Computer-Programmen (zum Beispiel dem Programm „Speak Gentle") profitieren. Im übrigen ist auf Selbsthilfegruppen zu verweisen. Informationen sind erhältlich bei der „Bundesvereinigung Stotterer-Selbsthilfe" (Gereonswall 112, 50670 Köln, info@bvss.de, www.bvss.de).

Weitere Stichworte:

- Aufmerksamkeits- und Aktivitätsstörung
- Artikulationsstörung
- Poltern
- Sprachentwicklungsverzögerung
- Sprachstörung

Literatur: 18, 19, 27, 62, 67, 83, 92, 101, 129, 189, 203, 213, 223, 235, 236

Tagträumen

Wahrnehmen und bewerten

Merkmale

Unter Tagträumen oder Wachträumen wird ein Träumen und Fantasieren im Wachzustand verstanden. Damit unterscheidet sich das Tagträumen vom Träumen im Schlaf, von Fantasiegebilden, die in Dämmerzuständen nach starker körperlicher Erschöpfung (Ermüdung) auftreten können, und von Fantasien, die durch Delirien oder Dämmerzustände bei fieberhaften Erkrankungen oder Vergiftungen entstehen können. Tagträumer wirken abwesend, wortkarg, „verträumt", nicht bei der Sache. Sie wenden ihr Interesse und ihre Aktivität von der Außenwelt ab, um sich ihrer inneren Realität zuzuwenden.

Mit dieser Hinwendung zu inneren Prozessen ist nicht zwangsläufig verbunden, dass ein Kind den Bezug zur äußeren Situation verliert. Aber es kann sich seinen Tagträumen zuweilen so hingeben, dass es sich der Wirklichkeit seiner Umwelt für Momente nicht mehr bewusst ist. Es kommt jedoch nicht zu einer Vermischung von Traumwelt und Realität. Vielmehr interessiert sich ein tagträumendes Kind zur Zeit nicht für seine äußere Umgebung, findet aber bei Störungen oder Ansprachen sofort wieder zurück in die Wirklichkeit. Tritt ein wirklicher Realitätsverlust auf, kann nicht mehr von einem Tagträumen gesprochen werden.

Normalität

Tagträumen ist ein allgemein menschliches Phänomen. Jeder hat sich wohl schon einmal seinen Wachträumen hingegeben, hat geträumt und sich dem zugewandt, was zu diesem Zeitpunkt von besonderer Bedeutung für ihn war, sei es einer mehr oder weniger im Bereich des Möglichen liegenden, erwünschten (erträumten) Situation oder sei es allein einem Gefühl der Entspannung und Zufriedenheit.

Inhalte

Die individuellen Inhalte des Tagtraumes sind so vielfältig, wie die Skala individueller Wünsche, Hoffnungen, Bedürfnisse und Belastungen. In den Tag- oder Wachträumen spiegeln sich die wechselnden Interessen, Probleme und Lebensziele eines Menschen während seines Lebenslaufs. Wenn auch die Trauminhalte immer wieder ganz anders sind, so scheinen doch bestimmte Themen besonders häufig aufzutreten. So gibt es beispielsweise die Wunschträume, in deren Mittelpunkt eine Wunscherfüllung steht, die Heldenträume, in denen das Bedürfnis, als Held gefeiert zu werden, „ausgeträumt" wird, es gibt die Probierträume, in denen das Verhalten in möglichen zukünftigen Realsituationen durchgespielt wird, und schließlich die Angstträume, in denen bedrohliche, Angst und Schrecken auslösende Bilder vorherrschen. Grundsätzlich korrespondieren die Inhalte von Tagträumen mit der augenblicklichen individuellen Lebenssituation eines Kindes und seinem Entwicklungsstand.

begünstigende Faktoren

Dieses ganz normale Tagträumen tritt beispielsweise auf, wenn Kinder allein sind oder sich einsam fühlen. Oft suchen sie dann einen abgelegenen, ruhigen Ort auf, um sich ihrem inneren Erleben zuwenden zu können. Begünstigt wird das Auftreten von Wachträumen durch heißes und schwüles Wetter, das die allgemeine Aufmerksamkeit senkt und damit zu einem träumerischen Dösen führen kann. Ebenso kann eine allgemeine Müdigkeit und Langeweile oder eine monotone Tätigkeit zum Tagträumen führen. Das Rauschen eines Baches, das gleichmäßige Geräusch beim Auto- oder Zugfahren oder eine wenig aufmerksamkeitsfordernde eintönige Tätigkeit fördern das Wachträumen. Auch die monotone Vortragsweise eines Lehrers kann leicht Langeweile und Träumereien auslösen, insbesondere wenn der Inhalt den Schüler oder die Schülerin kaum interessiert. Besonders anfällig sind hier Kinder, die auch sonst schon durch Aufmerksamkeits- und Aktivitätsprobleme auffallen. In solchen Stunden, in denen ein Kind in eine passive Zuhörerrolle gebracht wird, liegt es nahe, sich in die Welt der Träume zurückzuziehen.

Nutzen des Tagträumens

Im Tagtraum lebt das Kind unerfüllte und auch unerfüllbare Wünsche und Bedürfnisse aus. Es kann sich auf diese Weise psychische Entlastung und Entspannung verschaffen, wodurch das Tagträumen eine hohe Bedeutung für die psychische Gesundheit hat. Nicht zufällig wird das Tagträumen auch in der Psychotherapie eingesetzt, beispielsweise durch die Methode des „gelenkten Tagtraumes" oder mit den Fantasiereisen im Katathymen Bilderleben. Das Kind kann im Tagtraum aber auch Zukünftiges vorweg fantasieren (wie ein Sportler, der in Gedanken den Ablauf seines Laufes oder seines Sprunges immer wieder durchspielt), im Tagtraum verschiedene Möglichkeiten zukünftiger Lebensrollen und -situationen imaginieren und sich damit auf die Realität vorbereiten. Allgemein bekannt ist das Vorwegnehmen von Berufsrollen in der Wachfantasie, das besonders in der Pubertät (in der Tagträumen häufig ist) auftritt.

Tagträumen als Verhaltensauffälligkeit

Als auffälliges Verhalten sollte ein exzessives Tagträumen gewertet werden, bei dem sich Kinder tagsüber über lange Zeit in Wachfantasien zurückziehen und sich den Alltagssituationen und Alltagsanforderungen kaum noch stellen. In der Schule können sie sich nicht mehr oder kaum noch dem zuwenden, was gerade besprochen wird; sie wirken abwesend und lassen in ihren Leistungen nach. Auch sind sie an Spielen und sonstigen Aktivitäten ihrer Altersgruppe wenig interessiert und ziehen sich zurück. Mitschüler und Mitschülerinnen, Freunde und Freundinnen verspotten sie wegen ihrer inaktiven, verträumten

Art. Sie sind in Gefahr, zu Einzelgängern und Außenseitern zu werden. In der Familie sind sie ebenfalls die Stillen, Unauffälligen, aber auch diejenigen, die hier allem aus dem Wege gehen und sich zurückziehen.

Auffällig sind auch die Trauminhalte bei exzessiv träumenden Kindern, die häufig über eine lange Zeitspanne wieder und wieder dieselbe Idee in ihren Tagträumen ausleben. Ihre Ausgestaltung ist zumeist wenig differenziert, eher eintönig, stereotyp. Insgesamt verweist exzessives Tagträumen auf einen Entwicklungsstillstand, auf ein Stagnieren und auf psychische Probleme, zu deren Überwindung das Kind der Hilfe bedarf.

Zuordnen und verstehen

- ***„Aschenputtelsituation"***

  Zu überlegen, welche Faktoren dazu beitragen, dass das Kind exzessiv träumt, bedeutet, danach zu fragen, was das Leben des Kindes so unerfreulich und problematisch macht, dass es sich vor der Wirklichkeit in eine Traumwelt flüchtet, dass die Tagträume mehr Reiz und Befriedigung vermitteln als die aktive Auseinandersetzung mit realen Situationen in Familie und Schule, bei Sport und Spiel. Beispielhaft sind diejenigen Träumer, die sich nicht angenommen und gegenüber anderen Kindern benachteiligt fühlen. Sie erleben eine „Aschenputtelsituation", suchen in ihren Fantasien Trost und sind bestrebt, Kummer und Missbehangen wenigstens für kurze Zeit aus ihrem Bewusstsein zu verdrängen. (Das Märchen ist ein anschauliches Beispiel für die Thematik solcher Wachfantasien.)

- ***Erleben, minderwertig zu sein***

  Wenn Kinder ständig die Erfahrung machen müssen, dass sie den Erwartungen ihrer Beziehungspersonen nicht genügen, wenn ihnen vermittelt wird, dass sie dumm und unzureichend sind, und wenn sie dadurch in ihrer Selbstständigkeitsentwicklung und in der Ausbildung altersgemäßer Fähigkeiten und Fertigkeiten gehemmt wurden, erleben sie sich als minderwertig. Sobald sie sich mit den gleichaltrigen Mitschülern und Freunden vergleichen, erkennen sie ihre Unterlegenheit. In ihren Tagträumen suchen sie sich einen Ausgleich für ihre Minderwertigkeitsgefühle, indem sie in ihren Vorstellungen große und von allen bewunderte Leistungen vollbringen. Je intensiver und häufiger sie sich jedoch in ihren Tagträumen verlieren, umso geringer wird die Zeit, in der sie sich aktiv altersentsprechenden Tätigkeiten zuwenden. Dadurch geraten sie gegenüber den Gleichaltrigen immer mehr ins Hintertreffen, die Enttäuschungen in der Realität vermehren sich und die Versuchung wächst, diese wiederum durch eine Flucht in den Tagtraum auszugleichen. Das aber weckt zusätzlich Schuld und Schamgefühle. Das Kind leidet unter seiner Neigung, sich etwas so Nichtigem wie dem Tagtraum hinzugeben und seine Alltagspflichten zu vernachlässigen. Enttäuschungen und Schuldgefühle verstärken erneut die Unerfreulichkeit seiner Lebenssituation. Die Folge ist, dass es wiederum die „Lösung" seiner Probleme im Träumen sucht.

Erleben der Einsamkeit

Auch Einsamkeit kann Anlass für ein Kind sein, sich eine Traumwelt zu schaffen und dort in seinen Vorstellungen Kontakt und Geborgenheit zu erleben. Kinder, die wegen der eigenen langdauernden Erkrankung oder der chronischen Erkrankung oder Behinderung eines Geschwisters oder aber infolge der Berufstätigkeit beider Eltern an entfernten Orten häufig allein gelassen werden, und Kinder, die aufgrund einer Sprachbarriere isoliert sind, können das Erleben entwickeln, keinen Menschen zu haben, dem sie sich anvertrauen können. Sie erfahren zu wenig Ansprache und Anregungen, so dass sie ihr Problem dadurch „lösen", dass sie sich eine innere Traumwelt aufbauen.

Schockerlebnisse

Traumatisierende Erlebnisse können und werden häufig in Tagträumen aufgearbeitet. Doch manchmal gelingt das nicht oder nur sehr schwer. Das Kind erreicht es nicht, sich von dem belastenden Erlebnis allmählich innerlich zu distanzieren, so dass es ohne fremde Hilfe zum Gefangenen seiner Träume wird. Eine solche Situation kann über Jahre aktuell bleiben und eine große Belastung für das Kind und seine Entwicklung bedeuten.

Not- und Belastungssituationen

Auch wenn ein Kind in einem wenig angemessenen, unkindgemäßen und überfordernden Erziehungsklima aufwachsen muss, wenn die Familienatmosphäre beispielsweise durch ständige Streitereien der Eltern unerträglich belastet ist, kann ein Kind sich seinen Ausweg in der Flucht in angenehme Tagträume suchen. Zuweilen geschieht es aber auch, dass eine ganze Familie unter dem Druck von Krankheiten, Arbeitslosigkeit oder inneren Zerwürfnissen mit einer Art Tagtraum eine Scheinwelt aufbaut, die das Kind von der Realität entfremdet. Die dabei auftretenden Widersprüche und Unvereinbarkeiten zwischen der Welt der Familie und der Welt draußen sind dann schwer zu überbrücken und kosten das Kind große Anstrengung.

Einengung der kindlichen Bedürfnisse

Seinem Alter gemäß entwickelt ein Kind im psychischen und im körperlichen Bereich spezielle Bedürfnisse. Erlebt es sich als zu sehr eingeschränkt und beengt, ist es vielleicht zur „Bravheit" und „Überanpassung" erzogen worden, sieht es sich daran gehindert, seine kindgemäßen Bedürfnisse in Spiel und Sport, im Herumtollen mit Gleichaltrigen und in der spontanen Freude an einem aktiven Handeln auszuleben, so mag es sein, dass es sich in eine Traumwelt flüchtet. Eine ständige Begegnung mit einschränkenden Forderungen führt zu Spannungen zwischen den altersgemäßen Wünschen und den einschränkenden Ver-

und Geboten. Die „Lösung" des Kindes, seine Bedürfnisse in einem Tagtraum auszuleben, kann dann zu einer Abwendung von der äußeren Realität führen, die Auseinandersetzung des Kindes mit seiner Umwelt verhindern und wiederum zu einem Entwicklungsstillstand führen.

Lösungen anregen und möglich machen

- ***Akzeptanz der „Lösung" des Kindes***

Tagträumen – das wurde schon gesagt – ist häufig ein sehr angemessenes Mittel, belastende Situationen zu verarbeiten und sich auf schwierige Situationen vorzubereiten. Die Flucht in eine Traumwelt ist für ein Kind deshalb eine nahe liegende Lösung einer unerträglichen Situation. Aber wie so oft wird auch hier die Lösung zum Problem. Ermahnungen allerdings, „nicht so dumm herumzusitzen", Verbote, „ständig vor sich hin zu träumen und zu schlafen", Vorwürfe und Strafen mit dem Ziel, das Träumen zu verhindern, werden das wirkliche Leben des Kindes nur noch unerfreulicher erscheinen lassen und es weiter in ein exzessives Tagträumen treiben. Wenn man demgegenüber davon ausgeht, dass das Kind einen im Prinzip ja richtigen Weg beschreitet, um ein zumindest in seinem Erleben ganz schwieriges Problem zu lösen, kommt man einem Verstehen näher und damit zu Ideen, wie dem Kind zu helfen ist.

- ***hilfreiche Fragen***

Erlebt das Kind sich angenommen und gewertschätzt? Wird seine besondere Art respektiert und anerkannt? Fühlt sich das Kind einsam und allein gelassen? Erfährt das Kind in ausreichendem Maße Anregungen und Impulse, sich mit neuen und altersentsprechenden Aufgaben auseinander zu setzen? Ist es körperlich fit und gesund oder wegen einer chronischen Erkrankung häufig müde, abgespannt und überfordert?

- ***Gemeinschaftsleben***

Kinder müssen sowohl allein sein dürfen, als auch in der Gemeinschaft leben. Dabei muss jedes einzelne Kind für sich das passende Gleichgewicht zwischen diesen Polen finden. Dieses Gleichgewicht ist beim wachträumenden Kind gestört. Auch wenn viele Kinder, die zum Tagträumen neigen, eher ruhig und introvertiert sind, leben sie zu wenig den sozialen Kontakt. Ein intensiver Tagträumer braucht deshalb die Begegnung mit einem anderen Menschen. Das heißt: Es braucht seinen Vater, seine Mutter, seine Erzieherin. Diese sollten sich auf das Kind einlassen, ihm zuhören, ihm ihr Interesse an seinen Gedanken und Wünschen zeigen. Dabei ist es aber wichtig, abwarten zu können und Geduld zu haben, damit das Kind sich aus seiner Zurückgezogenheit allmählich löst. Unangemessen und gefährlich wäre es, einen Gemeinschaftsbezug erzwingen zu wollen, das Kind gegen seinen Willen in eine Gleichaltrigengruppe zu drängen oder ähnliche Maßnahmen durchzudrücken. Entscheidend ist das schrittweise, der Situation des Kindes angemessene Wecken seines Interesses an einer sozialen Beziehung und an sozialen Aktivitäten.

Anregen zur Aktivität ■

Ziel ist es, ein Kind, das zum Träumen neigt, darin zu unterstützen, zu einer aktiven und zupackenderen Einstellung zu finden. Dabei ist wesentlich, es allmählich und ohne Zwang zu einer Beteiligung an Spiel und Sport zu führen und ihm über Erfolgserlebnisse Freude an seinem Tun zu vermitteln. So sollte man lebhaften Anteil an seinen Aktionen nehmen und gemeinsame Unternehmungen planen, dabei jedoch berücksichtigen, dass das Kind leidet. Ein Übermaß an eigener Aktivität führt zu einem „Überfahren" des Kindes; seine Impulse zum aktiven Handeln werden zerstört, und es wird wieder mutlos.

Zielvorstellungen wecken ■

Eltern und Erzieher sollten versuchen, mit dem Kind realistische Zielvorstellungen zu entwickeln, auf die es sich mit Freude ausrichten kann. Dies können sie dadurch erreichen, dass sie das Kind sich ausmalen lassen, was es tun würde, wenn es aktiv und mit Freude – so wie es sich das wünscht – durchs Leben gehen würde. Wie würde es sich dann ganz konkret und genau verhalten? Je präziser diese Beschreibungen gelingen, umso eher kann man dem Kind dabei helfen, einzelne dieser Verhaltenselemente jetzt schon umzusetzen.

Im übrigen empfiehlt es sich, mit dem Kind Pläne zu schmieden und beispielsweise zukünftige Anschaffungen mit ihm zu besprechen. Man sollte das Kind einerseits in die alltäglichen Entscheidungen mit einbeziehen und sein Interesse an der Ausgestaltung des Familienlebens wecken und andererseits seine Vorstellungen über seine eigene Zukunft mit ihm erörtern. Zentraler Punkt bei allen Gesprächen ist es, das Kind ernst zu nehmen und seine Ansichten zu respektieren, was nicht bedeutet, alle seine Meinungen zu teilen. Die eigene Position sollte ebenso deutlich werden, und aus dem gleichberechtigten Nebeneinanderstehen der Ansichten kann sich der Dialog entwickeln.

Weitere Stichworte:

- Angst
- Aufmerksamkeits- und Aktivitätsstörung
- Schüchternheit
- Schulangst

Literatur: 57, 72, 102, 114, 115, 145

Ticstörungen

Wahrnehmen und bewerten

Was ist ein Tic?

Ein Tic ist eine unwillkürliche, rasche, wiederholte, nicht rhythmische Bewegung meist umschriebener Muskelgruppen (motorischer Tic) oder ein unwillkürliches, plötzlich einsetzendes Hervorbringen von Lauten, die keinem offensichtlichen Zweck dienen (vokale Tics). Der Begriff „Tic" ist ein Fachausdruck und unterscheidet sich dadurch von dem umgangssprachlichen Wort „Tick", das im Sinne von „merkwürdige Angewohnheit", „Schrulle" oder „Klaps" („jemand tickt nicht richtig") verwandt wird. Tics werden zwar generell als nicht willkürlich beeinflussbar erlebt, sie können aber für eine gewisse Zeit unterdrückt oder verstärkt werden. Bei Belastungen treten sie vermehrt auf, und während des Schlafs verschwinden sie weitgehend, wenn auch nicht vollständig, wie früher angenommen. Der Betroffene kann sich jedoch am nächsten Tag nicht daran erinnern. Aber das nächtliche Auftreten der Tics beeinträchtigt die Erholung durch den Schlaf, so dass der Betroffene sich am nächsten Tag müde und abgeschlagen fühlt, ohne dafür eine Erklärung zu haben.

motorische Tics

Motorische Tics sind hinsichtlich ihrer Art, Intensität und Komplexität sehr variantenreich. Es gibt die einfachen motorischen Tics wie zum Beispiel das Augenblinzeln, das Grimassieren, das Augenverdrehen, das Schulterzucken, das Kopfrucken und das Hochziehen der Schultern. Zu den selteneren komplexen Tics zählen das Hüpfen, das Springen, das Klatschen, das Berühren, das In-die-Hocke-gehen oder andere, oft bizarr wirkende Arm- und Rumpfbewegungen. Die einfachen motorischen Tics sind häufig so gering, dass sie als „Eigenart" oder „Nervosität" verkannt werden. Einige der komplexeren motorischen Tics werden zusätzlich mit spezifischen Begriffen belegt: Als Echopraxie bezeichnet man, wenn Bewegungen, Gesten und Handlungen anderer Menschen übernommen und nachgeahmt werden. Bei der Kopropraxie werden Bewegungen mit obszönen Inhalten gemacht (zum Beispiel das Mittelfingerzeichen „Stinkefinger" oder das Berühren der eigenen Genitalregion). Als Touching kennzeichnet man ein unwillkürliches Berühren von Gegenständen und Personen, häufig lediglich mit einem kurzen Antippen, seltener mit Berührungen des Gegenüber zum Beispiel an dessen Brust, Gesäß oder im Genitalbereich. Manchmal werden motorische Tics in willentliche Bewegungen eingebettet, damit die Tics Außenstehenden nicht auffallen.

vokale Tics

Unter einem vokalen Tic wird das unwillkürliche Hervorbringen von Lauten und Geräuschen sowie Wörtern, Sätzen oder Kurzaussagen verstanden. Vokale

Tics sind zum Beispiel ein unwillkürliches, wiederkehrendes Husten, ohne dass eine Erkältung vorliegt, ein Schnüffeln, Grunzen oder Summen, ein Bellen, Fiepen oder Zischen, ein lautes Ein- und Ausatmen oder auch ein lautes Schreien. Auch bei den vokalen Formen werden einige besonders bezeichnet: Als Palilalie kennzeichnet man die Wiederholung von gerade selbst gesprochenen Wörtern (ausgeprägte Formen können an Stottern erinnern). Bei der Echolalie werden Wörter oder ganze Sätze, die andere gesprochen haben, nachgesprochen und wie ein Echo ohne erkennbaren Grund wiederholt. Bei der Koprolalie werden sozial wenig akzeptierte Wörter mit obszönem Inhalt unwillkürlich und heftig herausgeschleudert. Eine ausgeprägte Koprolalie ist selten, führt jedoch in der Regel zu erheblichen sozialen Schwierigkeiten.

die vorübergehende Ticstörung ■

Bei den Ticstörungen imponiert eine große Variation des Schweregrades der Störung, so dass zwischen den vorübergehenden, den chronischen Ticstörungen und dem Tourette-Syndrom unterschieden wird. Die vorübergehende Ticstörung ist die häufigste Form. Sie kann schon in einem Alter von zwei Jahren beobachtet werden. Am meisten verbreitet ist sie im Alter von fünf bis sieben Jahren. Das am häufigsten anzutreffende Symptom betrifft die Augen in Form von Augenblinzeln. Aber auch eine Vielzahl anderer Tics wie Grimassieren oder Kopfschütteln können beobachtet werden. Die vorübergehenden Tics dauern gewöhnlich eine Woche bis wenige Monate, keinesfalls länger als ein Jahr. Auch wenn der Tic vollständig verschwunden ist, ist es möglich, dass er später noch einmal auftritt, und zwar dann, wenn das Kind unter einem erheblichen Stress steht.

die chronische Ticstörung ■

Von einer chronischen Ticstörung spricht man, wenn die Tics mehr als zwölf Monate anhalten, motorische und vokale Ticstörungen jedoch nicht gemeinsam auftreten. Sie können als Einzeltic imponieren, jedoch auch als multiple Tics ausgeprägt sein. In der Zeit der Pubertät verschwindet die Störung häufig spontan. Jedoch gibt es auch Fälle, bei denen es im weiteren Lebenslauf zu einer Verschlechterung der Symptomatik kommt.

Tourette-Syndrom ■

Als Tourette-Syndrom oder Gilles-de-la-Tourette-Syndrom bezeichnet man, wenn bei einem Menschen gegenwärtig oder in der Vergangenheit multiple motorische Tics und ein oder mehrere vokale Tics auftreten oder aufgetreten sind. Die vokalen Tics wie Räuspern, Grunzen oder obszöne Wörter werden explosiv hervorgeschleudert. Die Tics treten mehrmals täglich (meist anfallsartig) und fast an jedem Tag länger als ein Jahr auf. Der betroffene Körperteil, die Anzahl, die Häufigkeit, die Komplexität und der Schweregrad der Tics können sich im Verlauf der Zeit ändern. Der Beginn einer Tourette-Störung liegt in der Kindheit oder Adoleszenz (meist vor Vollendung des vierzehnten Lebensjahres). Das Durchschnittsalter bei Beginn beträgt sieben Jahre. Üblicherweise finden sich in der Vorgeschichte zunächst motorische Tics, bevor sich vokale Tics – häufig in einem Abstand von zwei bis vier Jahren – entwickeln. In der Adoleszenz verschlechtern sich die Symptome häufig, und üblicherweise überdauert die Störung bis ins Erwachsenenalter.

- ***Störungskontinuum***

  Mittlerweile wird die Ansicht vertreten, dass die Ticstörungen ein sich entwickelndes Störungskontinuum darstellen. Dies beginnt mit den kurzdauernden und meist vorübergehenden Tics des Kindesalters und kann dann über die chronischen motorischen oder vokalen Störungen hin bis zum Gilles-de-la-Tourette-Syndrom führen. Trotzdem werden – wie dargestellt – verschiedene Abschnitte des angenommenen Kontinuums getrennt betrachtet, da sie normalerweise gut abgrenzbar sind und sich jeweils unterschiedliche Behandlungsmöglichkeiten beschreiben lassen. Vor allem kommt es immer nur in wenigen Fällen zu dem beschriebenen Verlauf von der vorübergehenden Ticstörung bis hin zum Tourette-Syndrom.

- ***das Erleben des Tics***

  Jüngere Kinder scheinen vor dem Auftreten eines Tics keine besonderen Empfindungen zu verspüren. Vom zehnten Lebensjahr an werden jedoch häufiger Vorgefühle vor Auftreten des Tics wahrgenommen. Die Kinder schildern beispielsweise ein Kribbeln oder Spannungsgefühle. Leicht ausgeprägte Tics werden aber auch in diesem Alter nicht im Voraus gespürt, zuweilen sogar der Tic selbst nicht. Das Auftreten eines Tics ist im Übrigen üblicherweise nicht mit Schmerzen oder sonstigen Beschwerden verbunden. Es gibt jedoch auch motorische Tics, bei denen es dadurch zu Selbstverletzungen kommt, dass ein Kind sich heftig schlägt.

- ***weitere Verhaltensauffälligkeiten***

  Vielfach weisen Kinder und Jugendliche mit einer chronischen Ticstörung oder mit dem Tourette-Syndrom noch andere Verhaltensauffälligkeiten auf. Etwa die Hälfte zeigen eine Aufmerksamkeits- und Aktivitätsstörung, die üblicherweise schon vor der Ticsymptomatik in Erscheinung tritt. Zudem ist die Zwangsstörung eng mit der Tourette-Störung verbunden. Weitere beobachtete Verhaltensauffälligkeiten sind: Sprechstörungen, Schulleistungsprobleme, Schlafstörungen, Rückzugsverhalten, Ängstlichkeit, Niedergeschlagenheit bis hin zu selbstverletzendem Verhalten. Kinder mit einem Tourette-Syndrom weisen zu neunzig Prozent noch weitere Störungen auf.

- ***Geschlechts- und Familienabhängigkeit***

  Alle Daten verweisen darauf, dass das männliche Geschlecht wesentlich häufiger von einer Ticstörung betroffen ist als das weibliche. Auch wenn die Häufigkeitsangaben etwas schwanken, so kann davon ausgegangen werden, dass die Störung etwa zwei bis dreimal häufiger bei Jungen auftritt als bei Mädchen. Ebenso findet sich eine Häufung von Störungen in manchen Familien. Eine unmittelbare Erblichkeit ist jedoch nicht bekannt, während man von einer ererbten Bereitschaft, einen Tic zu entwickeln, heute ausgeht. Diese Bereitschaft führt jedoch nicht zwangsläufig zum Erscheinungsbild einer Ticstörung; vielmehr müssen andere auslösende oder fördernde Faktoren hinzutreten. In diesem Zusammenhang ist bedeutsam, dass bei etwa dreißig bis sechzig Prozent der Betroffenen mit einem Tourette-Syndrom gleichzeitig Zwangshandlungen vorliegen. Als neurobiologisches Substrat wird von einem Ungleichgewicht der zentralnervösen Botenstoffe (Neurotransmitter) ausgegangen, und zwar von einer Dopamin-Überfunktion und wahrscheinlich auch einer Serotonin-Unterfunktion.

Häufigkeit

Insgesamt geht man davon aus, dass zwei Prozent aller Kinder an Tics leiden. Wegen des Überwiegens der Ticstörungen im jüngeren Alter sind es neun Prozent, wenn man nur auf die Gruppe der Kinder bis zum neunten Lebensjahr schaut. Für das Tourette-Syndrom schätzt man die Zahl der Fälle auf fünf von 10.000 Kindern.

Zuordnen und verstehen

Erklärungsmodell

Für das Entstehen von Tics gilt heute folgendes Erklärungsmodell: In unserem Gehirn gibt es bestimmte Gruppen von Nervenzellen, die sogenannten Basalganglien, die für die automatische Kontrolle von Bewegungen zuständig sind. Offensichtlich ist diese automatische Bewegungskontrolle bei Menschen, die ein Ticverhalten zeigen, gestört. Das hat zur Folge, dass bestimmte Bewegungsmuster „ungebremst“ nach außen dringen. Allerdings sind Menschen, die ein Ticverhalten zeigen, in der Lage, willentlich einen anderen Bereich des Gehirns, das Stirnhirn, einzusetzen, um die mangelnde automatische Kontrolle zu ersetzen. Es wird sozusagen von Automatik auf Handbetrieb umgestellt. Diese willentliche Unterdrückung der Tics ist aber ungemein anstrengend und deshalb nur für eine begrenzte Zeit möglich. Vokaltics können übrigens auf diese Weise gar nicht unterdrückt werden.

Um diese Abläufe bei einer Ticstörung besser zu verstehen, kann man an das Beispiel des Schluckaufs denken. Der Schluckauf ist zwar eine gewisse Zeit unter Kontrolle zu halten. Dann aber spürt man, dass dies immer schwieriger wird, bis ein Unterdrücken nicht mehr möglich ist und das Zucken durch den ganzen Körper geht. Etwas Ähnliches geschieht zuweilen kurz vor dem Einschlafen: Ein plötzliches unwillkürliches Zucken schießt durch den ganzen Körper oder eine bestimmte Körperregion. Hier scheint im Augenblick des Einschlafens ebenfalls „die automatische Bremse" nicht so perfekt zu funktionieren, wie sie es sonst bei der Mehrzahl aller Menschen tut.

- ***Kontrollmöglichkeit***

  Dieses Erklärungsmodell ist nützlich, um Kindern und Jugendlichen ebenso wie Erwachsenen ihrer Umgebung zu erklären, wieso sie die Tics, die doch so weitgehend unwillkürlich auftreten, doch immer wieder auch willentlich kontrollieren können. So ist es möglich, dass Betroffene entweder für wenige Minuten oder manchmal sogar auch für Stunden ihren Tic unterdrücken. Beispielsweise kann es einem Kind gelingen, die Klasse zu verlassen, bevor es zu einer Ticbewegung kommt, oder es ist in der Lage, während der Schulzeit oder auf dem Nachhauseweg den Tic – zum Beispiel das Ausstoßen eines Schreies – zu unterdrücken und ihn erst im häuslichen Bereich zu äußern. Zur Verwirrung in der näheren Umgebung des Kindes trägt zuweilen auch bei, dass einzelne Symptome zum Beispiel nur in der Schule auftreten, aber nicht zu Hause, oder umgekehrt.

- ***entspannende und belastende Tätigkeiten***

  Motorische und vokale Tics werden in der Regel durch Stress, Müdigkeit, Angst oder Aufregung verstärkt und durch entspannende oder durch konzentrative Tätigkeiten vorübergehend gemildert (manchmal treten die Tics aber auch nach Spannungssituationen in der Phase der Entspannung für eine gewisse Zeit vermehrt auf). So ist es durchaus möglich, dass ein Kind den aufkommenden Impuls durch eine konzentrative Aktivität beherrscht. Vielfach jedoch wird ihm das trotz seiner Anstrengungen nicht gelingen: Es kommt dann zur Ticäußerung, die einhergeht mit dem Gefühl der Entlastung von einer inneren Spannung. Innerhalb von Sekunden und Minuten kann diese Phase der Entlastung allerdings wieder vorbei sein, und das Kind wird einer erneuten Welle von innerer Anspannung ausgesetzt.

- ***Abhängigkeit von Stress***

  Die Stressabhängigkeit von Ticstörungen ist unbestritten. Tics treten bei emotionalen Belastungen vermehrt auf, und sie nehmen in entspannenden, angstfreien Situationen zumindest ab. Als Stressfaktoren werden einerseits die üblichen kritischen Lebensereignisse genannt, wie Umzug, Scheidung der Eltern, Tod eines Angehörigen, Einschulung oder Schulwechsel. Aber auch die Tagesmüdigkeit aufgrund von Tics während des Schlafs kann das Kind stressanfälliger machen und dadurch die Auffälligkeit verstärken.

- ***Einengung und Beengung***

  Kinder benötigen einen altersgemäßen Entwicklungsraum. Eine autoritäre und pedantische Erziehung, die zum einen die vitalen Bewegungsäußerungen hemmt und zum anderen ein Wohlverhalten vom Kind fordert, zu dem es altersmäßig noch gar nicht in der Lage ist, führt zu einer inneren Anspannung.

Denn das Kind muss, wenn es ständigen Ge- und Verboten ausgesetzt ist, sein Verhalten immer kontrollieren und überwachen. Es gerät in eine nervöse Anspannung und sucht ängstlich jedes falsche Verhalten zu vermeiden. Besonders das kleine Kind versucht, den Anforderungen seiner Beziehungspersonen zu entsprechen. Es ist bemüht, eigene Impulse zurückzudrängen. Dies bewirkt eine innere Anspannung, die bei entsprechender Disposition sich in Ticreaktionen äußern kann.

vorübergehende Ticäußerungen ■

Auch andere Situationen, die individuell als erhebliche Belastung erlebt werden, können eine einmalige Ticreaktion bei entsprechender Veranlagung auslösen. Zum Beispiel kann eine Klassenarbeit aufgrund besonderer Bedingungen – einem Erleben des Versagens, Furcht vor den Reaktionen der Eltern, Gefahr des Sitzenbleibens und anderes – bei entsprechender Veranlagung Ticreaktionen auslösen, üblicherweise einen motorischen Gesichtstic. Ob es dann bei einer einmaligen Ticreaktion bleibt, hängt von der Ausprägung der Veranlagung, der Entwicklung der Gesamtsituation des Kindes, seinen Belastungen oder den Hilfen, die es erfährt, ab. Die Ticreaktion bedeutet immer eine Spannungsabfuhr.

offene und verdeckte Ticäußerungen ■

Der individuelle Umgang mit einer Ticstörung ist sehr unterschiedlich und verweist auf das spezifische Bedingungsgefüge des Betroffenen. Bewertet ein Kind seinen Tic als sozial auffällig, wird es versuchen, ihn zu verdecken, um kritische Reaktionen zu vermeiden. So ist es durchaus häufig, dass ein Kind sich bemüht, den Tic zu verstecken oder zu verdecken, indem es zum Beispiel die Hand vor den Mund hält, wenn ein Mundwinkel zuckt. Andererseits finden sich Ticstörungen, beispielsweise ein Trampeln oder Schreien, die Aufmerksamkeit erzwingen und dazu führen, dass das Kind im Mittelpunkt steht. Hier ist kein Bemühen um eine Anpassung an soziale Normen zu erkennen; vielmehr spielt bei dieser Form offensichtlich auch ein Appell an die Umwelt eine Rolle.

Auswirkungen von Vorstellungen ■

Häufig nehmen wir in unseren Vorstellungen zukünftige Situationen vorweg. Die Vorstellung einer als unangenehm empfundenen Situation und deren negative Konsequenzen kann aber eine Erwartungsangst erzeugen und somit eine intrapsychische Spannung auslösen, die zum Tic führt oder einen Tic intensiviert. Während nun allein die Vorstellung einer zukünftigen Situation die Häufigkeit des Tics steigert, kann während der tatsächlichen, angstvoll erwarteten Situation die Störung zurücktreten oder gar nicht auftreten. Zum Beispiel führt die Vorstellung über einen Vortrag vor der Klasse bei einem Kind zu erheblichen Ticäußerungen, während im Verlauf des Vortrags kein Tic oder kaum Ticäußerungen auftreten. Dies ist vergleichbar dem „Lampenfieber“, der typischen Nervosität zum Beispiel eines Sängers oder Schauspielers vor seinem Auftritt, das während der Darbietung zumeist verschwindet.

- ***Vermeiden von spannungsreichen Situationen***

  Kinder versuchen häufig, solche Aktivitäten zu vermeiden, die für sie mit einer inneren Anspannung verbunden sind. Sie empfinden die Anspannung als unangenehm und fürchten möglicherweise auch negative Reaktionen auf ihr Ticverhalten. So kann es beispielsweise für viele Kinder ein Problem sein, mit fremden Kindern oder Jugendlichen zusammenzutreffen, da sie deren verständnislose Fragen oder ihr Hänseln oder Auslachen fürchten.

- ***„Austicen"***

  Tics können für kürzere oder längere Zeit unterdrückt werden. Diese Möglichkeit ist der Hintergrund für das Phänomen des „Austicens". So kann es geschehen, dass ein Kind während der Schulstunden keine oder kaum Ticäußerungen zeigt, jedoch nach der Schule zu Hause „austict", was dann der Abfuhr seiner aufgestauten inneren Anspannung dient. Während der Schulstunden kann die Konzentration auf bestimmte Aufgaben oder die körperliche Aktivität im Sportunterricht dieses Zurückdrängen begünstigen. Diese unterschiedlichen Möglichkeiten des Unterdrückens von Tics verwirren häufig die Erwachsenen, die mit dem Phänomen der Ticstörung nicht vertraut sind, und führen zu einem Unverständnis. So kann sich bei Eltern und Lehrerinnen ein Misstrauen entwickeln. Sie denken dann, das Kind könne seinen Tic beherrschen, wenn es nur wolle. Sie fordern das Kind auf, den Tic zu unterlassen. Dadurch kommt es aber zu einer Steigerung der inneren Spannung bei dem Kind und damit wahrscheinlich eher zu einer Steigerung seiner Ticsymptomatik. Zudem fühlt sich das Kind unverstanden, und eine Beziehungsstörung zwischen dem Erwachsenen und dem Kind kann entstehen, die das weitere Miteinander belastet.

- ***sozial unangepasste Äußerungen***

  Besonderes Unverständnis in der sozialen Umwelt ruft das – vor allem beim Tourette-Syndrom vorkommende – Herausstoßen von sozial wenig akzeptierten, obszönen oder vulgären Äußerungen hervor. Diese zuweilen auch sexistischen oder rassistischen Ausrufe entsprechen nicht den wirklichen Gefühlen und Einstellungen des Betroffenen. Dieser verspürt jedoch einen Zwang, das Gegenteil von dem auszurufen, was er denkt und fühlt. Gerade in diesen Fällen wird die Verbindung zu zwanghaftem Verhalten deutlich.

- ***aufrechterhaltende Bedingungen***

  Familienmitglieder und Lehrerinnen können nützliche Hinweise über die Störung erhalten, wenn sie sich fragen, was sie tun müssten, um die Ticstörung zu verschärfen. Diese Frage zielt nicht darauf ab, Ursachen für die Störung zu erkennen. Aber es lassen sich oft Hinweise finden, welche Bedingungen die Ticstörung aufrechterhalten und wie die Häufigkeit reduziert werden kann.

Lösungen anregen und möglich machen

Ticstörung als Signal

Einfache Ticstörungen im Kindesalter sind häufig, und ihre spontane Remissionsrate ist hoch. Dies könnte dazu verleiten, die Ticstörung im Kindesalter zu vernachlässigen. Jedoch ist zu berücksichtigen, dass die verschiedenen Ticstörungen ein Kontinuum darstellen, das heißt, dass eine wenig ausgeprägte Störung im Kindesalter sich zu einer chronischen entwickeln und letztlich sogar – wenn auch in seltenen Fällen – in ein Tourette-Syndrom einmünden kann.

sorgfältige Verlaufskontrolle

Den Verlauf der Ticsymptomatik zu beobachten ist wichtig, um festzustellen, ob das Ticverhalten unverändert bleibt oder zunimmt. Sollte ein Tic länger als ein halbes Jahr andauern, ist fachliche Hilfe notwendig. Schon eine gute Beratung und Information über die Störung führt häufig bereits zu einer wesentlichen Entlastung, die es dem Kind und seiner Familie erleichtert, mit dem Problem unbefangener und gezielter umzugehen.

Tics und andere Auffälligkeiten

Kinder, die unter Tics leiden, zeigen häufig auch andere Verhaltensauffälligkeiten. In solchen Fällen sollte man darauf achten, welche Störung im Vordergrund steht und als erste aufgetreten ist. So kann in einem Fall die Ticstörung das Gesamtbild dominieren, so dass es notwendig ist, hier mit einer Behandlung direkt anzusetzen. Aber es kann auch möglich sein, dass die Tics in der Folge von anderen psychischen Störungen (zum Beispiel einer Aufmerksamkeits- und Aktivitätsstörung) auftraten. In einem solchen Fall ist es häufig sinnvoll, sich zunächst auf die zuerst aufgetretene Störung zu konzentrieren

Toleranz und Akzeptanz

Ein Kind mit einer Ticsymptomatik benötigt in besonderem Maße Sicherheit und Zuversicht, das Erleben von Akzeptanz und Entschiedenheit zu gemeinsamer Problembewältigung. Es muss das Verständnis des Erwachsenen für seine besondere Situation spüren und braucht Unterstützung, damit auch die Erwachsenen und Gleichaltrigen seiner Umgebung sein Verhalten besser verstehen.

sportliche und kreative Aktivitäten

Das Kind braucht genügend großen Bewegungsraum. Sportliche Aktivitäten vermindern die Tic-Symptomatik. Deshalb ist es wichtig, dass das Kind genügend Gelegenheit zur Bewegung hat, und man sollte Anlässe suchen, mit ihm herumzutoben, mit ihm Ball zu spielen, schwimmen zu gehen, und anderes. Günstig ist es auch, das Kind zu kreativen Tätigkeiten anzuregen, seinen Einfallsreichtum und seine fantasievollen Tätigkeiten zu fördern sowie seine Neigungen zu unterstützen und ihm Raum dafür zu geben.

- ***Schaffen entspannter Situationen***

  Gestalten Sie entspannende Situationen im Tagesverlauf. Planen Sie systematisch Phasen ein, in denen das Kind „seine Seele baumeln lassen kann" und versuchen Sie, das Kind dabei zu unterstützen. Wenden Sie sich ihm zu und zeigen Sie viel Geduld. Beobachten Sie das Kind, und stellen Sie fest, in welchen Situationen es sich entspannt. Dies kann von Kind zu Kind sehr unterschiedlich sein.

- ***aktives Zuhören***

  Aktives Zuhören bedeutet, sich einem Menschen konzentriert zuzuwenden, seinen Gedanken, seinen Vorstellungen und seinen Gefühlen nachzuspüren und diese anzunehmen. Es ist ein Versuch, sich in die Situation des anderen hineinzuversetzen. Wenn Sie dem Kind aktiv zuhören, geben Sie ihm Raum, seine „innere Welt" zu erfassen. Und Sie geben ihm Raum, etwas auszusprechen. Dies ist ein Weg, der dazu führen kann, dass Sie erkennen, welche Gegebenheiten das Kind belasten. Der nächste Schritt wäre dann, die Belastung zu reduzieren.

- ***Überprüfen der Erwartungshaltung***

  Kinder versuchen zumeist, den Erwartungshaltungen ihrer Eltern zu entsprechen. Ohne dass die Erwachsenen selbst ihre Wünsche, Erwartungen oder Hoffnungen ausgesprochen haben, spürt oder erspürt das Kind diese und versucht sich dementsprechend zu verhalten. Dies kann dazu führen, dass ein Kind sich überfordert; denn – besonders jüngere – Kinder wollen ihren Eltern gefallen. Überprüfen Sie auch ihr Erzieherverhalten daraufhin, ob es dem Alter des Kindes und seinen Fähigkeiten entspricht.

- ***konzentriertes Spielen***

  Spielen Sie konzentriert und aufmerksam mit Ihrem Kind, aber verbinden Sie dies immer mit Spaß und Lockerheit. Ihr eigenes, sichtbares Interesse an einem Spiel, Ihre Bereitschaft sich mit einer Aufgabe auseinanderzusetzen, motivieren das Kind zum Nachahmen. Lassen Sie es immer selbstständig agieren, greifen Sie in sein Spiel und seine sonstigen Aktivitäten nur dann ein, wenn es unbedingt notwendig ist und die Motivation nachlässt. Derart gestaltete Spiel- oder Aktivitätsphasen lassen zum einen die Ticäußerungen zurücktreten und fördern zum anderen die Selbstständigkeit und die Eigeninitiative des Kindes.

- ***Informationsblätter***

  Die Besonderheiten von Ticstörungen, ihre unterschiedlichen Erscheinungsformen, die Unmöglichkeit, sie dauerhaft zu unterlassen, aber auch die Möglichkeit, sie für gewisse Zeit zu unterdrücken, sind auch professionellen Erzieherinnen und Erziehern oft wenig bekannt. Deshalb ist es notwendig, die wichtigsten erwachsenen Kontaktpersonen des Kindes über die Besonderheiten dieser Störung aufzuklären. Dafür gibt es heutzutage beispielsweise Informationsblätter für Lehrerinnen und Lehrer, die über das Phänomen „Tic" informieren und eine Fülle von wichtigen Verhaltenshinweisen geben. Das Gleiche gilt für Erzieherinnen im Kindergarten oder anderen Institutionen. Möglicherweise ist ein solches Informationsblatt auch hilfreich für die Aufklärung von Verwandten, Mitschülern, Vereinsmitgliedern und anderen. Allerdings sollte eine solche Information des sozialen Umfeldes auch nicht wahllos durchgeführt werden, so dass überall und allzu viel über das Ticverhalten des Kindes geredet wird. Es geht immer um die konkrete Unterstützung des Kindes.

medikamentöse Behandlung ■

Viele Kinder fühlen sich durch ihren Tic nicht so sehr belastet, dass eine Medikation erforderlich wäre. Sie finden die passende Umgangsweise mit ihrem Tic nach und nach selbst. Wenn aber die psychosozialen Beeinträchtigungen durch den Tic sehr gravierend sind (zum Beispiel wenn sie anhaltend gehänselt oder in der Ausführung kontrollierter Bewegungen beeinträchtigt werden), sollte eine Medikation in Erwägung gezogen werden. Dafür stehen verschiedene Medikamente zur Verfügung (beispielsweise Triapid oder Pemolin), die die Dopamin-Überfunktion vermindern und somit die Symptome reduzieren. Eine solche Hilfe wird von sechzig Prozent der Betroffenen zumindest für eine bestimmte Zeit in Anspruch genommen. Natürlich haben diese Medikamente auch Nebenwirkungen. Müdigkeit, Lustlosigkeit, eine leichte motorische Unruhe oder eine Appetitanregung mit Gewichtszunahme können auftreten. Hat man sich zu einer medikamentösen Behandlung entschlossen, sollte diese mindestens ein Jahr lang durchgeführt werden.

Psychotherapie ■

Psychotherapie kann von niedergelassenen psychologischen oder ärztlichen Psychotherapeuten und auch von Beratungsstellen oder im Rahmen einer stationären kinder- und jugendpsychiatrischen Behandlung durchgeführt werden. Der Psychotherapeut wird mit dem Kind und seinen Bezugspersonen die Situation genau abklären und darauf aufbauend die Behandlungsschritte gemeinsam erarbeiten. Es ist vielfach durchaus sinnvoll, Personen des weiteren Umfeldes mit einzubeziehen. Der Behandlungserfolg ist aber vor allem von der Mitarbeit der Kinder und ihrer Eltern abhängig. Heute gibt es eine Reihe von verhaltenstherapeutischen Behandlungsformen, die im Hinblick auf eine Linderung der Tics erfolgsversprechend sind. Mit Hilfe beispielsweise des Habit Reversal Trainings oder dem Kontingenzmanagement können Stressreaktionen vermindert und die Selbstkontrolle über die Ticsymptomatik verbessert werden.

weitere Hilfen ■

Basisinformationen, Filmbesprechungen, Hinweise auf Fernsehsendungen und anderes kann man von der Tourette Gesellschaft Deutschland, Von-Siebold-Straße 5, 37075 Göttingen, **www.tourette.de** und von der Tourette Gesellschaft

Schweiz, **www.tourette.ch** erhalten. Unter **www.touretters.de** findet man die Homepage eines Betroffenen. Hier ist auch ein Verzeichnis der Selbsthilfegruppen in Deutschland und der Schweiz zu finden.

Weitere Stichworte:

- Angst
- Artikulationsstörung
- Aufmerksamkeits- und Aktivitätsstörung
- Schlafstörungen
- Zwangsverhalten (Band 2)

Literatur: 13, 14, 32, 44, 45, 65, 86, 132, 184, 194

Trotz

Wahrnehmen und bewerten

Erscheinungsbild ■

Trotz tritt vorwiegend bei kleinen Kindern auf und äußert sich in Schreien und Toben, im Aufstampfen der Füße, in einem Um-sich-schlagen, in Kratzen, Beißen und Spucken und in weiteren Formen eines unkontrollierten Erregungszustandes. Manche Kinder setzen oder werfen sich auf den Boden und wälzen sich dort wütend. Einige steigern sich derart in diese affektive Abwehr hinein, dass eine Atemnot und in seltenen Fällen sogar eine kurze Bewusstlosigkeit (ein sogenannter Affektkrampf) eintreten kann. Manchmal tritt der Trotz aber auch weniger offen auf und zeigt sich in einem Schmollen, einem unwilligen Abwenden und einem allgemein abweisenden Verhalten.

Auflehnung und Selbstbehauptung ■

Trotz ist eine Form der Selbstbehauptung, die durch die Ablehnung fremder Gebote und Verbote gekennzeichnet ist. Die Aufforderungen und Versagungen der Bezugspersonen werden vom Kind nicht akzeptiert, und es drückt seinen Widerspruch durch sein spezifisches Verhalten aus. Neben dem Begriff des trotzigen Verhaltens wird auch häufiger von einem widersetzlichen Verhalten gesprochen oder von einem kindlichen Negativismus.

einseitige Wertung ■

Beim Trotz handelt es sich um ein Konfliktgeschehen zwischen Eltern oder anderen Erziehern und Kindern. Die Bezeichnung Trotz ist eigentlich eine einseitige, vorurteilshafte Bewertung dieses Beziehungsgeschehens; denn nur das kindliche Verhalten erfährt eine Wertung – und zwar eine negative –, wogegen das Erzieherverhalten unkommentiert bleibt. Erziehung ist jedoch ein Wechselwirkungsprozess zwischen den Betroffenen. Das heißt: Das Verhalten des einen ist nicht losgelöst von dem Verhalten des anderen zu verstehen – in diesem Fall das Verhalten des Kindes nicht unabhängig von dem des Erwachsenen, der natürlich in diesem Erziehungsprozess der Erfahrene und Verantwortliche ist. Aus der Kindsicht betrachtet ist Trotz somit eine Auflehnung eines Kindes gegen Entscheidungen eines Stärkeren, beispielsweise gegen Überforderungen oder gegen festgefahrene Einstellungen und Regeln.

Trotz und oppositionelles Verhalten ■

Trotz und oppositionelles Verhalten sind zwar beides Formen einer Selbstbehauptung gegenüber fremden Ge- und Verboten, die vom Kind verneint werden. Jedoch wird in diesem Buch zwischen diesen beiden Formen unterschieden. Der Begriff Trotz wird auf jüngere Kinder angewandt, Opposition auf ältere. Diese Unterscheidung wurde getroffen, da mit steigendem Alter die widersetzlichen Verhaltensweisen der Kinder eine andere Qualität und Form annehmen, so dass sich für den Erwachsenen die erzieherische Herausforderung ändert, die ein solches Verhalten setzt.

- ***Besonderheiten des Trotzes***

Trotz ist zu charakterisieren durch eine überwiegend affektiv getönte Ablehnung. Es fehlt hier noch im Wesentlichen die kognitive Komponente, die zum Beispiel beim Jugendlichen in scharfer Kritik gegenüber einer Bezugsperson zum Tragen kommen kann. Der Trotz des kleinen Kindes äußert sich mehr in einem Affektausbruch, an dem die gesamte Persönlichkeit beteiligt ist. Als typisch ist anzusehen, dass sich die Wut fast ausnahmslos gegenüber Personen, selten gegenüber Sachen äußert.

- ***Änderung der Sichtweise***

Zuweilen trifft man immer noch auf die veraltete Theorie über „Trotzphasen". In der Vergangenheit wurden in der Entwicklungspsychologie Phasentheorien aufgestellt, nach denen jedes Kind notwendigerweise verschiedene Entwicklungsstadien durchläuft. Angenommen wurde, dass zwischen Stadien relativer Stabilität immer wieder Zeiten einer mangelnden Ausgeglichenheit liegen. In diesem Zusammenhang wurde von zwei Trotzphasen ausgegangen, die im Alter von drei bis vier Jahren und im Alter zwischen dem zwölften und vierzehnten Lebensjahr auftreten. Diese Phasen wurden als sehr bedeutsam für die Entwicklung des „Ichs" angesehen und als eine Voraussetzung für eine gesunde Persönlichkeitsentwicklung betrachtet.

Demgegenüber wird heute davon ausgegangen, dass Trotz in jedem Alter auftreten kann, jedoch in unterschiedlicher Form. Auch gibt es ganze Kulturen, in denen auffällige Trotzreaktionen völlig unbekannt sind. Das weist darauf hin, dass Trotzreaktionen auf dem Hintergrund spezieller gesellschaftlicher Bedingungen und dem damit verbundenen, wenn auch individuell unterschiedlich ausgeprägten Erzieherverhalten auftritt. Insofern hat sich das Verständnis von Trotzverhalten geändert: Wurde früher Trotz als eine notwendige Entwicklungsphase angesehen, die die Ich-Entwicklung erst möglich macht, so wird er heute als Anzeichen einer nicht problemlos verlaufenden Interaktion zwischen Kind und Erzieherin verstanden.

- ***Gefahren***

Zum Problem wird das auflehnende Verhalten eines Kindes, wenn das trotzige, ablehnende Verhalten nicht – wie es völlig normal ist – auf einzelne Situationen beschränkt bleibt, sondern den Umgang der Beteiligten generell bestimmt und die gespannten Interaktionen zu einem Dauerzustand werden. Eine weitere Gefahr liegt darin, dass infolge der spezifischen Interaktion zwischen dem ablehnenden Verhalten des Erwachsenen und einem trotzenden Kind eine Störung der Beziehung entsteht. Das Kind überträgt seine ablehnende Haltung gegenüber den Einschränkungen und Überforderungen auf die Bezugsperson ganz generell. Schließlich drohen die Formen des Durchsetzens von Seiten des Erwachsenen und die Formen des Widerstandes von Seiten des Kindes zu eskalieren und damit ein Ausmaß anzunehmen, das der Situation völlig unangemessen ist.

Zuordnen und verstehen

die Art der Ge- und Verbote

Kinder lernen während ihrer Entwicklung zunehmend, etwas bewusst zu wollen und zu wünschen, sie lernen, auf Situationen Einfluss nehmen und etwas bewirken zu können. Dies sind kontinuierliche Schritte zu einem selbstbestimmten, autonomen Verhalten des Kindes. Kinder treffen jedoch bei ihrem Wünschen und Wollen auf Barrieren, die von ihren Bezugspersonen gesetzt werden. Aufgrund ihres Entwicklungsstandes können sie die Verweigerungen aber nicht verstehen und einsehen. Zwar bedarf es keiner Diskussion, dass Kleinkinder von ihren Eltern immer wieder mal ohne ihre Einsicht und gegen ihren Willen vor Gefahren geschützt werden müssen. Für das Kind kann dies jedoch eine durchaus schwierige Situation sein, da es noch nicht über die Fähigkeit verfügt, die Situationen zu durchschauen und im Hinblick auf mögliche Gefahrenquellen einzuschätzen. Es hat noch keine Bewertungsmaßstäbe entwickelt und kann die Konsequenzen einzelner Handlungen nicht einschätzen. So ist ihm zum Beispiel unverständlich, warum es nicht bei kühlerem Wetter in Pfützen treten soll, da ihm die Konsequenz, dass es eine Erkältung bekommen könnte, nicht klar ist. Kleine Kinder folgen vorwiegend ihren aktuellen Bedürfnissen.

Erleichtert wird die Situation dadurch, dass die Gedanken und Gefühle eines kleinen Kindes noch leicht ablösbar sind. Es kann sich noch nicht so lange mit einer Aufgabe beschäftigen und wendet seine Aufmerksamkeit rasch von einer Sache zur nächsten. Entsprechend leicht kann man das Interesse von Kleinkindern auf ein anderes Objekt verschieben, wenn es sich an einem Gegenstand zu verletzen oder einen anderen Gegenstand zu zerstören droht. Im Lauf der Zeit lernt das Kind allerdings, etwas zu wollen und ein Ziel anzustreben. Erlebt ein Kind dann die Verbote der Erwachsenen als zu häufig und als willkürlich, wird es protestieren und sich gegen die Forderungen zur Wehr setzen. Es wird allerdings das Verhalten seiner Bezugspersonen umso eher akzeptieren, wenn es dem Tonfall der Erklärungen seitens der Erwachsenen deren Fürsorge entnehmen kann und wenn es zudem dadurch ein sicheres Vertrauen entwickelt hat, dass es sich in seiner Persönlichkeit anerkannt erlebt und in den Begegnungen mit den Erwachsenen Achtung und Respekt gespürt hat.

- ***Unterbrechung von Spielsituationen***

  Häufiger werden Handlungsabsichten eines Kindes von Erwachsenen willkürlich unterbrochen. Die erwähnte leichte Ablösbarkeit von Gedanken und Gefühlen, die das sehr junge Kind kennzeichnen, unterliegt im Laufe des Älterwerdens jedoch einer Veränderung. Das Kind entwickelt die Fähigkeit, länger bei einer Sache zu bleiben und einer Handlungsabsicht zu folgen. Damit wird es störanfälliger gegenüber willkürlichen Unterbrechungen seiner Tätigkeit. Auch ein Erwachsener wird nicht gerne wiederholt unterbrochen, wenn er sich auf eine Aufgabe konzentrieren möchte. Insofern ist ein Trotzen in solchen Situationen eine durchaus angemessene Reaktion. Denn häufige Unterbrechungen seiner Spielhandlungen und seiner Absichten können negative Folgen auslösen. Das kleine Kind befindet sich in einer Phase, in der sich seine Fähigkeit entwickelt, sich auf eine Sache zu konzentrieren. Zu häufige Unterbrechungen des kindlichen Tuns bergen somit die Gefahr in sich, den Konzentrationsaufbau des Kindes zu stören.

- ***provozierende Formen von Forderungen***

  Die unvermeidbaren Ver- und Gebote oder die Verweigerungen von Wünschen können in sehr unterschiedlicher Form erfolgen. Ein Gebot oder Verbot kann in Form einer Bitte erfolgen, aber auch in der Form eines Befehls oder einer Drohung, kann in freundschaftlichem oder hartem Ton ausgesprochen werden. Ein Verbot und eine Nichterfüllung eines Wunsches kann begründet und erklärt werden oder nicht. Es kann ein Spielraum für die Erfüllung einer Forderung gegeben werden oder nicht. Schließlich kann im Hinblick auf die Ausführung eine anerkennende oder eine missfällige Rückmeldung erfolgen. Alle provozierenden Formen begünstigen ein Trotzverhalten des Kindes und belasten die Beziehung, während die das Kind akzeptierenden und respektierenden Formen einen Konflikt zwischen Erzieher und Kind unwahrscheinlicher werden lassen.

- ***unreflektierte eigene Wünsche des Erwachsenen***

  Wünsche und Absichten eines Kindes stehen häufiger einmal denjenigen des Erwachsenen entgegen, der für seine Zurückweisung sowohl sachliche als auch ganz persönliche Gründe haben kann. Die letzteren haben durchaus auch ihre Berechtigung. Allerdings ist sich der Erzieher dabei nicht immer bewusst, dass seine Reaktion möglicherweise vornehmlich auf einer befürchteten Einschränkung eigener Bedürfnisse beruht. Gerade in solchen Situationen kann es geschehen, dass er – ohne Reflexion der Situation – emotional ablehnend reagiert und dies beispielsweise in einem barschen Ton tut. Das Kind jedoch erspürt dies und reagiert nun seinerseits affektiv ablehnend mit trotzigem Verhalten.

- ***Modell der Erwachsenen***

  In höherem Maße, als von den meisten Erziehern angenommen, richtet das Kind sein Verhalten an dem Modell seiner Bezugspersonen aus. Beobachtet es oft, dass seine Bezugspersonen auf Versagungen beispielsweise im Straßenverkehr, in Auseinandersetzungen mit Nachbarn oder aber innerhalb der Familie mit empörter Aufgeregtheit und Schuldvorwürfen an die anderen reagieren, wird es ein ähnliches Verhalten zeigen, wenn ihm selbst Wünsche versagt oder Pflichten aufgegeben werden. Es lernt, trotzig-emotional zu reagieren, statt sich mit den Anforderungen sachlich auseinanderzusetzen.

uneinheitliche Erziehung

Erfahrungsgemäß zeigen solche Kinder am häufigsten ein Trotzverhalten, die einer zwischen Strenge und Nachgiebigkeit wechselnden, inkonsistenten Erziehung ausgesetzt sind. Das kann daran liegen, dass die Erzieher selbst keine klaren Vorstellungen über das haben, was sie wollen, oder dass mehrere Erzieher, beispielsweise Mutter und Vater, sich uneins sind über die Art des Umgangs mit dem Kind. In jedem Fall ist die Reaktion des Erwachsenen für das Kind nicht vorhersehbar. Ihm fehlt deshalb ein stabiler Orientierungsrahmen, an dem es sich ausrichten kann. Folgerichtig versucht es, seinen eigenen Willen durchzusetzen – häufig auch in ganz ungeeigneten und unpassenden Situationen.

Trotz als Erfolgsrezept

Macht das Kind die Erfahrung, dass sein trotziges Verhalten zum Erfolg führt, so wird es motiviert, dies häufiger einzusetzen. Insbesondere das inkonsistente Verhalten seiner Bezugspersonen, die einmal nachgeben und dann wieder abweisen, wirkt als Verstärker und führt zu einer Steigerung seines ablehnenden, trotzigen Verhaltens. Gleichzeitig lernen Kinder schon im Vorschulalter, zwischen solchen Situationen zu unterscheiden, in denen trotziges Verhalten zum Erfolg führt, und denjenigen, in denen der Trotz ohne Effekt bleibt. Erfolg aber ist Ansporn zum Trotzen bei der nächsten Gelegenheit.

Für Erzieher ist es besonders schwierig, ein konsequentes Erzieherverhalten zu zeigen, wenn ein Kind in der Öffentlichkeit – im Kaufhaus – trotzt und schreit, um beispielsweise den Kauf eines bestimmten Spielzeugs durchzusetzen. Häufig erfährt es dann vielfältige Unterstützung durch andere Kunden, die nicht das elterliche Erzieherverhalten, sondern das Verhalten des Kindes unterstützen. Kinder können in solchen Situationen außerordentlich kreative Ideen entwickeln, um letztlich das zu erreichen, was sie wollen.

Lösungen anregen und möglich machen

in das Kind einfühlen

Alle Forderungen, die an Kinder gestellt werden, müssen bestimmt sein von der Achtung vor der Eigenpersönlichkeit des Kindes und von der Rücksicht auf seinen jeweiligen körperlichen und geistig-seelischen Entwicklungsstand. Das verlangt von den Bezugspersonen, sich in die Situation des Kindes hineinzuversetzen, um zu verstehen, wie ein Kind die Situation sieht, erlebt und einschätzt. Dieses Bemühen wird immer ein Versuch bleiben, kann jedoch dabei helfen, die Situation bewusster zu gestalten.

Die Schwierigkeit der Aufgabe – die die meisten Eltern aber intuitiv kompetent lösen – besteht darin, dem Kind einen Entwicklungsraum, einen eigenständigen Handlungsraum zuzugestehen, aber gleichzeitig das Kind nicht durch Aufgaben, die es infolge seines Entwicklungsstandes noch nicht zu erbringen vermag, zu überfordern. Achten Sie immer darauf, dass die vom Kind positiv erlebten Momente des Erziehungsgeschehens überwiegen. Üblicherweise trotzt ein Kind nur und lehnt damit die Forderungen ab, wenn es überfordert ist oder sich in seinem Aktivitätsraum allzu sehr eingeengt fühlt.

- ***Einsichten vermitteln***

Das kleine Kind handelt seinem aktuellen Bedürfnis gemäß. Es hat noch nicht die Fähigkeit entwickelt, Situationen zu übersehen oder die Konsequenzen eines Verhaltens einzuschätzen. Ein Erzieher hat die Aufgabe, ein Kind kontinuierlich an den Sinn eines Ge- oder Verbotes heranzuführen. Erklären Sie dem Kind frühzeitig die Notwendigkeit und den Sinn jeder Ihrer Forderungen. Schon der Säugling hört bei Ihren Erläuterungen aus der Art des Sprechen und dem Klang der Stimme, dass die Einschränkungen, die Sie ihm beispielsweise beim Wickeln zumuten, zu seinem Besten geschehen und unverzichtbar sind. Im Älterwerden entwickelt das Kind allmählich ein Verständnis für den Grund der Forderungen. Es wird diese nicht mehr als willkürlich erleben, und es wird ihm leichter fallen, sie zu befolgen. Einsichten führen zudem dazu, dass das Kind ein selbstständiges, angepasstes Verhalten entwickelt.

- ***Umwelterforschung***

Eine der wichtigsten Entwicklungsaufgaben des kleinen Kindes ist, seine Umwelt zu erforschen. Seine Möglichkeiten erweitern sich dabei kontinuierlich, seine Fähigkeit, krabbeln und später laufen zu können, erweitern seinen Aktionsraum. Zwangsläufig stößt das Kind bei seinen Erkundigungen der Umwelt auf Verbote oder Barrieren. Im häuslichen Bereich muss es lernen, dass es zum Beispiel einen Gegenstand aus Glas nicht auf den Boden werfen darf. Im öffentlichen Raum setzen ihm beispielsweise die Gefahren des Verkehrs oder die Rechte der Nachbarn Grenzen. Stößt das Kind bei dieser Entwicklungsaufgabe aber allzu oft auf die Schranken von Ge- und Verboten, dann kann es seine eigenen Vorhaben allzu oft nicht durchführen und reagiert – durchaus angemessen – mit einem trotzigen Verhalten.

Beschränken Sie ein Kind nicht voreilig, sondern versuchen Sie, mit ihm Aktionsräume zu entdecken, in denen es sich selbstständig, die Umwelt explorierend verhalten kann. Zeigen Sie sich geduldig, wenn es hundertmal Tore und

Haustüren, auch die Gartentüren der Nachbarn auf- und zumacht. Helfen Sie ihm zu erkennen, wenn etwas heiß ist und es sich verletzten kann, und versuchen Sie auch hier, dem Kind erklärende Hinweise zu geben. Für Bezugspersonen ist es eine durchaus schwierige Aufgabe, die richtige Balance zwischen einem Gewähren, einem Erkunden-lassen und einem Verbieten zu finden.

Grenzen als Orientierungshilfen

Wenn auch die Erfahrungsmöglichkeiten der Kinder möglichst wenig beschränkt werden sollten und der eigene Wille des Kindes Beachtung finden muss, so braucht das Kind doch ebenso notwendig bestimmte Grenzsetzungen und muss allmählich lernen, sich an bestehende Ordnungen anzupassen. Ein Kind wäre auch überfordert, wenn ihm keine Grenzen gesetzt und damit keine Orientierungshilfen gegeben würden. Stimmt die Balance zwischen Freiheit geben, Ungebundenheit ermöglichen und eindeutigen Grenzsetzungen, so wird das Kind nicht mit einem ablehnend trotzigen Verhalten auf Forderungen reagieren.

Vermeiden eines Machtkampfes

Im Miteinander von Erziehern und Kindern kommt es immer wieder zu Reibungen. Kinder haben das Bedürfnis und auch das Recht zu erkunden, ob bestimmte Grenzen eindeutig und stabil sind oder ob sie vielleicht nur in einer bestimmten Situation gelten, in anderen aber nicht. Deshalb ist es für Eltern und Erzieherinnen von besonderer Bedeutung, sich sehr prägnant und konsequent zu verhalten und sich selbst zu kontrollieren. Ein Erzieher sollte sich – zumindest meist – ruhig und ausgeglichen verhalten, nicht nur auf seine Worte, sondern auch auf ihren Tonfall achten und hinterfragen, ob er auch in eindeutiger Weise dem Kind gegenüber Echtheit und Respekt signalisiert. Reagiert ein Erzieher allzu häufig emotional oder sogar wütend, dann verliert er in den Augen des Kindes seine – vom Kind durchaus erwünschte – Überlegenheit. Vor allem ein Machtkampf, in dem Wille gegen Wille steht und der Erzieher dann meist seine Forderung mit Gewalt durchsetzt, hat fast immer negative Auswirkungen. Er kann ein Kind verängstigen und gleichzeitig Aggressionen in ihm wecken.

Alternativen anbieten

Eltern und andere Erzieher sollten niemals unterschätzen, wie häufig ein kleines Kind Forderungen ausgesetzt wird, die weder seinem aktuellen Bedürfnis entsprechen, noch deren Grund es einsehen kann. Versuchen Sie deshalb, die Situation für das Kind zu erleichtern, indem Sie ihm Alternativen anbieten. Damit können Sie zugleich auch Ihren Respekt vor dem Willen und den Bedürfnissen des Kindes ausdrücken. Geben Sie ihm Gelegenheit, seinen Willen zu üben und selbst Entscheidungen zu treffen. Lassen Sie es zum Beispiel wählen, welches von zwei Kleidungsstücken es anziehen will, ob es Milch oder Kakao trinken möchte oder ob es im Haus oder im Garten spielen will. Auf diese Weise erfährt das Kind, dass es Einfluss ausüben kann. Solche Entscheidungsmöglichkeiten geben ihm ein für sein Selbstbewusstsein wichtiges Erleben.

- ***frühzeitig auf „Mein" und „Dein" vorbereiten***

  Immer wieder können in Kaufhäusern dramatische Szenen mit einem trotzigen Kind beobachtet werden, das ganz offensichtlich noch nicht versteht und einsieht, dass Spielzeuge oder Süßigkeiten, die in greifbarer Nähe aufgebaut sind, nicht einfach genommen werden können. Wenn Sie frühzeitig beginnen, einem Kind zu vermitteln, was seine Sachen sind, können Sie derartige Situationen vermeiden oder zumindest begrenzen. Es ist immer wieder überraschend, wie frühzeitig Kinder solche Unterscheidungen lernen können. Stellen Sie dem kleinen Kind bei den Mahlzeiten schon frühzeitig seinen Teller und seinen Becher hin. Unterscheiden Sie innerhalb einer Familie mit mehreren Kindern, welches Spielzeug dem einen und welches dem anderen gehört. Es hat ja auch sein Bett, sein Schlaftier und andere Sachen, die ihm gehören. Kann ein Kind „Mein" und „Dein" unterscheiden, so genügt häufig in einer entsprechenden Situationen der Hinweis: „Das ist nicht deins" oder „Das ist nicht unseres", um ein trotzendes Verhalten zu verhindern.

- ***gelassene Reaktionen***

  Trotzt ein Kind besonders im öffentlichen Raum, so sollten Sie vor allem keine Hilflosigkeit erkennen lassen. Dies spürt das Kind sofort. Zudem lädt ein solches Verhalten eines Vaters oder einer Mutter andere Anwesende dazu ein, sich in die Situation einzumischen. Weisen Sie ein Eingreifen von wohlmeinenden Mitmenschen eindeutig zurück. Lassen Sie sich nicht durch die soziale Situation erpressen, und machen Sie vor allem Ihrem Kind in einer solchen Situation keine Versprechungen. Sprechen Sie auch keine Drohungen aus. Reagieren Sie auf sein Verhalten so ruhig und sachlich wie eben möglich, zeigen Sie Gelassenheit und konsequentes Verhalten.

- ***Trotzverhalten als Erfolgsstrategie***

  Manche Kinder haben gelernt, dass sie durch ihr trotziges Verhalten das erreichen, was sie möchten. Trotz ist für sie also eine gelernte Erfolgsstrategie. Gelernt haben sie besonders oft, dass trotziges Verhalten dann zum Erfolg führt, wenn es von den Eltern als unangenehm und beschämend empfunden wird. Es ist verständlich, dass ein Vater, der gerade telefoniert, das trotzige und quengelige Verhalten seines Kindes zu beschwichtigen sucht und seinen Wünschen nachgibt. Ebenso unangenehm wird es jede Erzieherin erleben, wenn sich ein Kind in der Öffentlichkeit auf dem Boden wälzt und schreit, dass es nie ein Eis bekomme. Solche Kinder haben ein Fehlverhalten durch Verstärkung gelernt. Von den Beziehungspersonen verlangt es außerordentlich viel Konsequenz, ein derartiges Verhalten wieder abzubauen und ein neues aufzubauen. Folgende Regeln sind dabei nützlich:

- Das unerwünschte Verhalten darf in keinem Falle eine Verstärkung erfahren.
- Die Aufmerksamkeit der Bezugspersonen sollten sich grundsätzlich auf erwünschte Verhaltenweisen des Kindes ausrichten und diese verstärken.
- Das trotzige Verhalten sollte unbeachtet bleiben.
- In entspannten Situationen sollte mit dem Kind über sein Verhalten in altersgemäßer Weise gesprochen werden, und es sollte ihm vermittelt werden, wie die Bezugspersonen auf dieses Verhalten reagieren werden. Eine Möglichkeit wäre ein time out Verhalten: Das Kind wird gelassen in einen anderen Raum gebracht und gewartet, bis es sich beruhigt hat.
- Ein Kind sollte darauf vorbereitet werden, wie sich die Erwachsenen im öffentlichen Raum verhalten werden, wenn es sein trotziges Verhalten zeigt.
- Ein Kind sollte nach Möglichkeit erleben, dass sein trotziges Verhalten ein Problemverhalten ist, dessen Behebung als gemeinsame Sache zwischen Eltern und Kind angesehen wird.
- Besondere Beachtung sollte die Beziehung zwischen Eltern und Kind erfahren. Sie ist zumeist durch das Verhalten des Kindes in Mitleidenschaft gezogen, eher distanziert geworden. Insofern müssen angenehme Zeiten mit dem Kind ausgedehnt werden. So können beispielsweise Gute-Nacht-geschichten vorgelesen und gemeinsame Aktivitäten geplant werden. Ziel ist, dass auch für das Kind die Bedeutung einer positiven Beziehung zu den Bezugspersonen gefühlsmäßig wieder erfahrbar wird.

Weitere Stichworte:

- Aggressivität
- Oppositionelles Verhalten

Ungeschicklichkeit

Wahrnehmen und bewerten

Erscheinungsbild

Manche Kinder haben Schwierigkeiten in der Koordination ihrer fein- und grobmotorischen Bewegungen. In der frühen Kindheit fallen sie zunächst dadurch auf, dass sie das Sitzen und das Laufen verspätet erlernen, dass ihre Bewegungen beim Hüpfen plump erscheinen, dass sie Schwierigkeiten beim An- und Ausziehen haben und dass das Erlernen des Dreiradfahrens und des Schnürsenkelbindens ihnen schwerer fällt als anderen. Auch beim Zeichnen und Malen fällt eine Ungeschicklichkeit auf. Viele haben Schwierigkeiten beim Treppensteigen, beim Auf- und Zuknöpfen und beim Werfen und Fangen von Bällen. Sie können schlecht Puzzle legen, haben wenig Spaß an Konstruktionsspielzeug und haben später Schwierigkeiten, Landkarten nachzuzeichnen und zu verstehen.

Nach der Einschulung haben diese Kinder Schwierigkeiten mit der Handschrift, nicht so sehr dagegen beim Erlernen des Lesens, Schreibens und Rechnens. Sie fallen aber im Sportunterricht auf durch ihre staksigen, plumpen Bewegungen und dadurch, dass sie schlecht das Gleichgewicht halten können. Das Erlernen des Schwimmens, des Rollschuh- und Schlittschuhfahrens fällt ihnen sehr schwer.

Manchmal merkt man die motorischen Schwierigkeiten des Kindes vor allem daran, dass die täglichen Verrichtungen wie beispielsweise An- und Ausziehen, Zähne putzen, Schultasche packen, Essen und andere sehr verlangsamt sind. Auch stolpern sie oft und verletzen sich mehr als andere Kinder. Sie machen viel kaputt, beispielsweise beim Tischdecken oder im Umgang mit ihren Spielsachen.

Häufigkeit

Etwa drei Prozent der Kinder einer Altersgruppe zeigen solche umschriebenen motorischen Störungen. Nicht hier eingerechnet sind Kinder mit geistiger Behinderung, deren motorische Entwicklung parallel zu ihrer geistigen Entwicklung verzögert verläuft. Normal intelligente Kinder mit umschriebenen motorischen Störungen weisen häufig keine erhöhte Rate von Schulleistungsproblemen auf. Diese unauffällige Schulentwicklung hält auch im Jugendalter an. Der Anteil derjenigen, die Gymnasium oder Realschule besuchen, ist genau so hoch wie bei normal Begabten ohne motorische Entwicklungsstörung.

seelische Probleme ■

Allerdings besteht die Gefahr, dass Kinder in Reaktion auf das Erleben ihrer Schwierigkeiten und in Reaktion auf Hänseleien und Abweisungen seitens ihrer Mitschüler seelische Probleme entwickeln. Viele zeigen sich scheu, zurückgezogen und ängstlich und haben Schwierigkeiten im Kontakt mit Gleichaltrigen und Erwachsenen. Manche zeigen vor allem im häuslichen Bereich Trotz und oppositionelles Verhalten wie bockig sein, weinen, schimpfen und toben – meist in Zusammenhang mit motorischen Leistungsanforderungen.

Zuordnen und verstehen

Teilleistungsstörung ■

Die Ungeschicklichkeit ist ein umschriebene Entwicklungsstörung der motorischen Funktionen, die in vielen Fällen – ähnlich wie die Lese- und Rechtschreibschwäche und die Rechenschwäche – mit einer Teilleistungsstörung in Zusammenhang gebracht wird. Es zeigt sich eine optische Erfassungs- und Differenzierungsschwäche und eine Schwierigkeit darin, Wahrgenommenes und motorisches Handeln miteinander zu koordinieren. Oft gibt es in der Vorgeschichte Hinweise auf Komplikationen, die vor, während oder nach der Geburt aufgetreten sind, auf ein sehr niedriges Geburtsgewicht oder auf eine deutlich zu frühe Geburt.

Umwelteinflüsse ■

Die motorische Entwicklung kann aber auch – vor allem oder zusätzlich – durch ungünstige Umwelteinflüsse beeinträchtigt werden. Kinder erobern die Welt durch Bewegung. Über motorische Lernprozesse setzen sie sich mit sich selbst, mit ihrer dinglichen und personalen Umwelt auseinander. Das „Begreifen" der Dinge erfolgt über ein immer wieder neues Anfassen. Tasterfahrungen müssen unendlich häufig wiederholt und verglichen werden. Sodann werden die Dinge verändert, verschoben und fallen gelassen. Schließlich lernen die Kinder, sich selbst im Raum zu bewegen, zu krabbeln, sich aufzurichten, zu laufen, später zu klettern und zu springen.

Entwicklungsräume ■

Für all dieses brauchen die Kinder Entwicklungsräume, in denen sie sich selbstmotiviert bewegen können, die nicht ständig durch Verbote oder die Gitter eines Laufstalls eingeengt sind. Auch das ältere Kind braucht geeignete Plätze zum Herumtoben, Klettern und Springen. In den heutigen Städten ist das nicht einfach, den Kindern genügend Bewegungsmöglichkeiten zu schaffen. Aber der Platz vor dem Fernseher ist der ungeeignetste Ort, um motorische Geschicklichkeit zu entwickeln.

- ***Überängstlichkeit***

  Auch durch eine Überängstlichkeit der Eltern und Erzieherinnen können Kinder in der Einübung ihrer körperlichen Bewegungen gehindert werden. Vielfach trauen die Erwachsenen den Kindern viel zu wenig zu und hemmen sie deswegen immer wieder in ihrem Bewegungsdrang. Kleinere Unfälle sind unvermeidbar und eine wichtige Erfahrung für das Kind.

- ***Ungeduld***

  Ebenso gefährlich ist die Ungeduld mancher Erzieherinnen, die dazu neigen, immer wieder den zunächst noch ungeschickten und unsicheren Handlungsverlauf eines Kindes abzubrechen und eine Handlung, die das Kind beabsichtigt, entweder selbst durchzuführen (zum Beispiel das Kind viel zu lange zu füttern) oder aber zu verbieten. Sie haben nicht die notwendige Geduld, ein Kind bei seinen Versuchen gewähren zu lassen, seine ersten Bemühungen anzuerkennen und zu verstärken. Natürlich macht es zunächst mehr Arbeit, das Kind selbst essen zu lassen. Wenn der Erwachsene das Kind deshalb aber nicht üben lässt, sondern das Kind füttert, nimmt er ihm die Chance zu lernen. Zudem spürt das Kind die Botschaft: „Du bist (noch) zu ungeschickt." Es wird unsicher und mutlos, so dass es sich allmählich immer weniger zutraut.

- ***Krankheit***

  Der Mangel an Übung körperlicher Fähigkeiten kann aber auch durch längere Krankheiten erzwungen worden sein. Dann ist ein solches Kind, wenn es wieder gesund ist, häufig ungeschickter als seine gleichaltrigen Spielkameraden. Es wird wegen seiner Ungeschicklichkeit möglicherweise gehänselt, geärgert und von den Spielen der anderen ausgeschlossen. Enttäuschung und Mutlosigkeit können aufkommen. Ohne besondere Hilfe durch die Erwachsenen kann es leicht geschehen, dass es den Vorsprung an Geschicklichkeit und Wendigkeit, den die anderen Kinder inzwischen gewonnen haben, nie wieder ganz aufholt.

- ***Stärken und Schwächen***

  Die Ungeschicklichkeit mancher Kinder äußert sich jedoch nicht generell, sondern nur in bestimmten Bereichen. Beispielsweise kann ein Kind, welches beim Fußballspielen geschickt und sehr gewandt ist, sehr unbeholfen sein, wenn es darum geht, Bastelarbeiten auszuführen. Ein anderes Kind, dass ein auffallendes handwerkliches Geschick zeigt, ist demgegenüber bei sportlichen Wettkämpfen immer unter den Letzten. Hier ist durch sorgfältige Beobachtung zu klären, ob diese Unterschiede eher anlagebedingt sind oder ob sie sich durch besondere Förderung des einen Bereichs und besonderes Desinteresse gegenüber dem anderen Bereich auf Seiten der Eltern und Erzieherinnen so entwickelt haben.

Spielmaterialien

Nicht geringe Bedeutung kommt in dieser Hinsicht auch dem Spielzeug zu, das ein Kind von seinen Eltern oder Erziehern zur Verfügung gestellt bekommt. Beispielsweise werden Mädchen in der Entwicklung technischer Fertigkeiten und Geschicklichkeiten dadurch immer noch behindert, dass sie schon im Kleinkindalter wenig technisches Spielzeug geschenkt bekommen und ihr Interesse beispielsweise auf ein Spiel mit Puppen ausgerichtet wird. Durch den frühen Umgang mit Spielzeugautos und Spielzeugbaggern, mit Baukästen und Handwerkszeug lernt das Kind jedoch neben ersten technischen Fertigkeiten ein Selbstverständnis im Umgang mit diesen Dingen und erfährt zugleich eine sein späteres Verhalten prägende Interessenausrichtung.

Lösungen anregen und möglich machen

Überprüfung des Entwicklungsstandes

Je eher die Ungeschicklichkeit eines Kindes erkannt wird, um so besser sind die Möglichkeiten, ihm zu helfen. Ist man sich in der Beurteilung der motorischen Leistungen unsicher, kann man das sensomotorische Entwicklungsgitter (sensomotorisch = die Sinne und Bewegungen betreffend) nach Kiphard heranziehen. Dabei handelt es sich um eine Entwicklungsskala, in der 240 Aufgaben aufgeführt werden, an denen man den Entwicklungsstand des Kindes überprüfen kann. Zugleich kann man diese Aufgaben als ein gezieltes Übungsprogramm zur systematischen Förderung der Kinder nutzen.

Spielen und Trainieren mit dem Kind

Anregungen zum Training der körperlichen Geschicklichkeit des Kindes sind in jedem Lebensalter möglich und wichtig. Eltern und Erzieherinnen sollten Gelegenheiten suchen, mit ihren Kindern gemeinsame Spiele zu machen und sich mit ihnen über ihre Erfolge zu freuen. Das Kind lernt vor allem an ihrem Vorbild. Allerdings sind Überforderungen und Druck zu vermeiden. Nur wenn das Kind Freude am Spiel und an der Bewegung hat, übt es auch von sich aus spontan weiter und wird nicht durch Hemmungen und Furchtsamkeit verstört. Nichts ist für das Kind verführerischer zum Selbsttun als die Beobachtung, dass die Erwachsenen beispielsweise am Spiel mit dem Ball oder am Spiel im Wasser Spaß haben.

Dem Einfallsreichtum sind dabei keine Grenzen gesetzt. Man kann mit dem Kleinkind üben, auf einem Bein zu hüpfen oder zu balancieren. Man sollte das Kind schon frühzeitig an den Umgang mit dem Ball gewöhnen und es in einem Alter von drei Jahren zum Fangen und Werfen anleiten. Natürlich kann man bei der Auswahl des Spielzeugs daran denken, welche Fertigkeiten des Kindes noch besonders zu fördern sind. Rollschuhe, Inlineskater und Schlittschuhe sind beispielsweise besonders geeignet, dem Kind ein gutes Körpergefühl zu vermitteln. Aber wichtig ist immer, Situationen zu schaffen, in denen das Kind Erfolgserlebnisse hat.

Frühzeitig sollte man dem Kind auch schon das erste Handwerkszeug zur Verfügung stellen. Zudem sollte man es zum Kneten, Basteln und Werken anleiten. Nähere Hinweise und Anregungen dazu findet man in Spielebüchern. Auch sollte man das Kind schon früh mit dem Wasser vertraut machen, damit es keine Furcht entwickelt und spätestens in den ersten Schuljahren das Schwimmen erlernt.

- ***psychomotorische Übungsbehandlung***

  Liegen deutliche fein- und/oder grobmotorische Beeinträchtigungen vor, empfiehlt sich eine psychomotorische Übungsbehandlung durch ausgebildete Motopädinnen oder durch Ergotherapeutinnen, die sich meistens auf Verfahren zum Wahrnehmungstraining besonders im feinmotorischen Bereich spezialisiert haben. Auch hat sich heilpädagogisches Reiten und Voltigieren als sehr hilfreich gezeigt.

- ***Einbezug der Eltern***

  Für Eltern ist es wichtig, in ausgewogener Weise auf die Schwierigkeiten des Kindes Rücksicht zu nehmen, andererseits jedoch auch das Kind genug zu fordern. Dies gelingt am besten durch eine enge Absprache zwischen der Motopädin oder der Ergotherapeutin und den Eltern. Gelingt diese Zusammenarbeit, so sind in der Regel bereits nach einem Jahr der Übungsbehandlung wesentliche Erfolge festzustellen.

- ***Beratung und Familientherapie***

  Falls jedoch die motorische Ungeschicklichkeit des Kindes bereits zu deutlichen psychischen Problemen und entsprechenden Auffälligkeiten (Gehemmtheit, Schüchternheit, Ängste) geführt hat oder wenn erhebliche familiäre Spannungen in der Folge dieser Probleme entstanden sind, so ist eine beratende oder therapeutische Arbeit mit der ganzen Familie angezeigt.

Weitere Stichworte:

- Angst
- Furcht – Phobien
- Oppositionelles Verhalten
- Schüchternheit
- Trotz

Literatur: 110, 111, 135, 145

Unordentlichkeit

Wahrnehmen und bewerten

Mangel an Ordnung

Der Mangel an Ordnung ist eine der häufigsten Klagen von Eltern und Erzieherinnen über ihre Kinder. Immer wieder kommt es deswegen zu Auseinandersetzungen. Es werden Ermahnungen und Vorwürfe ausgesprochen, die in der Regel jedoch nur wenig helfen. Dabei ist es wichtig, sich klar zu machen, dass Ordnung und Unordnung sehr subjektive Bewertungen sind, die auch Erwachsene in unterschiedlicher Weise vornehmen. Der eine erlebt ein Zimmer erst dann als ordentlich, wenn alles genau an seinem Platz steht; der andere empfindet ein solcher Art aufgeräumtes Zimmer als steril und unlebendig. Ein und derselbe Mensch hat sein Wohnzimmer in bester Ordnung, während sein Arbeitszimmer so aussieht, dass es anderen als völlig chaotisch erscheint. Für den einen ist ein gewisses Chaos und Durcheinander anregend und stimulierend für seine kreativen Ideen, während den anderen ein solches Chaos und Durcheinander eher verwirrt und beunruhigt.

Entwicklung des Ordnungssinns

Wenn ein Kleinkind seine sämtlichen Spielsachen um sich herum verstreut, kann man noch nicht sagen, dass dieses Kind unordentlich sei. Denn einerseits braucht das Kleinkind noch eine Fülle von Dingen, mit denen es sich auseinandersetzt; es kann sich noch nicht sehr lange mit einer Sache beschäftigen und muss immer wieder zu diesem und zu jenem greifen können. Andererseits ist es selbst auch noch nicht in der Lage, eine Ordnung zu schaffen, zu planen und einzuhalten. Der Ordnungssinn des Kindes entwickelt sich erst allmählich unter Unterstützung der Eltern und Erzieherinnen.

Ort der Unordentlichkeit

Um das Ordnungsverhalten des Kindes zu bewerten, ist es auch von Bedeutung, wo eine Ordnung eingehalten und nicht eingehalten wird. Lässt das Kind seine Sachen im gemeinsamen Wohnzimmer herumliegen, und fühlen sich die Eltern und andere Familienmitglieder dadurch gestört, oder geschieht das in seinem eigenen Zimmer? Bringt das Kind bei seiner Suche nach einem Lineal den Schreibtisch der Mutter durcheinander, so dass diese ihre Sachen nicht mehr finden kann? Holt sich das Kind Werkzeug aus dem Keller und bringt es nicht zurück, so dass der Vater bei der nächsten Gelegenheit erst lange suchen muss? Oder hält es nur in den eigenen vier Wänden eine Ordnung ein, die die Eltern nach ihren persönlichen Maßstäben unzureichend finden? Diese unterschiedlichen Orte der Unordnung müssen auch zu unterschiedlichen Bewertungen führen. Wenn die Unordnung die Arbeit von Mutter, Vater oder

Geschwistern behindert, gelten andere Maßstäbe, als wenn das unordentliche Verhalten das eigene Spielzimmer betrifft.

Auswirkungen der Unordentlichkeit

Wichtigere Fragen sind: Welche Auswirkungen hat das in den Augen der Eltern unzureichende Ordnungsverhalten? Findet das Kind seine Hefte und Bücher, wenn es zur Schule geht, oder vergisst es allzu häufig die Dinge, die es in der Schule braucht? Haben die Erwachsenen den Eindruck, dass das Chaos im Zimmer des Kindes dem in seinem Kopf gleicht, und werden seine Leistungen dadurch offensichtlich beeinträchtigt? Das heißt: Wenn die Unordnung die schulischen Arbeitsmöglichkeiten des Kindes behindert, sind andere Bewertungen erforderlich, als wenn nur sein Freizeitverhalten betroffen ist.

Zuordnen und verstehen

notwendige Voraussetzungen

Um Ordnung halten zu können, muss das Kind eine Reihe unterschiedlicher Fähigkeiten bereits erworben haben:
Erstens muss es eine Idee darüber entwickelt haben, wie man überhaupt eine sinnvolle Ordnung schaffen kann, welche Dinge zusammengehören, wo man sie am besten hinräumt und wie man das macht. Dazu gehört ein Überschauvermögen und die Fähigkeit zu einem systematisch planendem Denken.
Zweitens muss es die Erfahrung gemacht haben, dass Ordnung nützlich ist: Man findet Dinge, die man sucht, schneller. Man tritt nichts kaputt. Man verliert und verkramt nicht die kleinen Dinge, die später einmal wichtig sind.
Drittens muss es gelernt haben, nicht nur in der aktuellen Situation zu leben und den unmittelbaren Lustgewinn anzustreben. Vielmehr muss es schon in der Lage sein, vorausschauend zu denken und die kleinen augenblicklichen Belastungen dem größeren Gewinn in den kommenden Tagen und Wochen gegenüberzustellen.
Viertens muss es eine persönliche Strategie des Aufräumens entwickelt haben. Beispielsweise neigen einige Menschen dazu, bei dem, was sie tun, ein gewaltiges Durcheinander zu veranstalten und am Ende ihrer Tätigkeit ein großes Aufräumen folgen zu lassen. Andere demgegenüber räumen während ihrer Handlungen nach jedem kleinen Schritt auf, so dass sich am Ende das große Aufräumen erübrigt.
Fünftens muss das Kind, um Ordnung halten zu können, ein Mindestmaß an Disziplin und Konsequenz entwickelt haben.

Ordnung halten ist also eine sehr komplexe Leistung, die eine ganze Fülle von Fähigkeiten voraussetzt und zudem persönliche Entscheidungen erfordert. Das macht es verständlich, dass Kindern das Ordnunghalten oft schwer fällt. Sie müssen die notwendigen Fähigkeiten erst erlernen, um Ordnung halten zu können, und sie lernen die notwendigen Fähigkeiten, indem sie durch Unterstützung und mit Hilfe der Erwachsenen Ordnung halten.

Entwicklung des Ordnungssinns ■

Ordnunghalten erlernt ein Kleinkind, indem es zunächst beobachtet, wie die Erwachsenen ihre und auch seine Sachen aufräumen. Es begreift allmählich, dass jedes seiner Sachen einen bestimmten Platz hat. Je älter es wird, umso mehr wird es spielerisch von Seiten der Erwachsenen zu den Aufräumarbeiten herangezogen werden, wobei Eltern und Erzieher anfangs damit rechnen müssen, dass es dabei immer wieder die Aufgabe des Aufräumens aus dem Blick verliert und mit einem Gegenstand, den es gerade in die Hand genommen hat, zu spielen anfängt. Mit vier Jahren sollte das Kind dann aber schon in der Lage sein, kleinere Aufräumarbeiten selbstständig durchzuführen. Auch in den folgenden Jahren braucht es jedoch noch sehr viel Anleitung und Hilfe, um beispielsweise in seinem Zimmer oder bei seinen Schulsachen Ordnung zu halten. Das Kind muss lernen, Ordnungsvorstellungen und Ordnungsprinzipien zu begreifen.

Vorbild der Erzieherinnen ■

Erfährt nun ein Kind eine derartige Anleitung und Schulung nicht, wird es später nur schwer Ordnung halten können. So kann nicht verwundern, wenn Kinder unordentlich sind, die aus einem Milieu stammen, in dem niemand Wert auf Ordnung und Gepflegtheit legt. Generell wird man dem Vorbild, das Eltern und Erzieherinnen geben, größte Bedeutung zumessen müssen. Kinder, deren Erzieherinnen selbst unordentlich und fahrig sind, deren Erzieherinnen selbst niemals wissen, wo sie etwas hingelegt haben, können einen hinreichenden Ordnungssinn nicht entwickeln. Bei diesen Kindern kann man dann sehr häufig beobachten, dass sie – sobald sie in eine geordnete Umwelt kommen – die geregelten Verhältnisse dort schätzen und häufig auch bereit sind, an deren Aufrechterhaltung mitzuwirken. Allerdings sind sie fast nie in der Lage, ihre gute Absicht selbstständig durchzuführen, sondern brauchen noch Anleitung und Führung, die sie bisher nicht in ausreichendem Maße erhalten hatten.

Verwöhnung ■

Oft ist es einfacher und kostet es weniger Zeit, wenn die Erzieherin das Aufräumen selbst übernimmt. Gerade bei jüngeren Kindern ist diese Versuchung oft groß. Aber die Kinder lernen dann nicht, selber Ordnung zu halten. Sie lernen nicht, wie man es macht, und sie lernen nicht, es selber zu tun. Warum sollten sie das Aufräumen auch auf sich nehmen, wenn letztlich die Eltern und Erzieherinnen es doch erledigen? Meist finden diese Kinder ganz allgemein nicht zu einer ausreichenden Selbstständigkeit. Es fehlt ihnen auch bei anderen Aufgaben ein systematisches, planendes Arbeitsverhalten.

- ***„Vergesslichkeit"***

  Lehrer klagen gelegentlich darüber, dass ein Kind ständig seine Bücher und Hefte vergisst. Wie oben angeführt, kann dies daran liegen, dass dieses Kind noch nicht in der Lage ist, ohne Unterstützung seiner Eltern vorauszudenken und zu planen. Aber natürlich kann es auch geschehen, dass dies mehr oder weniger bewusst und absichtlich geschieht, weil das Kind den Misserfolg fürchtet und ausweichend reagiert, um sich der Leistungsbeurteilung zu entziehen.

- ***Belastungssituationen***

  Zuweilen geschieht es, dass ein bisher ordentliches und ordnungsliebendes Kind sehr nachlässig wird. In solchen Fällen wäre danach zu fragen, ob der Verhaltensumschwung des Kindes auf einer besonderen Belastung beruht. Diese kann sowohl eine körperliche als auch eine psychische Bedingtheit haben. So kann dem Kind beispielsweise aufgrund einer körperlichen Erkrankung „alles zu viel werden". Entsprechend können sich auch psychische Belastungssituationen, besonders Konflikte innerhalb der Familie oder in der Schule, sowie innere Auseinandersetzungen mit bestimmten Problemen auswirken. So berichten beispielsweise Eltern und Erzieherinnen von Kindern, die in die Pubertät eingetreten sind, häufig, dass ihr Kind plötzlich unordentlich und nachlässig geworden sei.

  In der Pubertät muss das unordentliche Verhalten eines Kindes möglicherweise aber auch als ein Zeichen dafür verstanden werden, dass es sich von den elterlichen Einstellungen abzulösen sucht, indem es gegen – aus seiner Sicht – unangemessene Anforderungen der Eltern opponiert, die seinen eigenen Vorstellungen und Bedürfnissen nicht entsprechen.

- ***unangemessene Ordnungsanforderungen***

  Werden Ordnungsprinzipien in einer unangemessenen Weise aufgestellt und wird das Kind durch einen pedantisch auf Ordnung bedachten Erzieher ständig in seinem Spielverhalten gestört, so kann es eine oppositionelle Haltung gerade diesen Anforderungen gegenüber entwickeln. Es verliert die Lust an allen Ordnungs- und Aufräumarbeiten und steht in ständigem Konflikt zwischen übertriebenen Ordnungsanforderungen und seinen eigenen Bedürfnissen. Das Ordnungsverhalten wird für solche Kinder zu einer unangenehmen Pflicht, der sie möglichst auszuweichen suchen.

Lösungen anregen und möglich machen

- ***Lernprozess Ordnung halten***

  Kleinkinder müssen lernen, ihr Spielzeug nach dem Spielen wegzuräumen. Für Eltern kann es schwierig sein, den richtigen Weg zwischen Ordnung einerseits und übertriebenen Ansprüchen andererseits zu finden. Aber es ist wichtig, Kinder daran zu gewöhnen, ihre Sachen selbst wegzuräumen. Das braucht Zeit und kostet die Eltern und Erzieherinnen Mühe.

gutes Vorbild

Hilfreich ist, wenn das Kind am Vorbild der Erwachsenen erkennt, wie man richtig mit seinen Sachen umgeht. Das kann man unterstützen, indem man das Kind zuschauen lässt, wenn man als Erwachsener seine Dinge aufräumt und ihm dabei erklärt, was man gerade macht und wie man es tut.

Anfangs sollte der Erwachsene auch die Sachen des Kindes in dieser Art aufräumen. Schon früh kann dies gemeinsam mit dem Kind geschehen. Man hilft ihm, den Vorgang zu verstehen, indem man das, was man tut, gleichzeitig mit Worten beschreibt. Dabei sollte man dem Kind nicht vermitteln, dass Aufräumen eine schreckliche Arbeit ist (was vielleicht dem gestressten Erwachsenen viel Disziplin abverlangt). Vielmehr kann man das Aufräumen spielerisch gestalten, ein Wettrennen gegen die Zeit (die Eieruhr) veranstalten oder ähnliche spielerische Elemente einbringen. („Ich sortiere alle blauen und gelben, du alle weißen und roten Legosteine. Wer von uns ist schneller?") Unterstützend wirkt sich aus, wenn am nächsten Tag auf die tolle Ordnung hingewiesen wird und das Kind rascher die Dinge findet, mit denen es gerade spielen möchte.

geeignete Stauräume

Das Kind braucht genügend Platz in Schränken und auf Regalen, damit es seine Spielsachen gut verstauen kann. Große Kisten sind dafür ungeeignet. Sie werden umgekippt, wenn das Kind etwas sucht, und anschließend muss unheimlich viel wieder aufgeräumt werden. Besser sind mehrere kleine Schachteln und Kästen oder aber stapelbare Kunststoffboxen. Die gibt es in verschiedenen Farben, mit und ohne Deckel. Es können dann aus einem Spielzeugkatalog die passenden Bildchen ausgeschnitten und auf die Boxen geklebt werden, und so ist leicht zu sehen, was in jede Box gehört.

Zeiten des Aufräumens

Grundsätzlich sollten die Eltern und Erzieherinnen – gemeinsam mit dem Kind – entscheiden, wann das Kind aufräumen soll. Je jünger es ist, umso häufiger wird das sinnvoll sein. So sollte man das Kindergartenkind in der Zeit zwischen zwei Aktivitäten aufräumen lassen, aber sorgfältig vermeiden, ein Spiel zum Zwecke des Aufräumens zu unterbrechen. Günstige Zeitpunkte sind beispielsweise, wenn ein Ortswechsel stattfindet (zum Beispiel von drinnen nach draußen), wenn ein Spiel beendet und ein neues begonnen wird (zum Beispiel mit dem Eisenbahnspiel aufhören und anfangen zu malen) oder wenn eine Essenspause eingelegt wird oder ein Spaziergang gemacht werden soll. Zwei oder drei kurze Aufräumphasen sind in solchem Alter besser als eine große am Ende des Tages. Bevor die Zeit zum Aufräumen gekommen ist, sollte man das

Kind rechtzeitig darauf hinweisen, dass es gleich sein Spiel beenden muss, um aufzuräumen.

Das Grundschulkind sollte regelhaft am Ende des Tages aufräumen. Dieses Aufräumen kann man genauso zu einem Ritual gestalten wie die Einschlafgeschichte Das Kind sollte immer zu einer bestimmten Zeit – am besten vor dem Abendessen – in seinem Zimmer zumindest eine grobe Ordnung schaffen. Dann bleibt nach dem Essen noch genug Zeit für ein Spiel oder eine Bilderbuchgeschichte. Mühsam errichtete Legobauten oder Höhlen aus Stühlen und Decken sollten über Nacht stehen bleiben dürfen. Das Kinderzimmer muss nicht jederzeit in perfektem Zustand sein. Wichtig ist auch in diesem Alter, das Kind an das Aufräumen rechtzeitig zu erinnern. Druck und Ungeduld dabei führen zu einer schlechten Stimmung und provozieren trotzige Reaktionen.

Mit wachsendem Alter bekommt das Kind immer mehr Eigenverantwortung für das Aufräumen in seinem eigenen Zimmer. Dann sollte es ausreichen, wenn der Zustand des Zimmers einmal in der Woche kontrolliert wird. Dabei empfiehlt es sich, möglichst genau vorher festzulegen, was geschieht, falls das Zimmer unaufgeräumt bleibt. Hilfreich ist beispielsweise die Vereinbarung, dass das Taschengeld erst ausgezahlt wird, wenn die wöchentliche Besichtigung des Zimmers zur Zufriedenheit der Eltern und Erzieherinnen durchgeführt wurde.

- ***allgemeine Ordnungsregeln***

  Schon kleine Kinder können problemlos einige Regeln begreifen: Mamas und Papas Schreibtische sind tabu, weil dort Wichtiges in Unordnung geraten könnte. – Wer etwas isst, bleibt am Tisch sitzen und läuft nicht mit dem Brot oder dem Keks durch die ganze Wohnung. – Nach dem Essen stellt jeder seinen Teller und seine Tasse auf die Spüle oder in die Spülmaschine. – Schmutzwäsche gehört nicht auf den Fußboden, sondern in den Wäschekorb. – Jacken werden auf den Haken gehängt. – Schuhe und Stiefel haben ihren festen Platz. – Im Flur dürfen keine Spielsachen herumliegen, weil sonst jemand darüber stolpern könnte. – Leere Toilettenrollen werden entsorgt und durch volle ersetzt. – Tuben sollen nach Gebrauch zugedreht werden, damit nichts austrocknet. Das gleiche gilt für Filzstifte.

- ***übervolle Zimmer***

  Die meisten Kinder bekommen heutzutage so viele Spielsachen geschenkt, dass ihre Zimmer oft überquellen. In einem übervollen Zimmer kann aber beim besten Willen niemand Ordnung halten. Deshalb ist es von Zeit zu Zeit notwendig, gemeinsam mit dem Kind Bestandsaufnahme zu machen und die Sachen, mit denen das Kind im Augenblick seltener spielt, auszusortieren. Je weniger sich ansammelt, desto geringer ist die Gefahr, dass dem Kind das Chaos vollkommen über den Kopf wächst.

Um das Thema Aufräumen nicht zu einem „Problemthema“ werden zu lassen, sollte man sich so oft wie möglich darum bemühen, die (vielleicht seltenen) Gelegenheiten, in denen das Kind aufgeräumt hat, wahrzunehmen und dies dem Kind auch zu sagen. Jeder Mensch neigt dazu, von dem mehr zu machen, mit dem er positive Aufmerksamkeit erregt. Umgekehrt muss ein wiederholtes Nichtaufräumen auch logische Konsequenzen haben: Die nicht aufgeräumten Dinge verschwinden für einige Zeit an einem schwer herauszufindenden Ort. Eltern „vergessen“ – wie das Kind das Aufräumen – die Lieblingsspeise ihres Kindes oder sonstige vermeintlich so selbstverständliche Leistungen.

Weitere Stichworte:

- Anstrengungsunwilligkeit
- Oppositionelles Verhalten

Literatur

1. Arbter-Öttl, D. (2000): Mein Kind schläft – endlich! München, Ernst Reinhardt

2. Artner, K., Castell, R. (1979): Stationäre Therapie von einkotenden Kindern. Praxis Kinderpsychologie Kinderpsychiatrie 28: 119–132

3. Asendorpf, J. B. (1989): Soziale Gehemmtheit und ihre Entwicklung. Berlin, Springer

4. Aster, M. G. von (1992): Neuropsychologie der Dyskalkulie. In: H. C. Steinhausen (Hrsg.): Hirnfunktionsstörungen und Teilleistungsschwächen. Berlin, Springer

5. Aster, M. G. von, Göbel, D. (1990): Kinder mit umschriebener Rechenschwäche in einer Inanspruchnahmepopulation. Zeitschrift Kinder-Jugendpsychiatrie 18: 23–28

6. Attwood, Tony (2000): Das Asperger-Syndrom. Ein Ratgeber für Eltern. Trias

7. Aust-Klaus, E., Hammer, P.-M. (1999): Das A-D-S-Buch. Neue Konzentrationshilfen für Zappelphillippe und Träumer. Ratingen, Oberstebrink

8. Bacher, M., Koppenburg, P., Klosinski, G., Leidig, E., Dausch-Neumann, D. (1988): Zum Daumenlutschen in der frühen Kindheit: Hinweis auf eine gesunde oder pathologische Entwicklung? Oralprophylaxe 10: 139–150

9. Bahr, R. (1998): (S)Elektiver Mutismus: Eine systemische Perspektive für Therapie und Beratung. Die Sprachheilarbeit 43: 28–36

10. Bahr, R. (2002): Schweigende Kinder verstehen. Kommunikation und Bewältigung beim selektiven Mutismus. 3. Aufl. Heidelberg, Universitätsverlag Winter

11. Bahr, R. (2002): Wenn Kinder schweigen. Das Praxisbuch zum selektiven Mutismus. Düsseldorf, Walter/Patmos

12. Banaschewski, T., Rothenberger, A. (1997): Verhaltenstherapie bei Tic-Störungen. In: Petermann, F. (Hrsg.): Kinderverhaltenstherapie. Hohengehren, Schneider: 204–243

13. Banaschewski, T., Rothenberger, A. (1998): Tic-Störungen. Diagnostische Leitlinien und Verhaltentherapie. Kindheit und Entwicklung 5: 99–111

14. Banaschewski, T., Rothenberger, A. (2002): Tic-Störungen. In: Esser, G. (Hrsg.): Lehrbuch der Klinischen Psychologie und Psychotherapie des Kindes- und Jugendalters. Stuttgart, Thieme

15. Barkley, R. A. (2002): Das große ADHS-Handbuch für Eltern. Verantwortung übernehmen für Kinder mit Aufmerksamkeitsdefizit und Hyperaktivität. Bern, Huber

16. Barth, R. (1995): Projekt „Schreibabys“: Abschlußbericht Hamburg: Behörde für Arbeit, Gesundheit und Soziales, Amt für Gesundheit, Fachabteilung: Gesundheitsförderung / Gesundheitsberichterstattung

17. Baumgarten, F. (1917): Die Lüge bei Kindern und Jugendlichen. Beiheft zur Zeitschrift für angewandte Psychologie. Leipzig

18. Baumgartner, S. (1990): Wenn Ihr Schüler stottert … Ein Ratgeber für Lehrer. Bundesvereinigung Stotterer-Selbsthilfe. Köln

19. Baumgartner, S. (1994): Sprechunflüssigkeit. In: Baumgartner, S., Füssenich, I. (Hrsg.): Sprachtherapie mit Kindern. München, Reinhardt: 204–289

20. Bender, R., Röder, S., Nack, A. (1981): Tatsachenfeststellung vor Gericht. Band I: Glaubwürdigkeits- und Beweislehre. München, Beck

21. Böhme, G. (1997): Sprach-, Sprech-, Stimm- und Schluckstörungen. Band I: Klinik. 3. Aufl. Stuttgart, Fischer

22. Böhme, G. (1998): Sprach-, Sprech-, Stimm- und Schluckstörungen. Band II: Therapie. 2. Aufl. Stuttgart, Fischer

23. Bonney, H. (2000): Neues vom „Zappelphilipp" – Die Therapie bei Kindern mit hyperkinetischen Störungen (ADHD) auf der Basis von Kommunikations- und Systemtheorie. Praxis Kinderpsychologie Kinderpsychiarie 49, 285–299

24. Bonney, H. (2003): Systemische Therapie bei ADHD-Konstellationen. In: Rotthaus, W.: Systemische Kinder- und Jugendlichenpsychotherapie. 2. Aufl. Heidelberg, Carl Auer Systeme

25. Borg-Laufs, M. (1999): Lehrbuch der Verhaltenstherapie mit Kindern und Jugendlichen. Band 1: Grundlagen. Tübingen, dgvt

26. Borg-Laufs, M. (2001): Lehrbuch der Verhaltenstherapie mit Kindern und Jugendlichen. Band 2: Interventionsmethoden. Tübingen, dgvt

27. Brack U, Volpers, F. (1999): Sprach- und Sprechstörungen. In: Steinhausen, H. C., von Aster, M. (Hrsg.): Verhaltenstherapie und Verhaltensmedizin bei Kindern und Jugendlichen. 2. Aufl. Weinheim, Beltz: 95–130

28. Brack, U. G. (1993): Frühdiagnostik und Frühtherapie, 2. Aufl. Weinheim, Beltz

29. Brazelton, T. B.; Cramer, B. G. (1994): Die frühe Bindung: die erste Beziehung zwischen dem Baby und seinen Eltern. Stuttgart, Klett-Cotta

30. Bühler, Ch., Haas, J. (1924): Gibt es Fälle, in denen man lügen muss? Wiener Arbeiten zur pädagogischen Psychologie. Wien

31. Bundesverband der Elterninitiativen zur Förderung hyperaktiver Kinder: Unser Kind ist hyperaktiv! Was nun? Sonderausgabe

32. Bürgin, D. (1993): Tic-Störungen. In: Psychosomatik im Kinder- und Jugendalter. Stuttgart, Fischer: 230–247

33. Carey, W. B. (1989): „Kolik" – Primäres exzessives Schreien als Kind-Umwelt-Interaktion. In: Keller, H. (Hrsg.): Handbuch der Kleinkinderforschung. Berlin, Springer: 611–625

34. Clark, L., Ireland, C. (1995): Sprechen lernen – lernen durch Sprechen. München, Buest

35. Cooke, J., Willeams, D. (1995): Therapie mit sprachentwicklungsverzögerten Kindern. 2. Aufl. aus dem Englischen von Franke, U., Fischer, Stuttgart – Jena

36. Corboz, R. J. (1985): Störungen des Vegetativums und des Wach-Schlaf-Rhythmus. In: Remschmidt, H., Schmidt, M. H.: Kinder- und Jugendpsychiatrie in Klinik und Praxis. Band III: Alterstypische, reaktive und neurotische Störungen. Stuttgart, Thieme

37. Czerwenka, K. (Hrsg.)(1994): Das hyperaktive Kind. Weinheim, Beltz

38. Dannenbauer, F. M. (1994): Grammatik. In: Baumgartner, S., Füssenich, I. (Hrsg.): Sprachtherapie mit Kindern. 2. Aufl. München, Reinhardt: 123–203

39. Deegener, G. (2002): Aggression und Gewalt von Kindern und Jugendlichen. Ein Ratgeber für Eltern, Lehrer und Erzieher. Bern. Huber

40. Diepold, B. (1988): Psychoanalytische Aspekte von Geschwisterbeziehungen. Praxis Kinderpsychologie Kinderpsychiatrie 37: 274–280

41. Döpfner M., Frölich J., Lehmkuhl, G. (2000): Hyperkinetische Störungen. Göttingen, Hogrefe

42. Döpfner M., Frölich J., Lehmkuhl, G.(2000): Ratgeber Hyperkinetische Störungen. Informationen für Betroffene, Eltern, Lehrer und Erzieher. Göttingen, Hogrefe

43. Döpfner, M., Lehmkuhl, G. (1996): Elterntraining bei hyperkinetischen Störungen. In: Steinhausen, H. C. (Hrsg.): Hyperkinetische Störungen im Kindes- und Jugendalter. Stuttgart, Kohlhammer: 178–208

44. Döpfner, M. (1993): Tics. In: Steinhausen, H. C., von Aster, M. (Hrsg.): Handbuch Verhaltenstherapie und Verhaltensmedizin bei Kindern und Jugendlichen. Weinheim, Psychologie Verlags Union: 161–186

45. Döpfner, M. (1996): Behandlung eines Jugendlichen mit Tourette-Syndrom durch Reaktionsumkehr (habit reversal) und Verstärkerrückgabe (response cost). Kindheit und Entwicklung 5: 189–196

46. Döpfner, M. (1998); Hyperkinetische Störungen. In: Petermann, F. (Hrsg): Lehrbuch der klinischen Kinderpsychologie. 3. Aufl. Göttingen, Hogrefe: 165–172

47. Döpfner, M., Lehmkuhl, G., Heubrock, D., Petermann, F. (2000): Ratgeber psychische Auffälligkeiten bei Kindern und Jugendlichen. Göttingen, Hogrefe

48. Döpfner, M., Schürmann, S., Frölich, J. (1998): Therapieprogramm für Kinder mit hyperkinetischem und oppositionellem Problemverhalten THOP. 2. Aufl. Weinheim, Psychologie Verlags Union

49. Döpfner, M., Schürmann, S., Lehmkuhl, G. (1999): Wackelpeter und Trotzkopf. Hilfen bei hyperkinetischem und oppositionellem Verhalten. Weinheim, Beltz

50. Dreikurs, R., Soltz, V. ([10]2002): Kinder fordern uns heraus. Wie erziehen wir sie zeitgemäß? 10. Aufl. Stuttgart, Klett-Cotta

51. du Bois (1998): Kinderängste. Erkennen – verstehen – helfen. 3. Aufl. München, Beck

52. Dutschmann, A. (2000): Das Aggressions-Bewältigungsprogramm ABPro. Tübingen, dgvt

53. Eberle Egli, M. (1990): Arbeit mit Familien sprachauffälliger Kinder. Zum familientherapeutisch orientierten Vorgehen in der Sprachtherapie. Luzern, Schweizerische Zentralstelle für Heilpädagogik

54. Eggert, D. (1997): Von den Stärken ausgehen. Dortmund, borgmann publishing

55. Eichelseder, W. (1995): Unkonzentriert? Hilfen für hyperaktive Kinder und ihre Eltern. Weinheim, Beltz

56. Elstner, W.: Bewegung als Hilfe zum flüssigen Sprechen. In: Grohnfeldt, M. (Hrsg): Handbuch der Sprachtherapie. Band 5: Störungen der Redefähigkeit. Berlin, Marhold

57. Epstein, G. (1985): Wachtraumtherapie – der Traumprozess der Imagination. Stuttgart, Klett-Cotta

58. Essau, C. A., Conradt, J., Petermann, F. (1999): Häufigkeit und Komorbidität der generalisierten Angststörung. Nervenheilkunde 18: 46–51

59. Färber, H. (1992): Familientherapie bei Aufmerksamkeitsstörungen – hyperkinetisches Syndrom – im Kindesalter. Forum der Kinder- und Jugendpsychiatrie und Psychotherapie 2 (Heft 1), 17–23

60. Federer, M., Herrle, J., Margraf, J., Schneider, S. (2000): Trennungsangst und Agoraphobie bei Achtjährigen. Praxis Kinderpsychologie Kinderpsychiatrie 49: 83–96

61. Fichten W. (1992): Bewältigung und Therapie von Ärger. In: Mees, U. (Hrsg.): Psychologie des Ärgers. Göttingen, Hogrefe: 219–284

62. Fiedler, P., Standop, R. (1994): Stottern, Ätiologie, Diagnose, Behandlung. 4. Aufl. Weinheim, Psychologie Verlags Union

63. Fitzner, T.; Stark, W. (2000): ADS: verstehen – akzeptieren – helfen. Beltz, Weinheim

64. Flick, G. L. (1998): Ganz bei der Sache – Aufmerksamkeitstraining für impulsive Kinder. München, Ariston

65. Foster, C. H. (1998): Kids like me. Bern. Hannover

66. Franke, U. (1994): Therapie mit spracherwerbsgestörten Kindern – Ein Fallbeispiel. In: Grimm, H. von (Hrsg.), Weinert, S.: Intervention bei sprachgestörten Kindern. Jena, Fischer: 139–154

67. Franke, U. (1996): Artikulationstherapie bei Vorschulkindern. München, Reinhardt

68. Franke, U., Lleras, B. (1992): Sprachentwicklungsverzögerte Kinder in der Therapie. TW Pädiatrie 5: 308–316

69. Friedrich, S. (1996): Wie Kinder Schüchternheit und Angst überwinden. Hamburg, Rowohlt TaBu

70. Fries, M. (2000): Vom „Schreibaby" zum „Baby mit besonderen Bedürfnissen und Fähigkeiten". In: Hargens, J.; Eberling, W. (Hrsg.): Einfach kurz und gut. Teil 2. Dortmund, borgmann publishing

71. Fröhlich, J., Lehmkuhl, G. (1998): Diagnostik und Differentialdiagnostik von Schlafstörungen. Fortschritte Neurologie Psychiatrie 66: 553–569

72. Gohl, Ch. (1991): Tagträume, Liebe, Lust und Abenteuer. Psychologie heute 18 (4): 30–35

73. Gontard, A. von (2001): Einnässen im Kindesalter. Erscheinungsformen – Diagnostik – Therapie. Stuttgart, Thieme

74. Gontard, A. von, Lehmkuhl, G. (1997): „Enuresis diurna" ist keine Diagnose – Neue Ergebnisse zur Klassifikation, Pathogenese und Therapie der funktionellen Harninkontinenz im Kindesalter. Praxis Kinderpsychologie Kinderpsychiatrie 46: 92–112

75. Goodman, R., Scott, St., Rothenberger, A. (2000): Kinderpsychiatrie kompakt. Darmstadt, Steinkopf

76. Gordon, Th. (1976): Familienkonferenz. Die Lösung von Konflikten zwischen Eltern und Kind. 7. Aufl. Hamburg, Hoffmann und Campe

77. Gordon, Th. (1978): Familienkonferenz in der Praxis. Hamburg, Hoffmann und Campe

78. Gordon, Th. (1993): Die neue Familienkonferenz. Kinder erziehen ohne Strafen. Hamburg, Hoffmann und Campe

79. Grimm, H. (1994): Sprachentwicklungsstörung. Diagnose und Konsequenzen für die Therapie. In: Grimm, H. von, Weinert, S. (Hrsg.): Intervention bei sprachgestörten Kindern. Jena, Fischer: 3–32

80. Grimm, H., Weinert, S. (1994): Intervention bei sprachgestörten Kindern. Jena, Fischer

81. Grissemann, H., Weber, A. (1982): Spezielle Rechenstörungen. Ursachen und Therapie. Bern, Huber

82. Grohnfeldt, M. (1992) (Hrsg.): Handbuch der Sprachtherapie. Band 5: Störungen der Redefähigkeit. Berlin, Marhold

83. Grohnfeldt, M. (Hrsg.) (2001): Lehrbuch der Sprachheilpädagogik und Logopädie. Band 2: Erscheinungsformen und Störungsbilder. Stuttgart, Kohlhammer

84. Hallowell, E. M.; Ratey, J. (1998): Zwanghaft zerstreut. ADD – die Unfähigkeit, aufmerksam zu sein. Hamburg, Reinbek

85. Hartmann, T. (1997): Eine andere Art, die Welt zu sehen. Lübeck, Schmidt-Römhild

86. Hartung, S. (1995): „... sonst bin ich ganz normal." Leben mit dem Tourette Syndrom. Hamburg, Rasch und Röhring

87. Henderson, L., Zimbardo, P. (2002): Shyness. San Diego, Academic

88. Hennecke, C.(2000): ADS – Unternehmen lernende Familie. Systhema 14: 67–77

89. Hertzer, K. (2001): Warum schreit das Baby ständig? Psychologie Heute 28 (12): 46–50

90. Herzer, H., Herzer, R. (1980): Klinisch-psychologische Aspekte bei Stehlhandlungen im Kindes- und Jugendalter. Ärztliche Jugendkunde 71: 383–388

91. Holowenko, H. (1999): Das Aufmerksamkeits-Defizit-Syndrom (ADS). Weinheim, Beltz

92. Irwin, A. (1990): Mein Kind fängt an zu stottern. Ein Selbsthilfeprogramm für Eltern, die ihren Kindern helfen möchten, das Stottern zu überwinden. Thieme, Stuttgart

93. Isesee, B., Haselbacher, A., Ruoß, M. (1997): Selektiver Mutismus: Ein Überblick zu Therapie und Praxis. Zeitschrift Kinder-Jugendpsychiatrie 25: 247–262

94. Iven, C. (1998): Poltern: Aktuelle Erkenntnisse, Meinungen und Forschungsergebnisse zu einer fast vergessenen Sprachstörung. In: Sprache Stimme Gehör 22

95. Jackson, M. (1984): When a Child Steals. Australian Council for Educational Research, Hawthorn, Victoria, Australia 3122

96. Jones, W. H., Cheek, J. M.,Briggs, S. R. (Eds.) (1986): Shyness: Perspectives on research and Treatment. New York, Plenum

97. Kammerer, E. (1985): Enuresis. In: Remschmidt, H., Schmidt, M. H.: Kinder- und Jugendpsychiatrie in Klinik und Praxis. Band III: Alterstypische, reaktive und neurotische Störungen. Stuttgart, Thieme

98. Kasten, H. (1994): Geschwister: Vorbilder, Rivalen, Vertraute. Berlin, Springer

99. Kast-Zahn, A., Morgenroth, H. (2000): Jedes Kind kann schlafen lernen. Ratingen, Oberste Brink

100. Katz-Bernstein, N. (1988): Arbeit mit Eltern polternder Kinder. Der Sprachheilpädagoge 20: 32–39

101. Katz-Bernstein, N. (1992):Therapiebegleitende Elternarbeit bei stotternden Kindern. In: Grohnfeldt, M.(Hrsg): Handbuch der Sprachtherapie. Band 5: Störungen der Redefähigkeit. Berlin, Marhold

102. Katzenberger, H. (1969): Der Tagtraum. München, Reinhardt

103. Kehrer, H. E. (1995): Geistige Behinderung und Autismus – Rat und Hilfe für eine Begleitung durchs Leben. Trias Verlag

104. Kehrer, H. E. (2000): Autismus. 6. Aufl. Heidelberg, Asanger

105. Keilmann, A., Zickgraf, M. (1992): Erhöht eine zweisprachige Erziehung die Wahrscheinlichkeit einer Sprachentwicklungsverzögerung? Sprache – Stimme – Gehör 16: 154–155

106. Keller, H. (Hrsg.) (1989): Handbuch der Kleinkindforschung. Köln

107. Kienle, X. (1992): Systemische Ansätze in der Therapie hyperaktiver Kinder. Teil 1. Systhema, 6(1), 2–17

108. Kienle, X. (1992): Systemische Ansätze in der Therapie hyperaktiver Kinder. Teil 2. Systhema, 6(3), 47–54

109. Kilian, H. (1989): Eine systemische Betrachtung zur Hyperaktivität – Überlegungen und Fallbeispiele. Praxis Kinderpsychologie Kinderpsychiatrie, 38, 90–96

110. Kiphard, E. J. ([13]2014): Wie weit ist ein Kind entwickelt? Eine Anleitung zur Entwicklungsüberprüfung. Dortmund, verlag modernes lernen

111. Kiphard, E. J. (1983/1984): Psychomotorische Entwicklungsförderung, Band 1–6. Dortmund, verlag modernes lernen

112. Klicpera, C., Gasteiger-Klicpera, B. (1993): Lesen und Schreiben. Entwicklung und Schwierigkeiten. Bern, Huber

113. Knölker, U. (2001): Aufmerksamkeits-Defizit/Hyperaktivitäts-Störungen (ADHS). Bremen, Uni-Med

114. Kobi, E. E. (1963): Tagträumen bei Kindern. Stuttgart, Huber

115. Kottje-Birnbacher, L., Sachsse, U., Wilke, E. (Hrsg.) (1997): Imagination in der Psychotherapie. Bern, Huber

116. Krause, J. (1995): Leben mit hyperaktiven Kindern. München, Piper

117. Krause, J., Krause, Trott, G. E. (1998): Das hyperkinetische Syndrom des Erwachsenenalters. Nervenarzt: 543–556

118. Krisch, K. (1985): Enkopresis. Ursachen und Behandlung des Einkotens. Stuttgart, Huber

119. Kusch, M., Petermann, F. (2001): Entwicklung autistischer Störungen. Göttingen, Hogrefe

120. Lauth, G. W., Schlottke, P., Namann, K. (1998): Rastlose Kinder, rastlose Eltern. München, Dtv

121. Lelord, G., Rothenberger, A. (2000): Dem Autismus auf der Spur. Göttingen, Vandenhoeck und Ruprecht,

122. Ludewig, K. (1991): Unruhige Kinder. Eine Übung in epistemischer Konfusion. Praxis Kinderpsychologie Kinderpsychiatrie 40: 158–166

123. Marcus, A., Schmidt, M. H. (1995): Möglichkeiten medikamentöser Behandlung des Stotterns im Kindes- und Jugendalter. Zeitschrift Kinder-Jugendpsychiatrie Psychotherapie 23: 182–194

124. Märtens, M. (1994): Bettnässen als individuelles Symptom und systemisches Ereignis – Überlegungen zur Verwendung hypnotherapeutischer Methoden unter familiendynamischen Aspekten. Praxis Kinderpsychologie Kinderpsychiatrie 43: 54–60

125. Mattejat, F. (2002): Ängste, Phobien, Kontaktstörungen. In: Esser, G. (Hrsg.): Lehrbuch der Klinischen Psychologie und Psychotherapie des Kindes- und Jugendalters. Stuttgart, Thieme

126. Matthys-Egle, M. (1996): Diagnose „Legasthenie“: Konzepte systemischer Beratung in der Schulpsychologie als Alternative zur Praxis der Symptomkonstruktion. Bern, Lang

127. Mayr, T. (1992): Die soziale Stellung schüchtern-gehemmter Kinder in der Kindergartengruppe. Zeitschrift für Entwicklungspsychologie und Pädagogische Psychologie, 14: 249–265

128. Meixner, F. (1992): Poltern aus entwicklungspsychologischer Sicht. In: Grohnfeldt, M.: Handbuch der Sprachtherapie, Band 5: Störungen der Redefähigkeit. Berlin, Marhold

129. Mielke, U., David, H., Hoppe, F., Stoll, A. (1993): Stottern: Ursachen, Bedingungen, Therapie. Berlin, Ullstein

130. Milz, I. (1989): Neuropsychologische Voraussetzungen für mathematisches Denken. In: Internationale-Frostig-Gesellschaft: Graphomotorische Störungen und Rechenschwäche. Dortmund, borgmann publishing

131. Mrochen, S. (1997): Das RMI-Konzept (Relaxation mental imagery). Hypnosetherapie bei der Behandlung kindlicher Verhaltensstörungen – dargestellt am Beispiel Enuresis. In: S. Mrochen, K.-L. Holtz, B. Trenkle (Hrsg.): Die Pupille des Bettnässers. Heidelberg, Carl Auer Systeme

132. Müller-Vahl, K., Kolbe, H., Dengler, R. (1997): Gilles de la Tourette Syndrom – eine aktuelle Übersicht. Aktuelle Neurologie 24: 12–19

133. Neudecker, A., Hand, I. (1999): Trichtillomanie. Verhaltenstherapie und Verhaltensmedizin 20: 465–478

134. Neuhaus, C. (1999): Das hyperaktive Kind und seine Probleme. 5. Aufl. Berlin, Urania-Ravensburger

135. Neuhäuser, G. (1988): Störungen der Psychomotorik. In: Remschmidt, H., Schmidt, M. H. (Hrsg.): Kinder- und Jugendpsychiatrie in Klinik und Praxis. Band 1. Stuttgart, Thieme

136. Neundlinder, H. (1990): Dyslalie. In: Aschbrenner H., Rieder K. (Hrsg): Sprachheilpädagogische Praxis. Frankfurt/M, Diesterweg

137. Nieß, N., Dirlich-Wilhelm, H. (1995): Leben mit autistischen Kindern. Freiburg, Herder

138. Nissen, G. (1994): Emotionale Störungen mit vorwiegend psychischer Symptomatik. In: Eggers, C., Lempp, R., Nissen, G., Strunk, P.: Kinder- und Jugendpsychiatrie. Berlin, Springer

139. Nitzschmann, K. (2000): Verweigerung macht Sinn. Schulvermeiden und Weglaufen als Selbstfindung. Brandes und Apsel

140. Nolting, H.-P. (1997): Lernfall Aggression. Hamburg, Rowohlt

141. Noterdaeme, M., Amorosa, H. (2002): Früherkennung autistischer Störungen. Monatsschrift Kinderheilkunde 150: 149–156

142. Novaco, R. W. (1975): Anger control: The developement and evaluation of an experimental treatment. Lexington (Lexington Books)

143. Olbing, H. (Hrsg.) (1993): Enuresis und Harninkontinenz bei Kindern. München, Hans Marseille

144. Omer, H., von Schlippe, A. (2002): Autorität ohne Gewalt. Coaching für Eltern von Kindern mit Verhaltensproblemen. Göttingen, Vandenhoeck und Ruprecht

145. Ortner, A., Ortner, R. (1997): Handbuch Verhaltens- und Lernschwierigkeiten. 4. Aufl. Weinheim, Beltz

146. Overmeyer, S., Blanz, B., Schmidt, M. H., Lotz, M. (1994): Schulverweigerung – Unterschiede zwischen der sogenannten Schulphobie und der sogenannten Schulangst. Pädiatrische Praxis 47: 27–36

147. Overmeyer, S., Schmidt, M. H., Blanz, B. (1993): Die Einschätzungsskala der Schulverweigerunbg (ESV) – modifizierte Fassung der School Refusal Assessment Scale (SRAS) nach C. A. Kearnay und W. K. Silverman. Kindheit und Entwicklung 3: 238–243

148. Pachler, J. M., Straßburg, H. M. (1990): Der unruhige Säugling. Fortschritte der Sozialpädiatrie, Bd. 13. Lübeck, Hansisches Verlagskontor

149. Palmowski, W. (1999): Verhaltensstörung als Konstrukt. System Schule, 3: 108–113

150. Palmowski, W. (2002): Verhalten und Verhaltensstörung. In: Werning, R., Balgo, R., Palmowski, W., Sassenroth, M. (Hrsg): Sonderpädagogik. München, Oldenbourg

151. Papoušek, M. (1994): Vom ersten Schrei zum ersten Wort. Bern, Huber

152. Papoušek, M. (1996): Die intuitive elterliche Kompetenz in der vorsprachlichen Kommunikation als Ansatz zur Diagnostik von präverbalen Beziehungsstörungen. Kindheit und Entwicklung 5: 140–146

153. Papoušek, M. (1997): Entwicklungsdynamik und Prävention früher Störungen der Eltern-Kind-Beziehungen. Analytische Kinder- und Jugendlichen Psychotherapie 28: 5–30

154. Papoušek, M. (1998): Das Münchner Modell einer interaktionszentrierten Säuglings-Eltern-Beratung und -Psychotherapie. In: Klitzing, K. von (Hrsg.) Psychotherapie in der frühen Kindheit. Göttingen, Vandenhoek & Ruprecht

155. Payk, Th. R. (1992): Zwanghaftes Stehlen und Stehllust. In: Payk, Th. R.: Dissozialität. Stuttgart, Schattauer

156. Peschke, N., Roth, M., Reitzle, K., Warnke, A. (1999): Enkopresis: ein Literaturüberblick von 1988 bis 1998. Zeitschrift Kinder- Jugendpsychiatrie 27: 267–276

157. Petermann F., Petermann U. (1994): Training mit aggressiven Kindern, 7. Aufl. Weinheim, PVU

158. Petermann, F., Petermann, U. (1996): Training mit sozial unsicheren Kindern. 6. Aufl. Weinheim, PVU

159. Petermann, F., Döpfner, M., Schmidt, M. H. (2001): Ratgeber aggressives Verhalten. Göttingen, Hogrefe

160. Petermann, U. (1993): Angststörungen. In: Steinhausen, H.-Ch., von Aster, M. (Hrsg): Handbuch Verhaltenstherapie und Verhaltensmedizin bei Kindern und Jugendlichen. Weinheim, Beltz

161. Petermann, U. (1997): Soziale Phobien und Unsicherheit. In: Petermann, F. (Hrsg): Fallbuch der Klinischen Kinderpsychologie. Göttingen, Hogrefe: 109–125

162. Petermann, U., Walter, H.-J. (1997): Spezifische Ängste und Phobien. In: Petermann, F. (Hrsg): Fallbuch der Klinischen Kinderpsychologie. Göttingen, Hogrefe: 127–145

163. Pinquart, M., Masche, J. G. (1999): Verlauf und Prädiktoren der Schulverweigerung. In: Silbereisen, R. K., Zinnecker, J. (Hrsg.): Entwicklung im sozialen Wandel. Weinheim, PVU: 221–238

164. Pizer, M., Schmidt, M. H. (2001): Schlafstörungen. In: Esser, G.: Lehrbuch der Klinischen Psychologie und Psychotherapie des Kindes- und Jugendalters. Stuttgart, Thieme

165. Poustka, F. (1995): Angsterkrankungen bei Kindern und Jugendlichen. In: Kasper, S., Möller, H. J.: Angst- und Panikerkrankungen. Jena, Fischer

166. Poustka, F. (2000): Autismus: Klinik, Diagnose, Therapie und Ursachen. Forum Kinder- Jugendpsychiatrie 10 (3): 73–86

167. Prekop, J. (2000): Schlaf, Kindlein, verflixt noch mal. Ein Ratgeber für genervte Eltern. München, dtv

168. Rabenschlag, U. (2000): Wenn Kinder nicht mehr froh sein können. Depressionen bei Kindern erkennen und helfen. Freiburg, Herder

169. Rademacker, H. (2001): Schulschwänzen – Bagatelle oder Tabu in deutschen Schulen. Gesamtschul-Kontakte 4: 3–5

170. Ramacher-Faasen, N. (1998): Elternratgeber LRS. Heinsberg, Dieck

171. Ramacher-Faasen, N. (2000): Elternratgeber Rechenschwierigkeiten. Heinsberg, Dieck

172. Reinhardt, M. (2003): Legasthenie und Dyskalkulie – Mögliche Muster ihrer Selbstorganisation. In: Rotthaus, W.: Systemische Kinder- und Jugendlichenpsychotherapie. 2. Aufl. Heidelberg, Carl Auer Systeme

173. Remo, G. Largo (2001): Babyjahre – Die frühkindliche Entwicklung aus biologischer Sicht. München, Piper

174. Remschmidt, H. (1985): Habituelle Verhaltensweisen. In: Remschmidt, H., Schmidt, M. H.: Kinder- und Jugendpsychiatrie in Klinik und Praxis. Band III: Alterstypische, reaktive und neurotische Störungen. Stuttgart, Thieme

175. Remschmidt, H. (2000): Autismus. München, Beck

176. Remschmidt, H., Hebebrand, J. (2001): Das Asperger Syndrom. Eine aktuelle Übersicht. Zeitschrift Kinder- Jugendpsychiatrie 29: 59–69

177. Remschmidt, H., Martin, M. (2001): Autistische Störungen. In: Esser, G.: Lehrbuch der Klinischen Psychologie und Psychotherapie des Kindes und Jugendalters. Stuttgart, Thieme

178. Remschmidt, R. (2002): Mutismus. In: Esser, G.: Lehrbuch der Klinischen Psychologie und Psychotherapie des Kindes- und Jugendalters. Stuttgart, Thieme

179. Riedel-Henck, J. (1998): Weinendes Baby, Ratlose Eltern. Wie Sie sich und Ihrem Schreibaby helfen können. München, Kösel

180. Rieder, K., Rumler, A. (1990): Poltern. In: Aschenbrenner, H., Rieder, K. (Hrsg.): Sprachheilpädagogische Praxis. Wien: 183–188

181. Riedesser, P. (1990): Vernachlässigung und Misshandlung chronisch unruhiger Säuglinge und Kleinkinder. In: Pachler, J. M., Straßburg, H. M. (Hrsg.): Der unruhige Säugling, Fortschritte der Sozialpädiatrie. B. 13. Lübeck, Hansisches Verlagskontor: 257–269

182. Rohmann, U. H., Elbing, U. (1990): Festhaltetherapie und Körpertherapie. Dortmund, verlag modernes lernen

183. Roth, E., Warnke, A. (2001): Therapie der Lese-Rechtschreibstörung. Kindheit und Entwicklung 10: 87–96

184. Rothenberger, A. (1991): Wenn Kinder Tics entwickeln. Stuttgart, Fischer

185. Rotthaus, W. (2003): Systemische Kinder- und Jugendlichenpsychotherapie. 2. Aufl. Heidelberg, Carl Auer Systeme

186. Rotthaus, W. (2002): Wozu erziehen? Entwurf einer systemischen Erziehung. 4. Aufl. Heidelberg, Carl Auer Systeme

187. Saile, H.; Röding, A.; Friedrich-Löffler, A. (1999): Familienprozesse bei Aufmerksamkeits- und Hyperaktivitätsstörung. Zeitschrift Kinder-Jugendpsychiatrie 27(1): 19–26

188. Schäfer, U. (1988): Musst du dauernd rumzappeln? Die hyperkinetische Störung. Ein Ratgeber. Bern, Huber

189. Schindler, A. (1998): Stottern erfolgreich bewältigen. Ratgeber für Betroffene und Angehörige. Augsburg, Midena

190. Schlung, E. (1987): Schulphobie. Kritische Sichtung der Literatur zu Erscheinungsformen und Behandlungsmöglichkeiten bei schulphobischem Verhalten. Weinheim, Deutscher Studien Verlag

191. Schmidt, M. H. (1992): Schlafstörungen in Kindheit und Adoleszenz. In: Berger, M., Riemann, D., Steiger, A.: Handbuch des normalen und gestörten Schlafs. Berlin, Springer: 357–379

192. Schmidtchen, St. (1978): Handeln in der Kinderpsychotherapie. Stuttgart, Kohlhammer

193. Schmidt-Traub, S. (2001): Selbsthilfe bei Angst im Kindes- und Jugendalter. Göttingen, Hogrefe

194. Scholz, A., Rothenberger, A. (2000): Mein Kind hat Tics und Zwänge. Göttingen, Vandenhoeck & Ruprecht

195. Schoor, U. (2001): Mutismus. In: M. Grohnfeldt (Hrsg.): Lehrbuch der Sprachheilpädagogik und Logopädie. Bd. 2: Erscheinungsformen und Störungsbilder. Stuttgart, Kohlhammer: 183–197

196. Schreiber-Kittl, M. (2001): Konzepte und Maßnahmen gegen Schulverweigerung. Recht der Jugend und des Bildungswesens 2: 225–238

197. Shure, M. B. und Spivack, G. (1981): Probleme lösen im Gespräch. Erziehung als Hilfe zur Selbsthilfe. Stuttgart, Klett Cotta

198. Sick, T. (2000): Spontansprache bei Poltern. In: Forum, Logopädie Heft 4 (14)

199. Siklossy, H. (1996): Starke Emotionen. Schreibabies – Ansätze zur Erklärung des exzessiven Schreiens im frühen Säuglingsalter. PROCARE 12/96: 9–11

200. Spitczok von Brisinski, I. (2001): Systemische Aspekte des HKS/ADS. Internet: www.systemisch.net/gedankenregister/hks-systemisch.htm

201. Spitczok von Brisinski, I., Hamburg, S., Schmolze, C., Rehwald, T. (1998): Lösungsorientierte systemische Therapie bei Asperger-Syndrom. Internet: www.rk-viersen.lvr.de/ABT1/Asper.htm

202. Stallinger, H., Würnig, P. (1989): Die Therapie der kindlichen anorektalen Inkontinenz unter besonderer Berücksichtigung eines Biofeedback-Trainings. Klinische Pädiatrie 201: 123–128

203. Ständige Konferenz der Kultusminister der Länder in der Bundesrepublik Deutschland (KMK) (1994): Empfehlungen zur sonderpädagogischen Förderung in den Schulen der Bundesrepublik Deutschland. Bonn

204. Staub, E. (1982): Entwicklung des prosozialen Verhaltens. München, Urban und Schwarzenberg

205. Stegat, H. (1973): Enuresis. Behandlung des Bettnässens. Berlin, Springer

206. Stegat, H. (1992): Die Apparative Verhaltenstherapie (AVT) der Enuresis. Krankenhausarzt 65: 283–290

207. Steindal, K. (1997): Das Asperger Syndrom. Bundesverband Hilfe für das autistische Kind

208. Steinhausen, H.-Ch. (1995): Hyperkinetische Störungen im Kindes- und Jugendalter. Stuttgart, Kohlhammer

209. Steinhausen, H.-Ch. (1985): Enkopresis. In: Remschmidt, H., Schmidt, M. H.: Kinder- und Jugendpsychiatrie in Klinik und Praxis. Band III: Alterstypische, reaktive und neurotische Störungen. Stuttgart, Thieme

210. Steinhausen, H.-Ch. (2000): Seelische Störungen im Kindes- und Jugendalter. Erkennen und verstehen. Stuttgart, Klett-Cotta

211. Steinmüller, A., Steinhausen, H.-Ch. (1990): Der Verlauf der Enkopresis im Kindesalter. Praxis Kinderpsychologie Kinderpsychiatrie 39: 74–79

212. Stern, C., Stern, W. (1931): Erinnerung, Aussage, Lüge. Leipzig

213. Stewart, T; Turnbull, J. (1998): Redeflussstörungen bei Kindern und Jugendlichen. Stotterertherapie in der Praxis. Stuttgart, Gustav Fischer

214. Stöhr, R.-M., Laucht, M. W., Ihle, W., Esser, G., Schmidt, M. H. (2000): Die Geburt eines Geschwisters: Chancen und Risiken für das erstgeborene Kind. Kindheit und Entwicklung 9: 40–49

215. Strunk, P. (1985): Angst- und Affektsyndrome. In: Remschmidt, H., Schmidt, M. H.: Kinder- und Jugendpsychiatrie in Klinik und Praxis. Band III: Alterstypische, reaktive und neurotische Störungen. Stuttgart, Thieme

216. Strunk, P. (1994): Emotionale Störungen mit vorwiegend somatischer Symptomatik. In: Eggers, C., Lempp, R., Nissen, G., Strunk, P.: Kinder- und Jugendpsychiatrie. Berlin, Springer

217. Suchodoletz, W. von (1999): Hundert Jahre LRS-Forschung – Was wissen wir heute? Zeitschrift Kinder-Jugendpsychiatrie Psychotherapie 27: 199–206

218. Tatem, D. W., DelCampo, R. L. (1995): Selective Mutismus in Children. A structural Family Therapy Approach to Treatment. Contemporary Familiy Therapy 17: 177–194

219. Trenkle, B. (1997): Ericksonsche Hypno- und Psychotherapie bei Bettnässen. In: Mrochen, S., Holtz, K.-L., Trenkle, B. (Hrsg.): Die Pupille des Bettnässers. Heidelberg, Carl Auer Systeme

220. Trott, G.-E., Friese, H. J., Badura, F., Wirth, S. (1994): Enuresis und Enkopresis und ihre Behandlung. Münch. Med. Wschr. 136: 322–326

221. Valtin, R., Walter, S. (1991): „Lügen darf man nur, wenn's notfällig ist". Was Kinder über Lügen und Notlügen denken. In: Valtin, R. u.a.: Mit den Augen der Kinder. Freundschaft, Geheimnisse, Lügen, Streit und Strafe. Hamburg, Reinbek

222. Veit, S. E., Castell, R. (1992): Sprachproduktion und Sprachverständnis bei dysgrammatisch sprechenden Vorschulkindern. Zeitschrift Kinder-Jugendpsychiatrie Psychotherapie 20: 12–21

223. von Schwerin, A. (1998): Sprache haben – sprechen können. Hilfe für sprach- und sprechauffällige Kinder im Kindergarten. Freiburg, Herder

224. Voss, R. (1993): Das »hyperaktive« Kind: Sinnvolles Handeln verstehen. In: Hahn, K., Müller, F. W. (Hrsg.): Systemische Erziehungs- und Familienberatung. Wege zur Förderung autonomer Lebensgestaltung. Mainz, Grünewald: 83–91

225. Walter, H.-J., Petermann, F., Podziemski, A. (1997): Schulverweigerung als Ausdruck einer sozialen Phobie. Kindheit und Entwicklung 6: 247–254

226. Warnke, A. (1990): Legasthenie und Hirnfunktionen. Bern, Huber

227. Warnke, A. (1998): Umschriebene Lese-Rechtschreibstörung. In: Petermann, F. (Hrsg.): Lehrbuch der klinischen Kinderpsychologie, 3. Aufl. Göttingen, Hogrefe

228. Warnke, A., Wewetzer, Chr. (2002): Enkopresis. In: Esser, G. (Hrsg.): Lehrbuch der Klinischen Psychologie und Psychotherapie des Kindes- und Jugendalters. Stuttgart, Thieme

229. Weidner, J., Kilb, R., Kreft, D. (Hrsg.) (1997): Gewalt im Griff. Neue Formen des Anti-Aggressivitätstrainings. Weinheim, Beltz

230. Weigert, V. (1999): Warum schreit mein Baby? München, Mosaik

231. Weiler, H.-T., Blanz, B. (2002): Angststörungen im Kindes- und Jugendalter. Monatsschrift Kinderheilkunde 150: 172–178

232. Wells, M. E., Hinkle, J. S. (1990): Elimination of Childhoud Encopresis: A family systems approach. Journal of mental health counseling 12: 520–526

233. Wender, P. H. (1991): Das hyperaktive Kind. Ravensburg, Otto Maier

234. Wender, P.-H. (2002): Aufmerksamkeits- und Aktivitätsstörungen bei Kindern, Jugendlichen und Erwachsenen. Stuttgart, Kohlhammer

235. Wendlandt, W. (1994): Stottern ins Rollen bringen. Die Kiesel des Demosthenes. Bundesvereinigung Stotterer-Selbsthilfe, Köln

236. Wendlandt, W. (1995): Sprachstörungen im Kindesalter. Materialien zur Früherkennung und Beratung. Stuttgart, Thieme

237. Wille, A. (1984): Die Enkopresis im Kindes- und Jugendalter. Berlin, Springer

238. Wilmers, N., Greve, W. (2002): Schwänzen als Problem. Report Psychologie 27: 404–413

239. Wyschkon, A., Esser, G. (2002): Enuresis. In: Esser, G. (Hrsg.): Lehrbuch der Klinischen Psychologie und Psychotherapie des Kindes- und Jugendalters. Stuttgart, Thieme

240. Zellhorst, K. (2000): Trichotillomanie – Symptomatik, Klassifikation und verhaltenstheoretische Bedingungsmodelle. Diplomarbeit Universität Osnabrück, FB Psychologie

241. Zimbardo, P. G., Radl, S. L. (1999): The shy child. ISHK Book Service

*Stichwortverzeichnis**

* *Fette Seitenzahlen: auf diesen Seiten wird das Stichwort in einem Hauptkapitel behandelt*

Raum für Notizen

Raum für Notizen

Raum für Notizen

Fantasievolle Entspannung

Gordon Wingert / Helga Vollmari / Bernadette Legner

Entspannung – pur!

Fantasiereisen für Kinder und Jugendliche

„Abschalten, zur Ruhe kommen und der Fantasie mal freien Lauf gönnen: das ist mit diesem Buch sehr gut möglich. Gerade die gestiegenen Erwartungen an junge Menschen mit vielen wechselnden familiären, schulischen und anderen Beziehungen erfordern viel, damit es wieder zur physischen und psychischen Balance kommen kann. Neben den vielen, reich bebilderten Fantasiereisen werden zusätzlich noch Übungen vorgestellt. Das Buch ist ausgesprochen gut untergliedert, so dass man bei der Geschichten- und Übungsauswahl leicht etwas Passendes findet. So sind die einzelnen Geschichten gut nach Themenbereichen und nach Alter strukturiert.
Die vorgestellten Ratespiele ermöglichen es, dass auch noch relativ junge Kinder zur Entspannung kommen. Illustrationen, Fotos und Zitate ergänzen das gut gestaltete, vom Layout her abwechslungsreiche Buch. Ein Werk, das eine gute Ergänzung ist für alle, die auf der einen Seite Stressfaktoren verringern, andererseits aber auch Kinder und Jugendliche stark machen möchten, mit Stress und Anspannung variabler umzugehen." Detlef Rüsch, amazon.de

2015, 240 S., farbige Abb., Format 16x23cm, Klappenbroschur | Alter: ab 4

ISBN 978-3-8080-0750-1 | Bestell-Nr. 5227 | 19,95 Euro

Katharina Königsbauer-Kolb / Anna Elisabeth Weichert

Entspannung mit Stift und Papier

Zentangle® und Texte in Einzel- und Gruppenarbeit

Ein schönes Gedicht, ein anregender Text und anschließend mit Zeichnen loslassen ... Mit diesem Buch gelingt dies ganz einfach. Der Hauptteil des Buches besteht aus sorgsam ausgewählten Gedichten und Texten. Vielseitige Themenbereiche, wie zum Beispiel „An Hindernissen wachsen", „Miteinander" oder „Generationen" beleuchten ein Thema in seinen unterschiedlichen Facetten und tragen eine positive Grundstimmung. Die Texte führen zu mehr Achtsamkeit und unterstützen die meditative Stimmung.
Jedes Thema ist begleitet von einfachen zeichnerischen Anregungen, die für jeden machbar sind, vom Jugendlichen bis hin zum Senior.
Von der klassischen Zentangle®-Zeichnung bis hin zu inspirierenden Eigenkreationen deckt dieses Buch ein weites Spektrum an einfachen zeichnerischen Möglichkeiten ab: sei es, dass man sich intensiver mit einem Muster und seinen speziellen Eigenarten beschäftigt, oder dass man Grafiken findet, die mit Mustern gefüllt werden können.

2018, 104 S., farbige Gestaltung, Format 16x23cm, Klappenbroschur | Alter: ab 16

ISBN 978-3-8080-0825-6 | Bestell-Nr. 1284 | 19,95 Euro

Dieter Krowatschek / Uta Theiling

Geschichten von der Fly

Entspannung für unruhige, unauffällige, übermütige und ängstliche Kinder

„Manchmal helfen ganz einfache Dinge, um sich zu entspannen. Zum Beispiel die ‚Geschichten von der Fly'. Jede Vorlesegeschichte ist eingebunden in eine Einstimmungs- und Rücknahmephase. Das Buch nutzt Mechanismen des autogenen Trainings und kann erfolgreich auch von Eltern oder Erzieherinnen genutzt werden, die unerfahren in dieser Technik sind. Neben den Geschichten enthält es Informationen zum Thema Entspannung und zur Wirkungsweise des autogenen Trainings. Beigelegt ist eine Musik-CD mit ruhiger Instrumentalmusik. ‚Die Geschichten von der Fly' helfen auch dem achtjährigen Adrian, um zur Ruhe zu kommen.' Besonders seit er in der Schule ist, hat er Probleme beim Einschlafen. Er kommt nicht raus, aber er liegt ein bis zwei Stunden wach im Bett", berichtet seine Mutter Christiane R. In der Ergotherapie hat er gelernt, seine Unruhe mit ‚Schattenboxen' oder ‚Äpfel pflücken' etwas in den Griff zu bekommen. ‚Er spürt selbst, wenn ihm was gut tut', erzählt seine Mutter. Außerdem liest sie ihm Flys Erlebnisse vor, wodurch das Einschlafen besser klappt." wirbelwind, JAKO-O

4. Aufl. 2019, 192 S., ganzseitige farbige Abb., Beigabe: Audio-CD (identisch mit der Musik aus „Mit dem Zauberteppich unterwegs"), Format 16x23cm, fester Einband | Alter: 5–12

ISBN 978-3-938187-50-0 | Bestell-Nr. 9400 | 26,80 Euro

Dieter Krowatschek / Caroline Reid

Die Fly reist um die Welt

Neue Entspannungsgeschichten für unruhige, unauffällige, übermütige und ängstliche Kinder

„Die vielen liebevollen Illustrationen sind sehr farbenfroh und mitreißend. Sie laden sofort zum Blättern und Schmökern ein. Sie sind für ganz besondere Kinder mit ADS oder anderen Aufmerksamkeitsstörungen bestens geeignet und machen diese Werke zu nützlichen Werkzeugen und gleichzeitig vergnüglichen Geschichten." A.-Chr. Lanari, Düsseldorfer Lesefreunde
„Absolut empfehlenswert!" Barbara Zeipper, ergotherapie (A)
„Das Buch eignet sich in Schulklassen, Kindergärten bzw. -gruppen sowie zum Vor- und Selberlesen in ganz unterschiedlichen pädagogischen und therapeutischen Kontexten. Selbst die letzte Geschichte ‚Die Fly hat einen Traum' und es um den Tod der Hündin geht, hat etwas Tröstliches, sollte aber mit Bedacht und Vorbereitung ausgewählt werden. Ansonsten sind die übrigen Geschichten unvermittelt einsetzbar. Das Buch ist unbedingt zu empfehlen und wird Kindern unterschiedlicher Bedürfnisse helfen, mit ihrer Unruhe und ihren Ängsten besser klarzukommen." Detlef Rüsch, amazon.de

3., unveränderte Auflage 2018, 200 S., farbige Abb., Format 16x23cm, fester Einband | Alter: 5-12

ISBN 978-3-938187-73-9 | Bestell-Nr. 9422 | 22,80 Euro

Schleefstraße 14, D-44287 Dortmund
Telefon 02 31 12 80 08, Fax 02 31 12 56 40
E-Mail: info@verlag-modernes-lernen.de
Leseproben und Bestellen im Internet: www.verlag-modernes-lernen.de